85 rules for beautiful and comfortable house design

美しく住まいを整える デザインのルール85

藤原昭夫＋結設計
Akio Fujiwara + Yui-sekkei

X-Knowledge

美しく住まいを整えるデザインのルール85

CONTENTS

1章 敷地と建物の深い関係 006

01 細長い変形地の効率的な使い方とは？ 008
02 細長い敷地を生かす間取りとは？ 010
03 密集地で中庭をつくるときの注意点は？ 012
04 湾曲した敷地をどのように有効活用するか？ 014
05 鋭角な角地をもつ敷地をどう生かすか 016
06 恵まれた、東南の角地を生かし切るには？ 018
07 〝周囲の建物から見下ろされる広い敷地の模範解答とは？〟 020
08 住宅街で快適な別荘をどうつくるか？ 022
09 南側の高い石垣とどう向き合うか 024
10 不安な擁壁のある敷地に家をどう建てるか 026
11 道路より3m低い敷地にどう建てる 028
12 不安な擁壁の下で家を建てるには？ 030
13 敷地内擁壁が邪魔な土地にどう計画するか 032
14 氾濫の恐れのある川の近くにどう計画するか？ 034
15 豪雨時の雨水の通り道にある敷地にどう建てるか 036

2章 心地よさを生み出す間取り 038

16 人はなぜ家を建てようと思うのか？ 040
17 家をすっきり、楽しく、美しくする仕掛けとは？ 042
18 大空間のどこに階段を置けばいいか 044
19 〝ガレージ奥の玄関アプローチを明るくする仕掛けは？〟 046
20 後半生に移住して建てる職住一体の家とは？ 048
21 〝単調になりがちな1階LDKを豊かにする手法はあるか？〟 050
22 大空間をドラマチックに演出する間取りとは 052

23 暖炉でなく薪ストーブとする理由は？ 054
24 2階LDKを気持ちのいい空間にする方法は？ 056
25 居間を1階2階のどちらに置くかの決め手とは？ 058
26 “南面を塞がれた条件で、開放的なLDKをどうつくるか” 060
27 非日常空間をどうつくるか 062
28 壁際で天井高1・8mの居間をどうつくるか 064
29 食堂と和室を併存させるには？ 066
30 将来の子供部屋をどこに計画しておくか？ 068
31 LDKフロアに子供室をどう置くか 070
32 畳の暮らしは現代にはそぐわないか？ 072
33 南隣家にのぞかれない配置計画とは？ 074
34 地下室をつくるときの注意点とは？ 076
35 同居の親の寝室はどこに置くのがいいのか？ 078
36 2棟の親子世帯の効果的なつなげ方とは？ 080
37 親子近居の家の“つかず離れず”をどうつくる？ 082

3章 上下の関係が暮らしに変化をつくる

084
38 家族の気配を伝える吹抜けのつくり方は？ 086
39 間の抜けた吹抜けにしないためには？ 088
40 敷地内の1・3mの高低差をどう扱うか？ 090
41 敷地内の複雑な高低差を生かす建て方とは？ 092
42 “大きな平屋で内部の隅々に光を行きわたらせるには？” 094
43 横並びの2世帯を、それぞれどう特徴づけるか？ 096
44 老夫婦の家に階段は厳禁か？ 098

4章 美しい家の顔をつくる（外回り・開口）

写真撮影：齋部功／加藤義弘／西郡賢一／林安直／水島敏男／結設計
ブックデザイン：狩野聡子／細山田デザイン事務所
編集協力：市川幹朗／武蔵野編集室
トレース：古賀陽子
印刷・製本：図書印刷

1章

敷地と建物の深い関係

建物は地面から生えるように建てるべきと
言われるように、その土地に馴染んで
建てられることがもっとも自然で望ましい。
そのためには敷地周辺の環境、
その土地の大小・変形・高低、道路との
関係などさまざまな要素から最適な配置、
ボリュームを検討する必要があるのです。

Q 細長い変形地の効率的な使い方とは？

A 敷地に建物を合わせながら中庭採光で閉塞感を除く

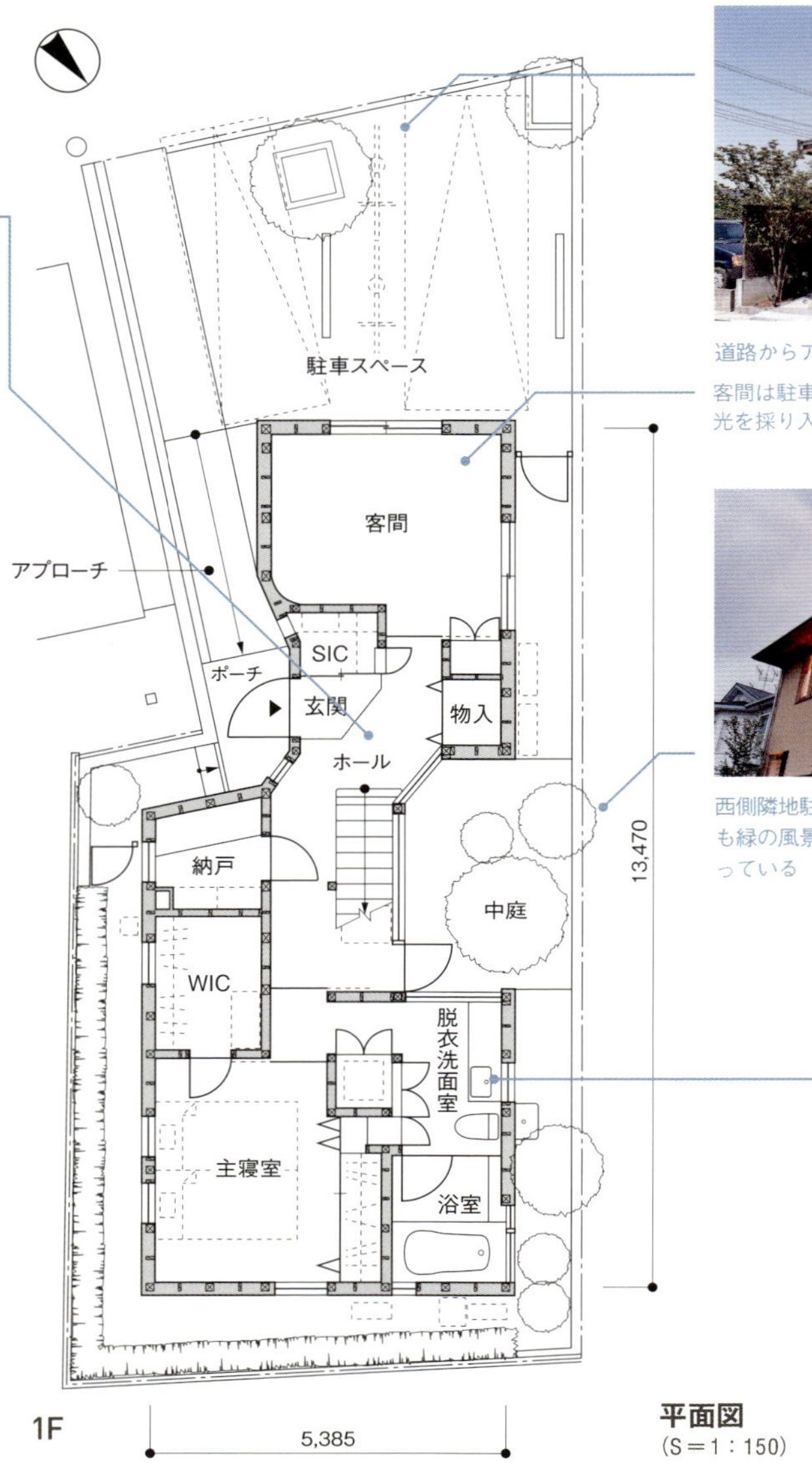

平面図
（S＝1：150）

道路からアプローチと建物全体を見る

客間は駐車スペース側から光を採り入れる

西側隣地駐車場から見た中庭。植栽は、隣地にも緑の風景をもたらすと同時に、目隠しにもなっている

脱衣洗面室。中庭から光を採り入れる洗面・トイレ一体の空間となっている

奥に細長く、隣家に囲まれ、幅と広さに余裕がない敷地の場合、おのずと各室の配分は決まってくる。奥の居室の法的必要採光を確保するために、建物中ほどに中庭をはめ込みつつ、建ぺい率で許される範囲で優先順位を考えながら必要居室を奥から確保していく。建ぺい率に算入されないカーポート分とその脇のアプローチを道路際に設けると、それで法的にも敷地的にもほとんど余裕は残らない。

そのなかで快適な居間食堂を設けようとすると、2階に設けるしかない。その居間に接続して屋外デッキスペースを設けようとすると、カーポートの上に建ぺい率に算入されない形式でつくるしかない。設計者に残された選択肢は中庭の位置と形状になる。

事例の場合、まだ西側隣地が駐車場だったので、そこに建物が建っても法的には問題ない位置と形状にした上で、建つまでの開放感を活用しようと西側にコートを設けた。敷地に少し余裕があれば、駐車場に建物が建った場合で

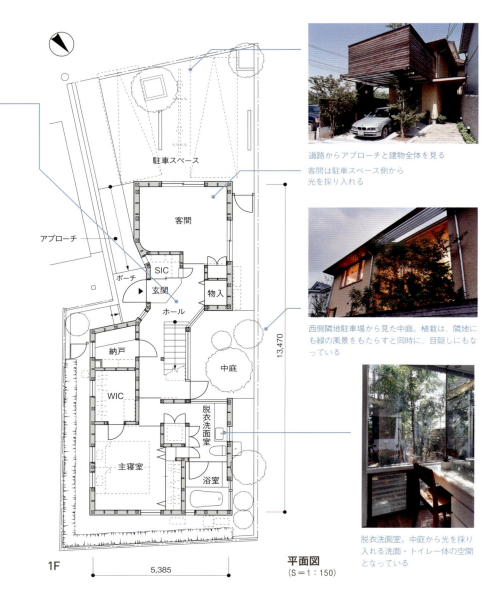

居間と一体になる広いデッキ。シンボルツリー的に植えたアプローチの木がデッキ上に顔を出し、居間では中庭側の緑とデッキ上の緑の両方を楽しむことができる

玄関アプローチには、ガラスの屋根を架け、道路、アプローチ、玄関と次第に室内に導かれる雰囲気を演出している

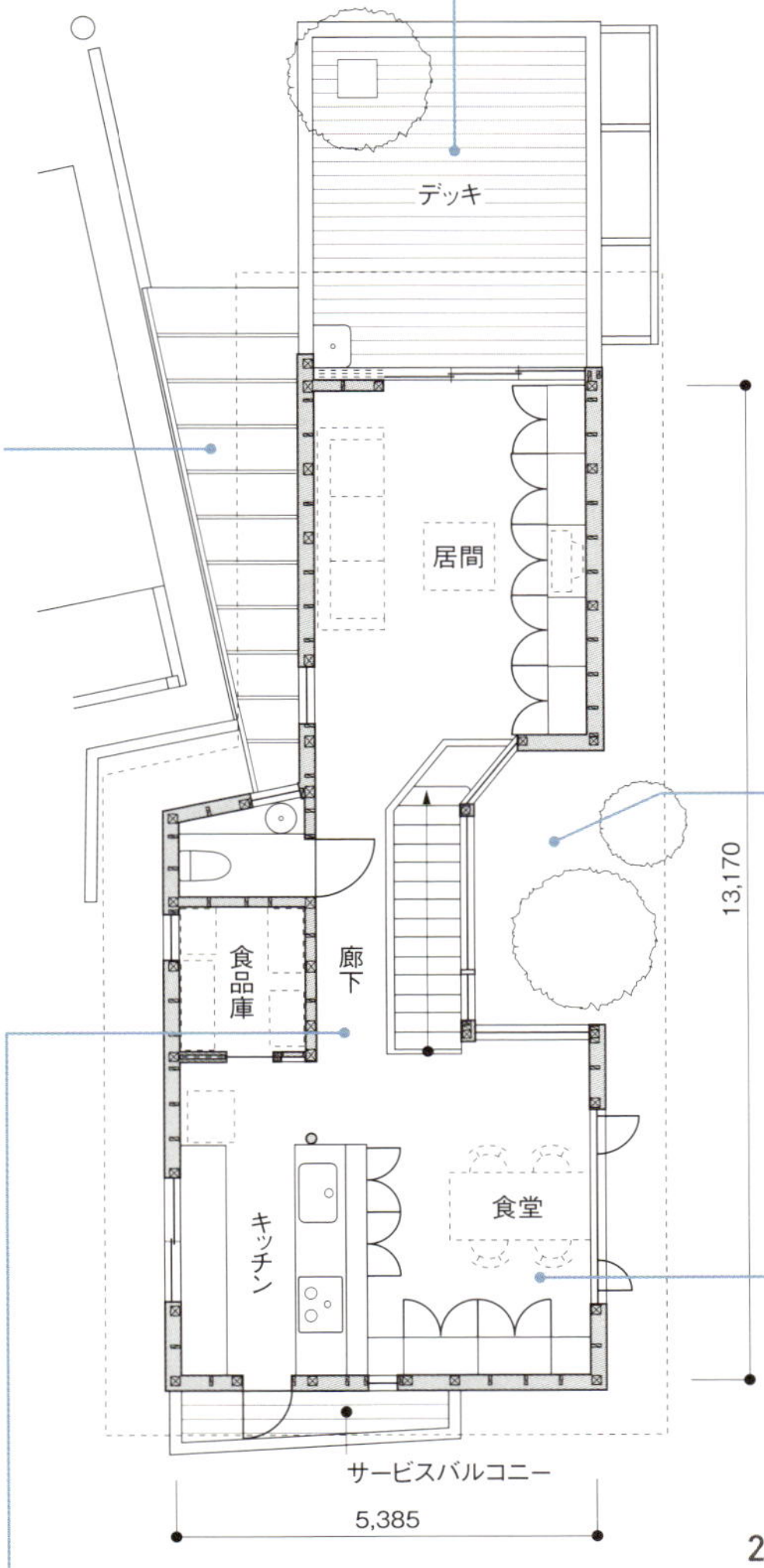

2F

小さな中庭だが、1階各室に十分な光をもたらすとともに、2階の居間や食堂に緑の風景を見せてくれる

玄関ホール。暗くなりがちな寝室や水廻りへ向かう廊下も、中庭からの光が明るく照らす

食堂から階段越しに居間方向を見る。中庭から明るい陽射しがダイニングテーブルに落ちる

キッチン脇から階段上部越しに見た小庭。左が居間

も、中庭に陽光を確保できるよう、中庭の南側の2階部分は部屋にせず、デッキスペースなど陽光の通り道にしておくべきで、反省するところである。建物中央部に設けた中庭の周囲をガラスにして、駐車場の上に跳ね出すようにデッキをつくる場合、東西の揺れに対しての構造壁がとりにくいので、基本設計段階で対策を考えておく必要がある。

「真間川の家」

A コの字平面で中庭を活用する

細長い敷地を生かす間取りとは？

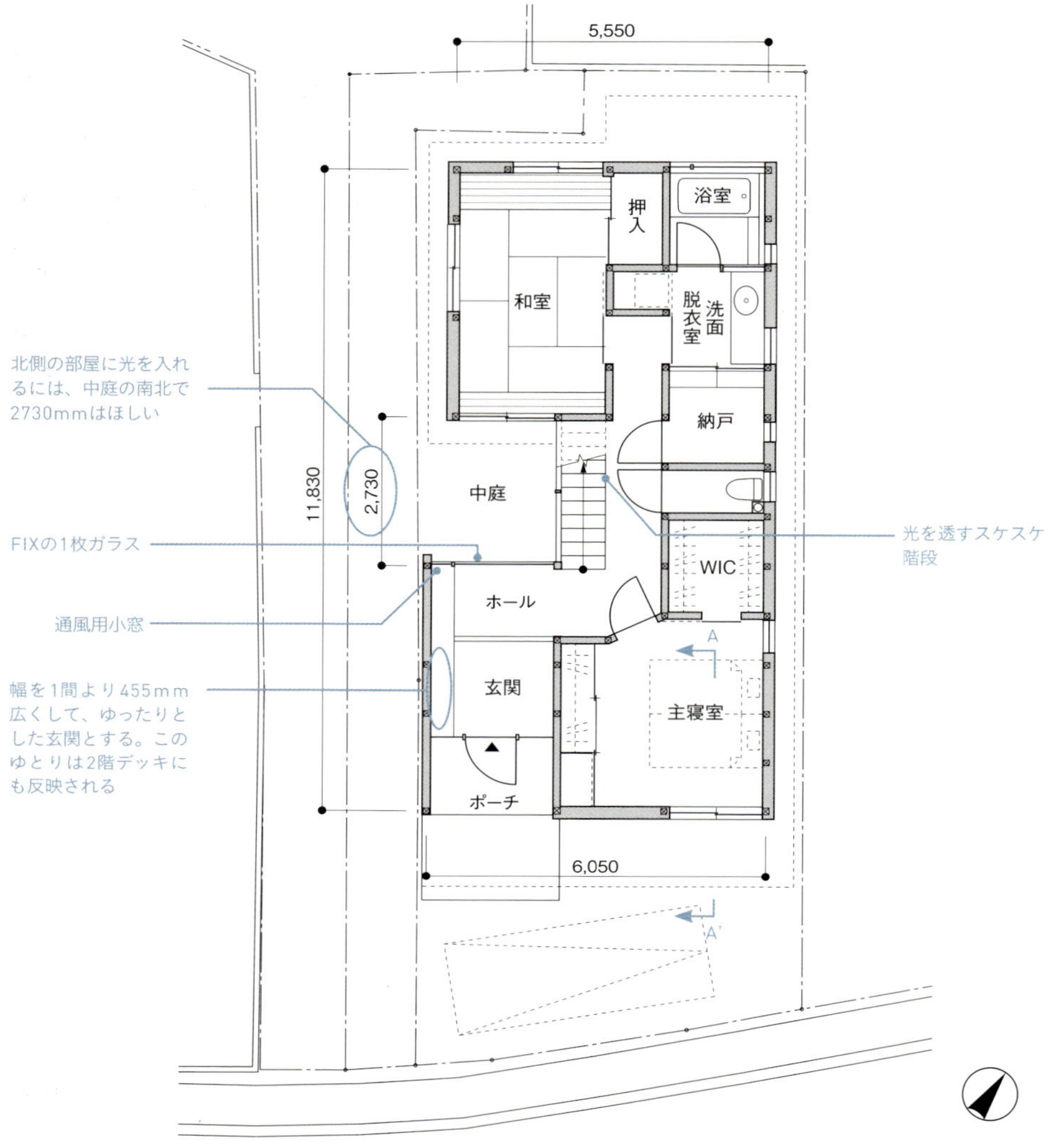
5,550
浴室
押入
和室
脱衣室
洗面
納戸
中庭
11,830
2,730
北側の部屋に光を入れるには、中庭の南北で2730mmはほしい
FIXの1枚ガラス
通風用小窓
光を透すスケスケ階段
WIC
ホール
玄関
主寝室
A
幅を1間より455mm広くして、ゆったりとした玄関とする。このゆとりは2階デッキにも反映される
ポーチ
6,050
A'

平面図
(S＝1：150)

1F

建て込んだ敷地で、奥行きのある南道路の敷地では、南に玄関もあり、陽の当たる部屋を多くは取れない。1階の廊下や北側の部屋は日中も暗くなりがちだ。

そのような場合、家の中央付近の東西どちらかに、コの字型の庭を設けることで家全体の様子が一変する。ポーチのドアを開けると庭が見える気持ちよい玄関となり、段板だけの階段を、廊下と一緒に庭に沿わせることで、庭に面するすべての個所が快適になる。

構造的には、庭廻りに耐力壁をとりにくく、工事費も幾分増す。でもそれを補ってあまりある。

この手法での重要な技は、つくらないという技である。つまり総2階で計画したいところを、庭の南側玄関の上には建築しないということである。これにより庭に陽射しがよく入って生きた庭になり、1階の北側の部屋にも陽が入る。階段上の2階は壁をつくらず、透ける手すりのみにすることで、視界をさえぎらず居室を広く見せることもできる。

「鎌倉の家」

コートの南側には2階を設けずデッキなどにして陽射しが下階にも届くように、また食堂のFIX窓の下は引違い窓にして、風が通るようにしてある

コートに沿った段板のみの階段で、廊下も明るく風通しがよくなった

正面に庭が見える玄関ホール。玄関に入ると中庭が目に入る。その向こうの和室もかすかに見える

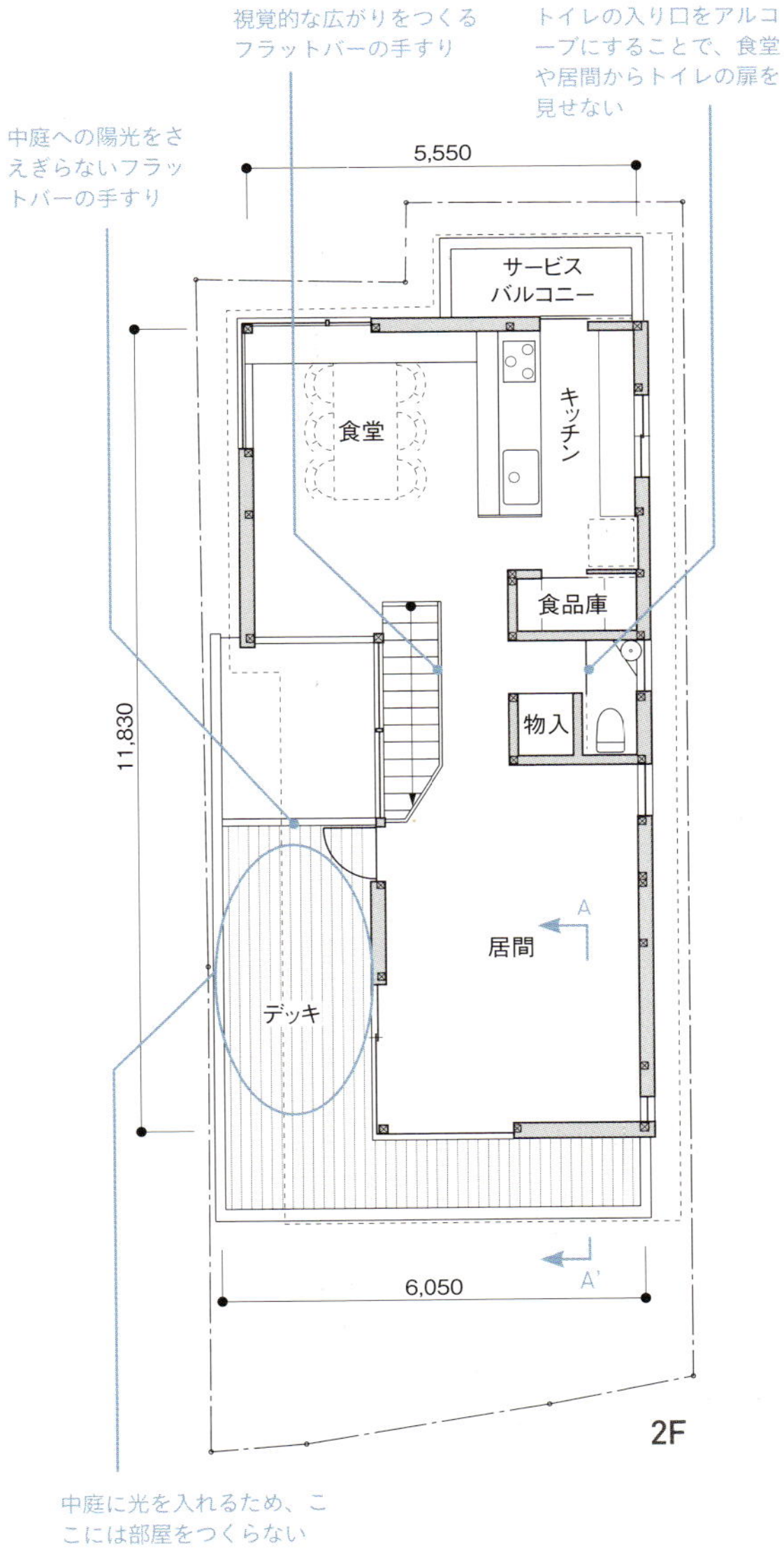
視覚的な広がりをつくるフラットバーの手すり
トイレの入り口をアルコーブにすることで、食堂や居間からトイレの扉を見せない
中庭への陽光をさえぎらないフラットバーの手すり
5,550
サービスバルコニー
食堂
キッチン
食品庫
物入
11,830
居間
A
デッキ
6,050
A'
2F
中庭に光を入れるため、ここには部屋をつくらない

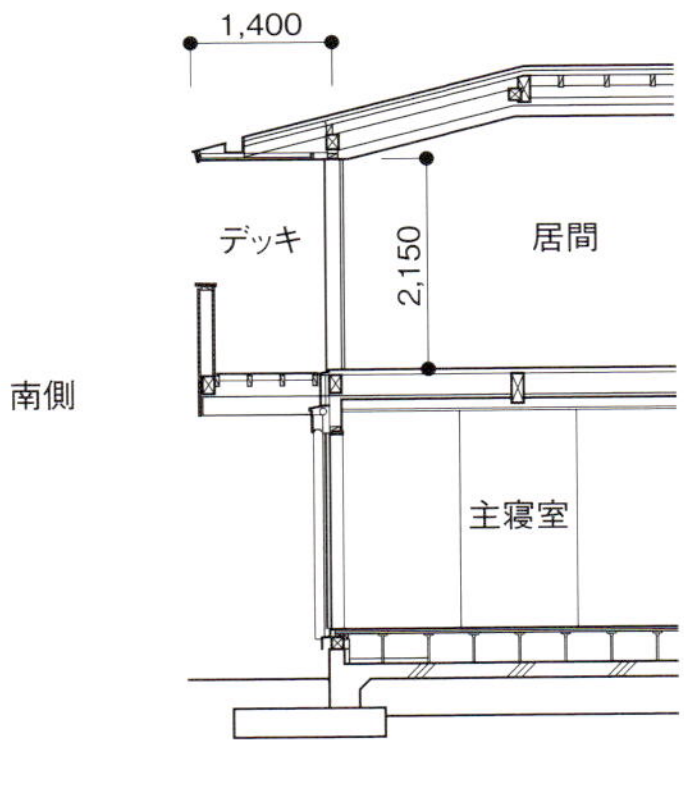
1,400
デッキ
2,150
居間
南側
主寝室

A-A'断面図
(S＝1：150)

密集地で中庭をつくるときの注意点は？

A 十分な日照が得られるか検討することが大切

車庫から寝室方向を見る

中庭からの見上げ。右上が居間、左上が個室。ペントハウス上が全体の棟になっている

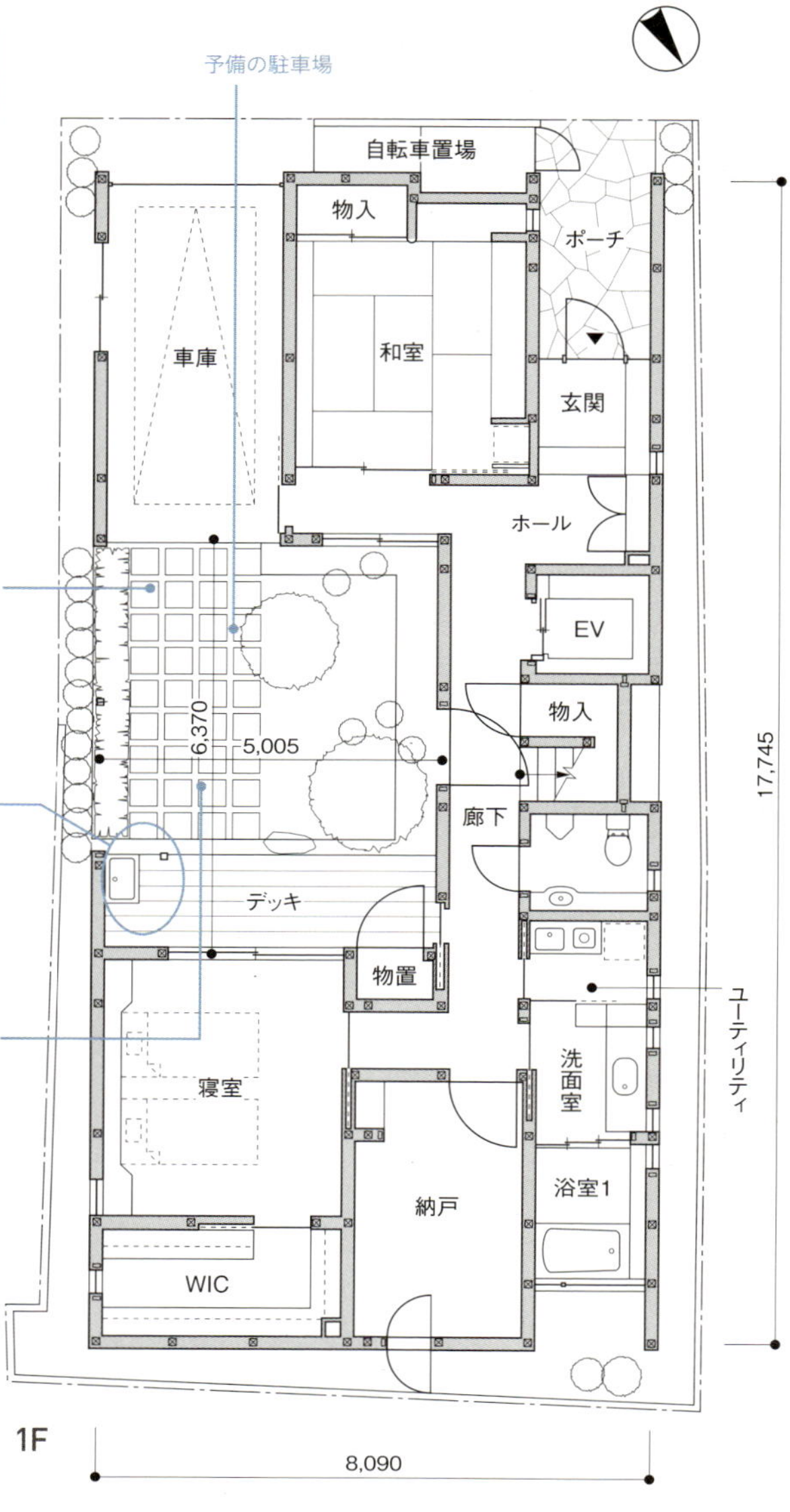

玄関ホールから見ると、このあたりが東側回廊によって暗く見えてしまう。デッキと回廊を、グレーチング床にするなど、光を落とす工夫をするべきだった

平面図　1F
(S＝1：150)

中庭から採光する場合、法的に必要な距離はほとんどの場合5mあればよい。しかし戸建住宅の中庭は、マンションのように採光のためだけにあるわけではなく、外部のもう1つの部屋である。その空間は魅力的でなければいけない。その魅力を生み出す要素の1つが陽光である。

総2階の場合、中庭の地面から軒、特に庭の南側の軒先までの距離と広さに大きく関係してくる。事例の場合、庭の広さは東西5m南北6.3mほどあり、壁の高さが西側7.5mほど、南側5.5mである。特に2階東側デッキレベルに回廊を回したため、中庭の東西の空間幅が実質4mほどになっている。回廊部分のデッキの手すりの高さが東側隣家の目隠しを兼ねて2mになっていて、陽光が十分入ってこない状況をつくり出してしまった。これでは植栽が生き生きせず、回廊の下の空間が薄暗く、魅力的な空間にならない。

中庭での必要機能は予備の駐車スペースということだったのでこの構成としたのだが、寝室や廊下

2階個室前の廊下から2階デッキを見る。デッキの下は暗くなりがちだ。デッキ床はグレーチングにすべきであった。ただ、写真右側に見える壁も2mほど高さがあり、周囲の視線を気にすることのない、プライベートな小宇宙は形成できている

居間には食堂に射し込んだ光が届き、さらにトップライトからも光が落ちてくる。居間にはこれら以外の開口部がなく、壁・天井のほとんどが左官仕上げで、囲まれた感のある落ち着いた空間となっている

居間から階段・デッキ方向を見る

居間から見る。食堂に中庭からの光が射し込む。居間と食堂のあいだには、目隠しとしてロールブラインドを仕込んだが、ほとんど使われてはいないようだ

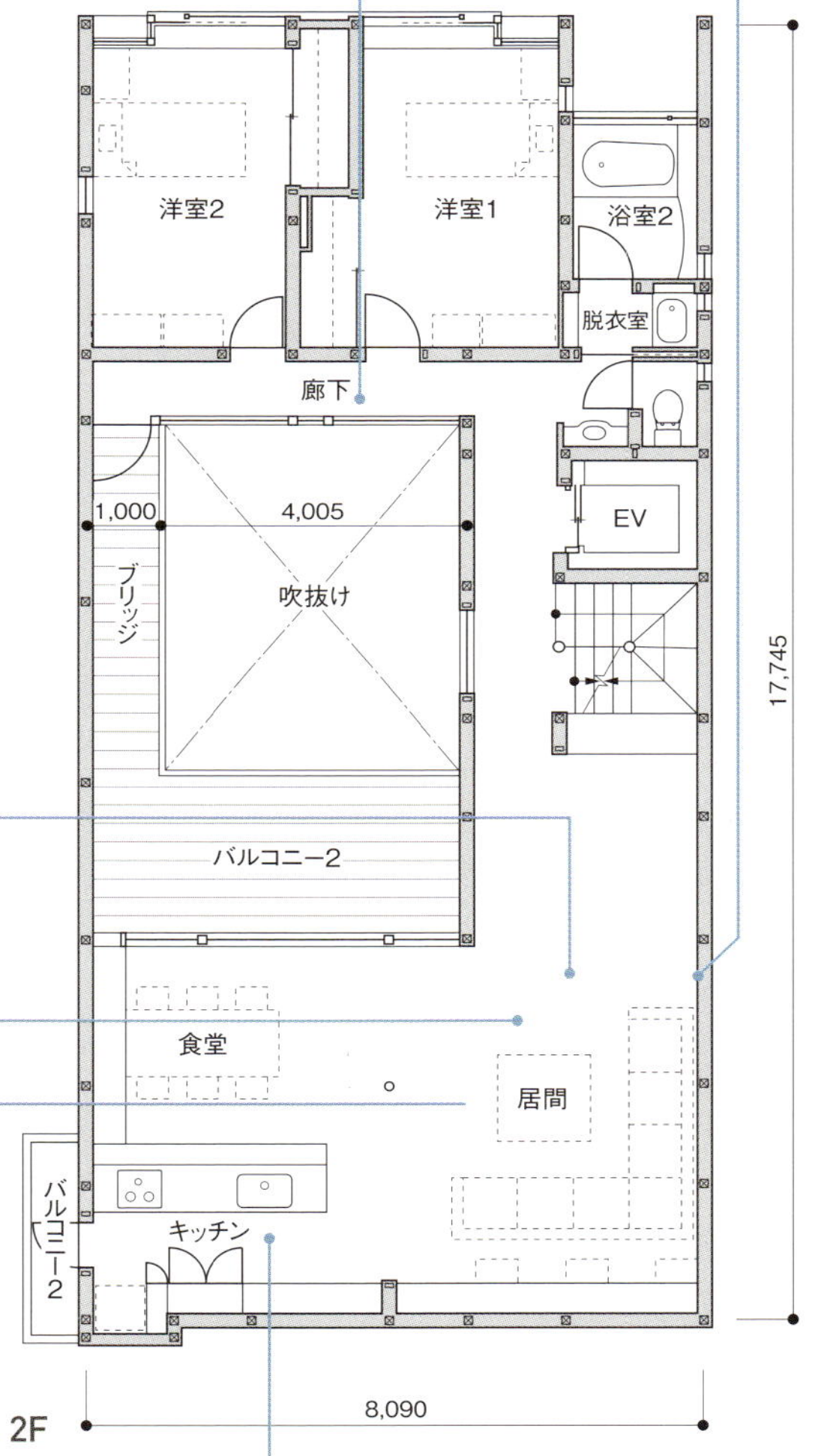

壁が長すぎて、左官壁にクラックが生じた。2〜3mピッチに縦目地をはじめから入れておくべきであった

キッチンは、ほぼすべての場所を見渡すことができる要の位置に置いてある

を通る際に見えるところである以上、東側の回廊をなくすなど、もう少し違ったやりようがあったかもしれない。

「文京区の家」

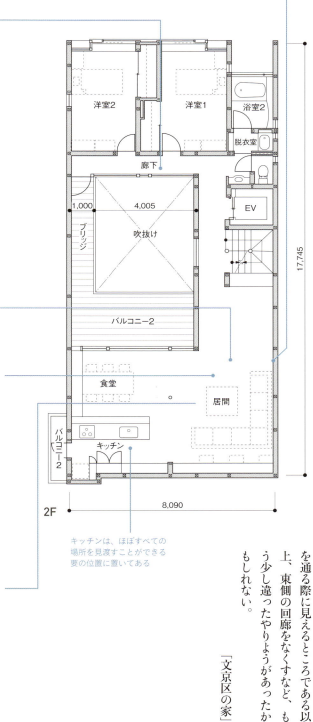

Q 04

湾曲した敷地をどのように有効活用するか？

A 厚板集成材の壁を角度をつけて湾曲に並べる

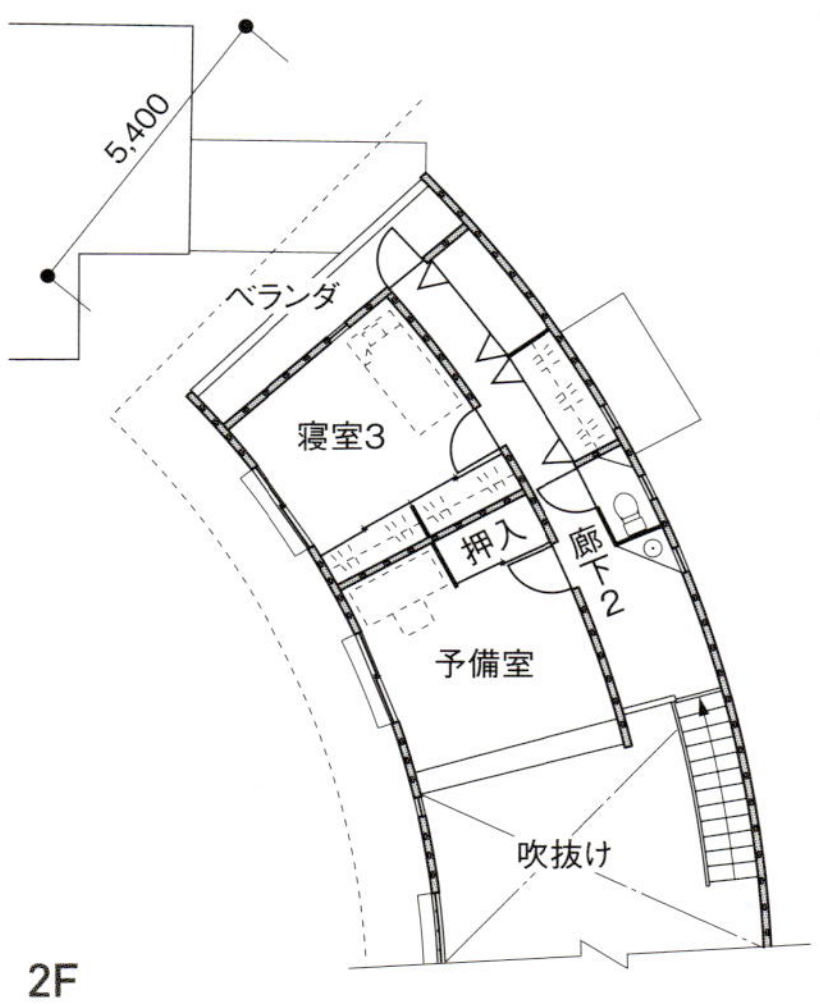

2F

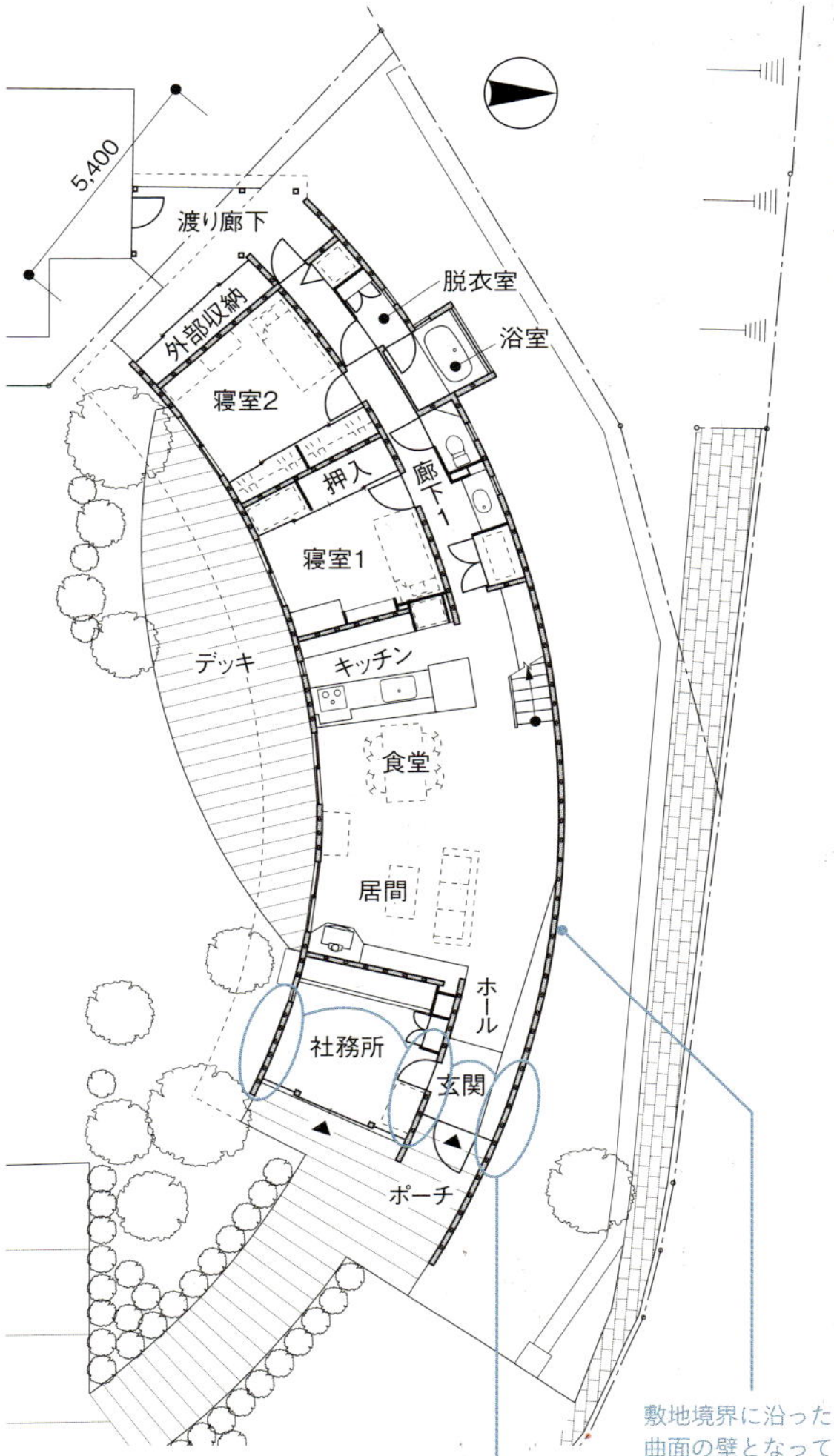

敷地境界に沿った曲面の壁となっている

1F
平面図
(S＝1：250)

集成材パネルの幅は、円弧の外側壁450mm、内部仕切り壁400mm、内側壁300mm。厚みはいずれも120mm、各パネルを1度振って連結させている

段々形状が現れている天井。屋根スラブを受ける梁は、屋根上に飛び出している鉄骨が支えている

建築デザインとは、意図する概念やイメージがあって、その実現のために構成を考える行為である。これは計画手法でいえばコンセプチャル（芸術的）アプローチということができる。この場合、意図する空間や建築の構造形式が、すでに頭のなかに存在している。その構造形式が既存の形式によるために無意識のうちにイメージの限界を設定していることがある。それを無視してイメージを形にしようとすると技術的にも費用的にも無理が生じ、危うい建築になりかねない。

この事例は、新しい特異な建築空間が先にあったわけではなく、デザインの視覚的イメージがあったわけでもない。必要空間の固まりが、敷地に沿って並んで連なってあっただけである。それを新たな構造形式を設定して、それに乗せて導かれるように、視覚的形態が形成される、テクニカル（技術的）アプローチとして計画された。これは、かたちをこねくり回して無理やり新しい形態をデザインしようとするよりは、自然に新鮮な

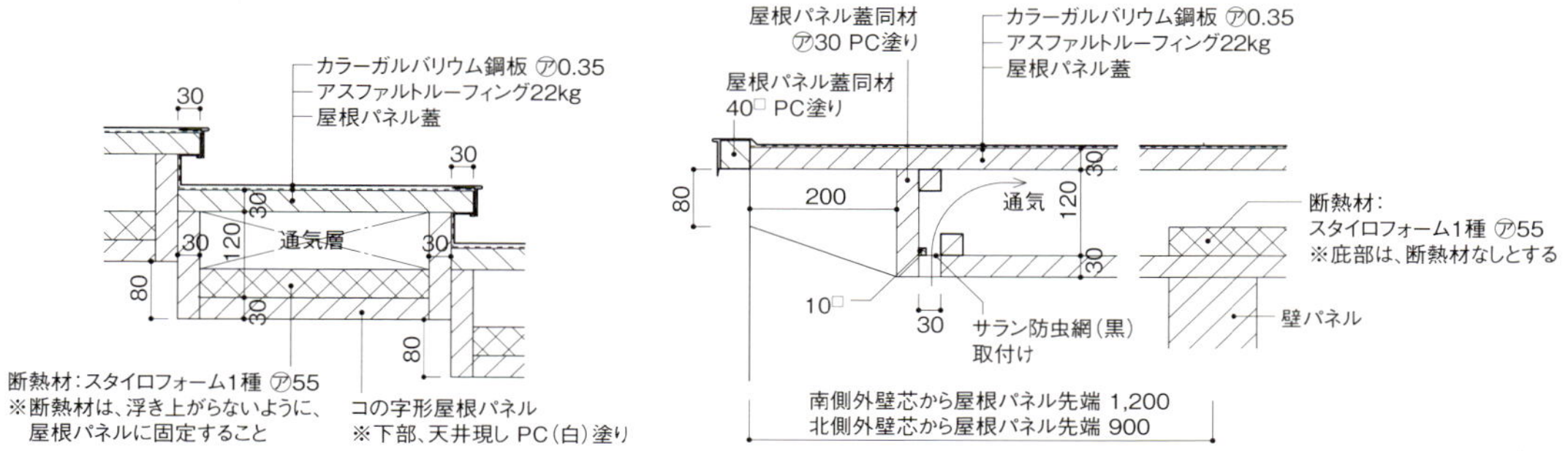

各壁パネルに、段状に載っている中空集成材屋根パネル。平面形状は扇型で、そのために屋根全体が3次曲面なり得ている。支える壁のない開口部の上では、屋根上に突き出たスチールプレートでパネルを吊っている

部分詳細図
（S＝1：15）

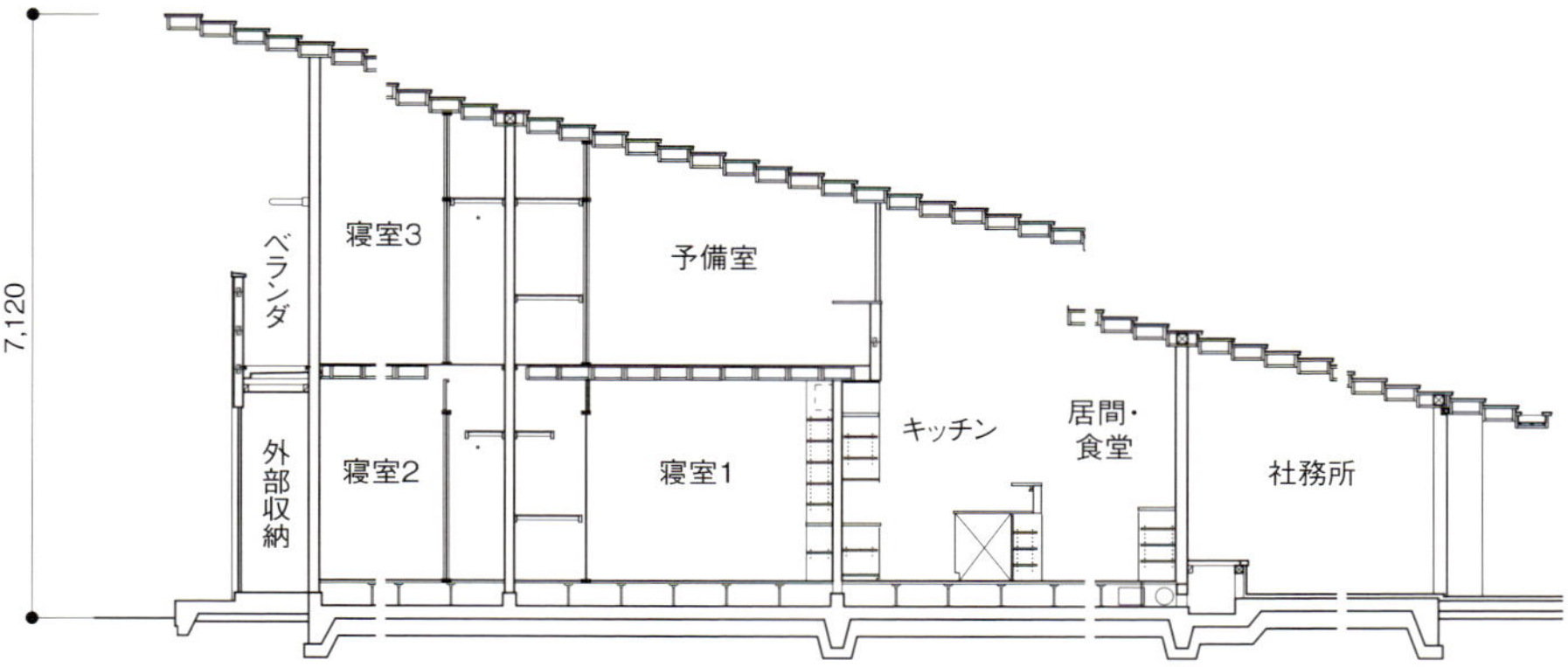

矩計図
（S＝1：150）

右/東側より見る。右正面のガラス部分が社務所。右端に住居入口がある。東から西向けて、屋根が湾曲しながら高くなっているのがわかる
左/南面するデッキと軒先空間。軒先のデザインは自然に生じた形態

形態デザインを生み出す、1つの手法である。

厚板集成材（幅450㎜以下、厚み120㎜、長さ6ｍ以下）で構成された壁は、板を少し角度を付けて並べれば自然に湾曲する。その板壁の高さを少しずつ変えれば段状の傾斜空間が構成される。高さの異なる板壁に中空集成材（垂木）スラブを載せていけば内外同一レベルの天井と段々形状の屋根ができる。中空集成材の中空部分に空洞半分の厚みの断熱材を敷き込み、残りの空洞を射熱逃がしの通気層にし、破風に通気口を設けることで軒先のデザインが自然に導かれる。開口部上の桁はスチールプレートでスラブを吊るように架け、屋根の上に竜骨のように飛び出す素直なデザインとしている。

「昇龍木舎」

Q 05

鋭角な角地をもつ敷地をどう生かすか

A フィックスガラスの吹抜けで特徴を強調する

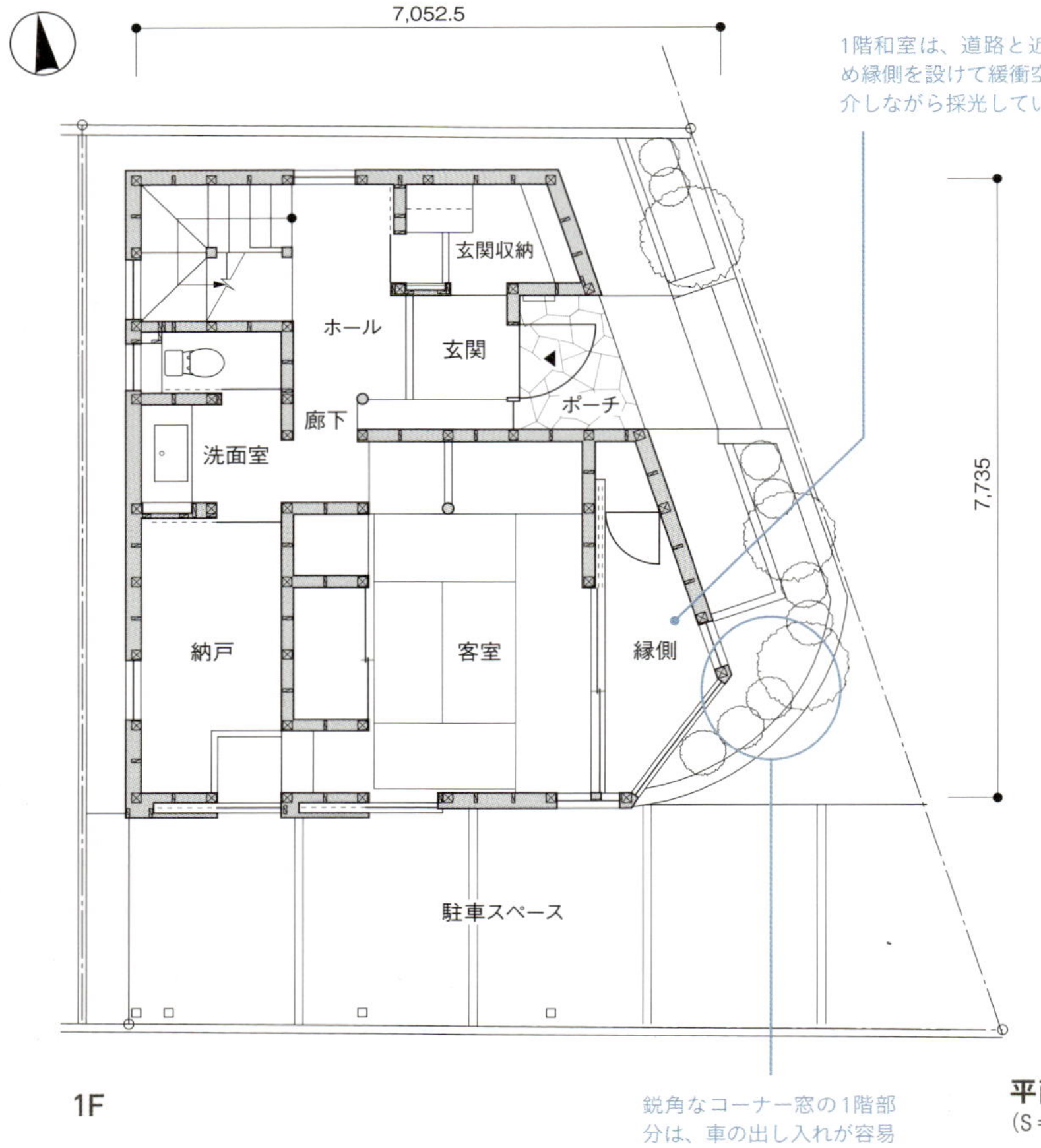
1階和室は、道路と近いため縁側を設けて緩衝空間を介しながら採光している
鋭角なコーナー窓の1階部分は、車の出し入れが容易なように隅切りしてある

平面図
(S＝1：120)

敷地の南にある鋭角な部分は無視して、余地や庭にする計画の仕方もある。

事例の場合、意図的にその鋭角を建物の特徴を形成する手がかりとしている。2階から3階まで鋭角に、フィックスのコーナー窓として外観上の特徴とした。3階部分は小さな吹抜けとし、内部的な特徴も形成している。

「北浦和の家」

食堂から居間方向を見る。正面中央に見えるのが鋭角な窓。3階までの吹抜けとなっており、内部の特徴もつくっている

道路側外観。宙に浮くように鋭角なコーナー窓があり、鋭角な屋根とともに建物の特徴となっている

鋭角窓の内観

鋭角窓の夜景

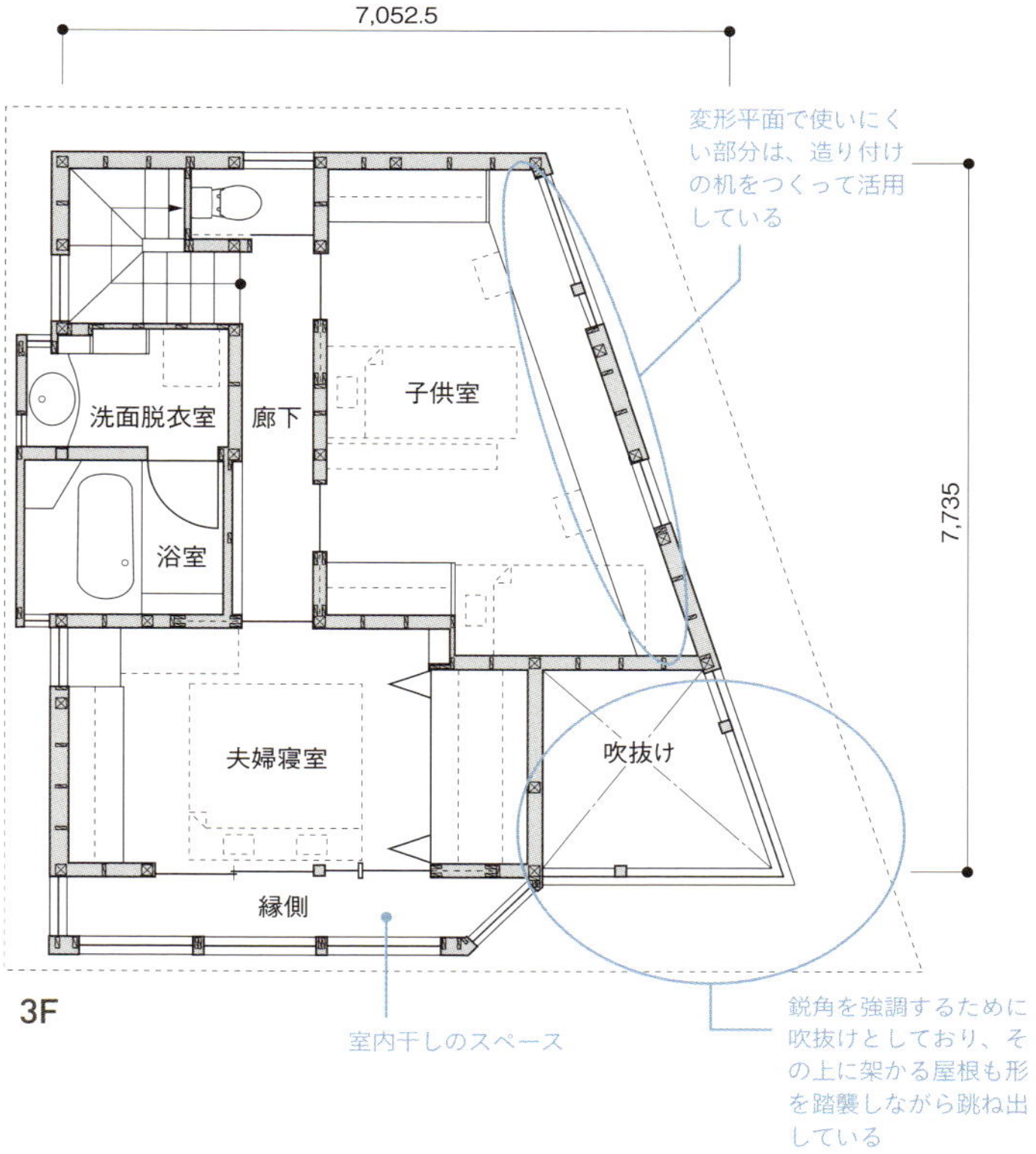

7,052.5
7,735
洗面脱衣室
廊下
子供室
浴室
夫婦寝室
吹抜け
縁側
変形平面で使いにくい部分は、造り付けの机をつくって活用している
室内干しのスペース
鋭角を強調するために吹抜けとしており、その上に架かる屋根も形を踏襲しながら跳ね出している

3F

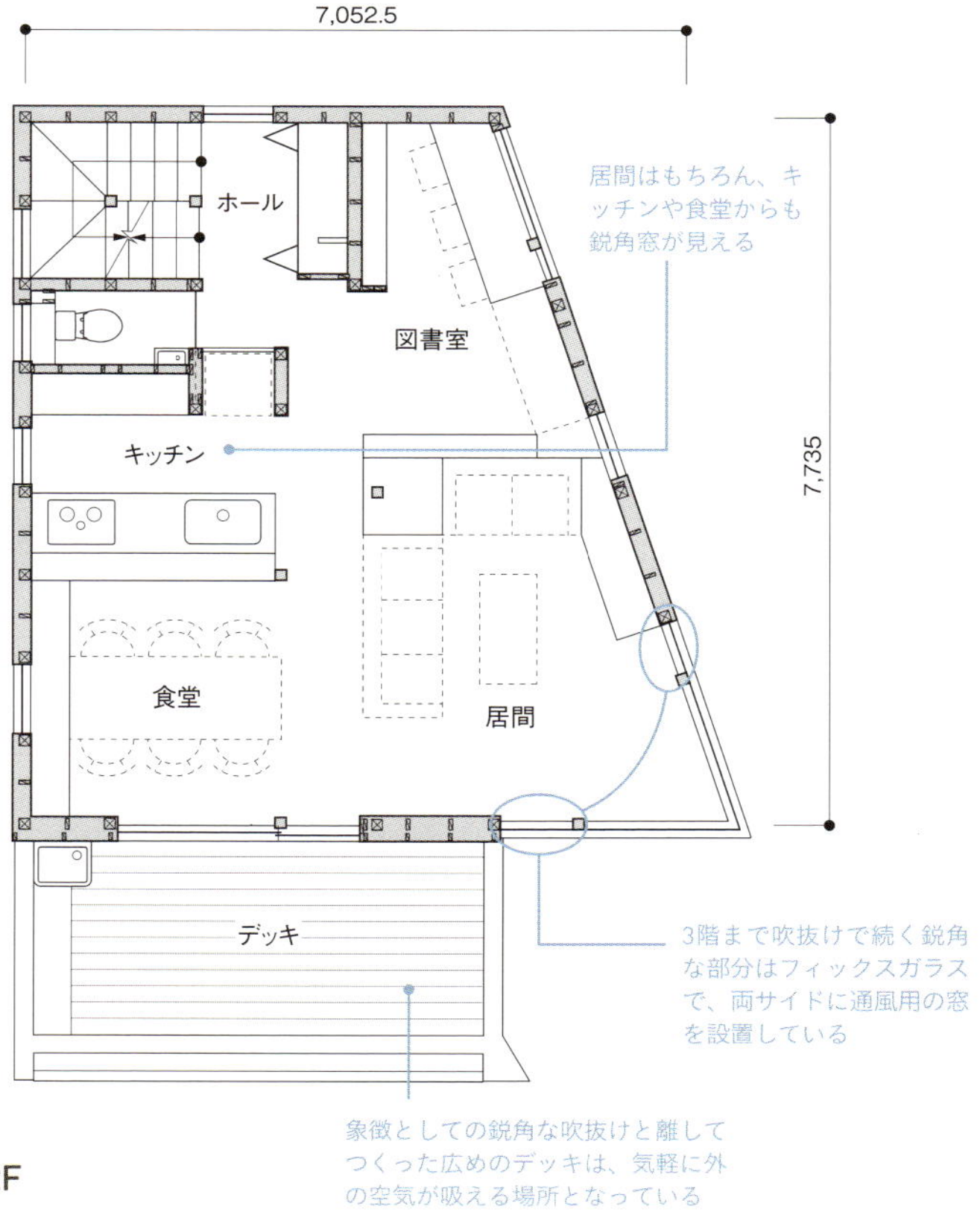

7,052.5
7,735
ホール
図書室
キッチン
食堂
居間
デッキ
居間はもちろん、キッチンや食堂からも鋭角窓が見える
3階まで吹抜けで続く鋭角な部分はフィックスガラスで、両サイドに通風用の窓を設置している
象徴としての鋭角な吹抜けと離してつくった広めのデッキは、気軽に外の空気が吸える場所となっている

2F

A すべてを連続する東南角部屋とし、方形の屋根を架ける

恵まれた、東南の角地を生かし切るには？

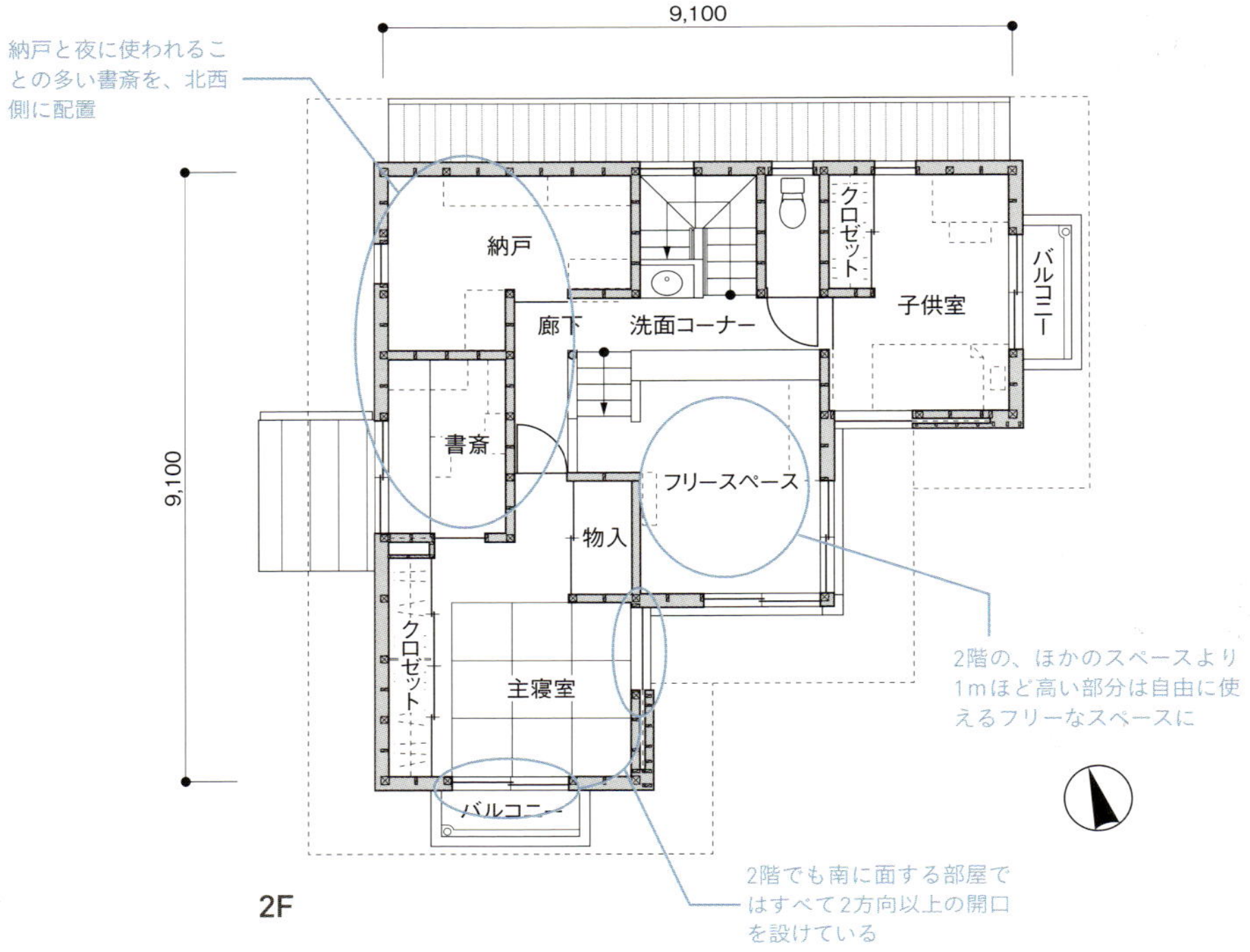
9,100
9,100
納戸と夜に使われることの多い書斎を、北西側に配置
納戸
廊下
洗面コーナー
クロゼット
子供室
バルコニー
書斎
フリースペース
物入
クロゼット
主寝室
バルコニー
2階の、ほかのスペースより1mほど高い部分は自由に使えるフリーなスペースに
2階でも南に面する部屋ではすべて2方向以上の開口を設けている
2F

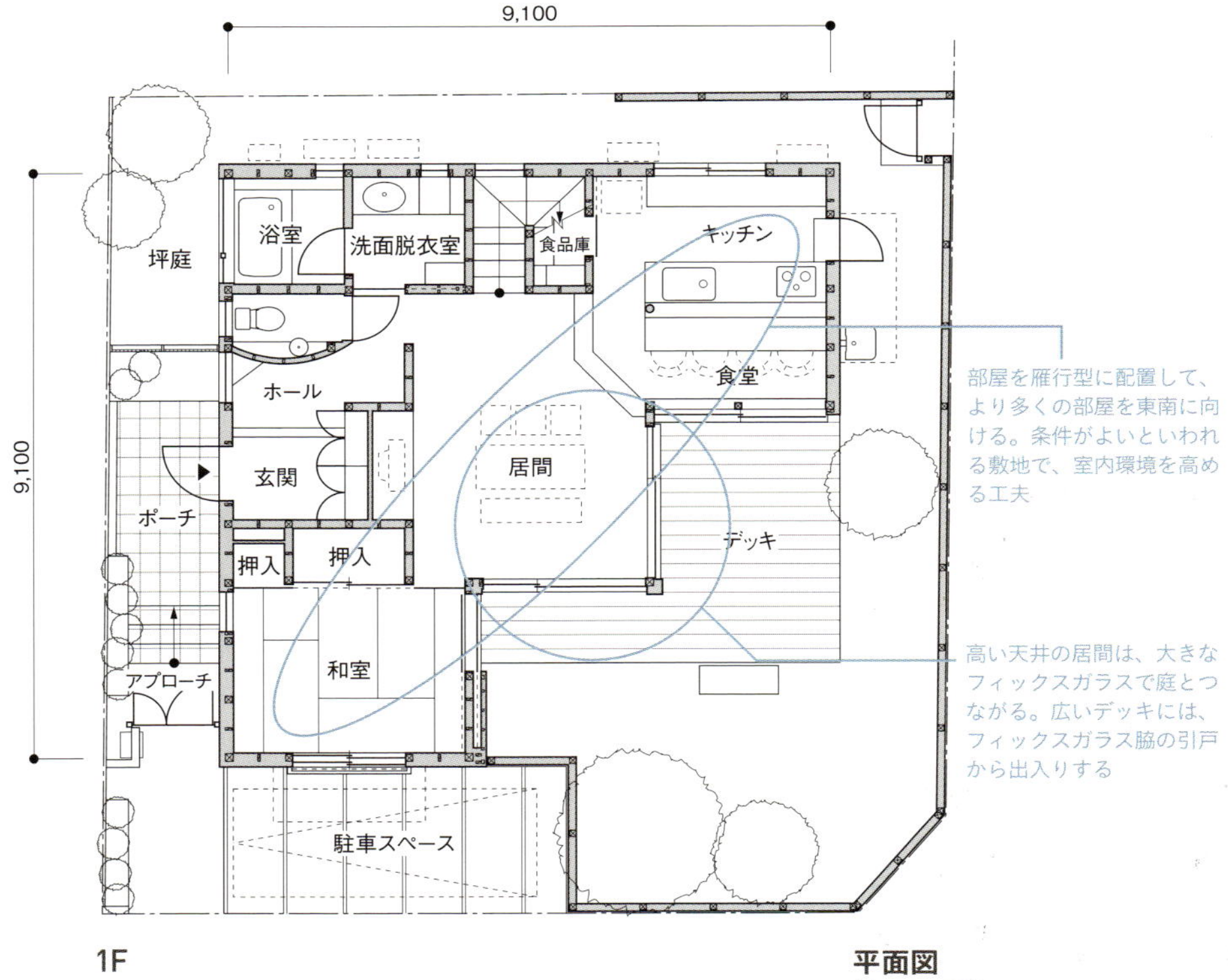
9,100
9,100
坪庭
浴室
洗面脱衣室
食品庫
キッチン
食堂
ホール
玄関
居間
ポーチ
押入
押入
デッキ
和室
アプローチ
駐車スペース
部屋を雁行型に配置して、より多くの部屋を東南に向ける。条件がよいといわれる敷地で、室内環境を高める工夫
高い天井の居間は、大きなフィックスガラスで庭とつながる。広いデッキには、フィックスガラス脇の引戸から出入りする
1F

平面図
(S＝1：150)

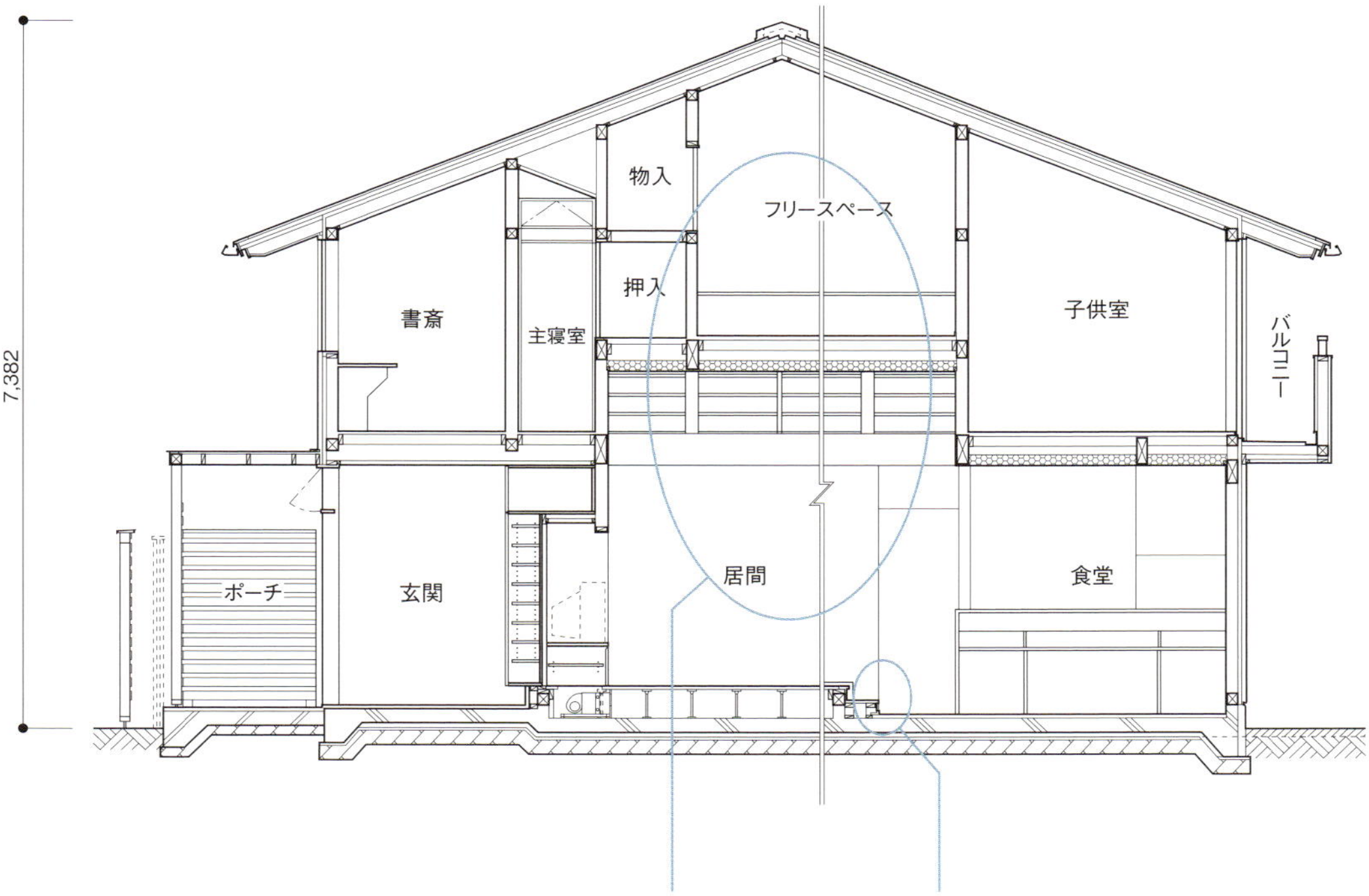
1階居間だけ天井を高くして空間に変化を与えている。天井が高い部分の上はフリースペースとして用途を決めず、自由に使えるスペースとした
食堂とキッチンは、居間レベルより150mm下げて、居間と分節している

矩計図
(S＝1：100)

上/南側外観。3つの棟が、コーナーを南に向けて並んでいるように見える。南側に向くすべての部屋は2方向に開口をもっている
下/1階居間からキッチン・食卓方向を見る。居間のみ天井高を高くしてあり、デッキにつながる開口に加えて欄間からも明るい陽射しが入ってくる

設計者は、困難な条件を克服せねばという責務は常に意識するが、恵まれた条件の場合、困難なときと同じだけの落差を、恵まれた状況に、さらに高見の境地に加算できなければという責務の意識は少ない。つまり恵まれた条件でいい住宅をつくっても、それは依頼者の手柄でしかない。面倒な工事での上手な施工は施工者の手柄で、設計者の手柄ではない。恵まれた度合いほど、設計のハードルが高いという意識は少ないということである。

不動産取引の専門家からは東南の角部屋がもっとも望ましいといわれている。この事例はすべての部屋をその東南の角部屋とし、北東から南西に鋸刃のように斜めに三部屋、1、2階とも並べてある。その上で、中央の部屋の天井を高くして方形の屋根を載せている。

軒先は段状の鼻隠しとなる。1階の中央の部屋の階高をほかの部屋より高くして居間とし、その直上階を家族誰もが自由に使えるフリーな空間としている。ただ、恵まれた条件に応えたというほど、高いハードルを越えられたとはいえず、かように設計は難しい。

「玉川学園の家」

Q 07

周囲の建物から見下ろされる広い敷地の模範解答とは？

A 普遍的形態の円形コートで解答を探る

集中豪雨で雨水が流入するのを避けるため、生活空間を2階にもち上げている

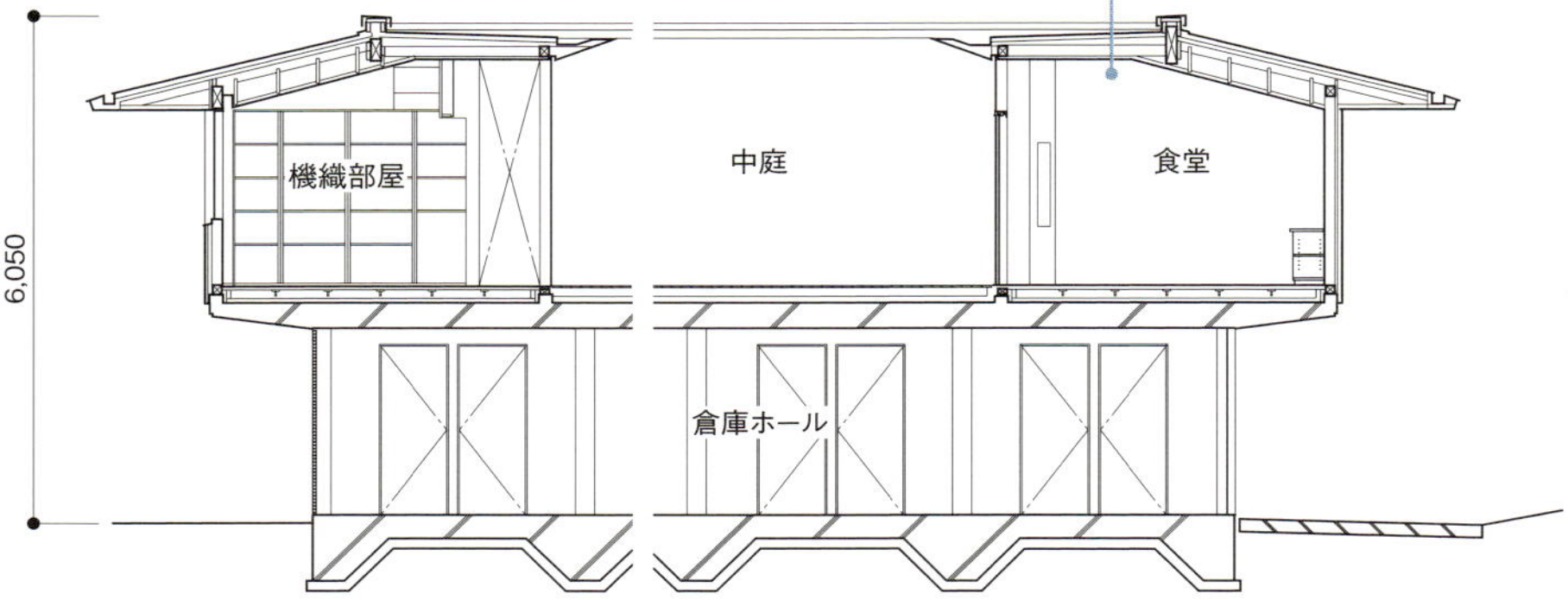

矩計図
(S＝1：150)

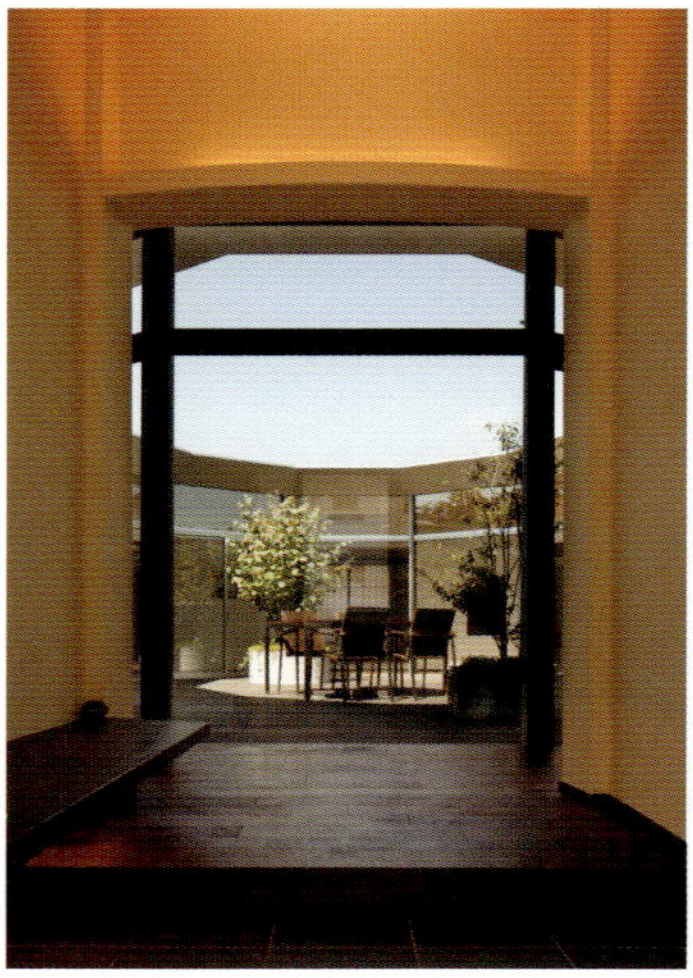

右上/普遍性を強調して形態はシンメトリーに。内部の様子を外に伝えず、外部は抽象的に漆喰壁の白と深い軒だけで構成している。唯一の表情をもつ階段は、道路から半階上がって玄関であることを示している
右下/朝は和室とキッチン・食堂に、日中は食堂に、夕方は居間に日が射す
左/玄関に入ると中庭があり、全体の構成が一瞬でわかる。中庭は普遍的形態である円形としている

設計者の役割は、個別的条件に応えて形態化することである。通常はそれでよい。事例の敷地は多少余裕があり、極端に個別的な条件や要請はないので、要望を普遍的なものに翻訳し、解答の形態も普遍的なもので応えている。

要望の第一は、庭が周辺の集合住宅などから見下ろされず、プライバシーを守ることができ、自然の風雨等の脅威から守られ、かつ陽光を終日満喫できること。そのほかに、陽射しを冬には入れつつ、夏は入れない。外壁が汚れにくく、洗濯物や布団干しが楽で、家族の個々の機能的生活が保障されつつ、気配は皆で共有でき、狭くなく広過ぎない住宅にすることであった。

これらは個別的でもあるが、住宅設計での普遍的要請でもある。そこで普遍的要請に応えた汎用性のある形態を求めた上で、個別的条件を満たそうとした。

その結果、道路より1.2m低い敷地の住宅として、集中豪雨で道路から溢れくる雨水の浸入を避けるべく、居住階を1層分もち上げ

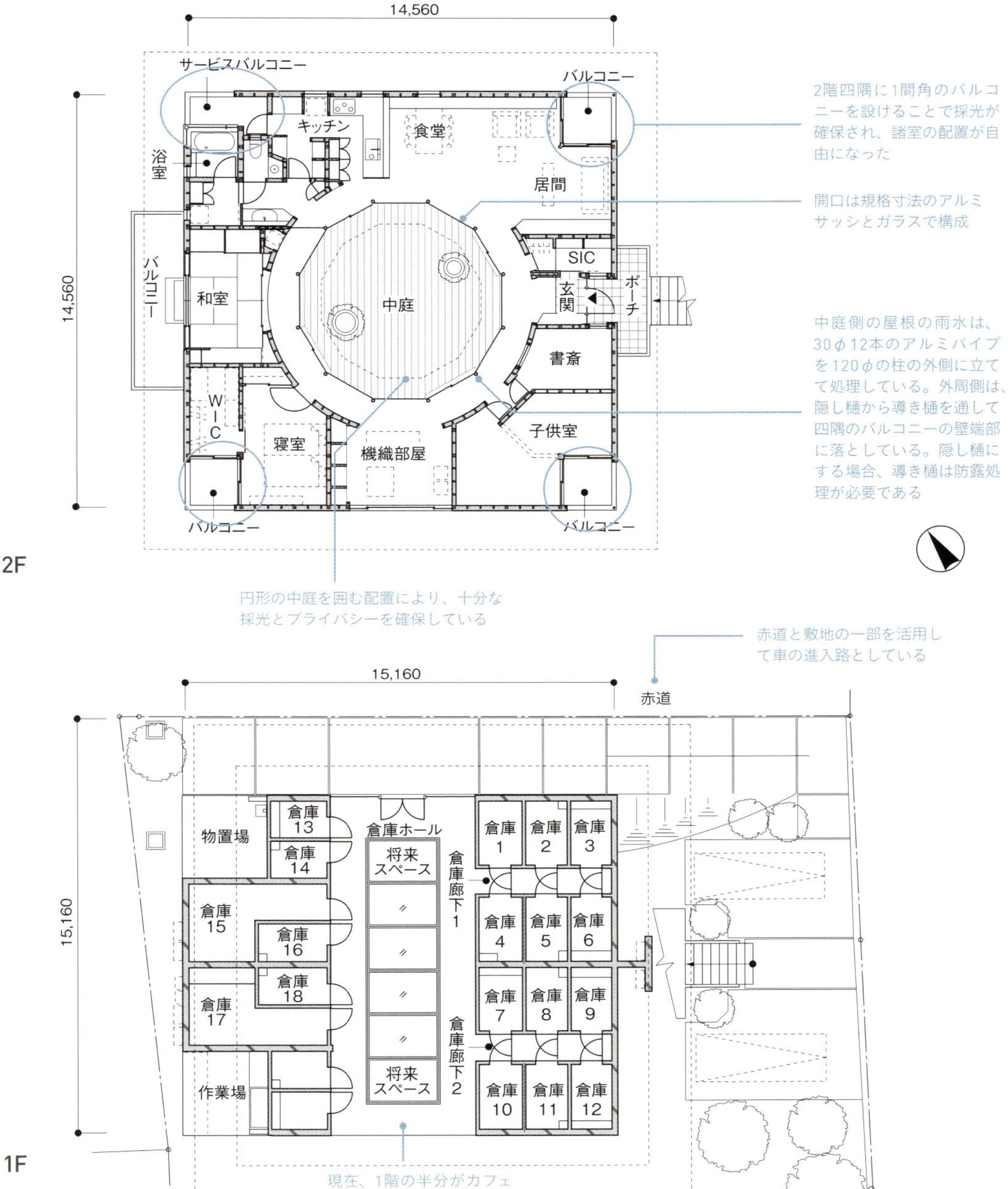
現在、1階の半分がカフェレストランになっている

平面図
（S＝1：250）

出が1.5mの軒の垂木は、105×35mm@450mmだが、天井野縁と間柱でトラス構造にしてあるので、荷重もあおりも問題ない

る。その下を、もち上げの工事費増加分の補填費用を稼ぎ出すための賃貸スペースとする。もち上げた方形の居住階中央に、円（12角）形の中庭を設け、他者からまったく見られることのない、終日中庭から陽光の入る住まいとする。

外壁の汚れ防止と陽射し制御のために軒を深く出すのみで、個別的表情は外部には出さず、普遍的形態とする。これは概念を形態化する計画手法＝コンセプチャルアプローチである。周辺に集合住宅等の個別的形態の建物が多いためか、結果として、町並み的に際立った形態になってしまっている。

「万円汎居」

Q 08

住宅街で快適な別荘をどうつくるか？

A 高い塀を立て、広いコート中心の構成とする

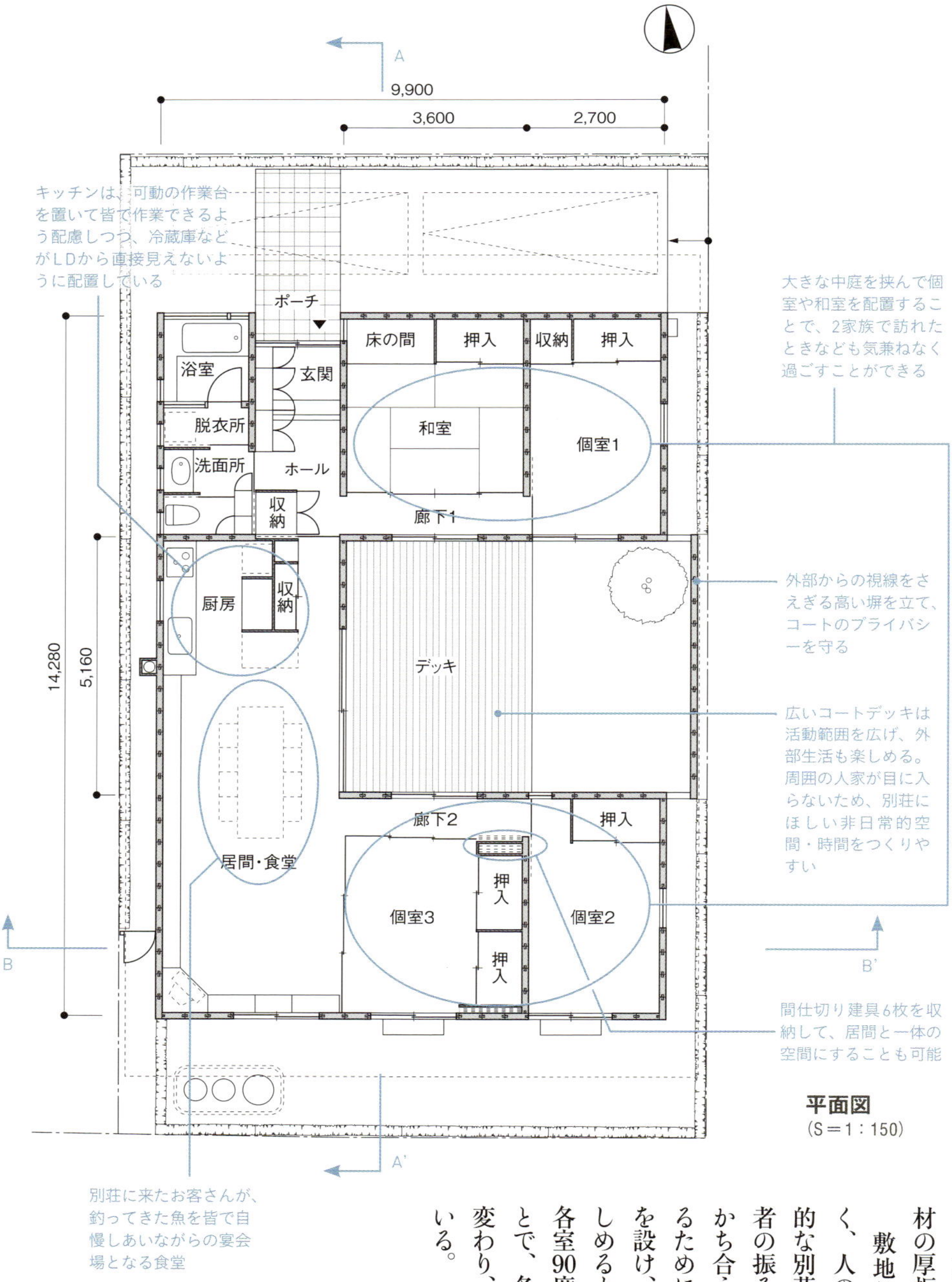

A
9,900
3,600
2,700
キッチンは、可動の作業台を置いて皆で作業できるよう配慮しつつ、冷蔵庫などがLDから直接見えないように配置している
ポーチ
床の間
押入
収納
押入
浴室
玄関
和室
個室1
脱衣所
洗面所
ホール
収納
廊下1
大きな中庭を挟んで個室や和室を配置することで、2家族で訪れたときなども気兼ねなく過ごすことができる
厨房
収納
デッキ
外部からの視線をさえぎる高い塀を立て、コートのプライバシーを守る
14,280
5,160
広いコートデッキは活動範囲を広げ、外部生活も楽しめる。周囲の人家が目に入らないため、別荘にほしい非日常的空間・時間をつくりやすい
廊下2
押入
居間・食堂
押入
個室3
個室2
押入
B
B'
間仕切り建具6枚を収納して、居間と一体の空間にすることも可能
A'
別荘に来たお客さんが、釣ってきた魚を皆で自慢しあいながらの宴会場となる食堂

平面図
(S＝1：150)

海辺の家は潮風で通常の金属製のものは錆や電蝕を呼ぶ。板張りでも釘等が錆びるので、この住宅はほとんど木材で覆うことのできる、集成材の壁式構造とし、集成材の厚板を内外現しにした。

敷地付近は地元の住宅地に近く、人の往来も少なくない。開放的な別荘にすると、息抜きに来た者の振る舞いが、通常の生活者とかち合うことになる。それを避けるために、3間角のコートデッキを設け、気兼ねなく外部生活も楽しめるようにした。そのコートに各室90度ずつずらして面させることで、各部屋からの眺めや視点が変わり、趣も変わる仕掛けにしている。

［夷隅郡の家］

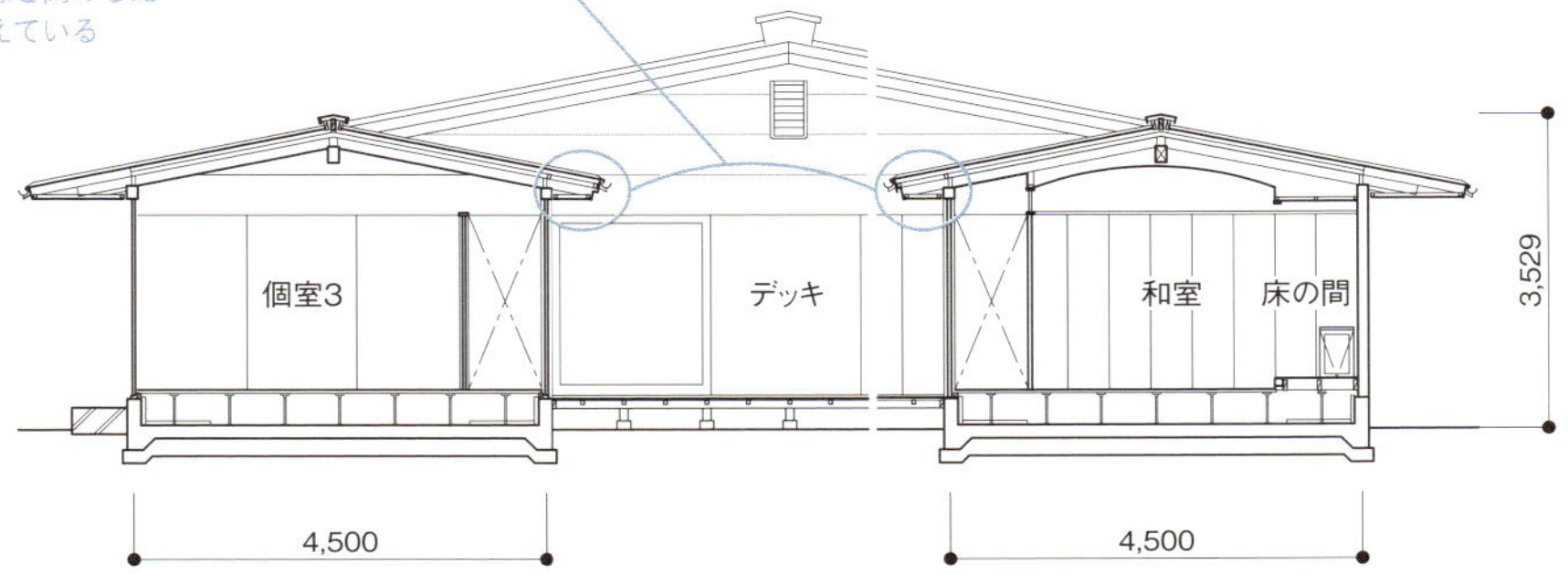
中庭に陽射しを多く採り入れ、また開放感を高めるため軒は低く抑えている

A-A'断面図
(S＝1：150)

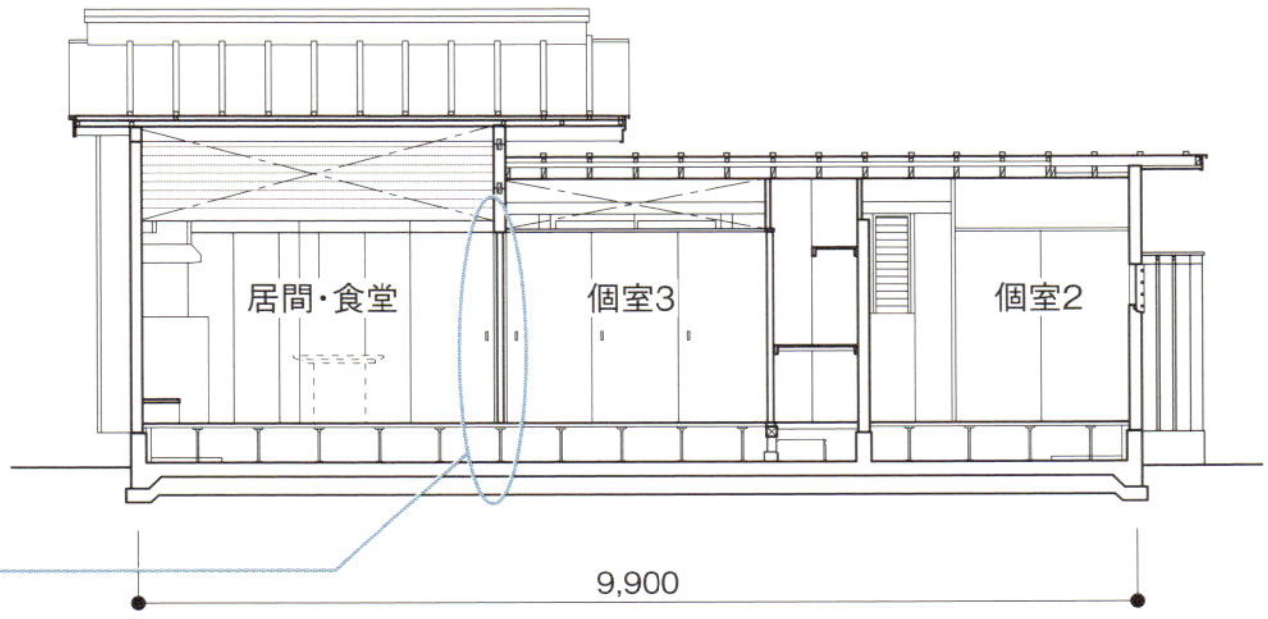
大勢のときは建具を取り払い、居間と連続する大広間となる

B-B'断面図
(S＝1：150)

右/居間から食堂と中庭を望む。食卓の上の照明器具には、プロジェクターが仕込まれている
左上/南側道路から建物を見る。中庭にも、外部からの視線をさえぎる高さの塀を回している
左中/中庭の様子
左下/和室から中庭を見る

南側の高い石垣とどう向き合うか

A 建物と石垣で囲った丸い庭として楽しむ

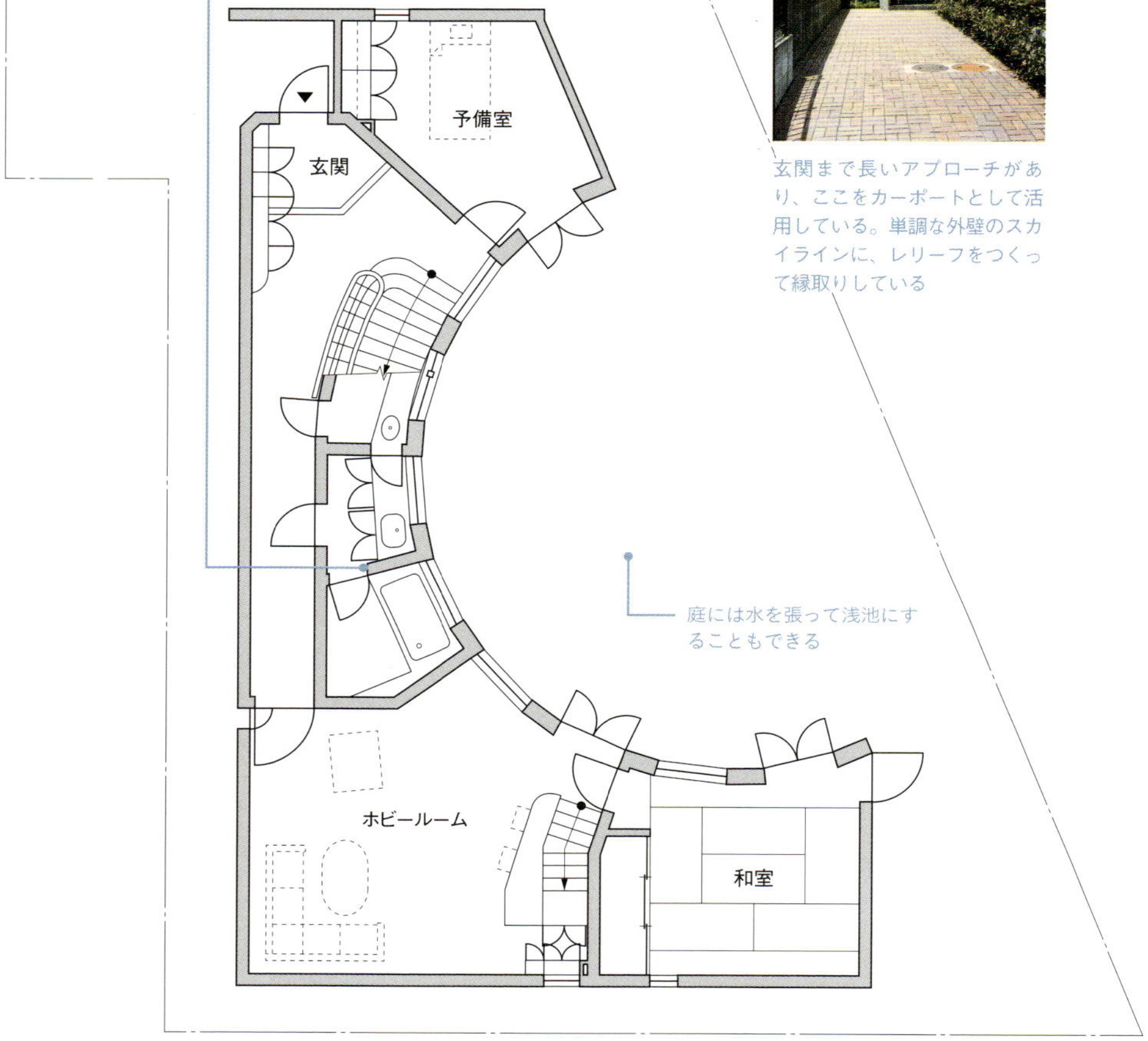
円弧状の壁に交差する間仕切り壁は、円弧の中心に放射状に設けることで鋭角な空間をつくらないようにする。浴槽はタイル張りの高さ400mmの台状の部分に埋め込んでいる
道路
予備室
玄関
庭には水を張って浅池にすることもできる
ホビールーム
和室

配置兼1F平面図
(S＝1：150)

玄関まで長いアプローチがあり、ここをカーポートとして活用している。単調な外壁のスカイラインに、レリーフをつくって縁取りしている

幅3m長さ10mの敷地延長の変形旗竿敷地で、南側に4mの崖を有している。竿状部分はカーポートとアプローチにし、その先端に玄関を設ける。変形敷地なりに台形状に総2階の床を設け、崖に向かってその床面から半径5mほどの半円を刳り抜き、崖と建物に囲まれた中庭とし、そこから各部屋への陽光（採光）を確保する。

曲面形成と、崖地条例に左右されないために鉄筋コンクリート造とし、無表情の壁面には簡単なレリーフを縁取りに並べている。

「佐倉の家」

階段を昇った先にある居間。屋根スラブは、方形の外周壁から円弧状の壁に勾配屋根のように架け、梁は屋根上に突き出させて室内には出さない

居間側から寝室方向を見る。生活空間である手前から、ブリッジを渡って寝室空間へと向かう

半円の庭の南側は4mの石垣。バルコニーはギリギリまで迫っている。開口部はすべて同一形状とし、一部は全開する片開きサッシ、ほかはペアのフィックスガラスと開閉する小窓の組み合わせにしている

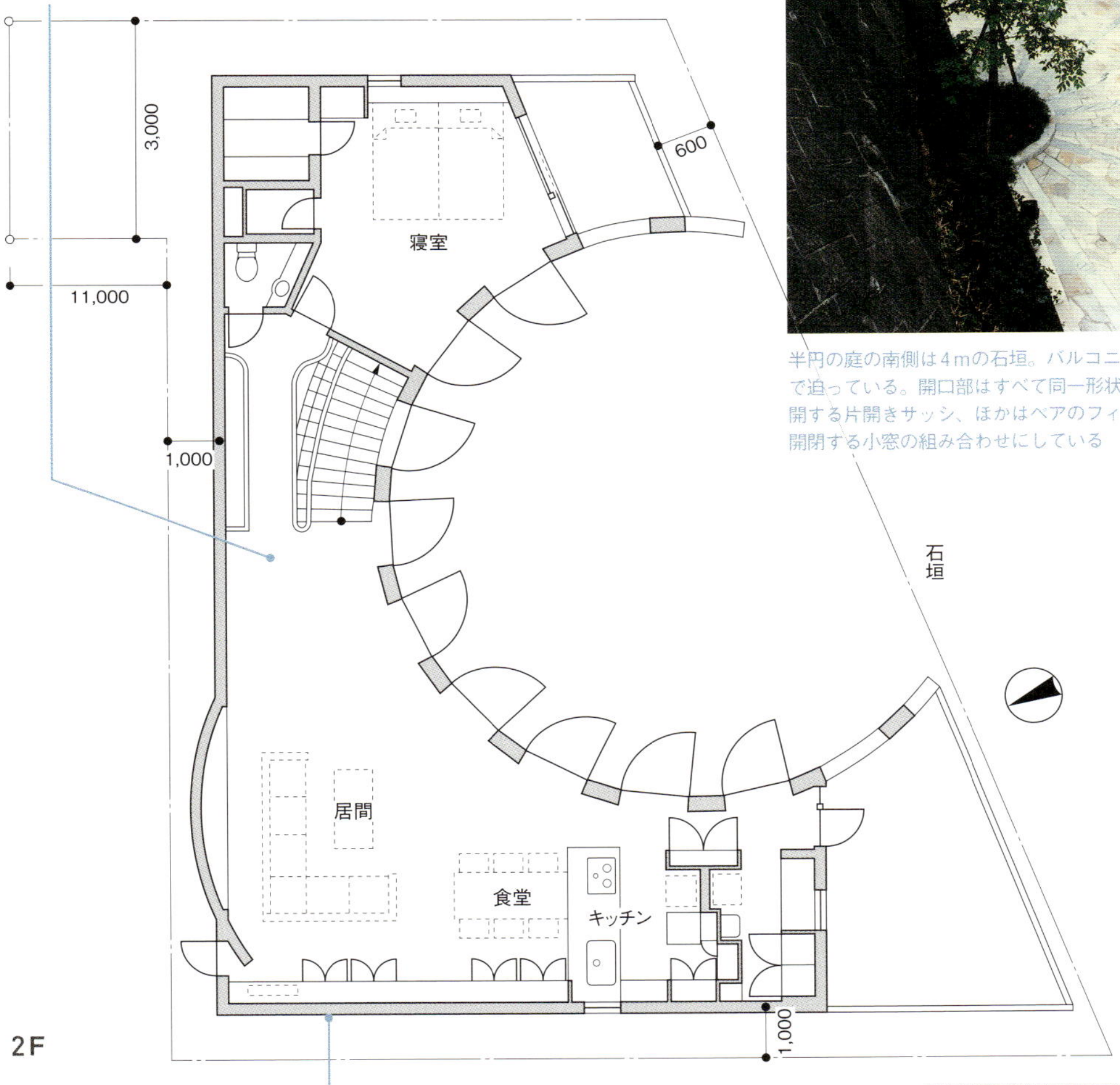

室内を外界と切り離した別世界とするために、外周壁にはほとんど開口部を設けていない。中庭から離れて光が届きにくいところにはトップライトから光を入れる

キッチンと食堂。キッチンは、中庭までの距離が小さく窓も近いので、外壁側の窓が小さくても十分に明るい

寝室から居間へ向かうブリッジ。トップライトの光はブリッジ脇から、暗くなりがちな1階廊下に落ちる

A 地下室をつくって擁壁を兼ねさせる

不安な擁壁のある敷地に家をどう建てるか

2階バルコニーは、地下からの階段部分およびライトコートの庇の役目も担っている

食堂側から見る。正面がライブラリーコーナー、上がロフトになっている

ロフトからの見下ろし。手前がライブラリーコーナー。2階居間は音楽ホールにもなる

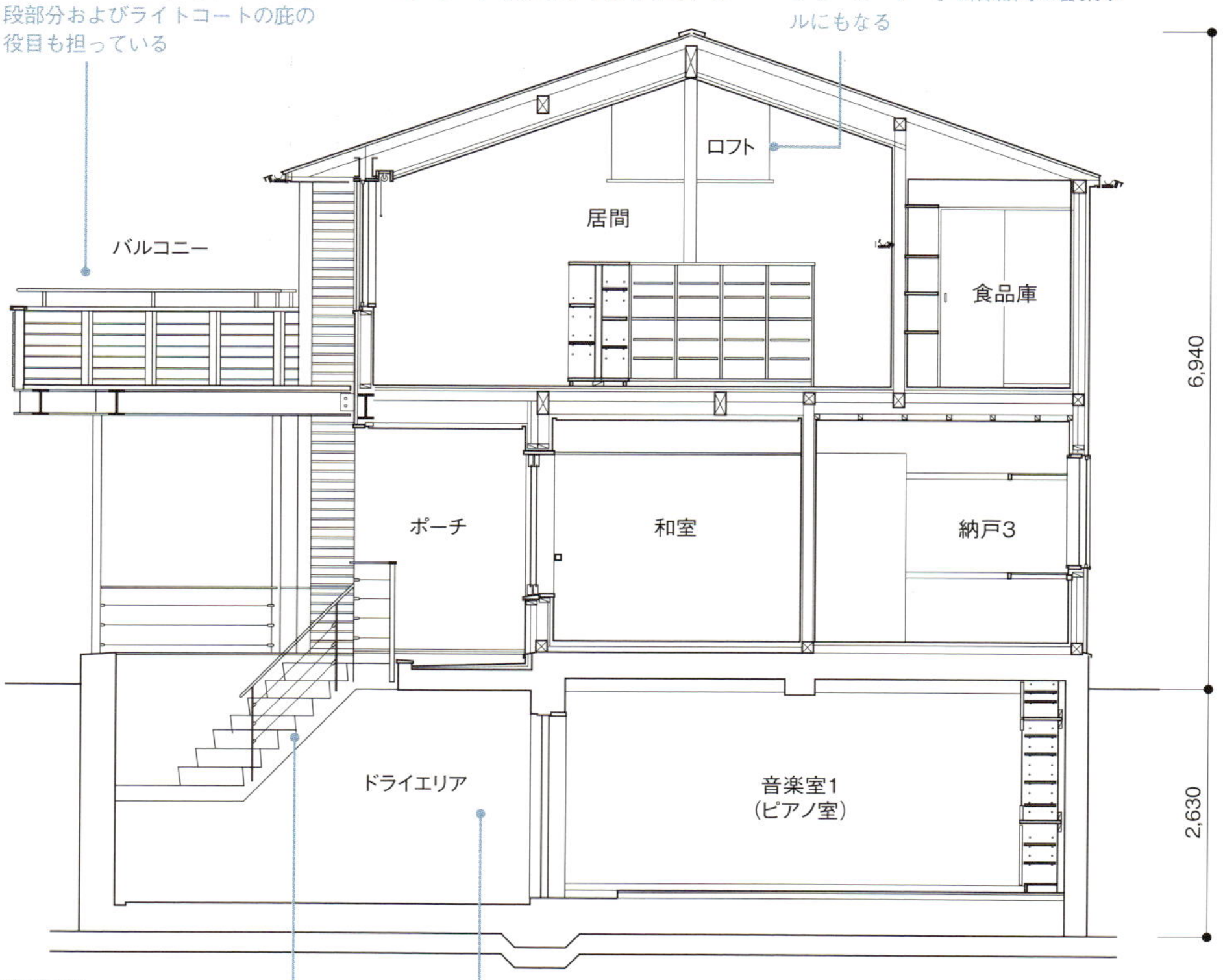

矩計図
（S＝1：100）

子世帯へのアプローチとなる階段。親世帯用としては、道路側に専用階段を設けている

道路レベルからわずかに上がった部分がドライエリア兼ライトコート。地下扱いの音楽室は、ここから採光する

道路より3mほど上がった敷地で、その敷地の奥の隣地も3mほど高くなっている。既存の擁壁は検査済み証がなく強度の証明ができない。擁壁のつくり直しの予算もない。

そこで敷地を支える擁壁は、地下のRC造の2台分の車庫と音楽教室および住宅へのアプローチ通路の壁で兼用させる（平面図の青い部分）。その上に木造の住宅を載せ、造成用の擁壁はつくらずにすむようにする。庭部分を支える擁壁は（図中黄色部分）、将来賃貸にも転用できるよう意図した、もう一方の住宅の専用アプローチ階段の壁で兼用させる。敷地奥の高い隣地の崖地条例への対応は、そこに面したこちらの住宅部分の壁を必要な部分だけRC造でつくり対応する（図中赤い部分）。

暗くなりがちな地下の車庫の奥の教室への通路の先は、光が落ちるように、住宅玄関までの中庭的な外階段を設ける。地下に設ける車庫や通路および遮音上有利な音楽（教）室の合計面積が、地上部分の1階の床面積とバランスが成

道路側外観。西側の擁壁は、地下車庫の壁と賃貸用住戸専用の階段のコンクリートで支えられている

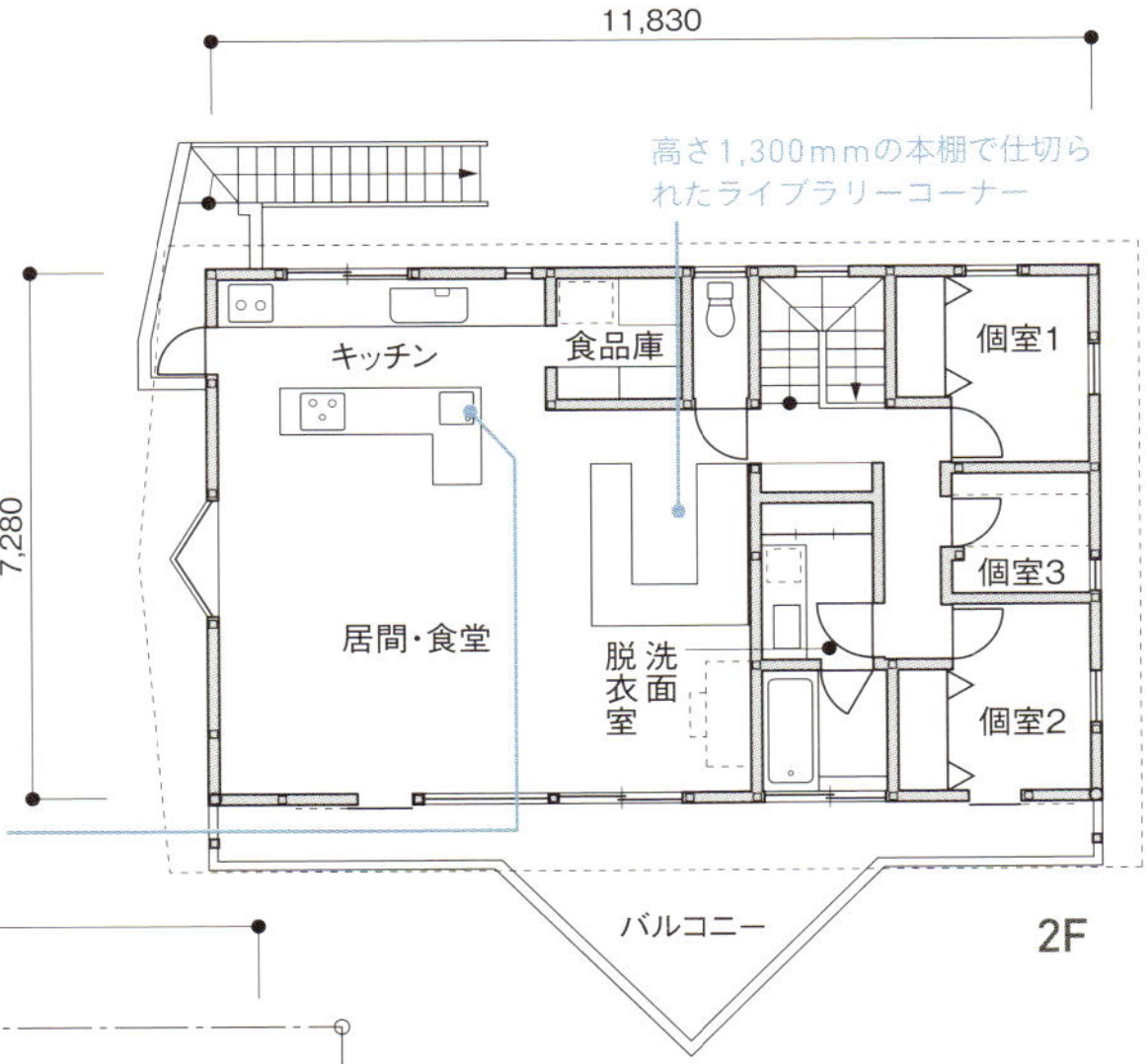
ミニコンサートなど、大勢が集まったときにも使えるミニシンク

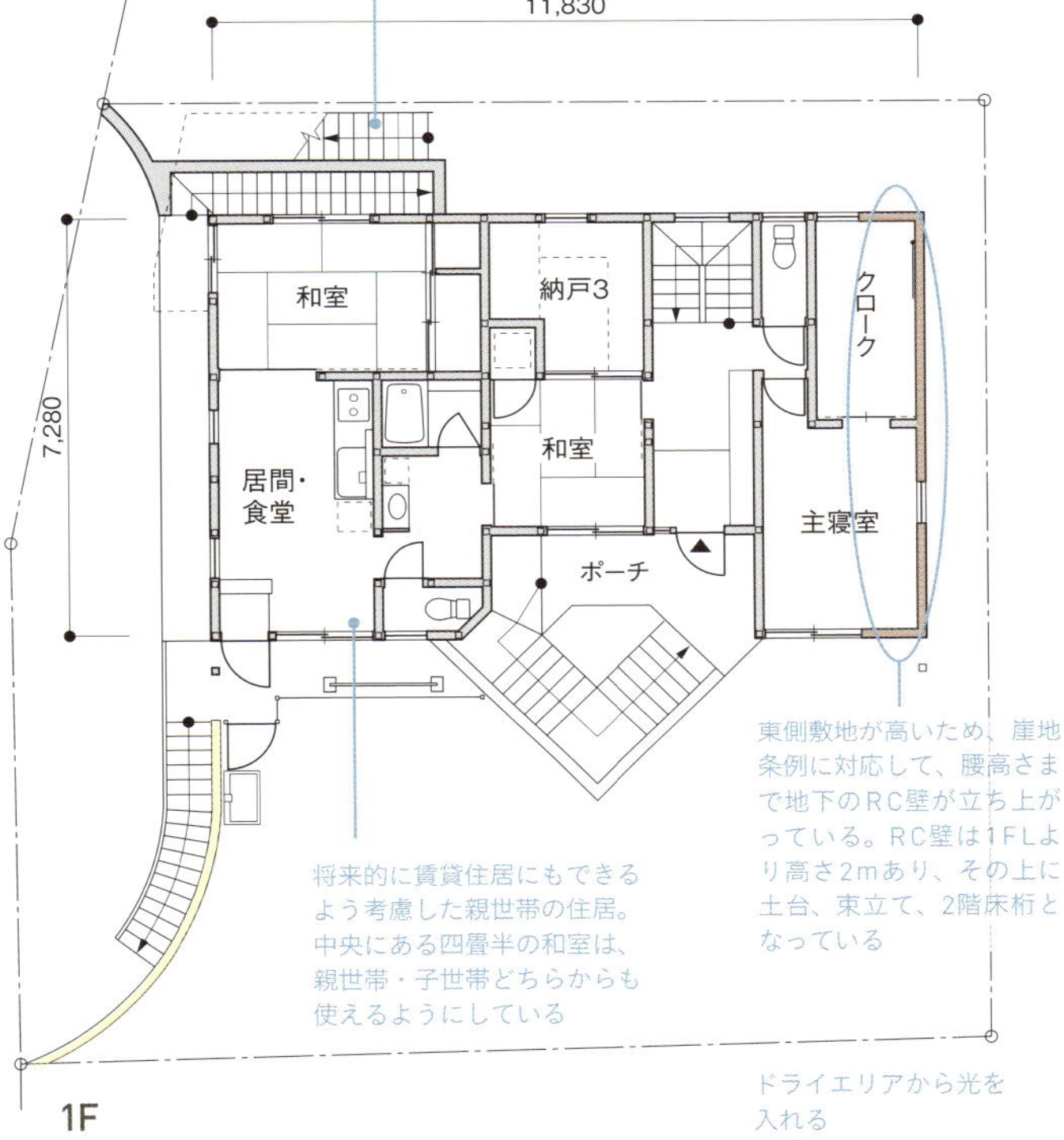
玄関を通らずにゴミ出しなどができる、2階勝手口から地下駐車場まで外階段を設けている

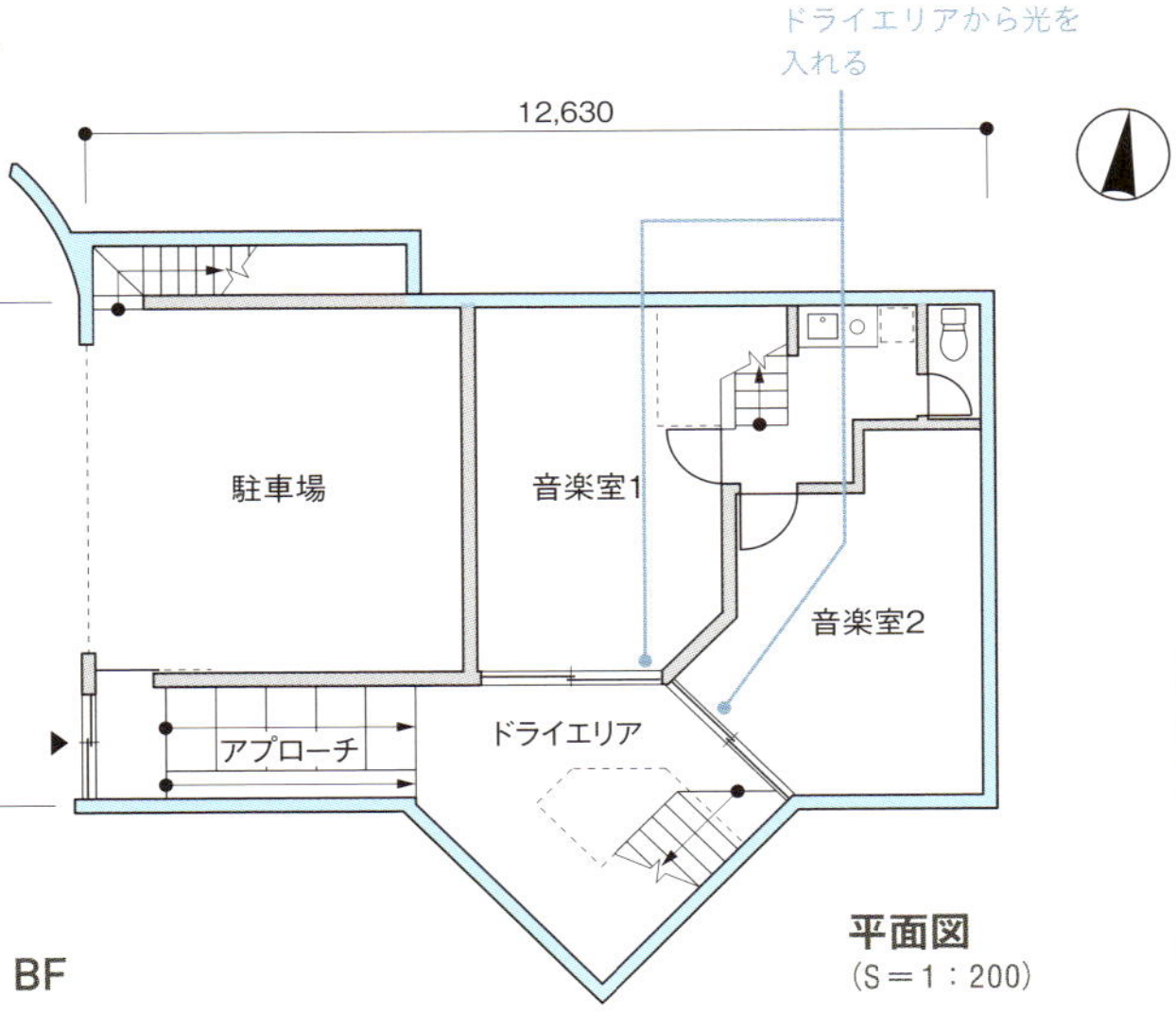

平面図
(S＝1：200)

上/地下にある音楽室1
下/地下のアプローチの先に庭と2階まで続く外階段があり、そこから地下室に光が落ちるようにしている

立するがゆえにできる計画である。

音楽教室があるから、居間食堂はミニコンサートも可能なように広めで、切り妻の勾配天井とし、かつ音が響き過ぎない吸音仕様の小幅板天井で、ロフトの天井に連続させて大きな空間容量を確保してある。

東側敷地が高いため、崖地条例に対応して、腰高さまで地下のRC壁が立ち上がっている。RC壁は1FLより高さ2mあり、その上に土台、束立て、2階床桁となっている
将来的に賃貸住居にもできるよう考慮した親世帯の住居。中央にある四畳半の和室は、親世帯・子世帯どちらからも使えるようにしている

「音楽室のある家」

Q 11 道路より3m低い敷地にどう建てる

A 2階入り玄関で擁壁と構造的縁を切る

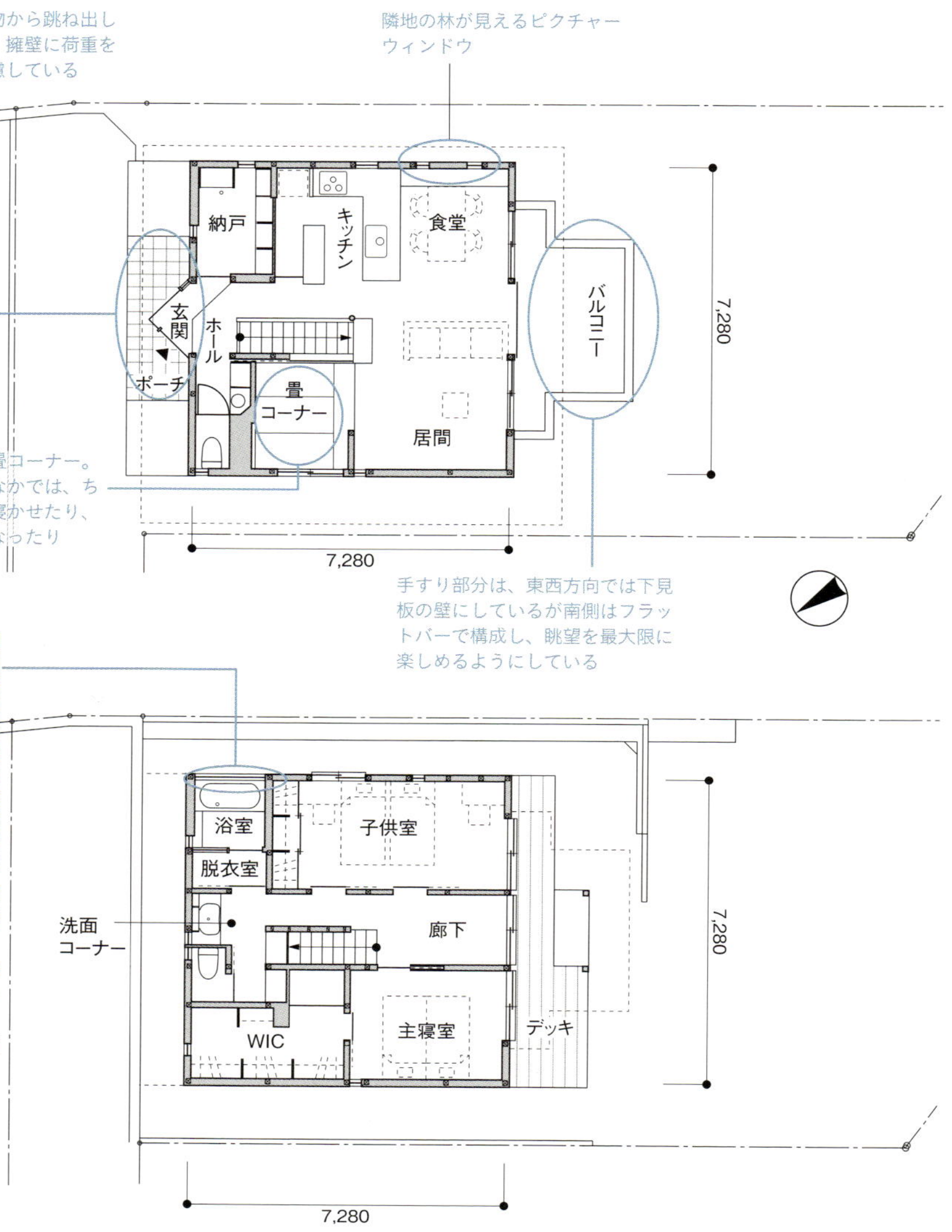
ポーチと玄関は建物から跳ね出し構造になっており、擁壁に荷重をかけないように配慮している
客間にもなる畳コーナー。日常の生活のなかでは、ちょっと子供を寝かせたり、ごろりと横になったり
手すり部分は、東西方向では下見板の壁にしているが南側はフラットバーで構成し、眺望を最大限に楽しめるようにしている
2F
1F

東側隣地が市街化調整区域の林で人が通ることはないため、浴室にはその林を借景して楽しめる大きな窓を設けている。窓からの光は洗面所まで明るくする

平面図
(S＝1：200)

路地状敷地の2階入り住宅の場合、専用路地（道路）の擁壁の安全が証明できないと、1階部分を鉄筋コンクリート造にするところであるが、開発行為の検査済の敷地であればその必要がない。路地から3m下がった敷地に、擁壁から1mほど離して、切り妻屋根の通常の木造2階建てを建てる。2階入りのため、当然2階居間食堂となり、その外にデッキを設け、その手すり壁の先端はフラットバーだけで、見晴らしをさえぎらない配慮をする。2階入りとなる敷地は崖地にある場合が多く、開放的な浴室が可能であるなど、さまざまな特徴を有することが多い。

2階入りの場合の注意は、擁壁との接続である。擁壁に荷重を掛けずにエキスパンションを切る必要があり、それに対応した防水処理が必要である。事例の場合、玄関土間および接続部分を建物から跳ね出し、接触部分は薄い板状に防水処理をして擁壁に荷重を掛けずに被せてある。

「聖跡桜ヶ丘の家」

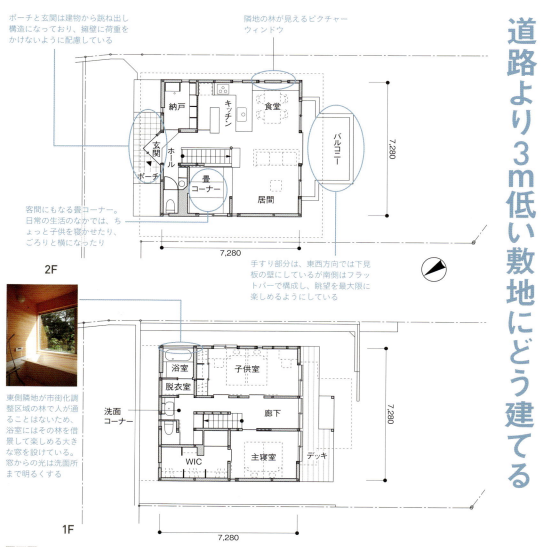

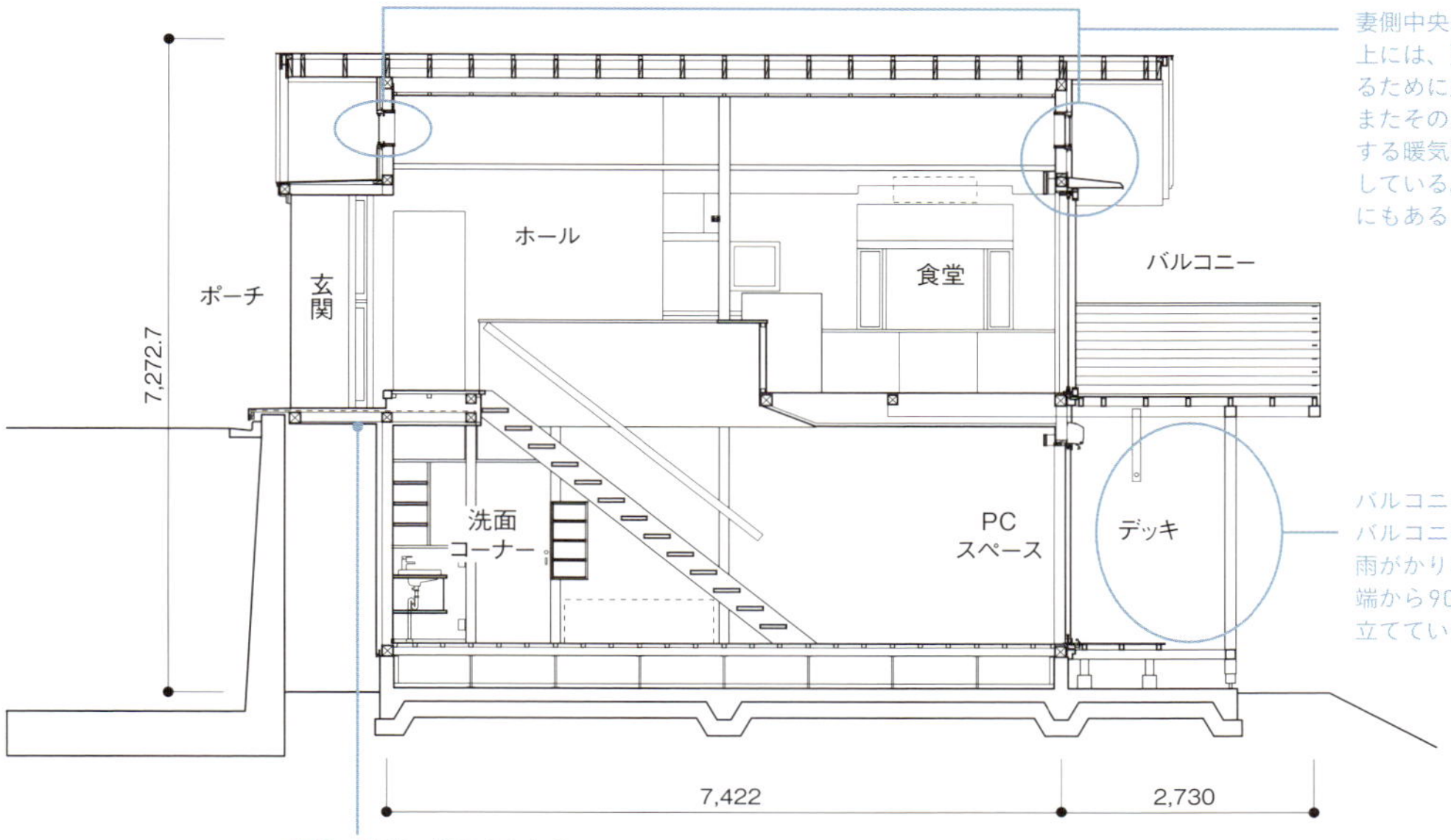

妻側中央の南側開口部の直上には、夏の陽射しを避けるために庇がかけてある。またその上には電動で開閉する暖気抜きの小窓を設置している。この小窓は北側にもある

バルコニーの下は物干し場。バルコニーを支える柱は、雨がかりになりにくいよう端から900mmほど内側に立てている

既設の擁壁に荷重がかからないよう跳ね出している

断面図
(S＝1：120)

玄関から入ると見晴らしのよいデッキと眺望が目に飛び込んでくる。大きな1枚ガラスの建具を引き込むと、居間とデッキは一体空間になる。デッキの南側手すりは見晴らしのためにフラットバーとし、両脇は板壁にしてまとまりのあるスペースとしている

敷地の上側にある隣家からは平屋にしか見えない

デッキから居間・食堂・キッチン・畳コーナー・玄関を見る。十字の柱と梁は、和室建具の鴨居で、間接照明の取り付け場所にもなっている。梁の間に仕込まれた照明は、直下と天井の両方を照らす

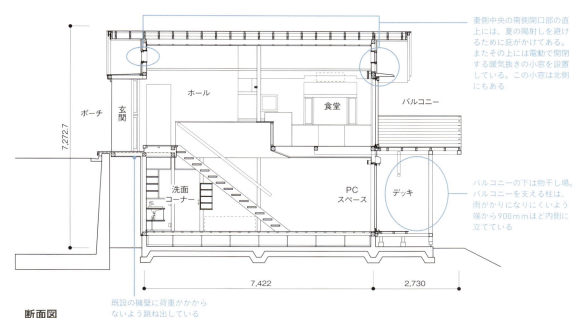

Q 12

不安な擁壁の下で家を建てるには?

A 鉄筋コンクリート造3層住宅として擁壁を兼ねる

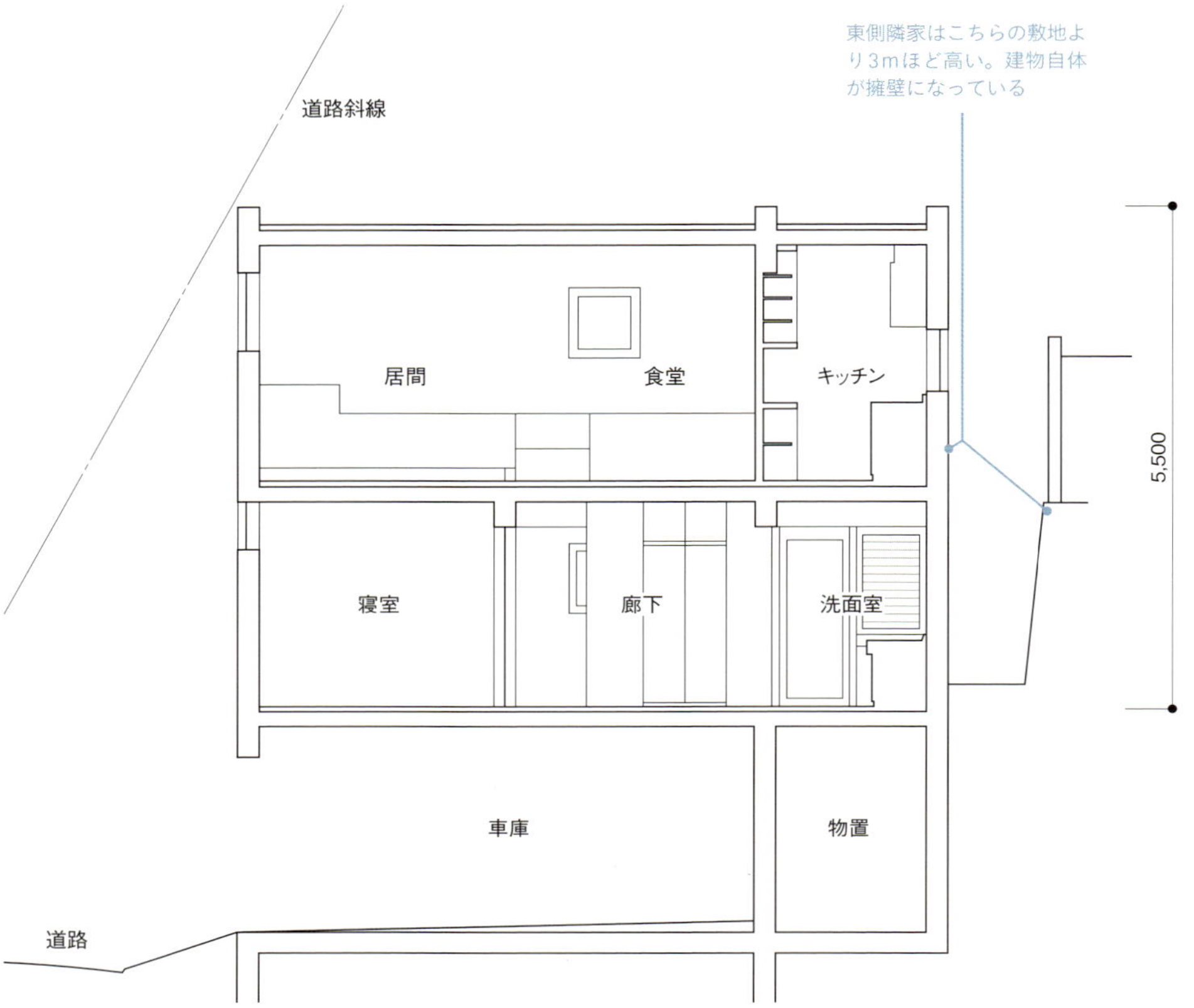
東側隣家はこちらの敷地より3mほど高い。建物自体が擁壁になっている
道路斜線
居間
食堂
キッチン
5,500
寝室
廊下
洗面室
車庫
物置
道路

断面図
(S＝1：100)

事例の家の敷地は、3mごとの段状につくられた西斜面の造成地最下段で、かつ道路より3mほど高い。既存住宅は木造2階建てで、玄関へは敷地脇の階段状の道路（通路）から出入りしていた。

上の隣地も3mほど高いが、境界のブロックの擁壁の安全性は確認できない。予算は木造相当でも、崩落の恐れもあるので、擁壁を兼ねて鉄筋コンクリート造とするしかない。

道路から直接出入りできるように、1層目を地下とし、玄関と車庫を設け、2層目に寝室と水廻り、3層目に居間食堂を設ける。木造予算ということもあり、仕上げは内外コンクリート打放し仕上げ、開口部は周囲に木を回して木造住宅用サッシを取り付け、階段や間仕切り等内部はほとんどを木造でつくる計画としている。

「八ケ崎の家」

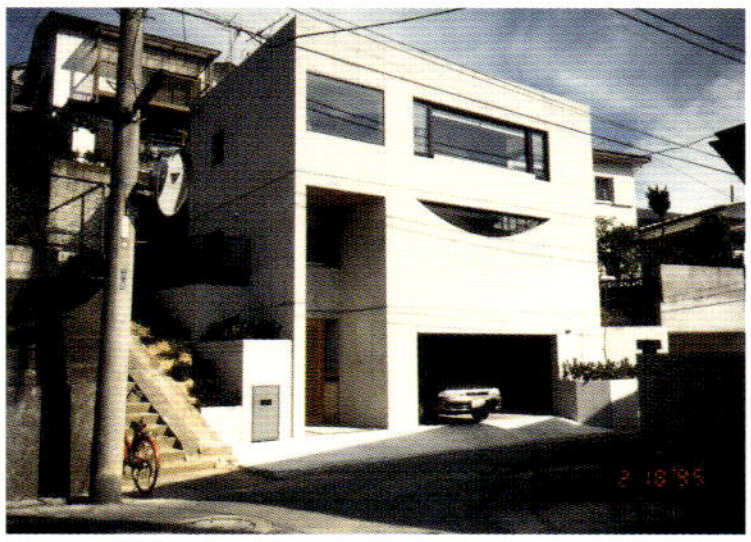

西側（道路側）壁面の開口は少なくし、一部の縦すべり窓以外はFIX窓となっている

三日月状の窓は寝室のFIX窓

居間・和室内部の西側開口部を見る。サッシは木造住宅用サッシを使用

居間から和室を見る。天井と窓のラインを連続させつつも、窓下端ラインは食卓高さの700mmとしている。和室の畳床レベルを+250mmとすることで、窓下のラインは畳上450mmとなり、和室に座っても違和感を生じない

和室の障子を閉めても天井は連続する

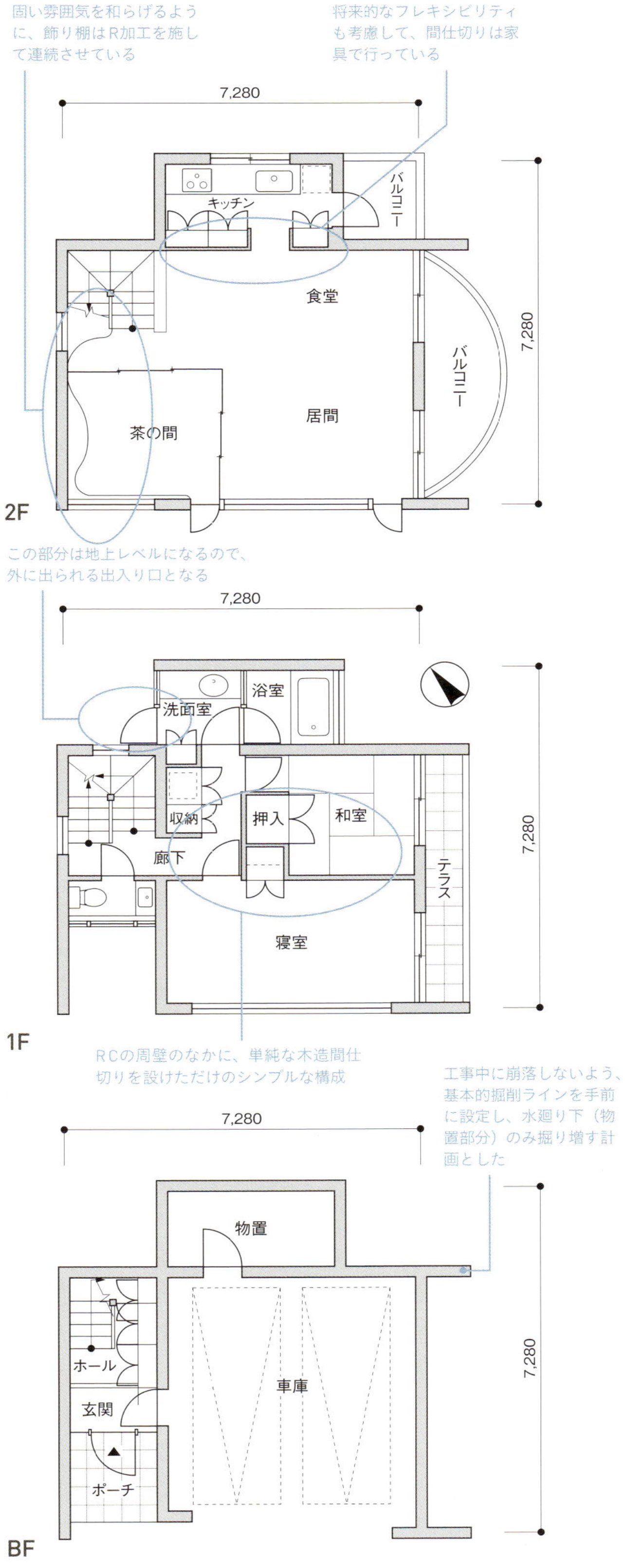
固い雰囲気を和らげるように、飾り棚はR加工を施して連続させている
将来的なフレキシビリティも考慮して、間仕切りは家具で行っている
7,280
キッチン
バルコニー
食堂
7,280
バルコニー
居間
茶の間
2F
この部分は地上レベルになるので、外に出られる出入り口となる
7,280
浴室
洗面室
収納
押入
和室
廊下
7,280
テラス
寝室
1F
RCの周壁のなかに、単純な木造間仕切りを設けただけのシンプルな構成
工事中に崩落しないよう、基本的掘削ラインを手前に設定し、水廻り下（物置部分）のみ掘り増す計画とした
7,280
物置
ホール
車庫
7,280
玄関
ポーチ
BF

平面図
（S＝1：150）

Q 13

敷地内擁壁が邪魔な土地にどう計画するか

A 擁壁を跨いで計画する

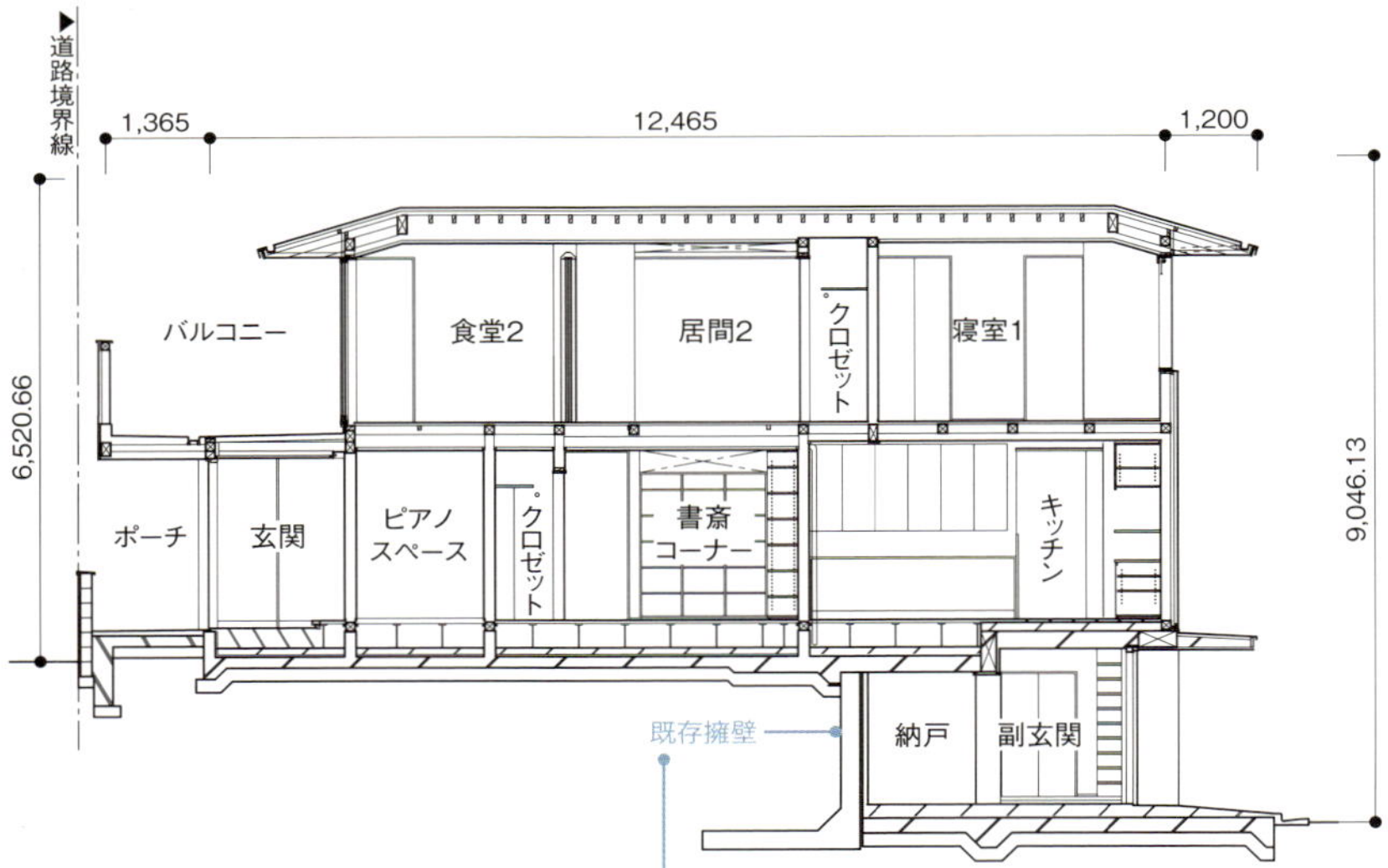

矩計図
(S＝1：150)

既存擁壁は構造部材として扱わず、擁壁をまたぐように家を置いている。家の構造は、新たにつくった基礎壁と地上部分の基礎で支えている

上/建物基礎と擁壁は構造的に分離しているが、一体化しているように見せている
左/コーナー窓の見える食堂が載る擁壁と床スラブ、ポーチの袖壁およびその向こうにある1階基礎を兼ねる地下室の壁が新設

住宅は可能な限り、各室を南面させ十分陽光を採り入れたい。事例の場合、本来の敷地は東道路より2mほど高いレベルにあり、駐車場用スペースがその道路際に幅2.5m、一部5m敷地内に道路レベルで食い込んでいる。そのレベル差を擁壁が支えている。そのため擁壁から西道路までの南面する敷地幅が実質5mほど狭くなっている。擁壁内の幅の範囲に建築しようとすると、南北に奥深い住宅となり、南面する部屋が敷地の広さの割には大してとれない。

そこで、擁壁を無視して敷地幅目一杯に部屋を並べ、結果、階段付設の擁壁を建物がまたぐようになった。2世帯住宅ということもあり、玄関は東西2カ所に設け、東側道路レベルの玄関は地下入りとし、そこから内部階段を上がって1階に至る。地下の壁は、またぐことで広げた1階床の基礎となっている。

「永山の家」

建設時は食事は親世帯で一緒にとる計画で進めたが、2階子世帯にはいつでもキッチンが設置できるようにしてある

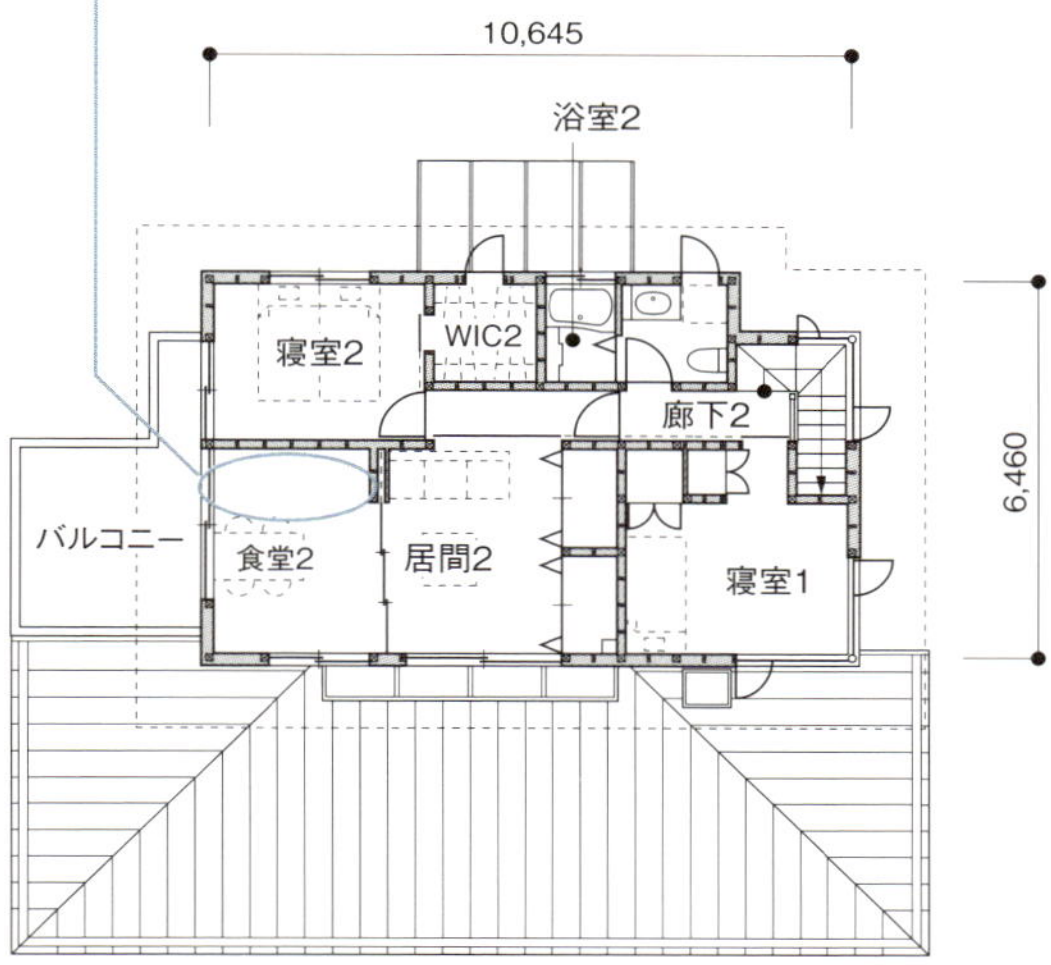

2F

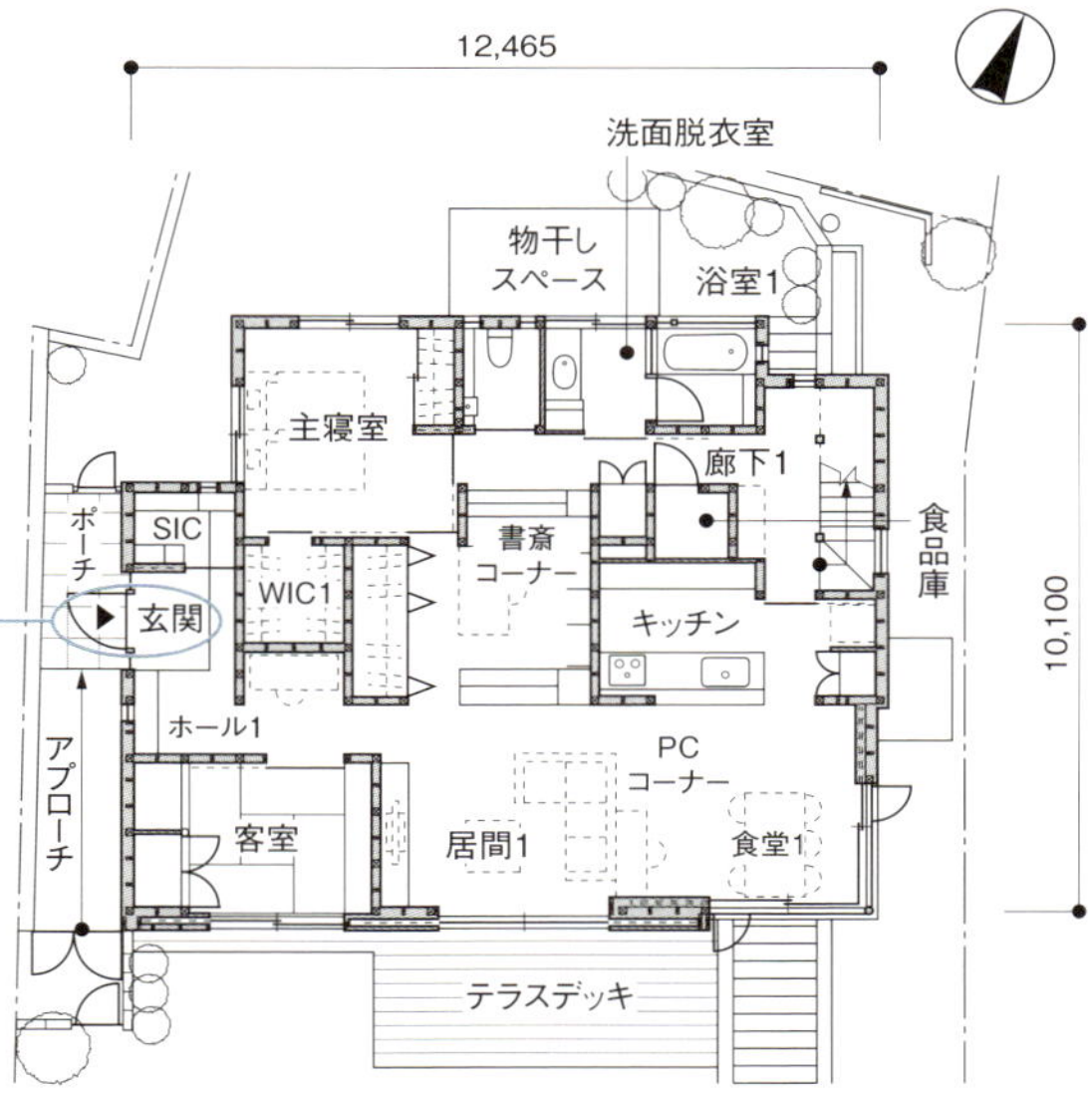

1F

こちらは親世帯の玄関。子世帯は、東側の副玄関から出入りし、共用の廊下のある階段室を上がって2階に向かう

新規につくった住宅の基礎壁。ここは地下にあたり、地上部分の基礎と一体になって建物を支える。既存擁壁とは縁を切っている

常識的に、既存擁壁を避けて計画すると、この範囲に建物を配置するしかなく、南北に長い形状となって庭も狭くなる

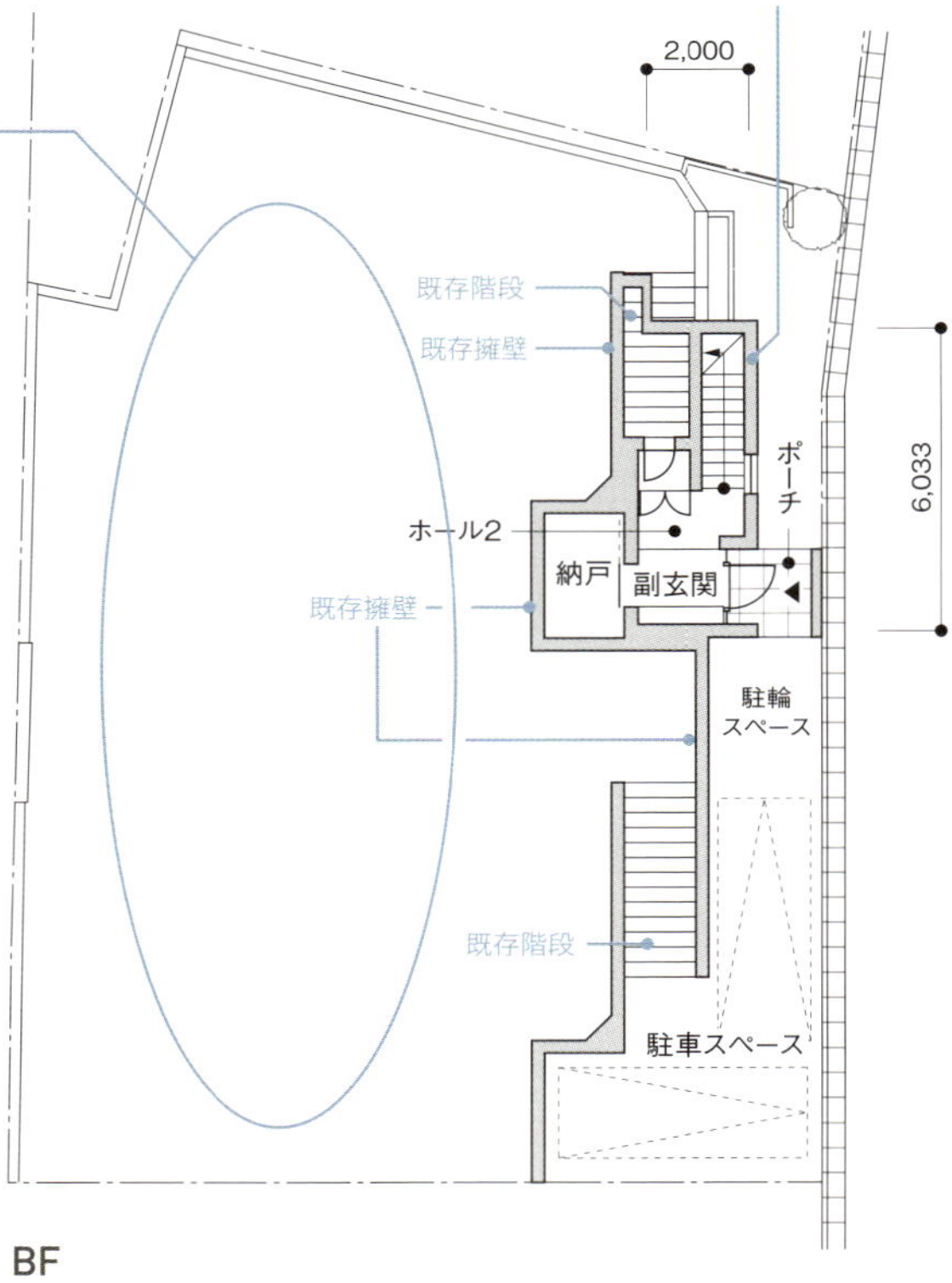

BF

西側は境界近くまで庇を出して活用している

東西の敷地を目いっぱい使用し、擁壁をまたいで南面する部屋を多くしている

平面図
（S＝1：250）

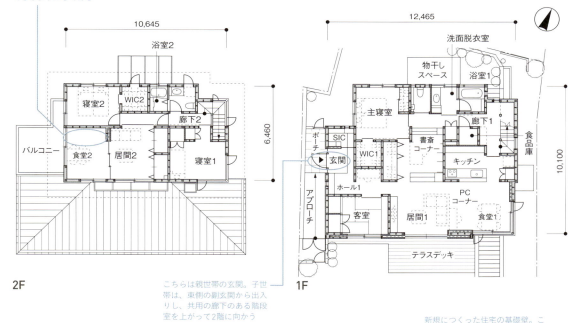

Q 14

氾濫の恐れのある川の近くにどう計画するか？

A 床上浸水に備えて、2階に主要室を置く

上/南側外観。1階は車庫のほか物置き、設備機器の室外機置き場となっており、木の格子で隠している
右上/キッチンから食堂と居間を見る。右側に見える和室、さらに外のデッキテラスと一体になった開放的なLDKとなっている
右下/道路側外観。接道が傾斜しているのがわかる
左/玄関内部。正面が1階への階段。左に居間・食堂、右にプライベートゾーンがある。屋根にはトップライトが架かっている

敷地が低く、川があふれると1階では床上浸水の懸念がある。その場合、1階は鉄筋コンクリート造の駐車場と倉庫とし、2階を居住階にして、各室を東西に並べる。

事例は、北側の下り道路の途中から入る2階玄関の、横長の住宅にしている。個室や寝室のプライベート空間と居間食堂群は、ガラス屋根の階段玄関スペースで分けている。

「吉井町の家」

玄関も勝手口も、RCの跳ね出し構造としている

南立面図 (S＝1：150)

北立面図 (S＝1：150)

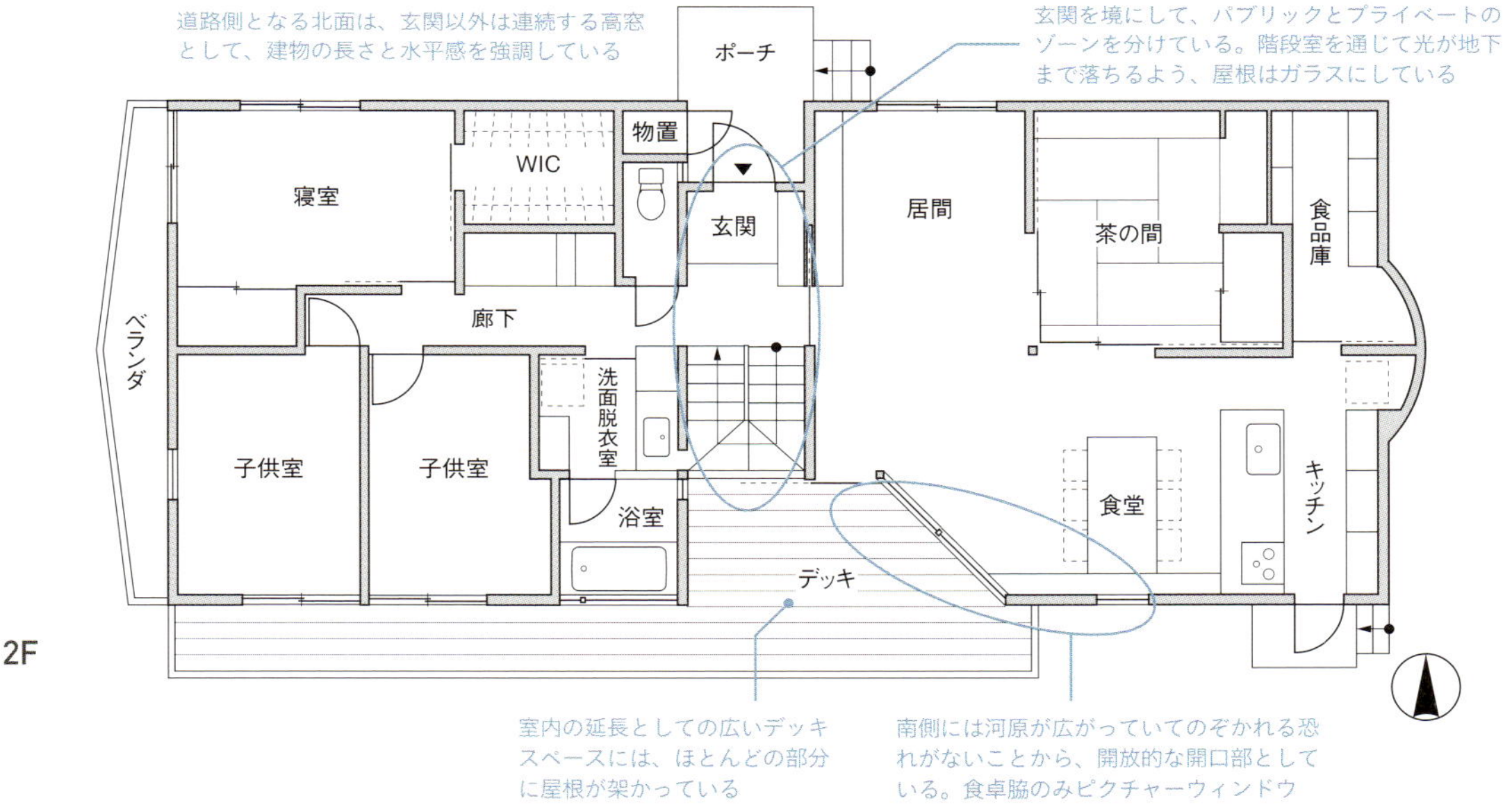
道路側となる北面は、玄関以外は連続する高窓として、建物の長さと水平感を強調している
玄関を境にして、パブリックとプライベートのゾーンを分けている。階段室を通じて光が地下まで落ちるよう、屋根はガラスにしている
ポーチ
物置
WIC
寝室
玄関
居間
茶の間
食品庫
ベランダ
廊下
洗面脱衣室
子供室
子供室
浴室
食堂
キッチン
デッキ
2F
室内の延長としての広いデッキスペースには、ほとんどの部分に屋根が架かっている
南側には河原が広がっていてのぞかれる恐れがないことから、開放的な開口部としている。食卓脇のみピクチャーウィンドウ

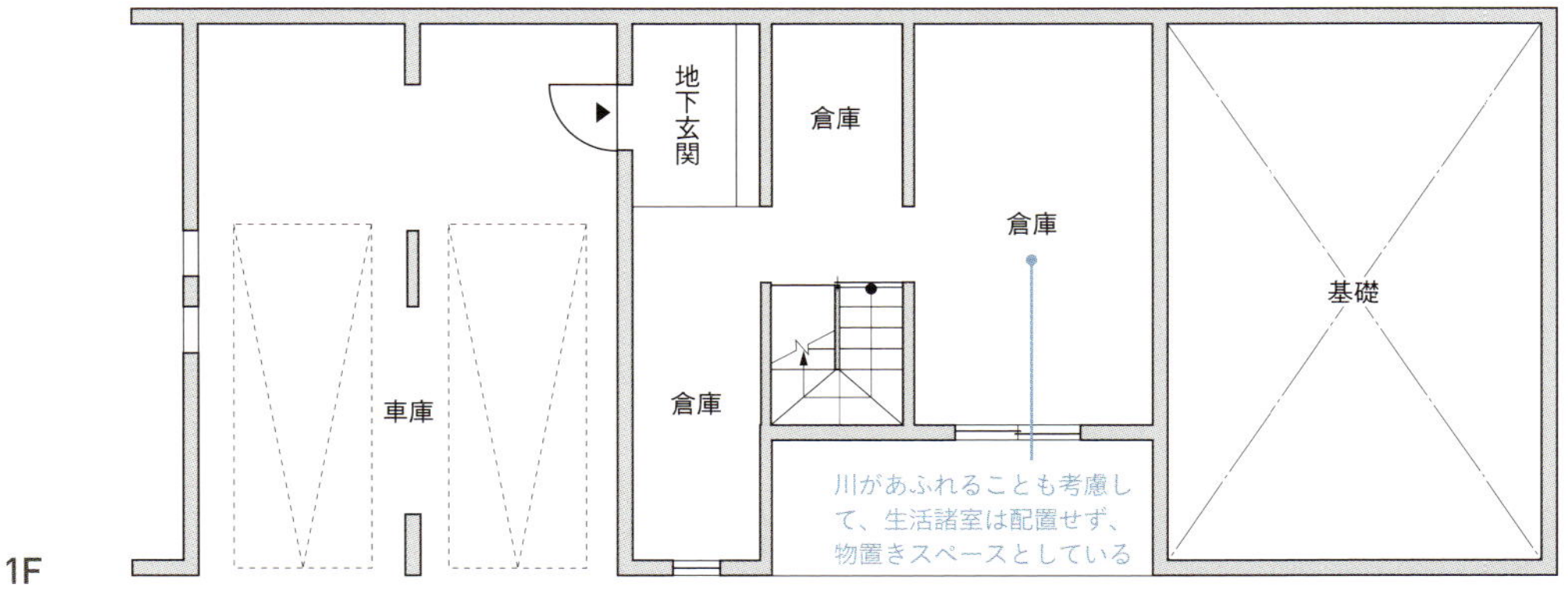
地下玄関
倉庫
倉庫
基礎
車庫
倉庫
川があふれることも考慮して、生活諸室は配置せず、物置きスペースとしている
1F

平面図 (S＝1：150)

A 浸水を警戒して住宅の床を1層階もち上げる

Q 15 豪雨時の雨水の通り道にある敷地にどう建てるか

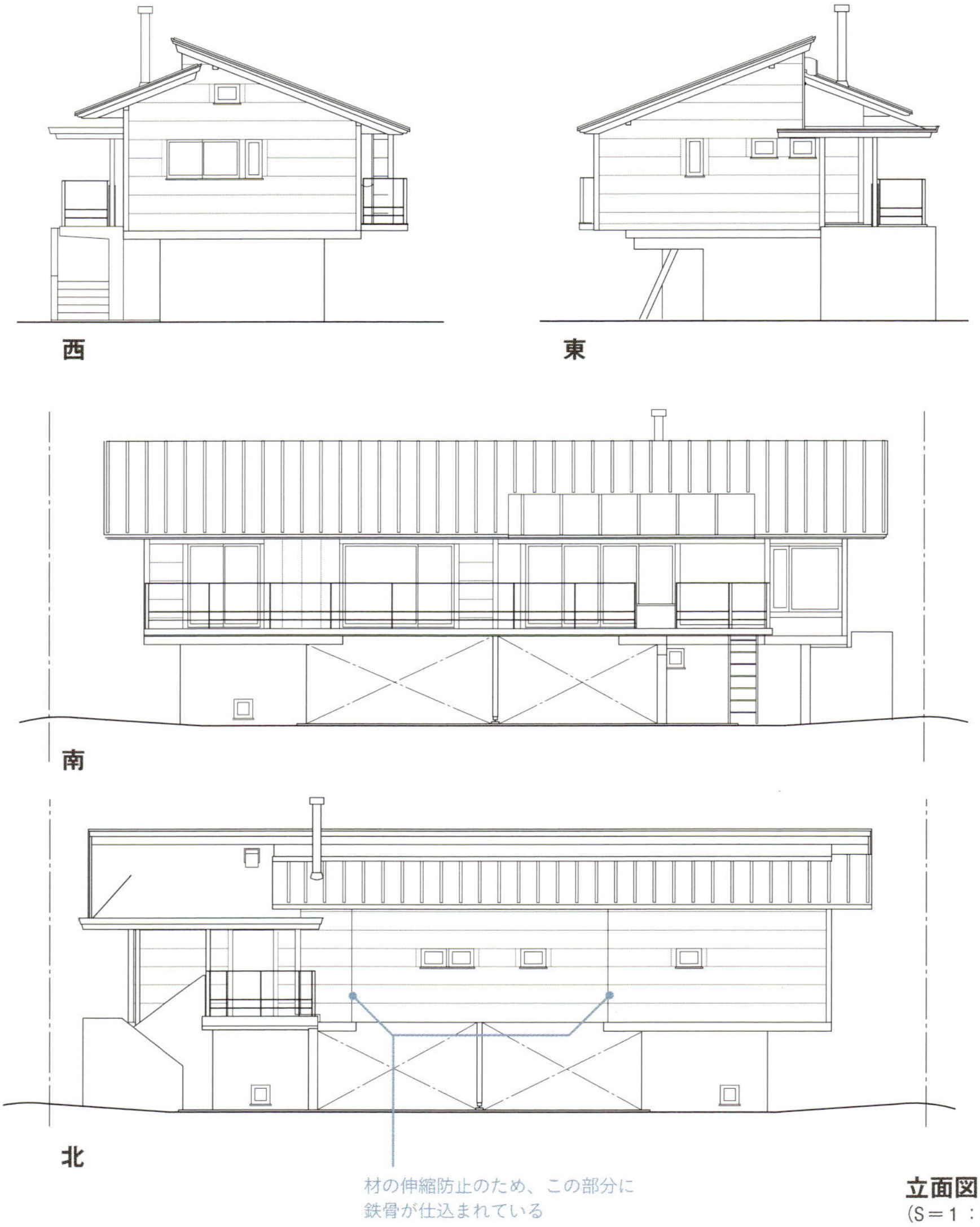
西
東
南
北
材の伸縮防止のため、この部分に鉄骨が仕込まれている

立面図
(S＝1：200)

敷地が斜面の途中にあり、集中豪雨の際、雨が敷地に流れ込みそうな別荘地の場合、普段人がおらず、床上浸水をした状況で数カ月放置されることもあり得る。

そこで防犯も兼ねて床を鉄筋コンクリート造で1層もち上げて、ピロティにする。ピロティはカーポートや薪割り場など、多目的に活用できる。上に載せるものは、120×450㎜の断面の集成材を横積みにした、ログハウスのような構造であっても問題ない。

ただ木材は集成材でも繊維の直行方向に伸縮する。そのため材と材を重ねた場合、伸縮で隙間ができやすく、数段重なると内法高を均一に維持することが難しい。そのためログハウスは基本的に平屋建て（1層積み）とされ、2階の壁は横積みにせず、屋根裏部屋的に設けざるを得ない。伸縮に対応させるには材の水平方向の継手を上下縦にそろえ、そこにアングル状の鉄骨を入れ、ピンで留めて垂直荷重を担うようにして、材の伸縮で生じる上下動を抑える。

「軽井沢の家」

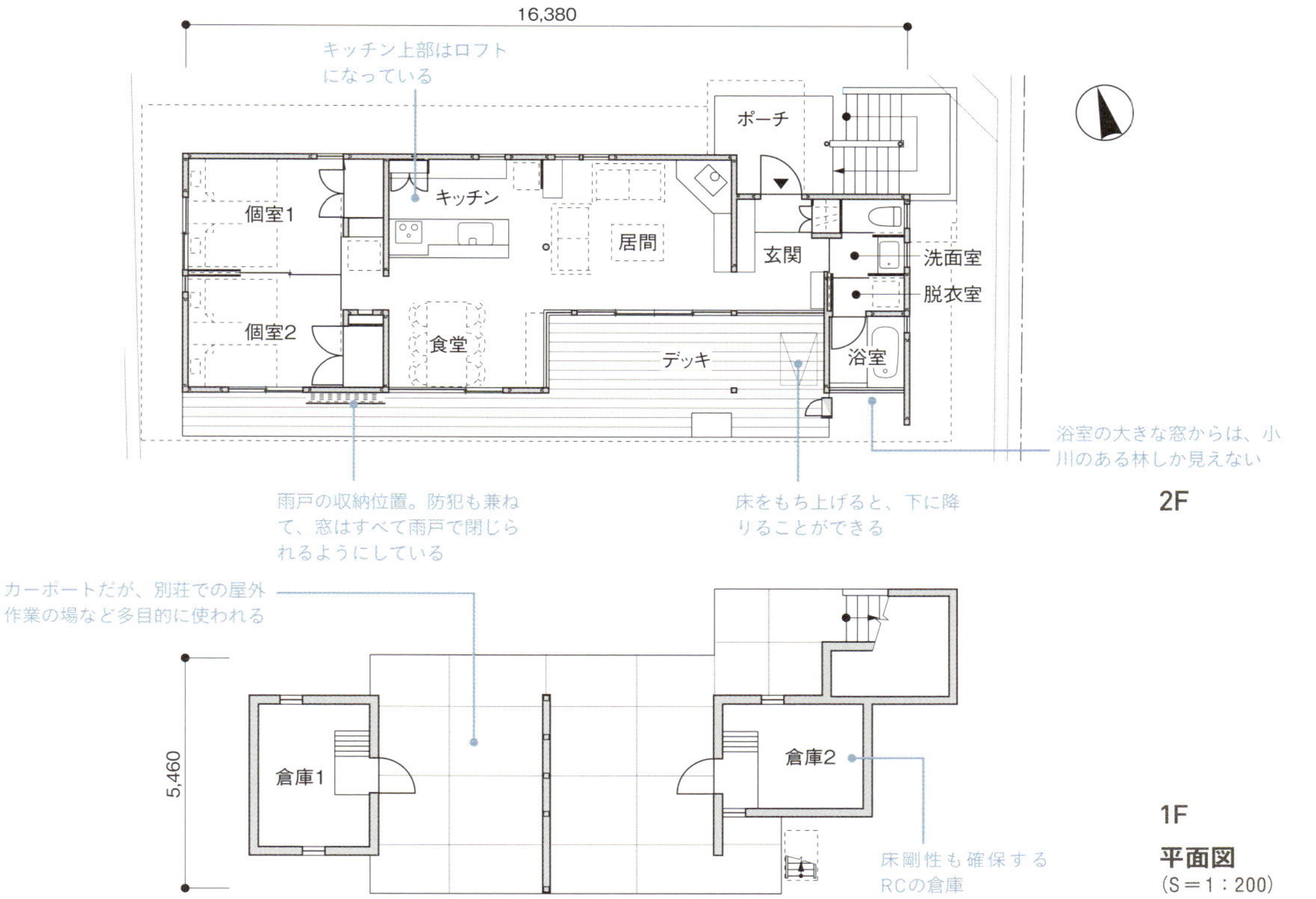

16,380
キッチン上部はロフトになっている
ポーチ
個室1
キッチン
居間
玄関
洗面室
脱衣室
個室2
食堂
デッキ
浴室
浴室の大きな窓からは、小川のある林しか見えない
雨戸の収納位置。防犯も兼ねて、窓はすべて雨戸で閉じられるようにしている
床をもち上げると、下に降りることができる
2F
カーポートだが、別荘での屋外作業の場など多目的に使われる
5,460
倉庫1
倉庫2
床剛性も確保するRCの倉庫
1F

平面図
(S＝1：200)

上/南庭から見る。宙にもちあげられた内部空間は外の緑に包まれる
下右/2階屋外デッキスペースは、暖炉のある居間、食堂、キッチンに囲まれる。屋根はガラスになっている
下左/敷地の北の隣家方向から流れてくる雨水は、集中豪雨があってもピロティの下を流れて住宅に被害を及ぼさないようにしている。軽井沢は湿気が多いため、住宅部分の床は2階にあるほうがいろいろな意味でよい

2章

心地よさを生み出す間取り

部屋どうしの関係を整理することは
もちろんのこと、部屋と庭の関係、
部屋と隣家・道路の関係も
しっかりと整理しましょう。
そうすることで生活動線に無理がなく、
採光・通風のよい居心地のよい家になります。

A 建て主を深く理解して、最適解を探す

人はなぜ家を建てようと思うのか？

2、3年前に土砂災害で、両親と家を失い、年間200日ほどは海の上で生活しているという、独身の船乗りの方の住宅の設計である。

家をつくろうとする方には、通常家庭や子育て、あるいは2世帯など、自分単独の欲求ではない、家庭内での他者との関係上での動機が多い。この方の場合、それが当てはまらない。鉄筋コンクリート造で独創的につくりたい。プロジェクター付のオーディオルームと気持ちよい浴室がほしい。ソーラー電池パネルを載せたい。という条件だけである。人はなぜ家をつくるのだろうという疑問を感じたのはそのときである。

年間半分以上住まないのなら、賃貸住宅の方がよいのでは、と考えてもみた。しかしよく考えると要望が痛いほどよく理解できるようになってきた。ほとんどが船で各地を転々とする寄る辺なさが、帰るべき場所を必要とするのだろうと思われる。通常の帰るべきところは両親のいるところであったり、家庭であったりと、自分を待っていてくれるものの存在である。その両親と家を災害で失った以上、代わりとなるものを住宅に求める気持ちが理解できなくはない。だから家は流されてしまうようなやわではいけない。堅固な鉄筋コンクリート造でいつまでも存在し続け、一目で自分の家と思える表情をしていてほしいのである。通常、家の内容を形づくる根拠は、家庭という要因から導き出されるが、独身でいまだパートナーが定まっていない段階でその家庭は存在しておらず、手ごたえが乏しい。自分の好ましい時間を過ごすための装置」と捉えた方が、手がかりとして確かである。だから、趣味のオーディオやプロジェクターあるいは壁掛けテレビ等を十分楽しめる場であり、気持ちよい浴室などが家づくりの根拠となるのである。また自分が不在でも代わりにしっかり稼いでいてくれるソーラー電池パネルは必須なのである。

その気持ちに応えて提示した家の表情が、曲面の壁をもつコンクリートの家であり、光の加減を制御できるトップライトをもつオーディオルームであり、ジャクソンの浴槽であり、ガラス窓に浮かぶ壁掛けテレビであり、湾曲した小幅板の吸音天井の居間食堂である。

「呉の家」

右/ジャクソンの大きな浴槽
中/オーディオルームにはミニキッチンが備え付けてある。床はほかの1階床より400mmほど下がっていて、天井高さを十分確保できるようにしている
左/オーディオルームのスクリーンとソファ。天井に見える円はトップライトで、プロジェクター利用時には閉じて光をさえぎることができる。プロジェクター利用中は閉めて映像に没頭し、終わったら開いて光を入れ、現実へと戻る

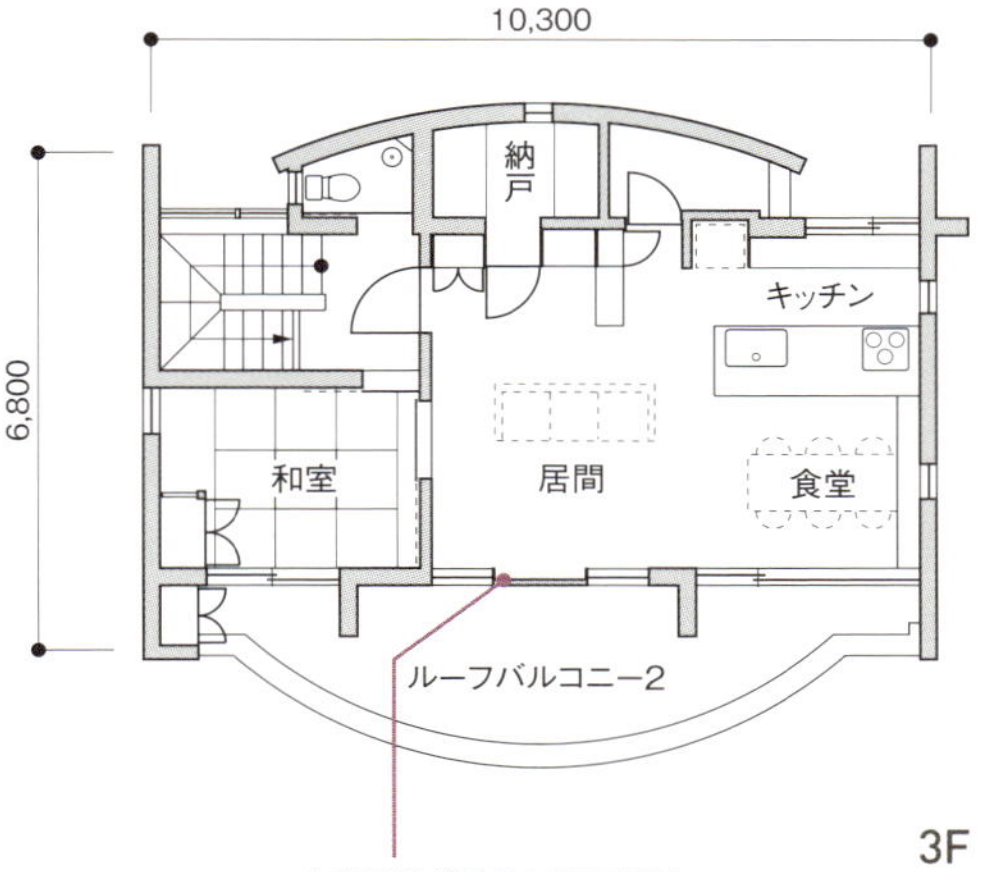

大型FIXガラスに取り付けた壁掛けの薄型テレビ

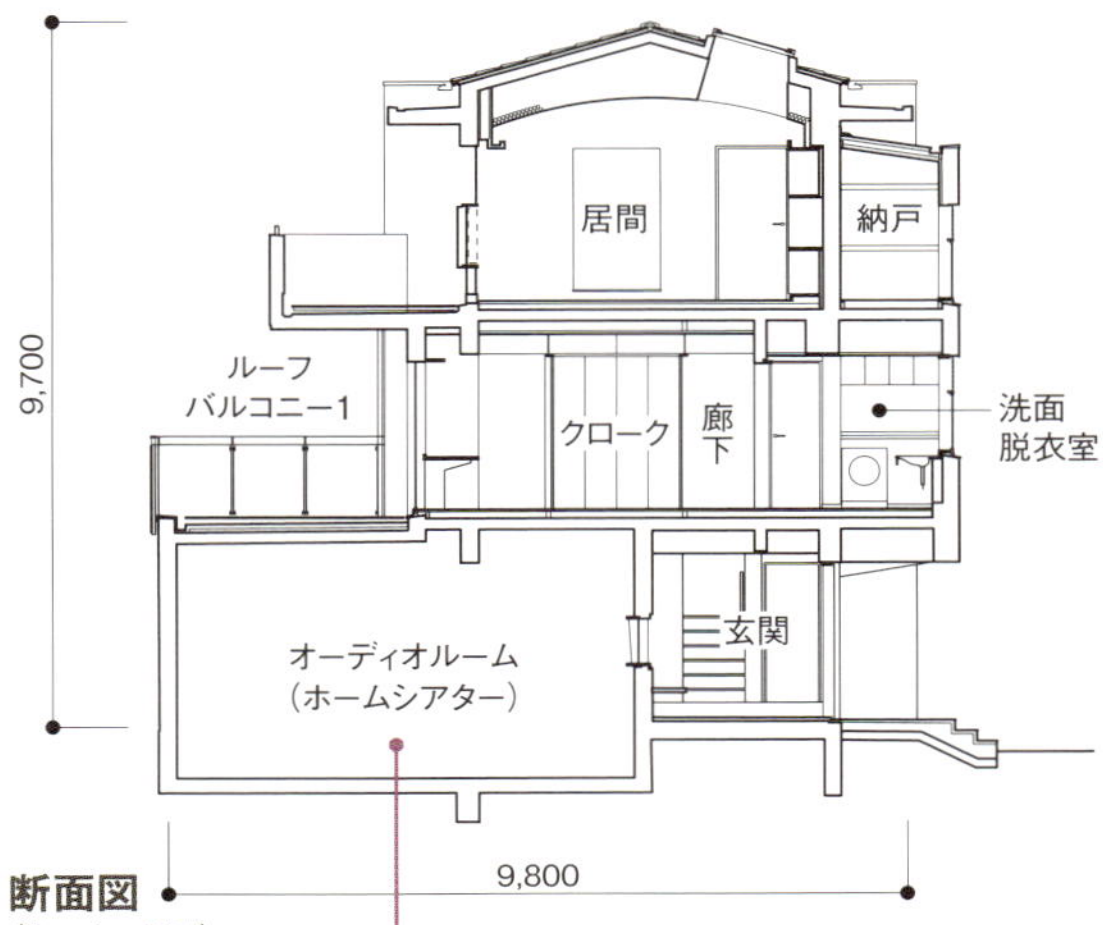

断面図
（S＝1：200）

オーディオルームは空間容量を大きく取るため、天井高を高くしたいが、2階階高をそこだけ高くはできないので、床を下げている

ファサードを特徴付けるコンクリートのRの壁

自宅のくつろぎ感をより強めてくれる大型浴槽

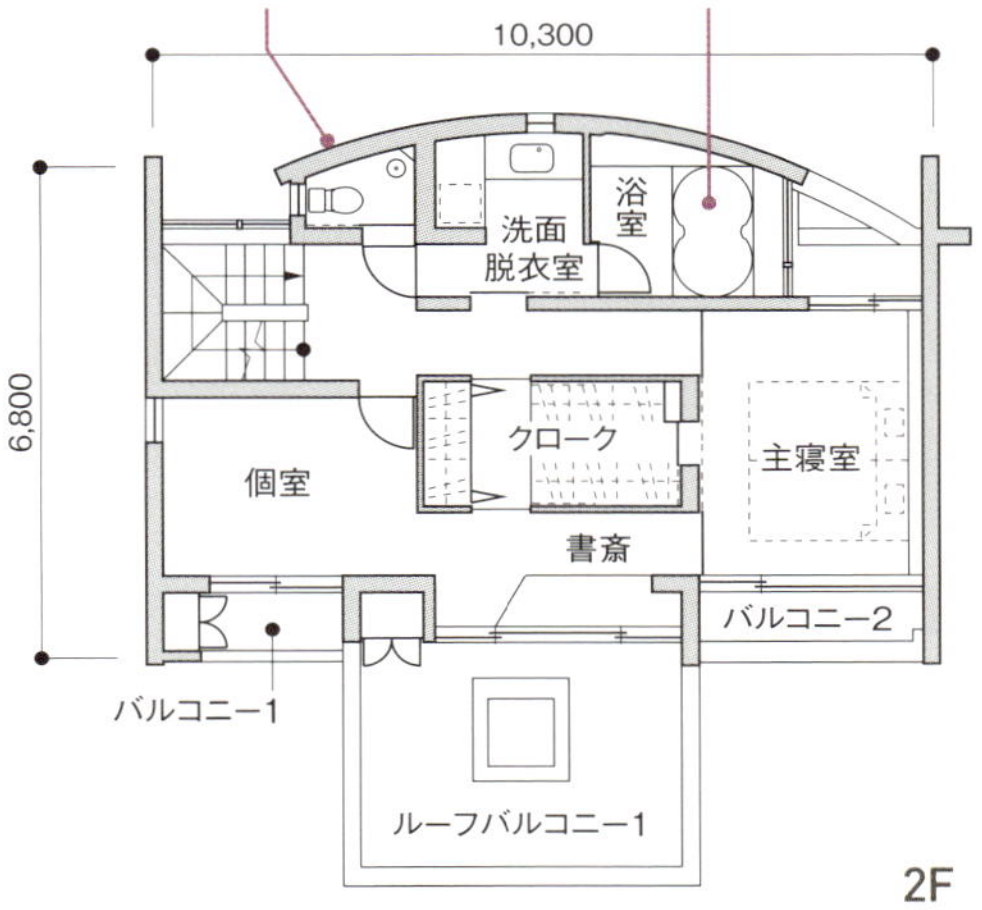

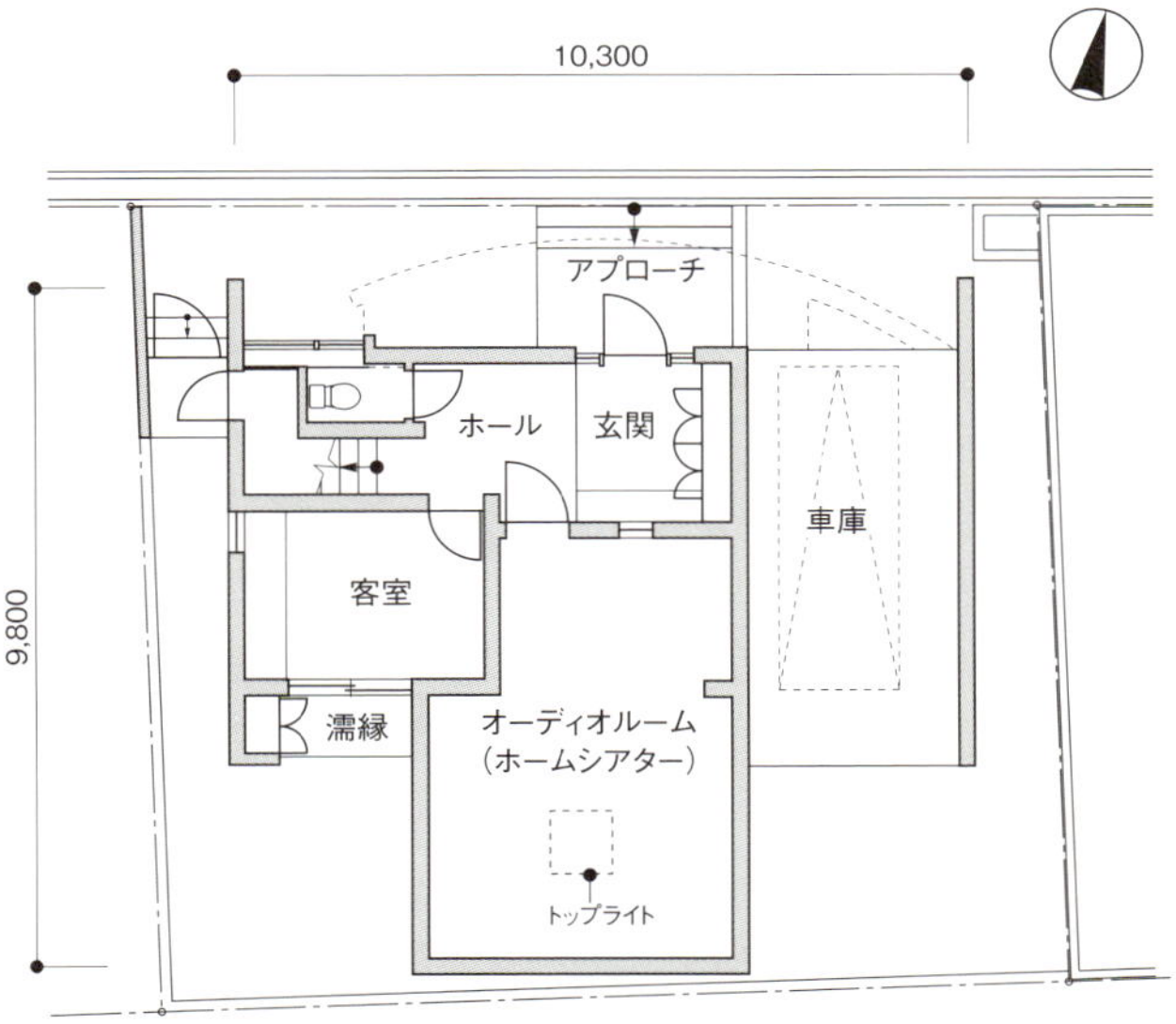

平面図
（S＝1：200）
1F

特徴的な居間・食堂の空間

近くの高台から見ても特徴ある家の表情がわかる

Q 17 家をすっきり、楽しく、美しくする仕掛けとは?

A 状況に応じた小技を効かせる

①アプローチキャノピー
塀下部の、裏庭通風用の格子はステンレスの無垢板を立て並べている。キャノピーと塀の笠木、格子により水平線を強調し、導入効果とスッキリ感を高める。照明が点灯されると、効果は一層高まる

②リバーシブルの襖
襖を反転すると表情が変わる

小技を随所に仕込む。

①アプローチキャノピー
玄関アプローチに細長いキャノピーを架けることで導入効果を出し、その軒裏に照明を仕込んでステンレスで仕上げる。建て主がステンレスの加工工場を経営していたのでできた手法でもある。

②リバーシブルの襖
1間角の襖紙の表裏の表情を変え、引込み障子の裏に引き込んでおき、TPOに合わせて襖を反転して柄を変えられるようにする。

③上下動するテレビ台
テレビを食卓の高さの甲板から飛び出させたくなかったので、テレビ台を甲板の下に設置し、見たいときに昇降機で上下できるようにしている。

④ステンドグラス
建て主の希望でステンドグラスを入れたいという場合、見上げると見え、夕日が当たるとガラスを透した光が落ちてくるような、主張し過ぎない位置に設置する。

⑤収納洗濯機
脱衣洗面所に洗濯機を置かざるを得なくなり、それを露出したく

③上下動するテレビ台
食卓の高さに合わせたカウンターでは低いので、テレビを見るときにはテレビがもち上がるようになっている

④ステンドグラス
西日が当たったときだけ部屋の色合いが変化する。通常はステンドグラスの存在が気にならず、部屋の様子が変化して初めて意識される位置にしつらえてある

⑤収納洗濯機
通常は広い洗面カウンターだが、洗濯をするときにはカウンターを一部跳ね上げて使える

なかったので、洗面台の甲板の下に設置できるように床を洗濯機分切り取り、ベタ基礎のレベルに下げ、甲板も洗濯機の幅分のみ切り込みを入れ、もち上げて使えるようにした。

⑥塀の笠木

ステンレスの厚板の塀の頂部に、ステンレスのパイプの半円を笠木として被せ、現代的素材で伝統的表情をつくり出す。

⑦飛び出し雨樋

縦樋を設置できないために、勾配付きの雨樋を90cmほど飛び出させ、流れの勢いのまま、2mほど先の桝に雨水が落ちる仕掛けとしている。

「寄居の家」

⑦飛び出し雨樋
軒樋はそれほど目立たないが、そこから壁際の縦樋までの斜めの導き樋が目障りとなる。そこでいっそ屋根から雨樋を飛び出させ、勢いのままに雨水が落ちるようにした

A 中央に置いて結界とする

大空間のどこに階段を置けばいいか

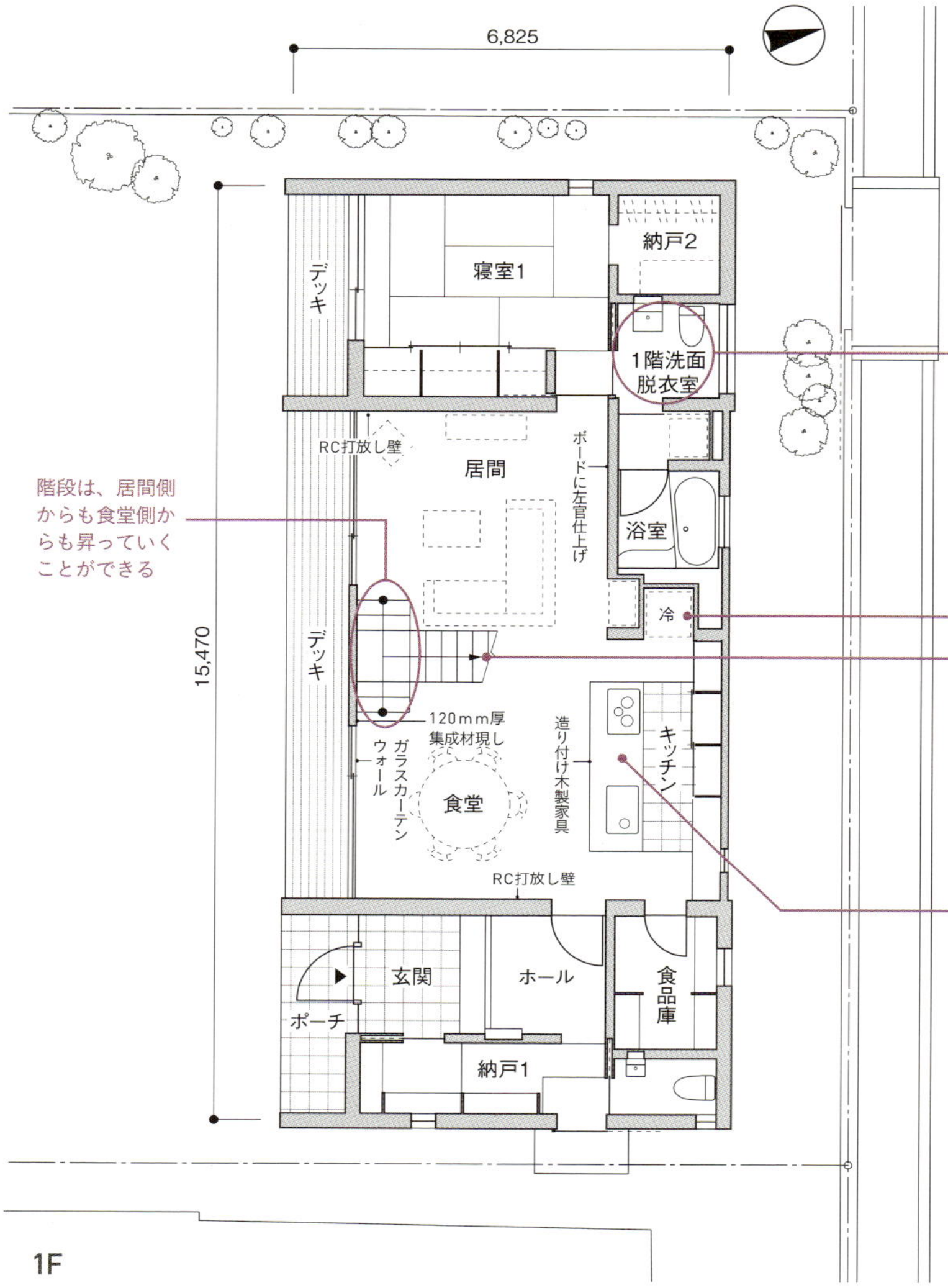

両親の寝室からすぐに行けるトイレ

階段は、居間側からも食堂側からも昇っていくことができる

居間食堂からは冷蔵庫の正面が見えないよう配置

階段を中央に設けると動線上都合がよく、周囲の壁面や開口部をそのまま見せることができる

家族の誰もが参加できるように、キッチンは周囲を回遊できるアイランド型にしている

住宅の間取りや空間を考えるとき、「策を弄したと思わせないことをもって良しとする」、「大らかで融通がきく空間を良しとする」、それでいて美しい空間をつくろうとしている。

そのため、見える階段の位置決めは迷う。動線上は家の真ん中に設けるのがいい。ただ、吹抜け中央に設けた場合は、その階段が吹抜けのダイナミックさを損ないがちで、端部の壁際に設けたくなる。

この矛盾を解消する方法が、階段の存在をできるだけ透視化することである。それによって家の中央に設けられ、動線上も都合よく、居間と食堂の適度な隔てとなり、大きな吹抜けを単に大きいだけの、間の抜けたものにせず、オブジェ的存在にできる。

さらに吹抜けを囲む三方の壁を、1階床から2階天井まで連続した壁として見せることができ、ダイナミックさを強調することになり、空間を構成する壁の素材の対比も見せることができる。

「館林の家」

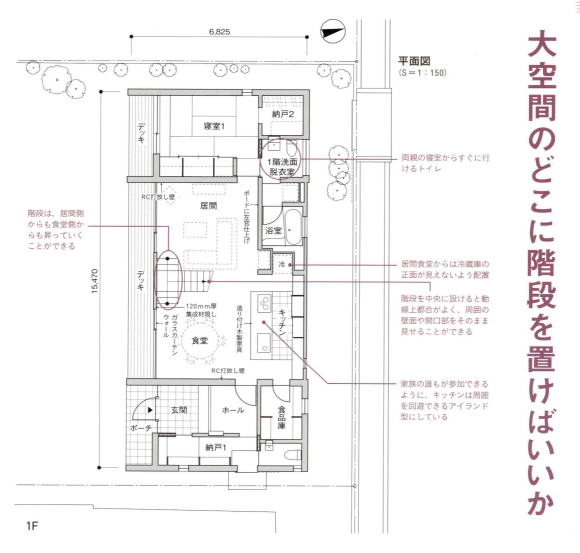

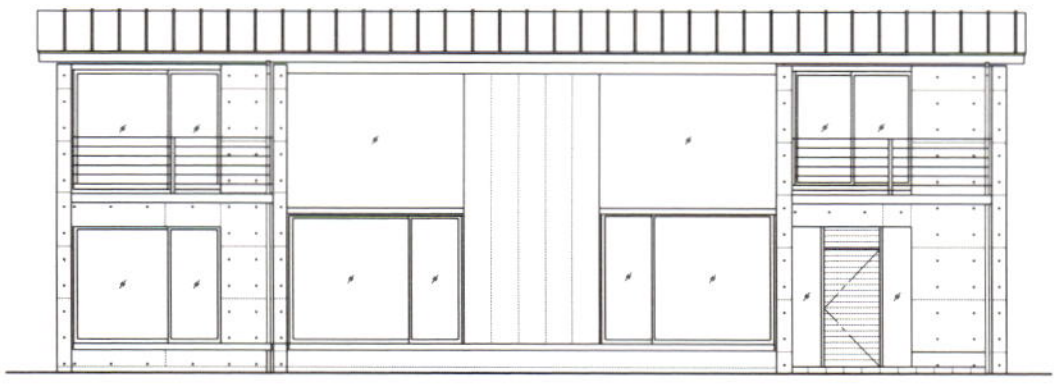

南側立面図
(S＝1：250)

南面夕景。内部構成材料の違いがわかる

トイレは1階にもあるので、2階では洗面脱衣室とワンルームにしている

1階床から2階天井までの壁や窓にすることで、吹抜けをダイナミックにできる

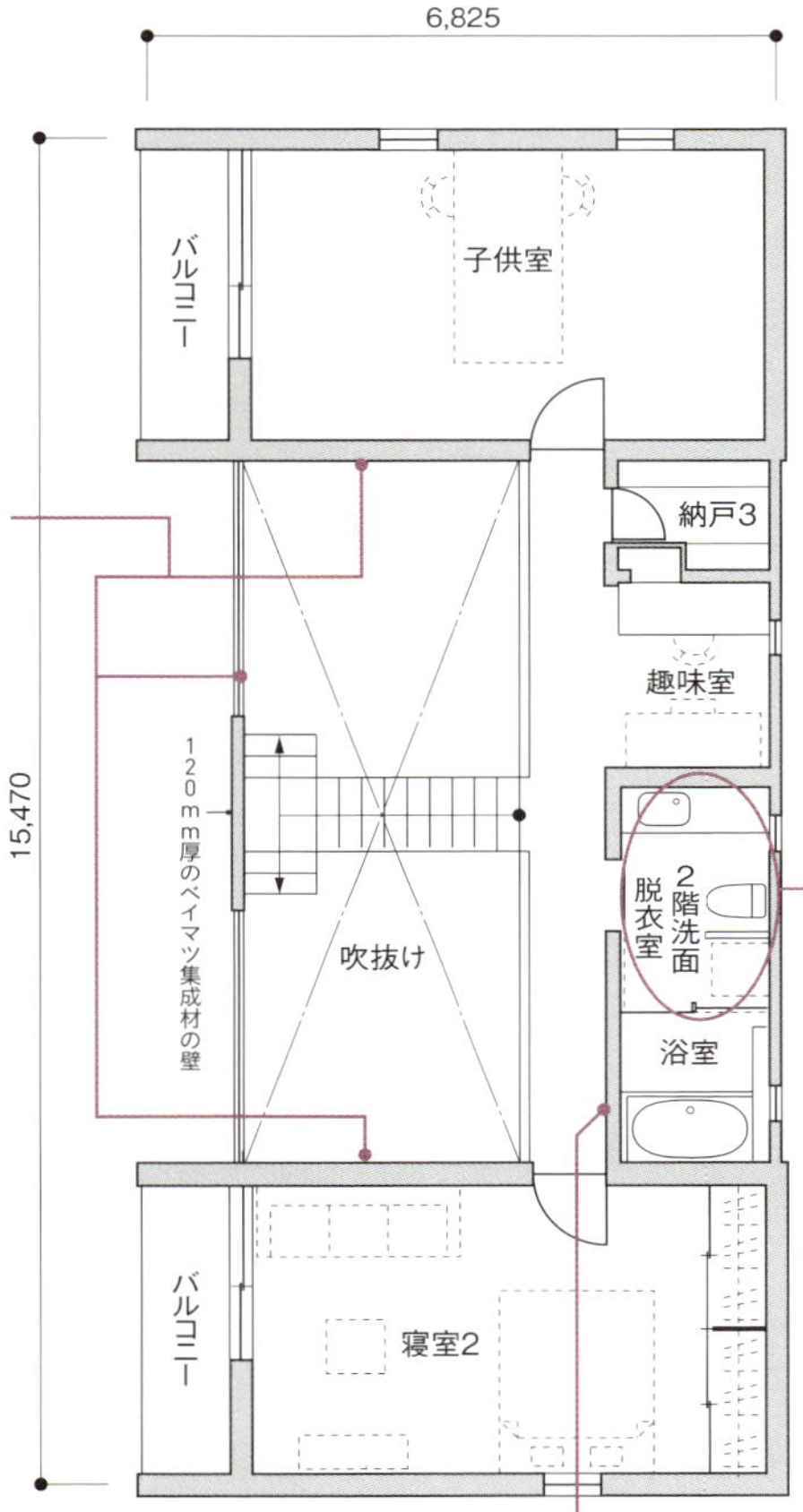
6,825
15,470
バルコニー
子供室
納戸3
趣味室
120mm厚のベイマツ集成材の壁
2階洗面脱衣室
吹抜け
浴室
バルコニー
寝室2

2階廊下の壁は、音が反響しないよう小幅板を張った吸音壁にしてある

2F

階段を透かすことで、存在感の少ない仕切りにできる

コンクリートの反射音を吸収するように、2階北側の壁は小幅板の吸音壁にしている

RC打放し、左官、塗装、集成材、小幅板など、空間を構成する素材の対比を見せる

Q 19 ガレージ奥の玄関アプローチを明るくする仕掛けは？

A 2階にすのこ床の中庭をつくる

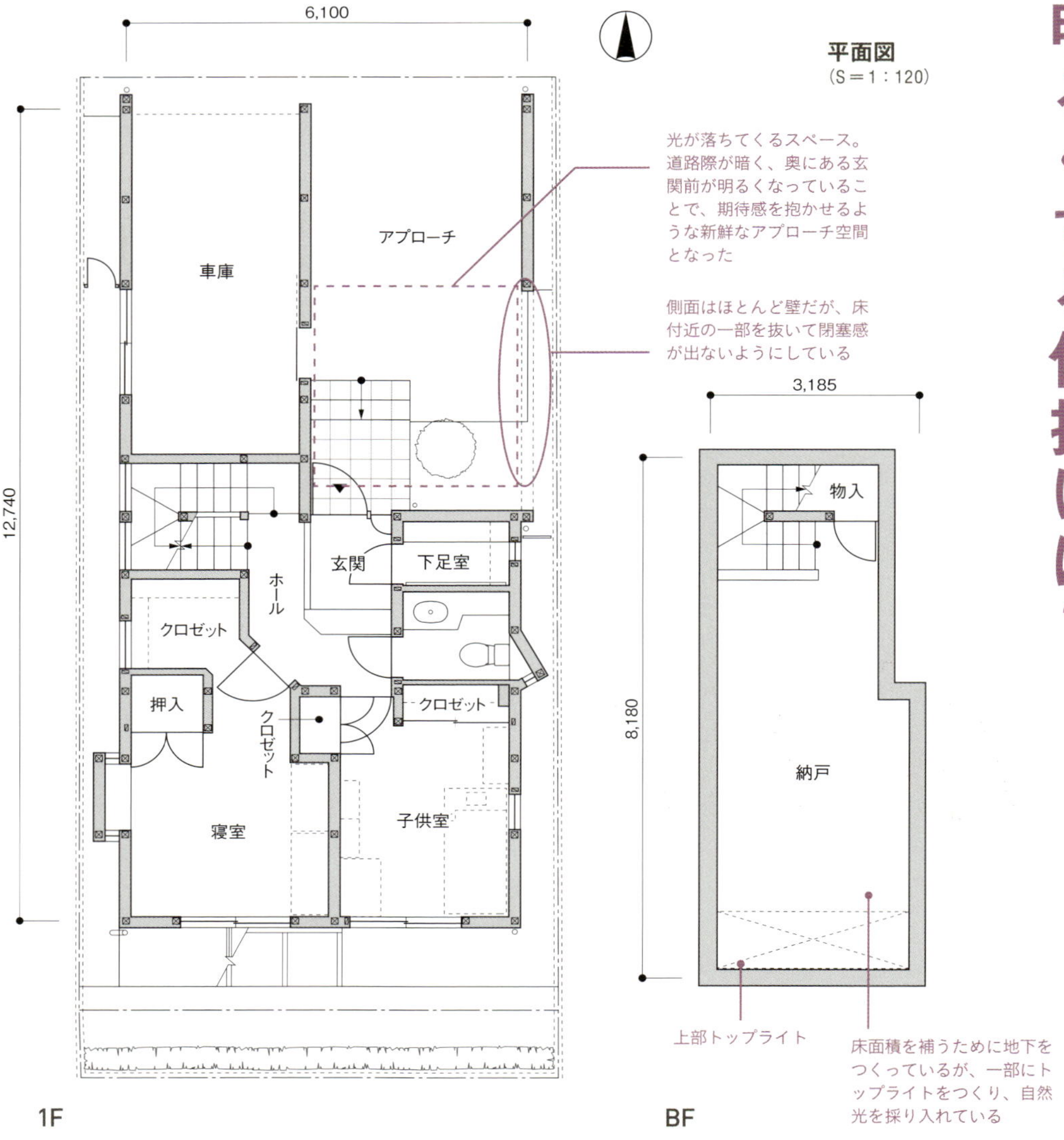

平面図
(S＝1：120)
6,100
12,740
車庫
アプローチ
光が落ちてくるスペース。道路際が暗く、奥にある玄関前が明るくなっていることで、期待感を抱かせるような新鮮なアプローチ空間となった
側面はほとんど壁だが、床付近の一部を抜いて閉塞感が出ないようにしている
玄関
下足室
ホール
クロゼット
押入
クロゼット
クロゼット
寝室
子供室
1F
3,185
8,180
物入
納戸
上部トップライト
床面積を補うために地下をつくっているが、一部にトップライトをつくり、自然光を採り入れている
BF

敷地の間口に余裕がなく、2台分の駐車スペースを取ると、アプローチは車脇に取るしかない。玄関はその先となり、隣家が建て込んでいると、光が射し込まずアプローチが暗くなる。

このように建て込んでいる状況では、2階も採光確保のために中庭を設けて、そこから各部屋に光を採らざるを得ない。

そこでその2階の中庭の床をグレーチングにして、光をアプローチに落とすことで、逆に暗いがゆえのトップライト的効果で、アプローチの奥が明るく、期待感を抱かせる新鮮な空間にすることができる。

「碑文谷の家」

駐車スペース奥の玄関部分。一部地下室のため、1階床がGL+900mm となり、高い上階床面のグレーチングを通して光が落ちてくる

2階中庭の床はスチールグレーチング。居間・食堂もスキップフロアとして連続している。正面に見えている高窓は食堂上の電動オーニング窓で、夏の暖気を排出する

玄関部分夜景。夜は、2階居室の光がグレーチングからこぼれるので、玄関前がライトアップされたようになる

2本の木製引込み戸を開け放つと中庭と内部が一体空間となる

グレーチングの中庭から1階アプローチに光を落とす

隣家の視線が気にならないよう壁を高くしてある

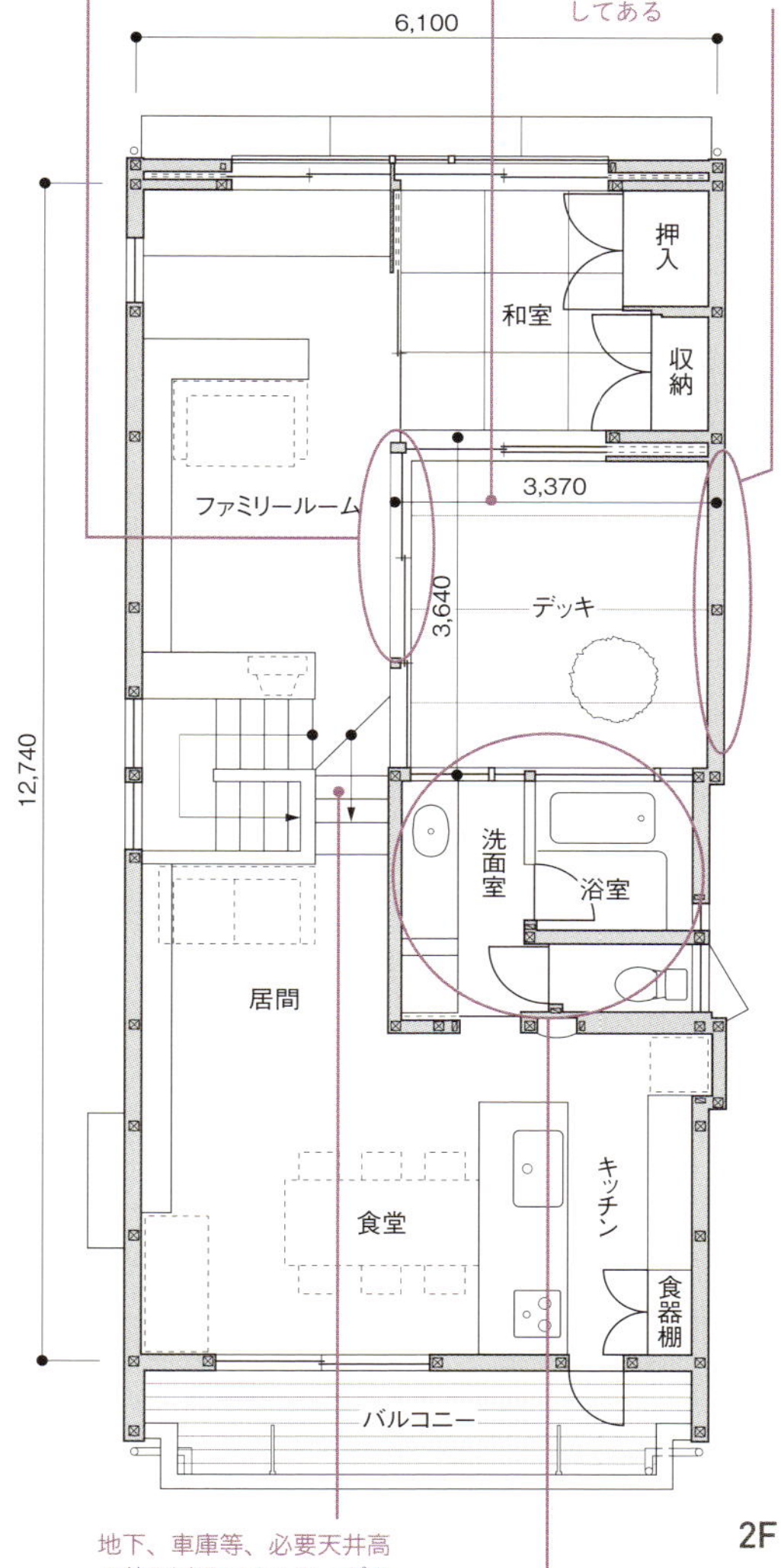

地下、車庫等、必要天井高の差を活用してスキップフロアにしている

中庭南側の部屋は天井を低くできる水廻りとして屋根を低くし、中庭に陽光がたっぷり射すようにしている。屋根はフラットルーフにして、ゴルフスイングの練習場に。練習場には浴室外のスチールはしごで昇る

右ページ/2階中庭南側に配した水廻り。階高を抑えたため、中庭北側の和室もたっぷり陽光を受けられる。水廻りの上の屋上はゴルフスイングの練習場所に

後半生に移住して建てる職住一体の家とは？

A バリアフリー対策をして、職住の区分けの工夫をする

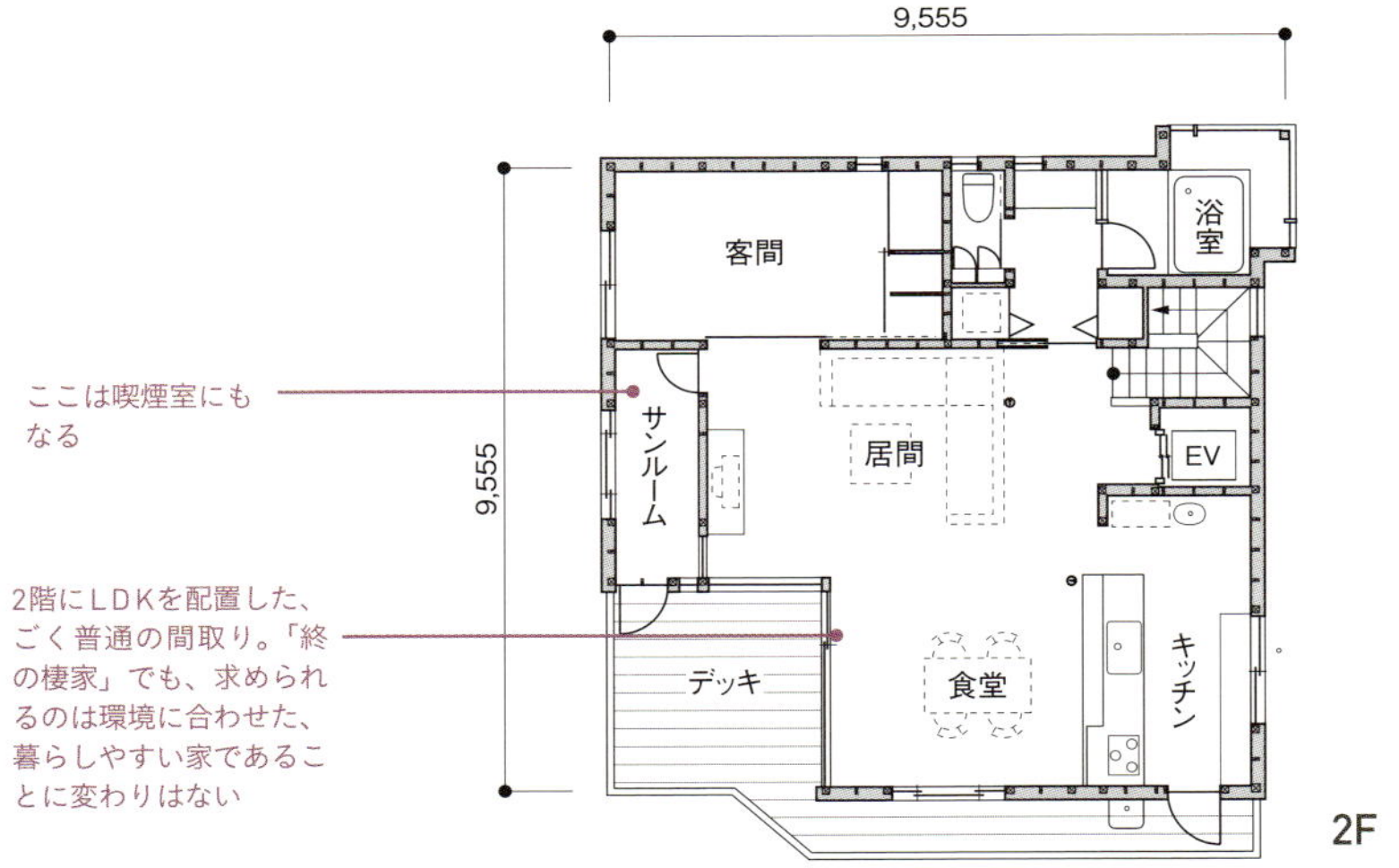
9,555
9,555
客間
浴室
サンルーム
居間
EV
キッチン
デッキ
食堂
2F
ここは喫煙室にもなる
2階にLDKを配置した、ごく普通の間取り。「終の棲家」でも、求められるのは環境に合わせた、暮らしやすい家であることに変わりはない

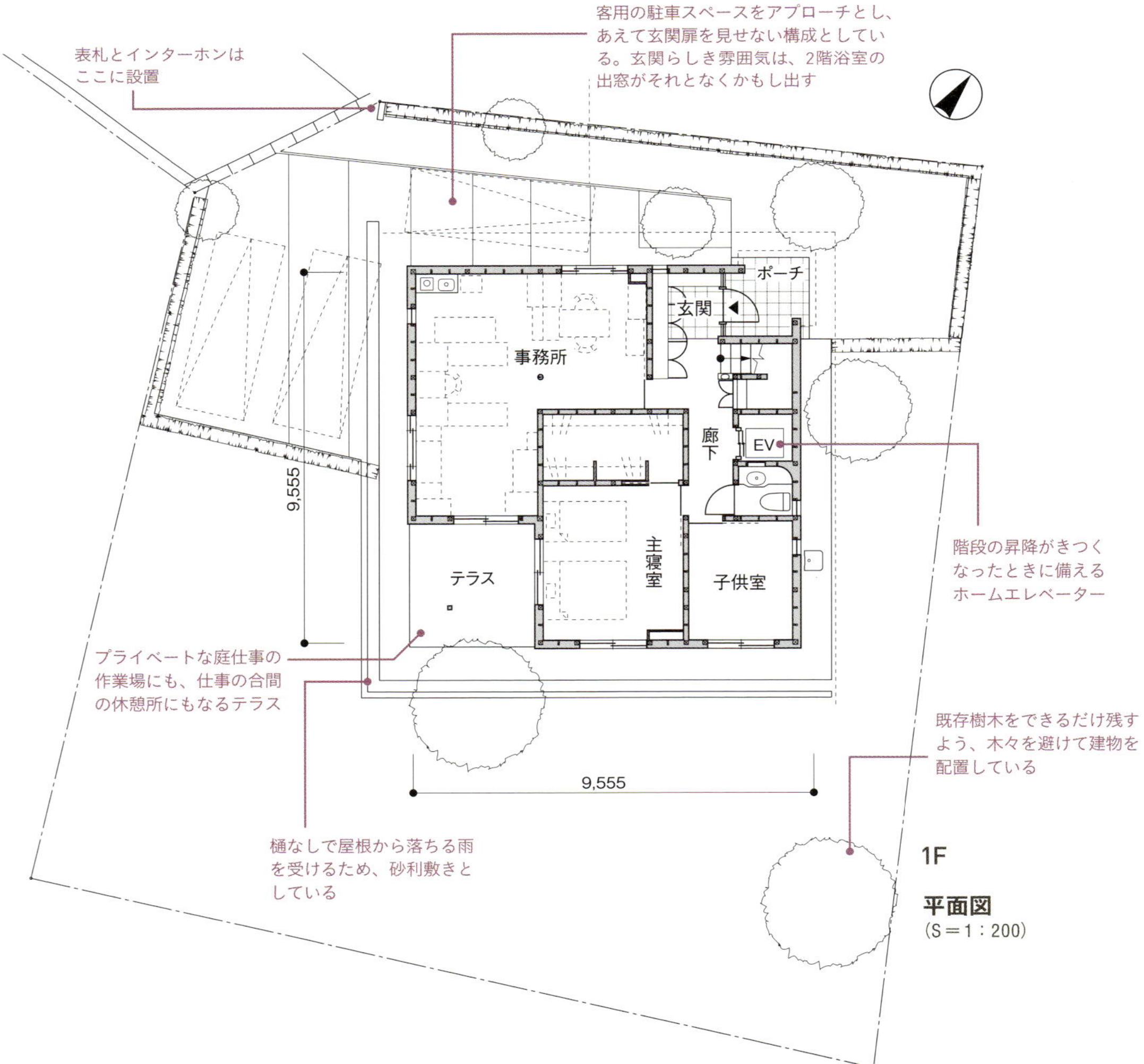
表札とインターホンはここに設置
客用の駐車スペースをアプローチとし、あえて玄関扉を見せない構成としている。玄関らしき雰囲気は、2階浴室の出窓がそれとなくかもし出す
ポーチ
玄関
事務所
廊下
EV
9,555
主寝室
テラス
子供室
階段の昇降がきつくなったときに備えるホームエレベーター
プライベートな庭仕事の作業場にも、仕事の合間の休憩所にもなるテラス
既存樹木をできるだけ残すよう、木々を避けて建物を配置している
9,555
樋なしで屋根から落ちる雨を受けるため、砂利敷きとしている
1F

平面図
(S＝1：200)

温泉付きの大型浴槽。FIXの大きな窓から大室山が見える

暗くなりがちな建物中央にはトップライトを設けた。トップライトからの光は壁に反射し、室内を照らす
客が多いときのためのロフト。4人くらいは寝られる、窓も大きく快適なスペース。ここからも大室山が見える
9,555
9,555

トップライト

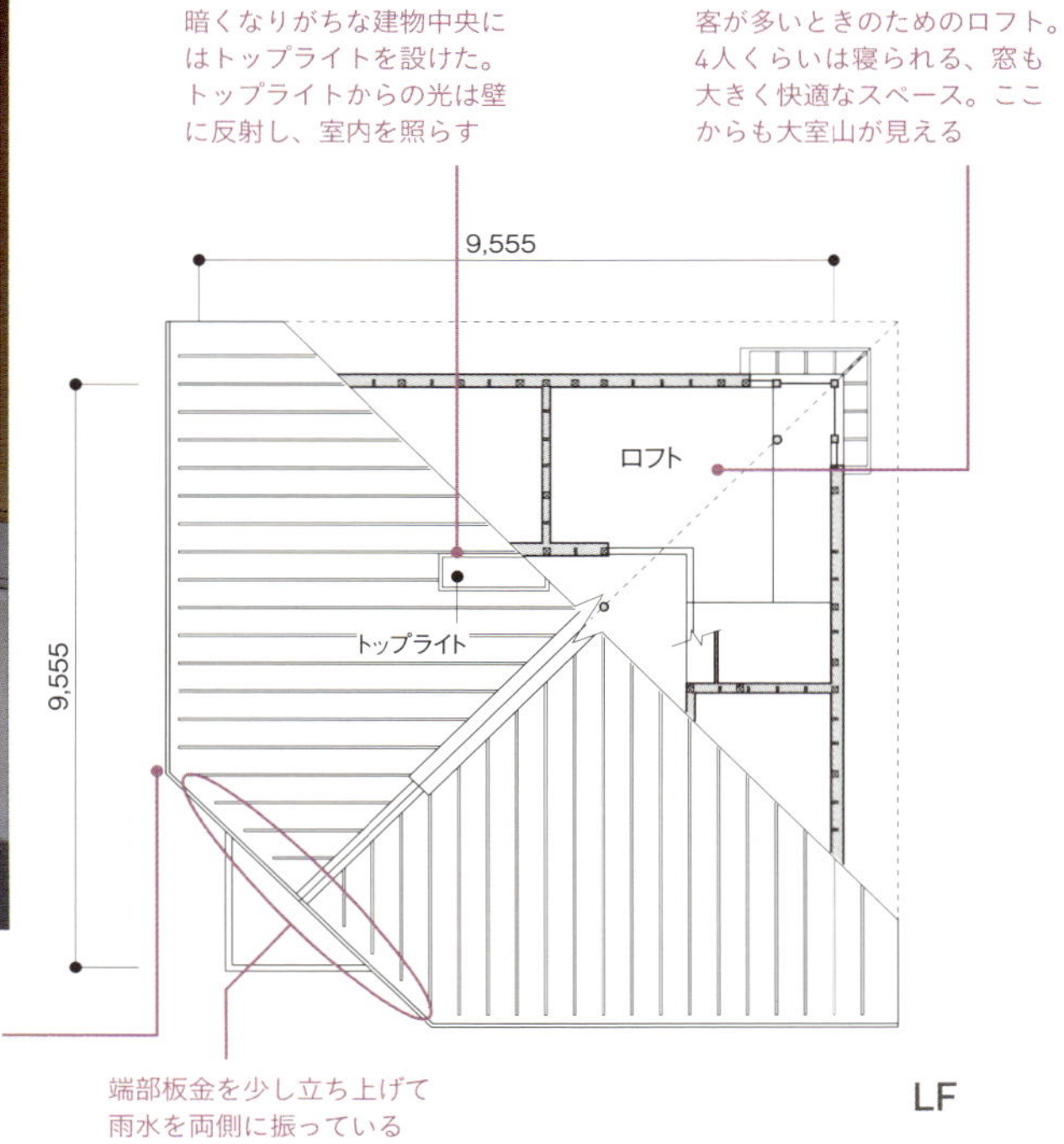
落ち葉が多いので樋は付けていない

端部板金を少し立ち上げて雨水を両側に振っている
LF

食堂と居間にL型に囲まれた2階屋外デッキ。室内天井をデッキの屋根まで連続させて一体空間としている。開口部は、スッキリ見せるため、FIXの大きな建具と出入り用の小さな建具に分けている

敷地に至るまでの道路だが、突き当たりの敷地のため屋敷内アプローチのように感じられる

終の棲家の要件として、事例の場合、次のようなことが考えられた。

自然の豊かな居住地（伊豆高原）を選択し、3台分のカーポートと多少の庭をつくれる敷地スペース、1階に玄関と職場としての事務所および寝室を設け、2階に居間食堂キッチンと客室、予備のロフト、（温泉付きの）浴室と洗面脱衣室、やめられずに残す喫煙室、食事もできる4.5畳の2階屋外デッキ、トイレは1、2階に、家全体を暖める床下吹込みの温風ヒーター、雨水や雪を集約させやすく、家全体を覆う45度に折れて直交する2方向の片流れ屋根、と、ここまでは多少の個別差があるとしても、ほとんどの住宅に必要な普通の要件である。

違うとしたら計画を自由にさせる、バリアフリーとしてのホームエレベーターである。事例の方は移住して10年、今のところさほどの過不足なく、人生後半を楽しく過ごされているようである。

「伊豆の家」

単調になりがちな1階LDKを豊かにする手法はあるか？

A LDK上に2階を載せず、勾配天井で変化をつける

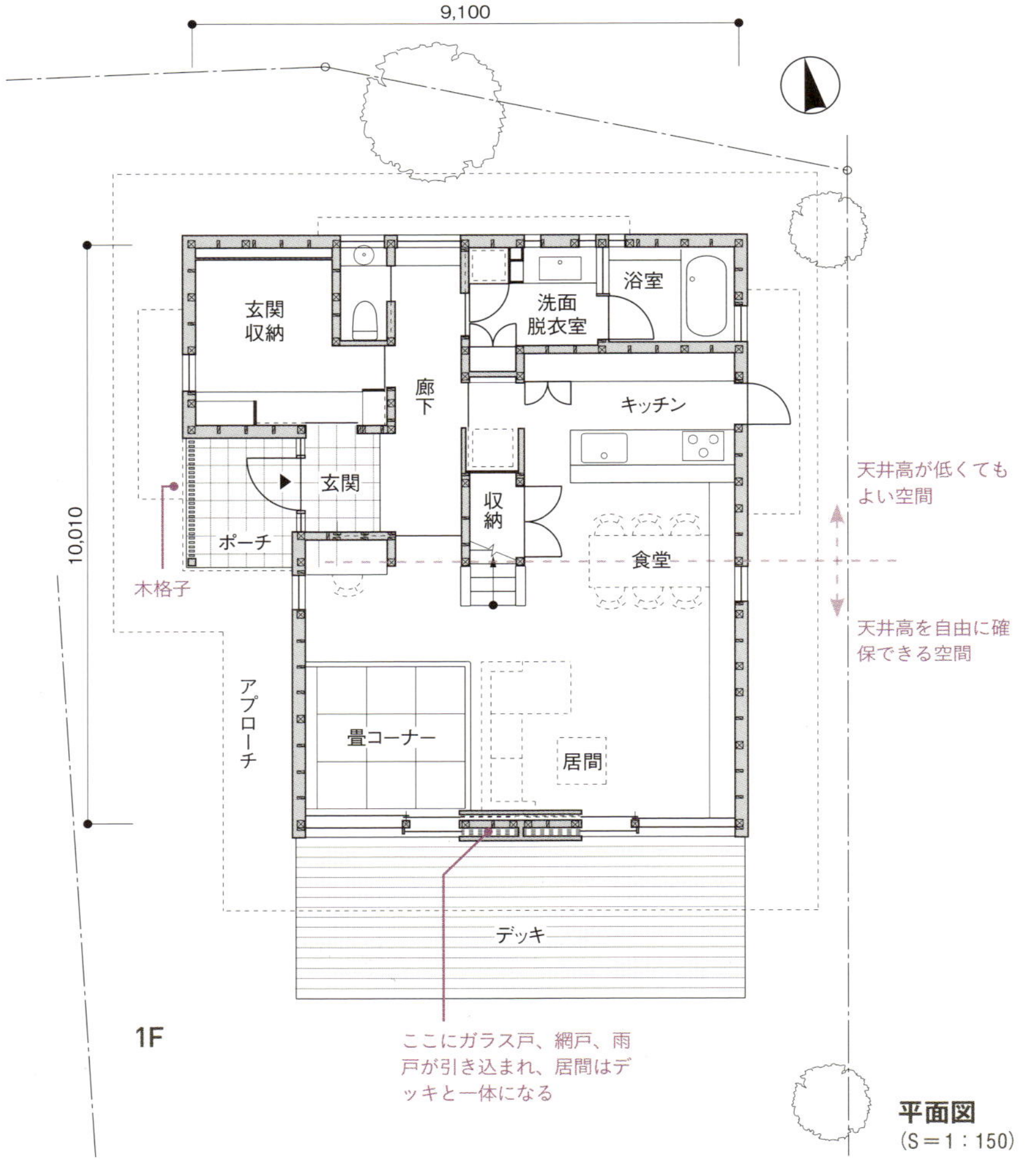

平面図
（S＝1：150）

2階建て住宅の1階居間食堂は、2階部分の下に設けると天井がフラットになり、吹抜けにでもしない限り、単調な空間になる。

この住宅のように、敷地に余裕がある場合は、1階居間食堂には2階部分を載せず、屋根を下屋にして勾配天井とする。勾配の高い部分は2階腰窓までと、通常より1mほど高い天井高がとれ、変化のある空間になる。

「取手の家」

アプローチと玄関ポーチ側外観

南側外観

食堂と居間。食堂の中央で天井高さが変わる。写真手前側にあるキッチンと食堂の一部の天井高は2,200mmとなっている

右が食堂、左が居間と畳コーナー。南面の窓上から上昇する勾配天井で空間に変化を生み出している

階段上部から居間と畳コーナーを見る。畳コーナーは可動式になっている

2階居室の南面窓は下屋の勾配によって高窓になる

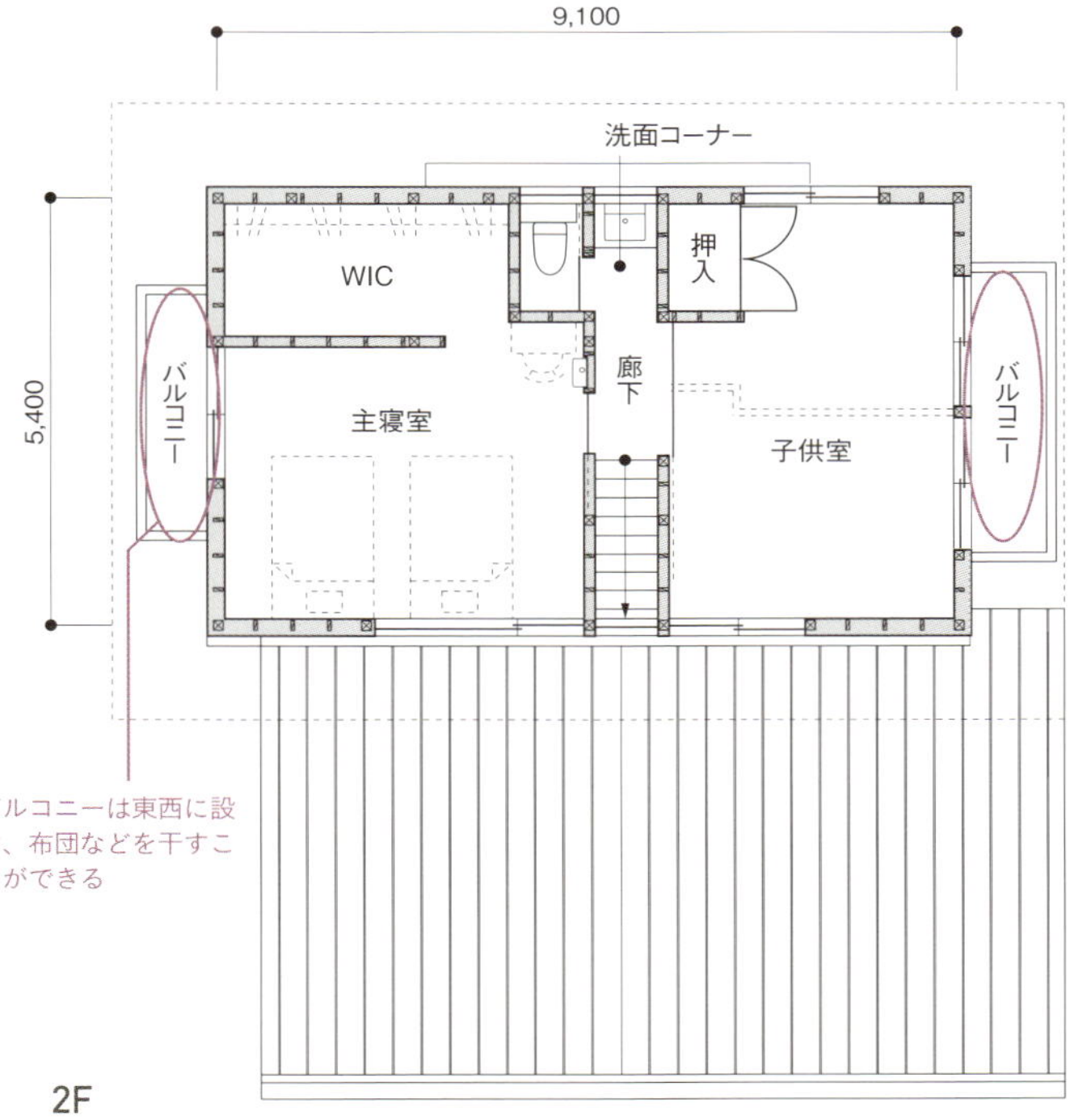

バルコニーは東西に設け、布団などを干すことができる

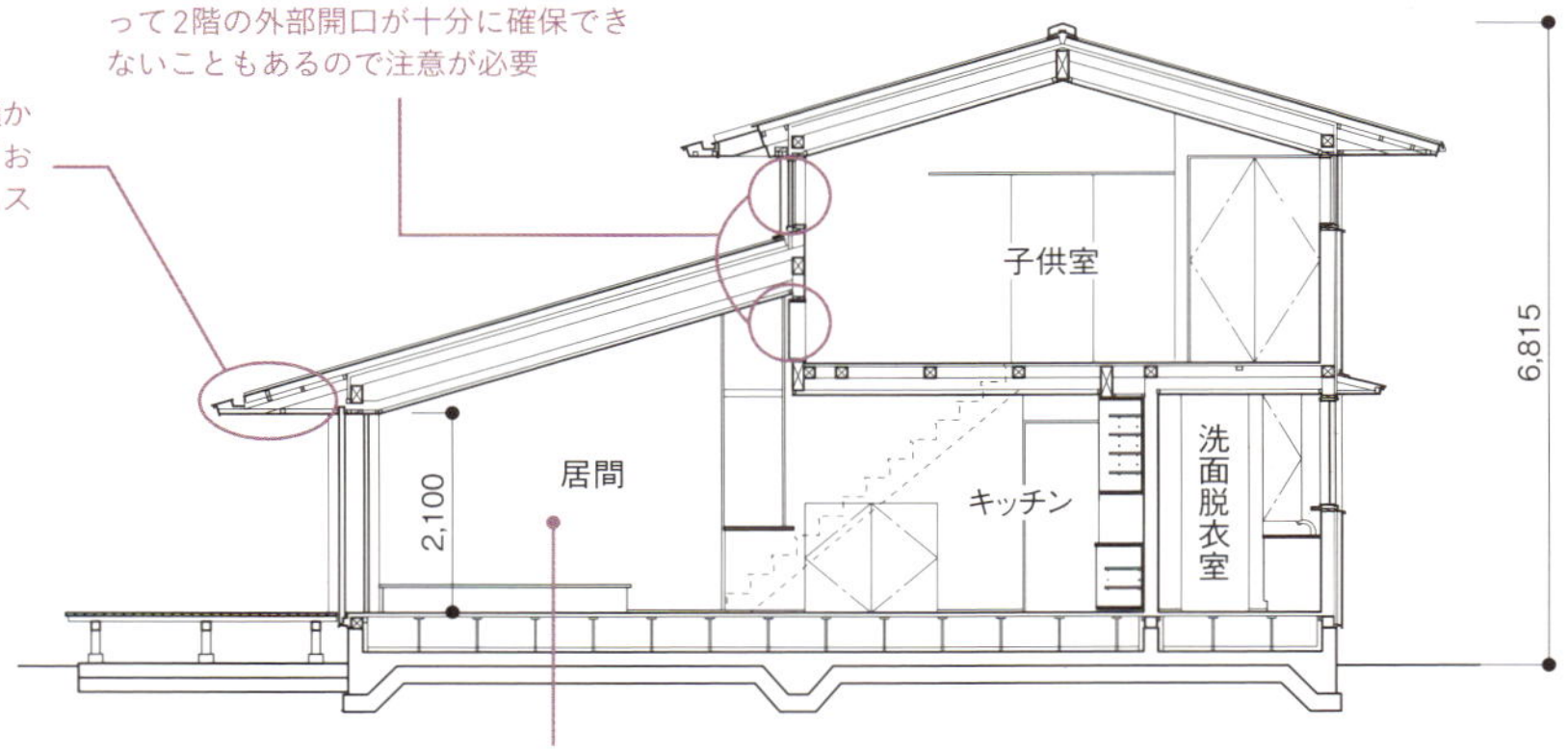

下屋の取り付く上部は窓開口、下部は居間を望む開口となる。屋根勾配によって2階の外部開口が十分に確保できないこともあるので注意が必要

軒天のなかに、隠し樋からの導き樋が隠されており、外から見た時にもスッキリと見える

居間は、勾配天井の変化のある空間にすることができる

断面図
(S＝1：150)

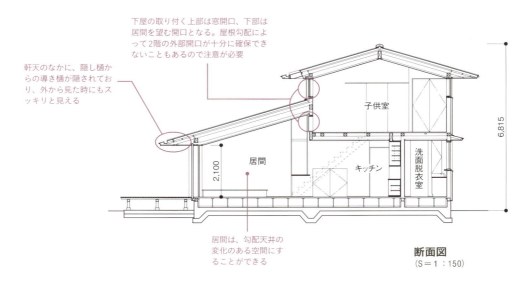

Q 22

大空間をドラマチックに演出する間取りとは

A 曲面玄関の小空間を経てなかに入れる

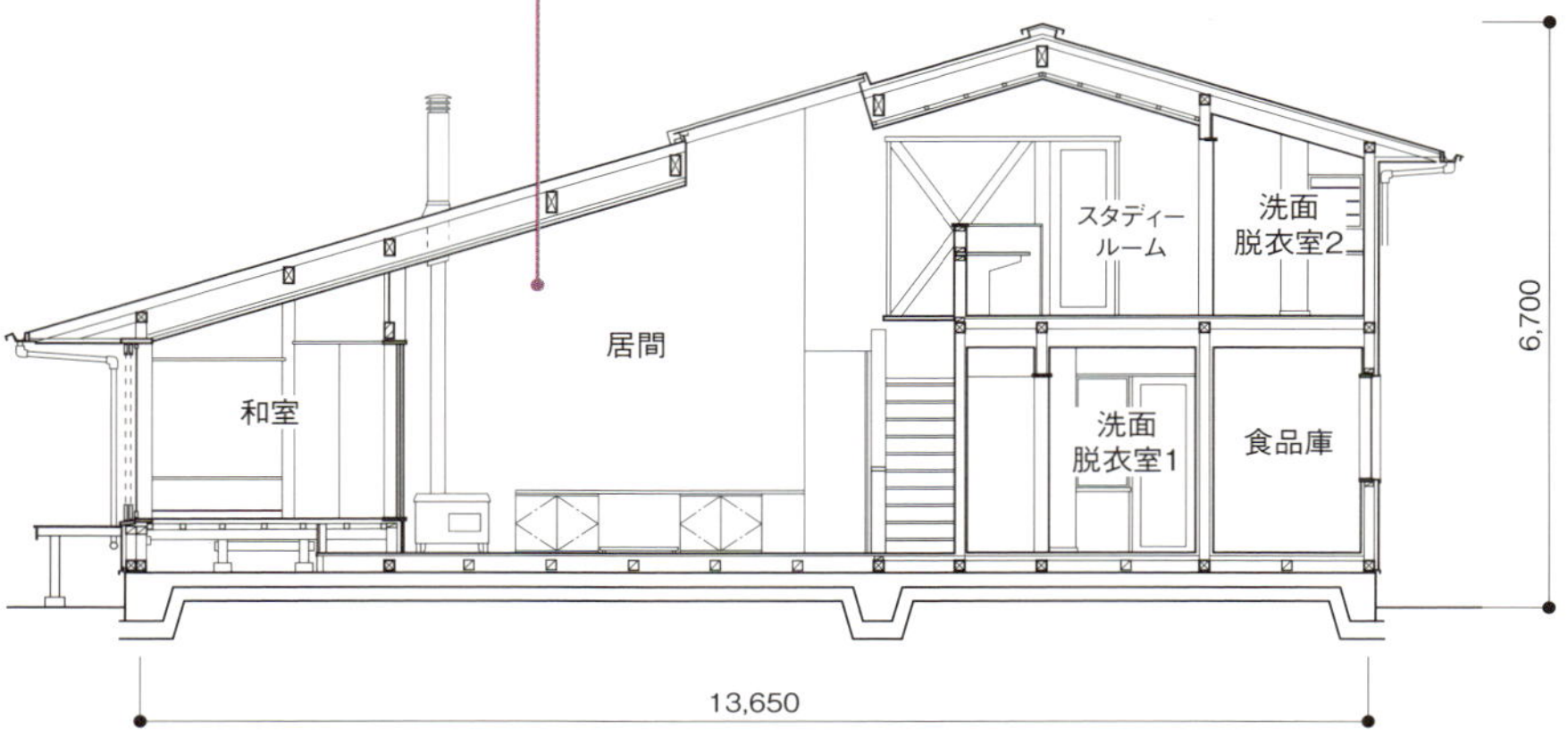

矩計図
(S＝1：150)

右/道路から玄関部分を見る
左/玄関に入ると中庭が見える

食堂部分の天井高は抑えて、大屋根の大空間と対比させる

大屋根の下をそのまま居間にしようとすると、玄関は居間からはみ出して設けざるを得ない。その玄関次第で大屋根空間のドラマ性が違ってくる。

事例は、大屋根の居間に、玄関を取ってつけたように設け、その壁面を緩やかな曲面にし、道路側にも表情を提供している。飛び出た玄関の手前を客用の車寄せとアプローチにし、その奥を玄関用コートとして、洗面所からも見せている。

コートまで囲った壁面を曲面にすることで小さく濃密な空間にし、そこから入る大屋根の居間の大らかさを際立たせ、対比させている。

「鵠沼海岸の家」

書斎は吹抜けを通じて1階の居間や食堂とつながっている

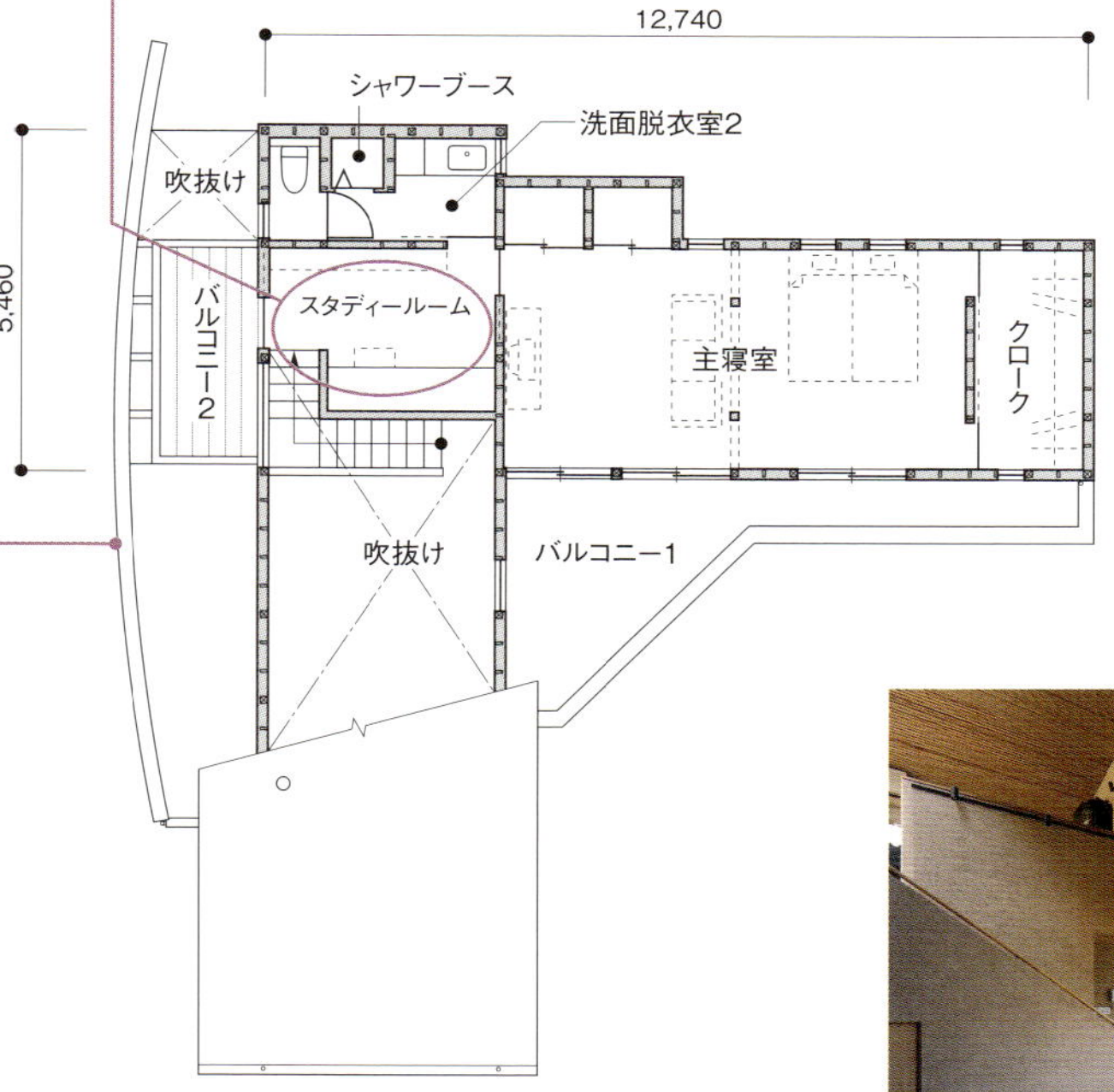

湾曲する壁は、道路側に特徴的な表情をつくり出す

2F

玄関から居間に入ると大屋根の大空間が待っている

壁の内側の中庭は、浴室や脱衣室などの窓も自由に開け放って使える内部的な外部空間となる

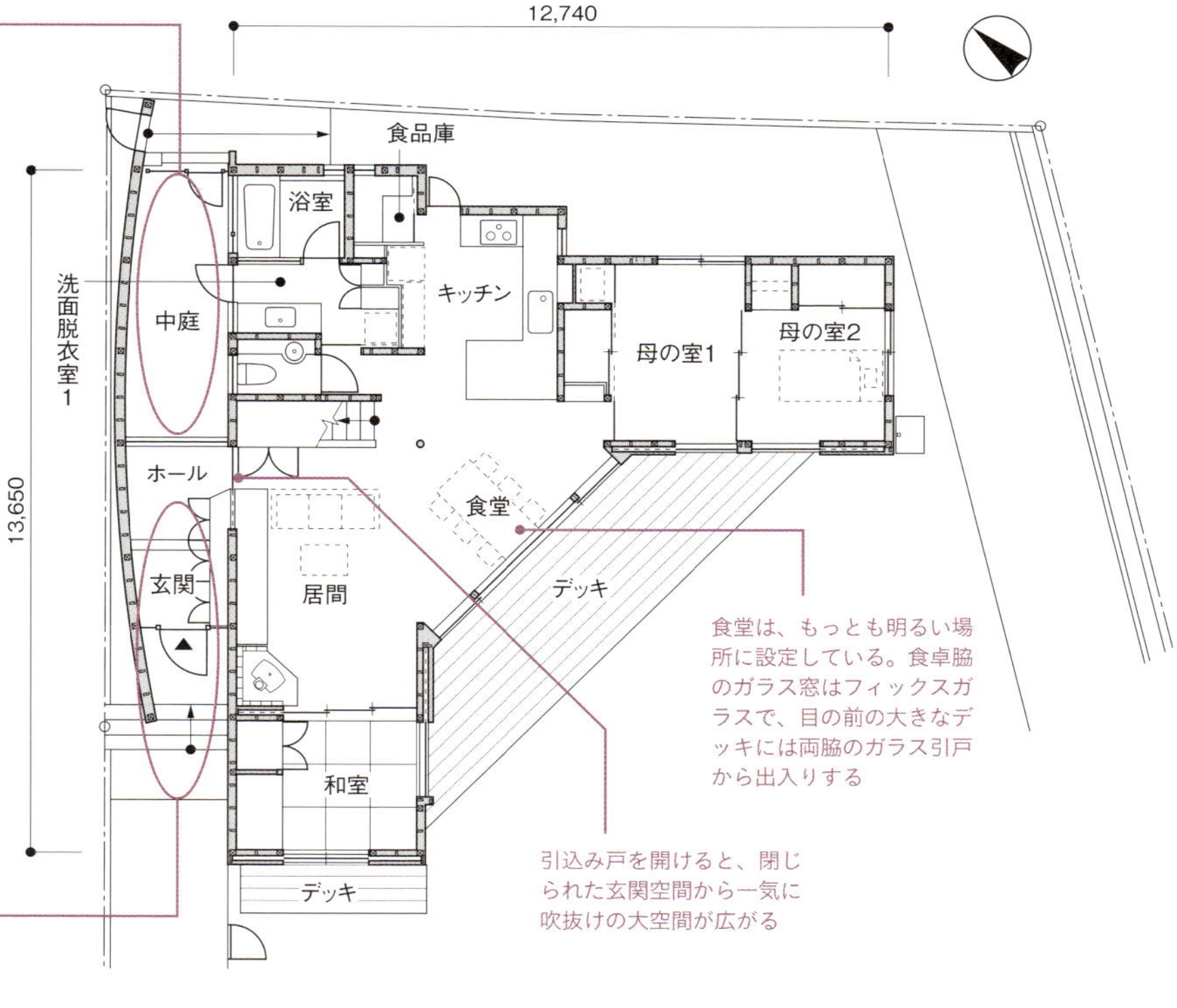

食堂は、もっとも明るい場所に設定している。食卓脇のガラス窓はフィックスガラスで、目の前の大きなデッキには両脇のガラス引戸から出入りする

車寄せから3段上がって、少し絞ったポーチに入り、扉を開けて湾曲する壁で膨らんだ玄関ホールとその向こうの中庭を見せる

引込み戸を開けると、閉じられた玄関空間から一気に吹抜けの大空間が広がる

1F

平面図
(S＝1：200)

暖炉でなく薪ストーブとする理由は?

A 火を楽しむだけでなく、蓄熱暖房としても使うから

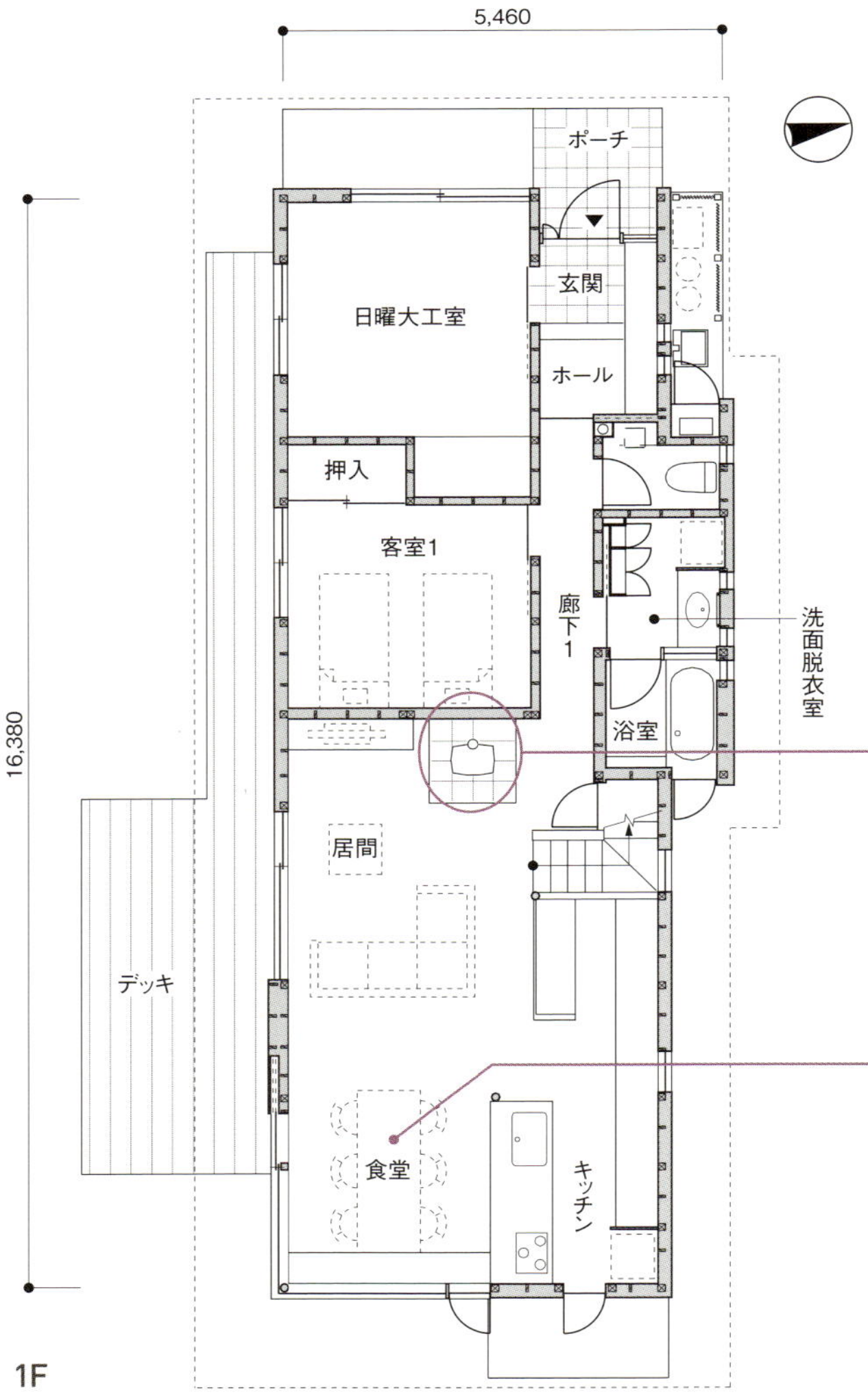

薪ストーブはほかの家具から距離を置き、できるだけ家の中心近くに配したい。暖房効率を高めるため煙突は多く露出しているのが望ましい。ストーブ背面がコンクリートなど蓄熱効果の高い材料であればさらによい

ストーブのある居間から食堂のコーナー窓を見る。食堂はストーブからも距離があり、暑すぎることはない

平面図
(S＝1：150)

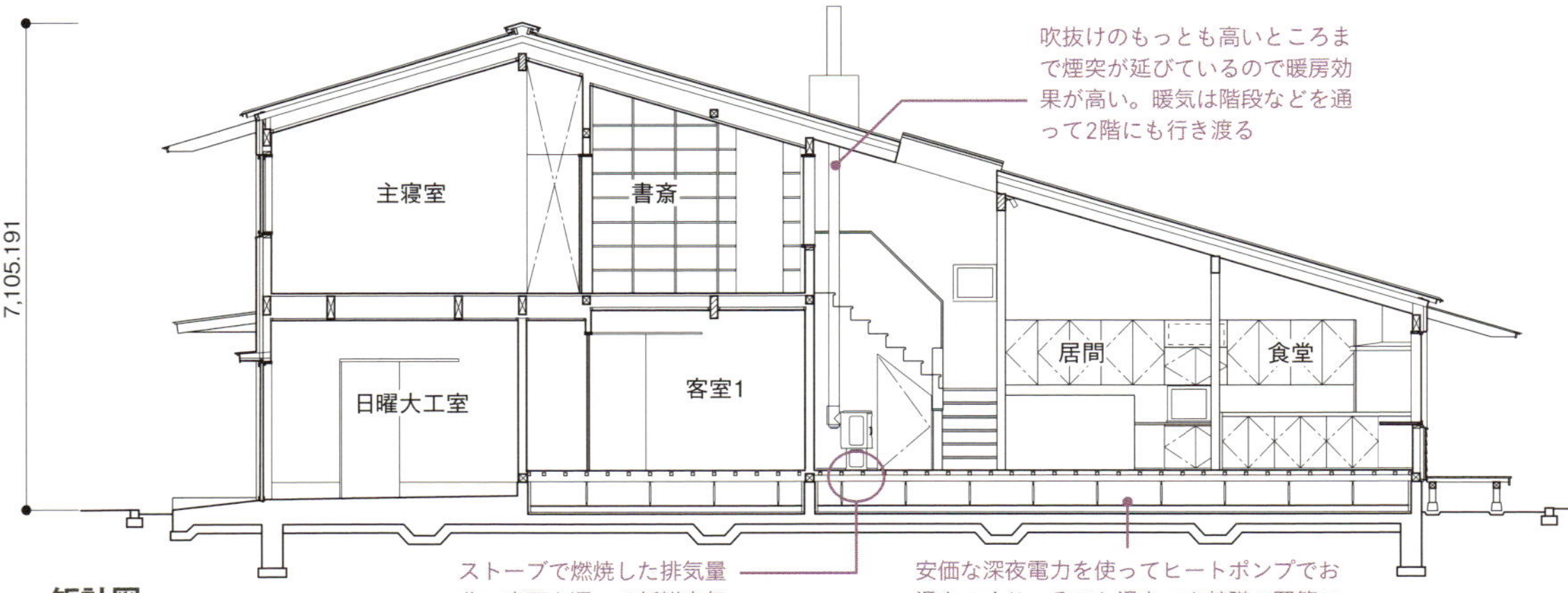

吹抜けのもっとも高いところまで煙突が延びているので暖房効果が高い。暖気は階段などを通って2階にも行き渡る

ストーブで燃焼した排気量分、床下を通って新鮮空気がストーブ内に供給される

安価な深夜電力を使ってヒートポンプでお湯をつくり、そのお湯をベタ基礎の配管に流して、基礎全体を暖めて日中に放熱する

矩計図
(S＝1：150)

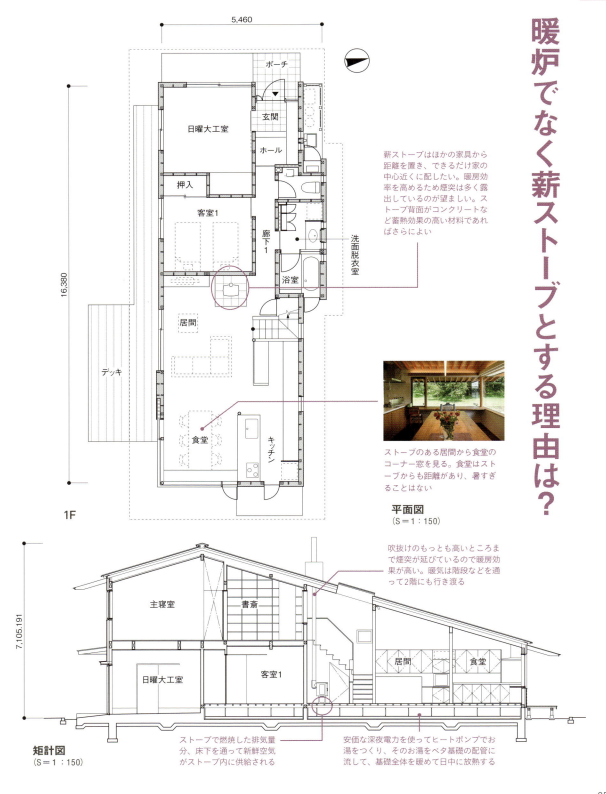

ストーブの背面は蓄熱壁。吹抜け部分にストーブを据え、煙突を効果的に利用

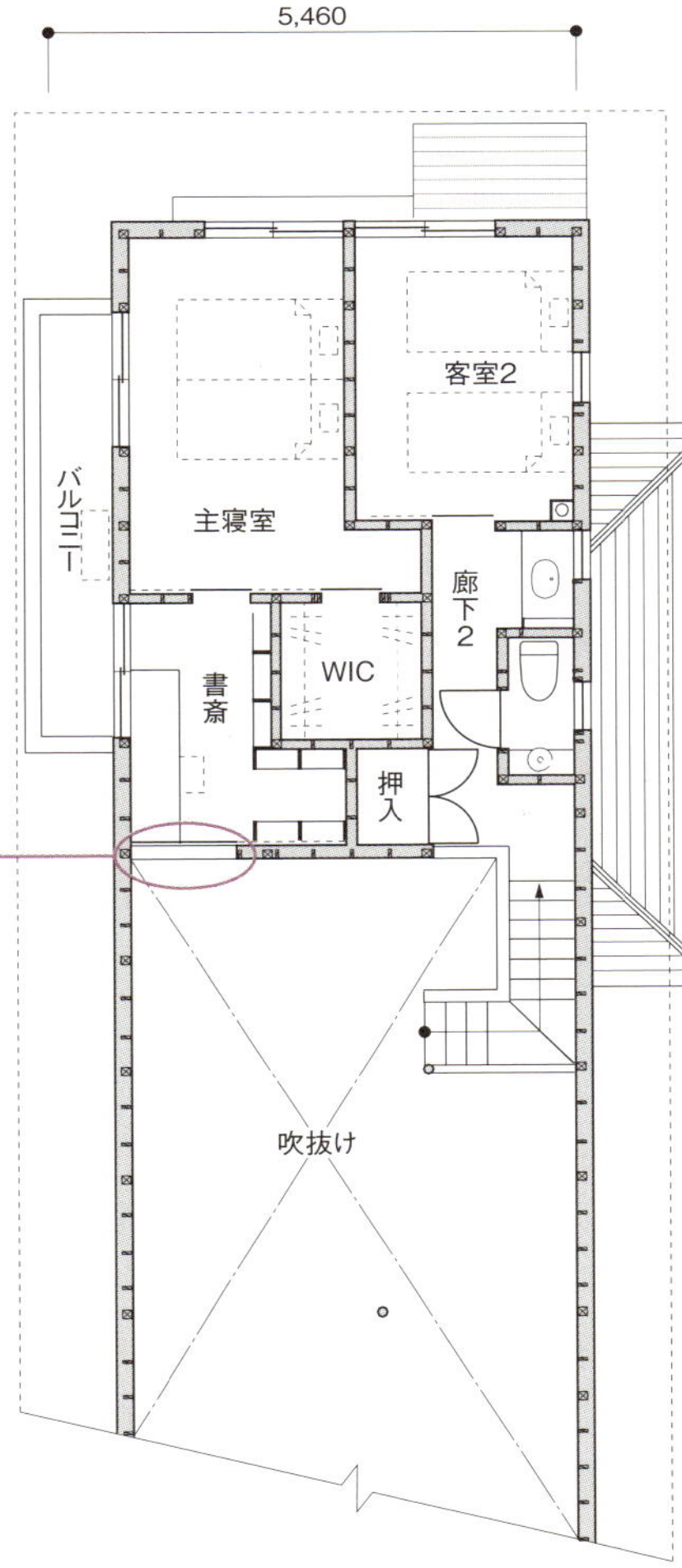
5,460
客室2
主寝室
バルコニー
廊下2
WIC
書斎
押入
吹抜け
引込み戸を開けると、暖気が直接部屋のなかに流れ込む
2F

暖炉は焚き口が開いており、燃焼が不完全の場合、煙が室内に充満する危険があって、誰か火を見ている必要がある。また十分燃焼させるには、煙を吸い上げる太く高い煙突が必要である。そしてその煙突を通って出ていく分と同じ量の冷たい外気が室内に流入し、温度低下を引き起こす。暖炉は火を楽しむもので、常時暖房としては、あてにならない。

薪ストーブは、焚き口が閉じられ、新鮮空気も外からダイレクトに、ストーブ内に吸い込む構造にすれば、室内の温度低下はない。最近のストーブは燃焼性能もよく、大きな薪を数個入れておけば長時間燃焼し続ける。火の番も必要ない。スープも煮込める。

事例は、別荘でもあり、到着してから燃やすのでは暖まるまで時間を要する。そこで基本暖房は深夜電力活用のヒートポンプ基礎蓄熱の全館暖房である。その上でストーブの背面の壁は、木造の柱間に蓄熱性の高いコンクリートブロックをはめ込み、石を張っている。そうすることで、火が消えても、暖められた背面の壁からの放射熱でかなりの時間、部屋を暖めてくれる。その分、基礎蓄熱暖房の省エネにもなる。

「茅野の家」

工事中の様子。ストーブ置き場の背面の壁には、柱間に蓄熱性に優れるコンクリートブロックを積んでいる

A 方形屋根に包まれたワンルームとする

2階LDKを気持ちのいい空間にする方法は?

2階はどこからでもすべてが見渡せる。ただし、和室は障子の間仕切りで隠すことができる。食堂方向からは居間の、キッチン方向からは玄関吹抜けの、大きなフィックスガラスで外とつながり、空間的抜けをつくっている。ペンダント照明は、天井の小幅板と同じベイマツを使ったオリジナルの器具

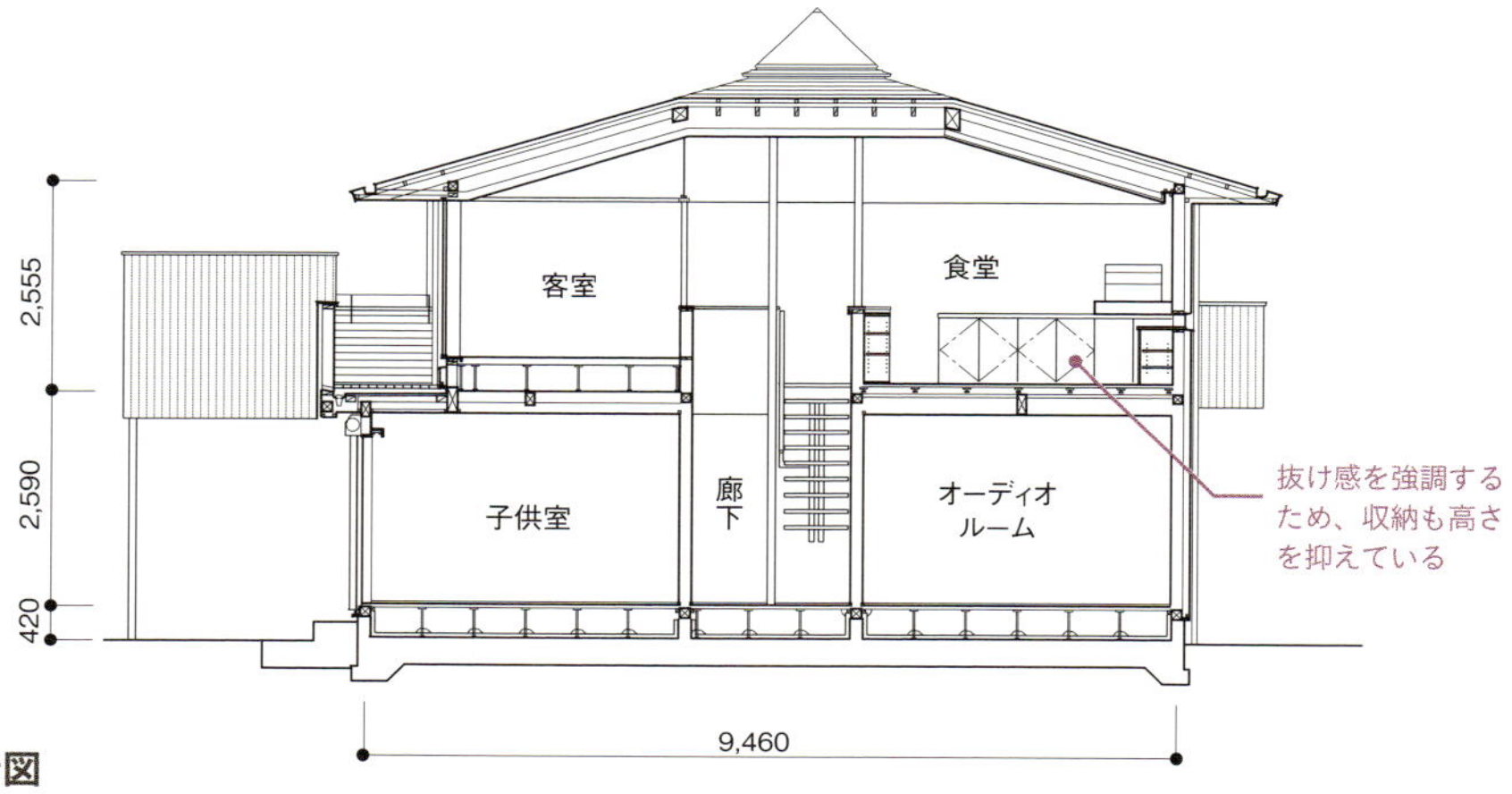

矩計図
(S＝1：150)

貸し駐車場の一角の敷地なら、プライバシーを考えて、2階に居間食堂をもつ逆転プランとせざるを得ない。その2階も4.5間角もあるなら、その特徴を強調すべくワンルームにし、広く見せたい。

和室も障子で間仕切り、欄間を開放することでワンルーム感を強調する。1階の気配を感じ取るために設けた吹抜けも階段と一体化し、2階を広く見せる要素とする。屋根の中央部分でもある階段の降り口に、4本の細いスチールパイプの柱を立てて、方形の勾配屋根を架け、1つに包まれた空間であることを強調する。広いゆえに暗くなりがちな、中央部の4本柱のなかにトップライトを象徴的に設けて明るくしている。

南側の居間の外には大きなデッキスペースをつくり、そこに面して大きな開口部を設けて抜けをつくり、囲まれたワンルーム空間の閉塞感を開放する。

「新小岩の家」

キッチンカウンターの照明は、食堂と同じもの（右ページ写真参照）。奥に見える扉は、サービスバルコニーへの出入り口

玄関と廊下の上は吹抜けになっていて、食堂から1階の気配がわかる

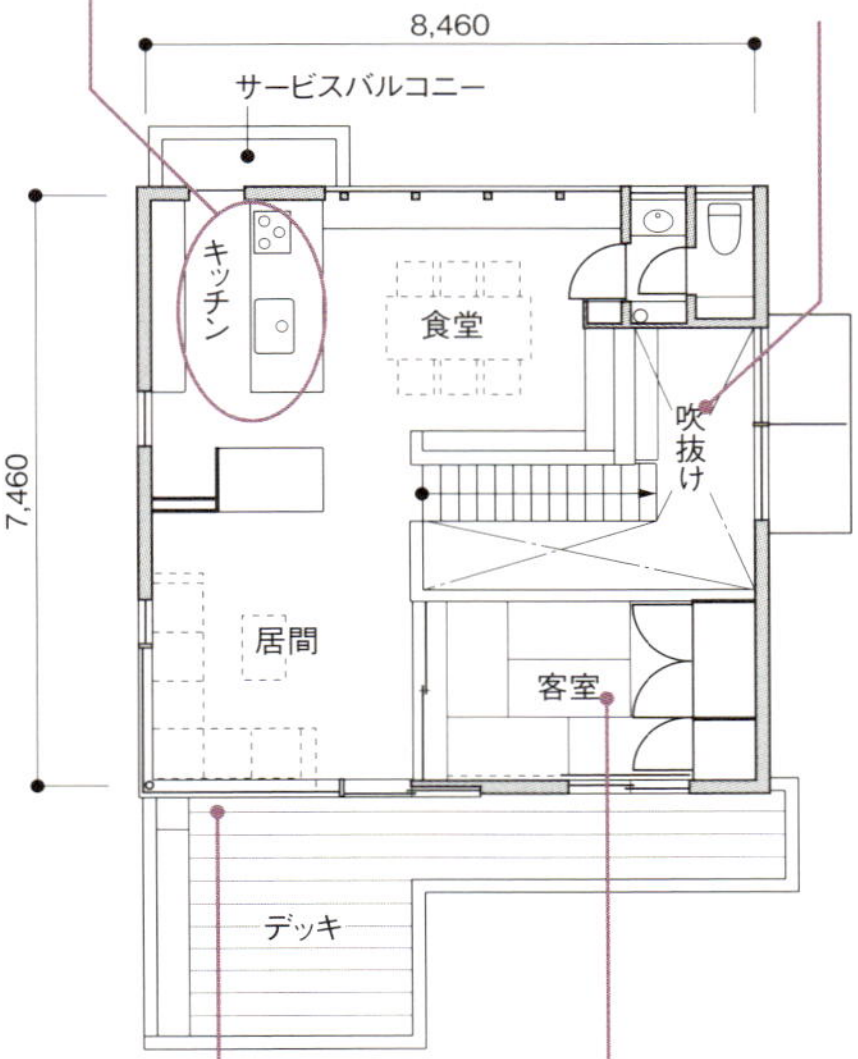

南西方向の開口部を大きくとって抜けをつくる

和室だけは障子で見えなくすることができる

2F

貸し駐車場の進入路が住宅のアプローチとなる。進入路の床舗装にアッパー照明が仕込まれている

食堂側から居間方向を見る。勾配天井のワンルームに加えて、南西方向に大きく開き開放感を得る

大きなウォークインクロゼットは家族みんなの衣類を収納

家に近接する2台分が自宅用。その他の6台分が貸し駐車場となる

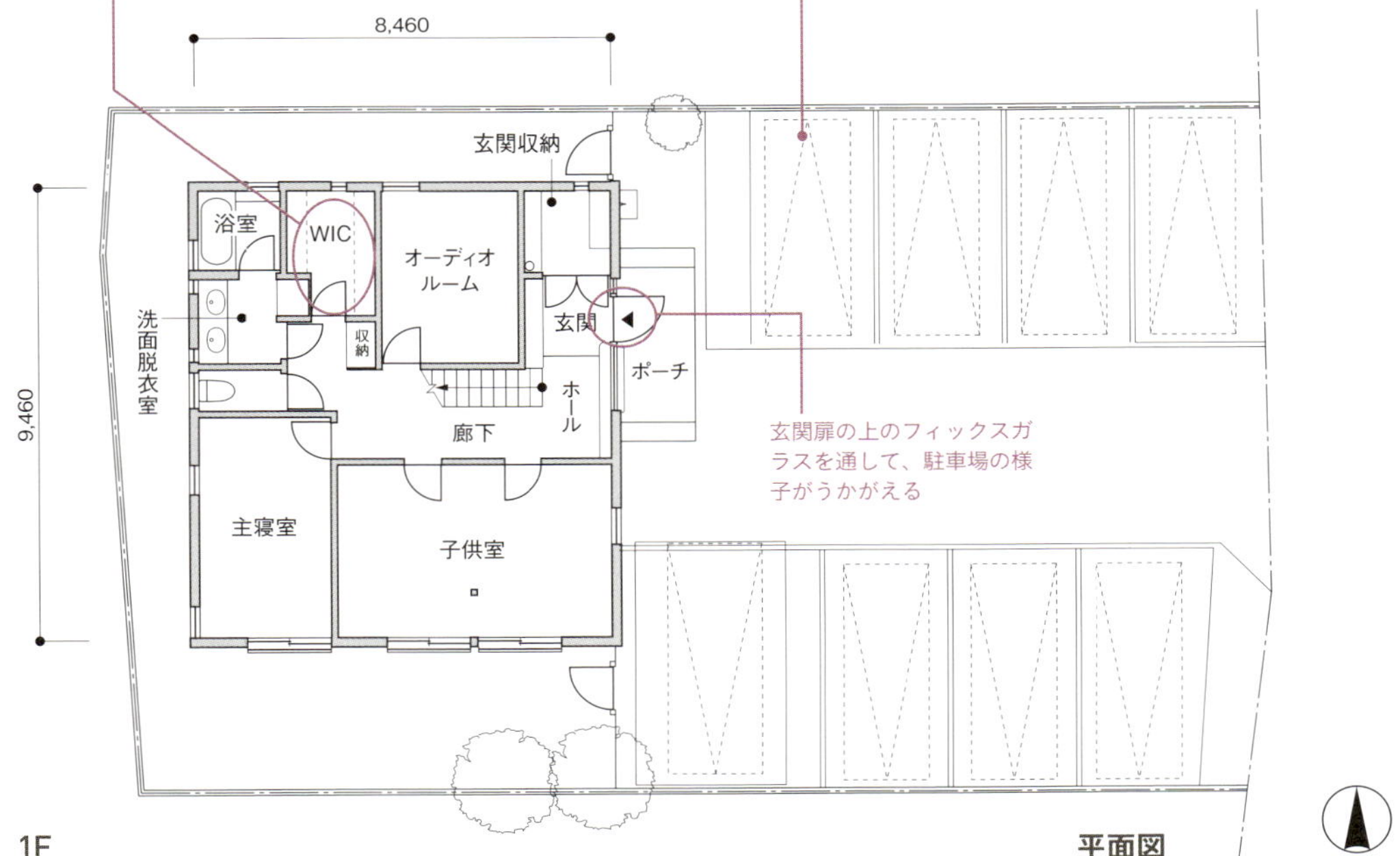

玄関扉の上のフィックスガラスを通して、駐車場の様子がうかがえる

1F

平面図
（S＝1：200）

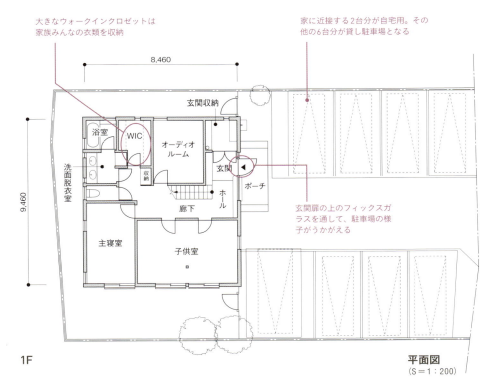

居間を1階2階のどちらに置くかの決め手とは？

A もっともほしかった居心地のよい場所の近くに居間を置く

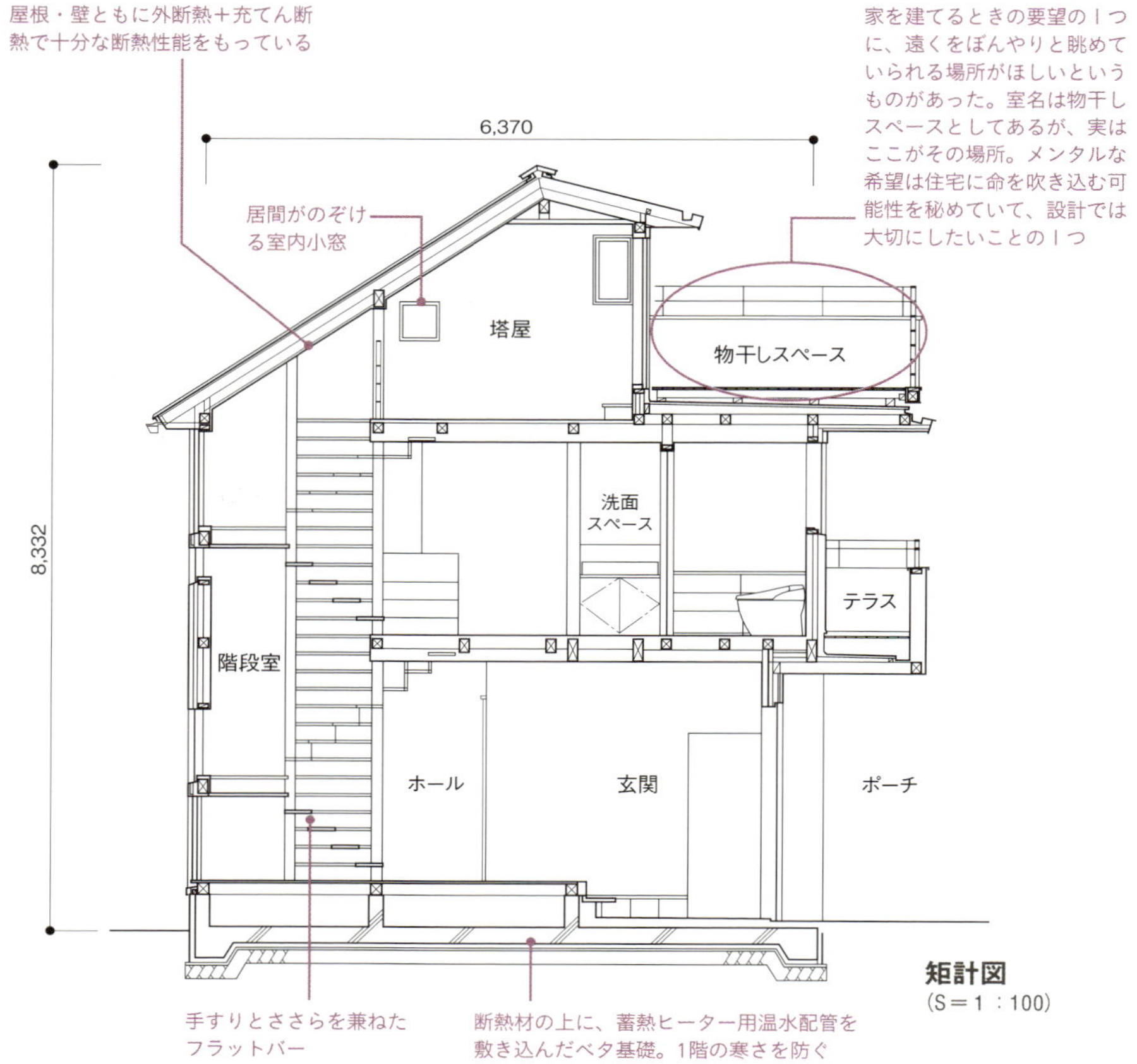
屋根・壁ともに外断熱＋充てん断熱で十分な断熱性能をもっている
家を建てるときの要望の1つに、遠くをぼんやりと眺めていられる場所がほしいというものがあった。室名は物干しスペースとしてあるが、実はここがその場所。メンタルな希望は住宅に命を吹き込む可能性を秘めていて、設計では大切にしたいことの1つ
6,370
8,332
居間がのぞける室内小窓
塔屋
物干しスペース
洗面スペース
テラス
階段室
ホール
玄関
ポーチ
手すりとささらを兼ねたフラットバー
断熱材の上に、蓄熱ヒーター用温水配管を敷き込んだベタ基礎。1階の寒さを防ぐ

矩計図
(S＝1：100)

右/オープンキッチンから食卓・居間方向を見る。コーナー窓は開放感を演出する
左/南側道路から見る

1階居間に陽射しが入らないなら2階居間に躊躇はしない。しかし1階でも陽射しが確保できるとなると迷う。近隣との関係も親しく、土地も道路より1mほど上がっていて、本来なら1階居間でも悪くはない。そうした場合、南側の車庫の存在が鬱陶しい。残った庭スペースも南入りのアプローチに取られて、それほど広く取れず、庭のプライバシー確保にも策を要する。

やはり決めては2階の開放性と勾配天井で大きく変化のある空間にしやすいところにある。南側道路は1mほど下がっている分、南隣家の2階屋根も低いので、こちらの2階から視界に入る空の量が多く、開放性が高い。それと視点を遠くに飛ばし、ぼんやり思考のできる、ペントハウス階の展望室の存在が大きい。そこに居間と交流できる室内の小窓も設けられる。ただし、子供室も親の眼が届く2階に設けたい、どこにいても快適な全館暖房という条件付きである。

開放性が高いということは風当

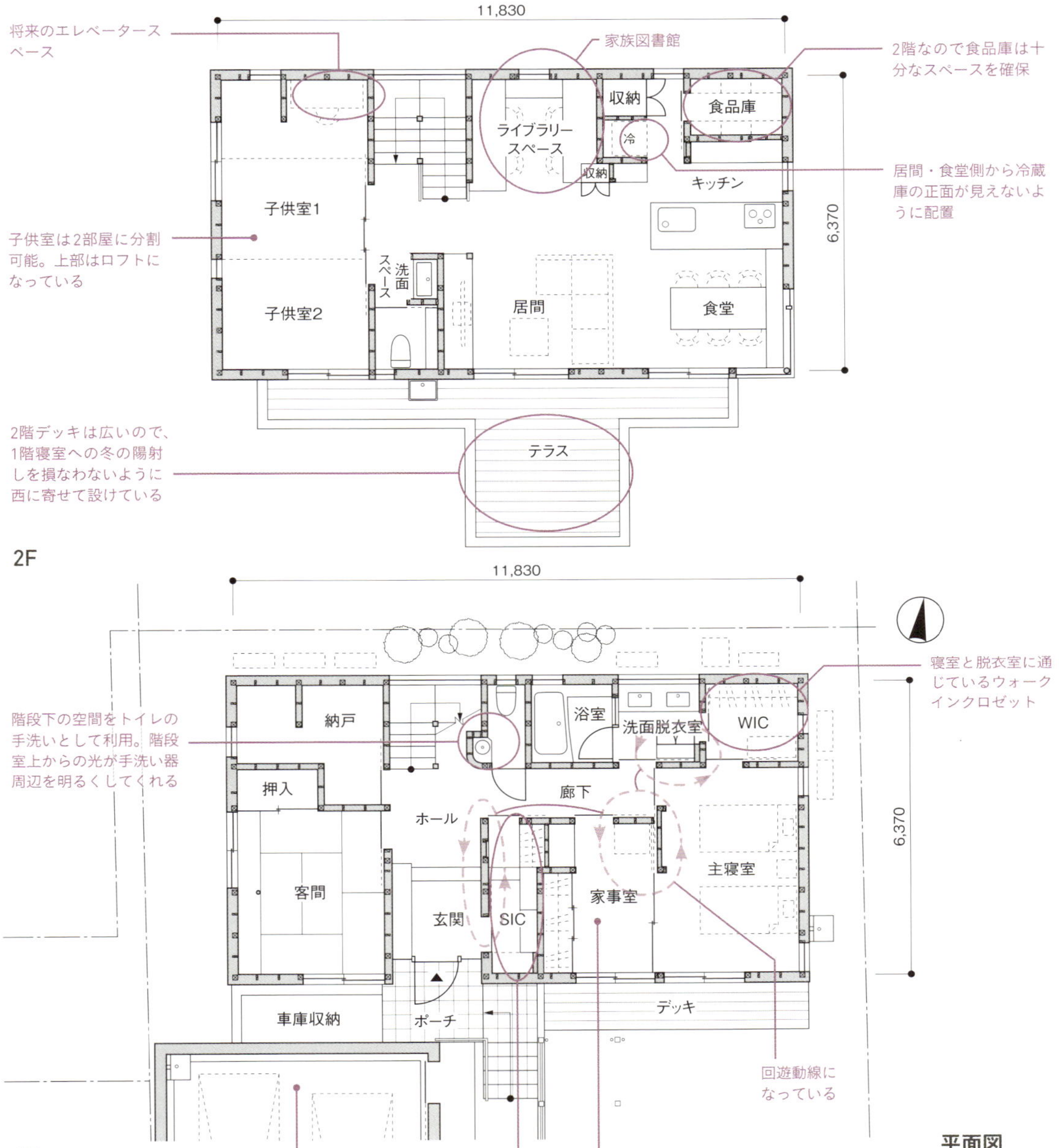
1F
回遊動線になっている
和室からの眺めが鬱陶しくならないように、車庫の床レベルを下げ、屋根は北勾配としている
玄関収納も十分に確保
家事室は、室内物干しスペースにもなる

平面図
(S＝1：150)

たりも大きい。冬の遠州灘の風は予想以上に住まいの熱を奪う。事例の家では東海地方としては過剰とも思える断熱仕様にしている。屋根は50㎜の板状外断熱をした上で、さらに垂木間に発泡性の充填断熱を100㎜厚で施してある。壁の断熱も同様である。基礎下には50㎜の板状の断熱材（ウレタン）を敷いてある。サッシも室内樹脂サッシで、ガラスもペアの断熱Low-Eガラスである。その上で深夜電力のヒートポンプ基礎蓄熱暖房としている。温熱環境が完璧ともいえる仕様である。

「豊川の家」

要望に沿った展望台。遠くに山並みが眺められる

家族図書館
2階なので食品庫は十分なスペースを確保

ライブラリースペース

2階デッキは広いので、1階寝室への冬の陽射しを損なわないように西に寄せて設けている

階段下の空間をトイレの手洗いとして利用。階段室上からの光が手洗い器周辺を明るくしてくれる

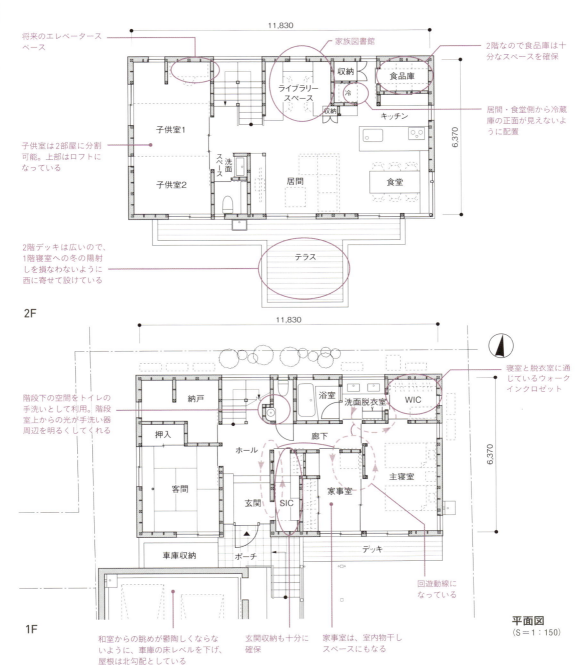

Q 26

南面を塞がれた条件で、開放的なLDKをどうつくるか

A 開口部を振り、道路側に視線を抜く

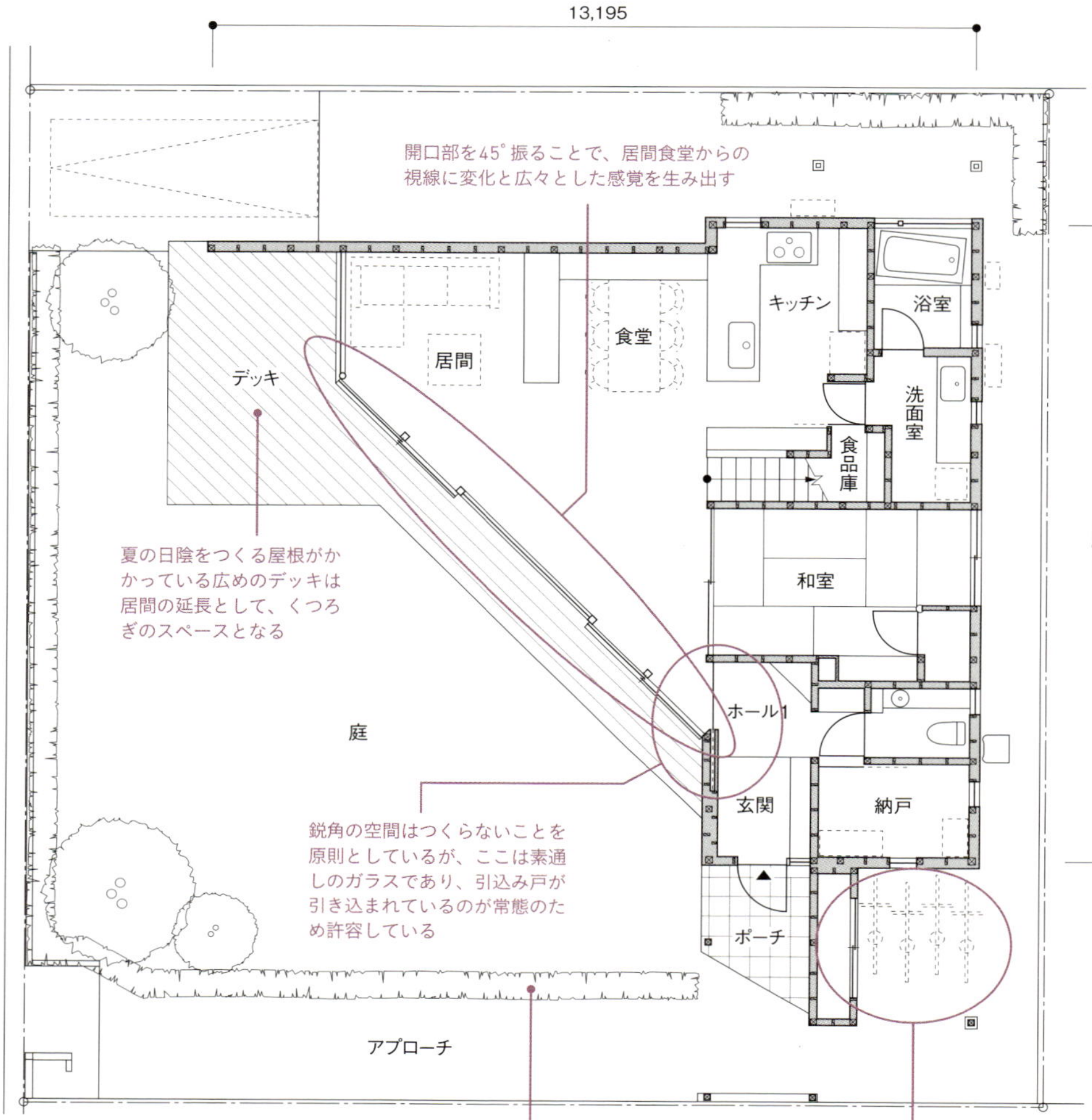

13,195
11,375
開口部を45°振ることで、居間食堂からの視線に変化と広々とした感覚を生み出す
キッチン
浴室
食堂
居間
デッキ
洗面室
食品庫
和室
ホール1
庭
玄関
納戸
ポーチ
アプローチ
夏の日陰をつくる屋根がかかっている広めのデッキは居間の延長として、くつろぎのスペースとなる
鋭角の空間はつくらないことを原則としているが、ここは素通しのガラスであり、引込み戸が引き込まれているのが常態のため許容している
南側隣家との間にアプローチと目隠し用の植栽を配して、隣家の高い壁の圧迫感をやわらげている
ポーチ脇に収納をつくり、その影を自転車置き場にしているので、アプローチからは見えない

1F
平面図
(S＝1：150)

住宅の居間食堂は、ほかの居室と違ってその住宅の個性となり、その心地よさが居住性を決定づける。この事例では、その手がかりを西側道路と真南が少し西に振れている方位に見出した。

南側には隣家の高い壁があり、そこに窓を正対させては圧迫感を感じる。そこで居間の開口部を45度振って西南に向け、道路上の空間に視線が向くようにして圧迫感を逸らす。45度振った居間食堂の開口部ラインは、横幅を強調するために2.2mの高さに抑え、そこから上がる屋根を下屋のように架け、勾配天井とする。ほかの居住部分は道路に向いて建っているので、居間食堂の部屋のかたちと天井は三角形となる。その三角の勾配天井の頂部にトップライトを設け、奥まった位置にある食堂とキッチンに光が落ちるようにする。つまり、広々感を45度に振った開口部の幅の長さで強調し、開放感と特徴を三角の勾配天井と頂部のトップライトでつくり出すのである。

「豊田の家」

2.2mの高さにそろえた開口部の向こうに南隣家の高い壁が見えるが、45°振っていることでカモフラージュできる

下屋の開口部が45°振られている

門から長いアプローチを経てポーチに至る

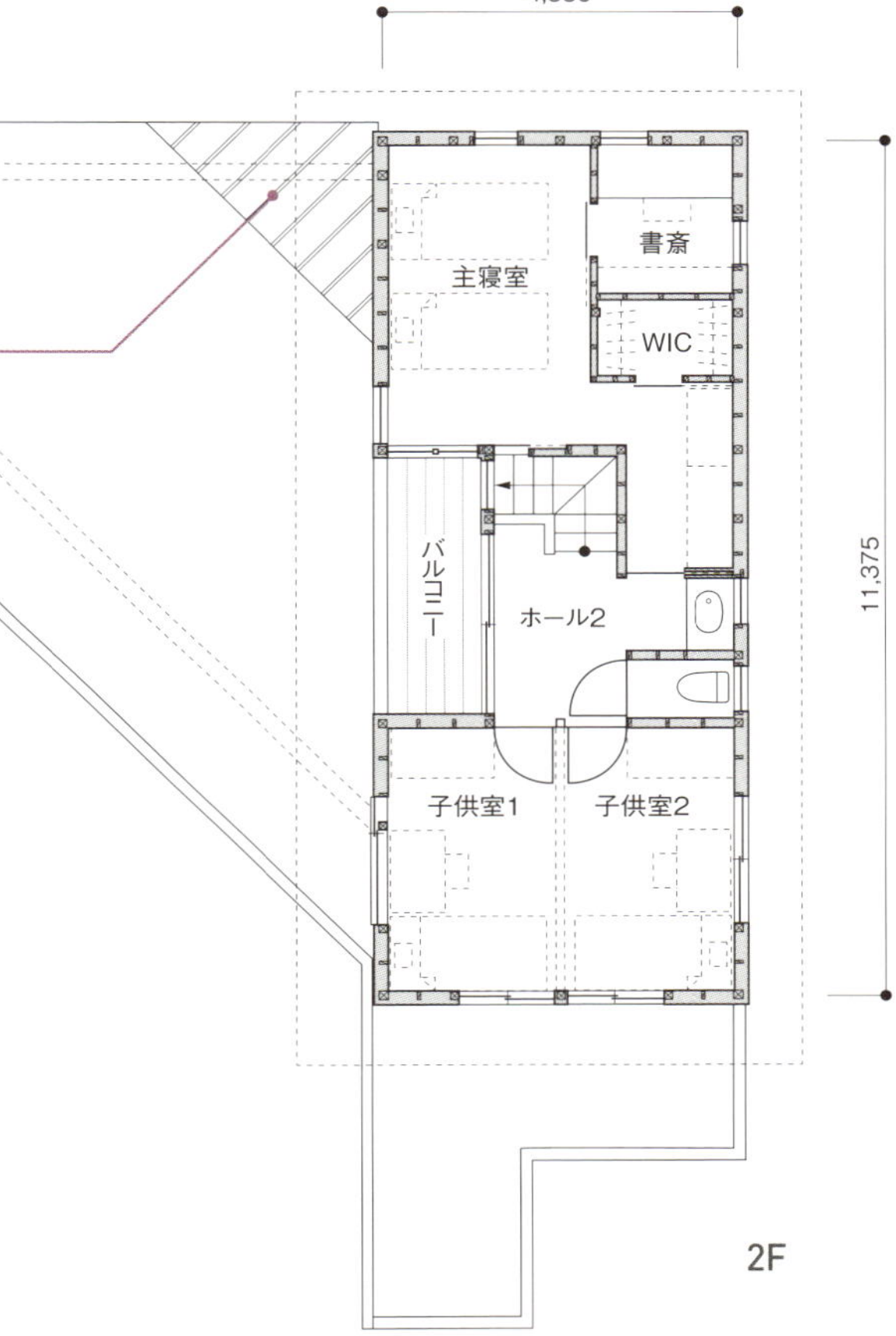

傾斜して昇ってくる天井の頂部にトップライトをつくり、1階キッチンにも光を落とす

ゆったりとした居間と食堂。庭に向かって絞り込むように天井が降りてきて、外部空間の広がりへと視線をいざなう

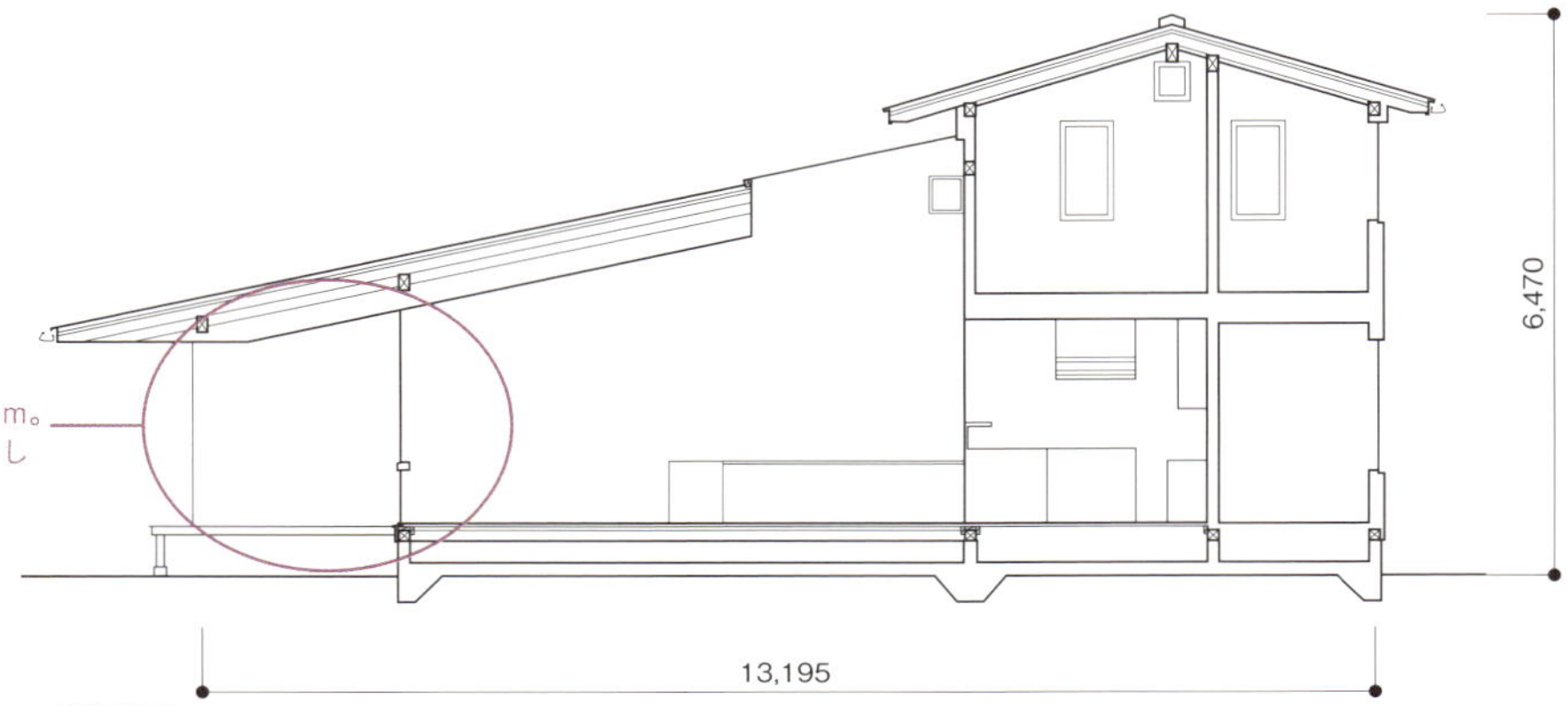

居間西側の開口は高さ2.4m。45°振った部分は2.2mとしている

断面図
(S＝1：150)

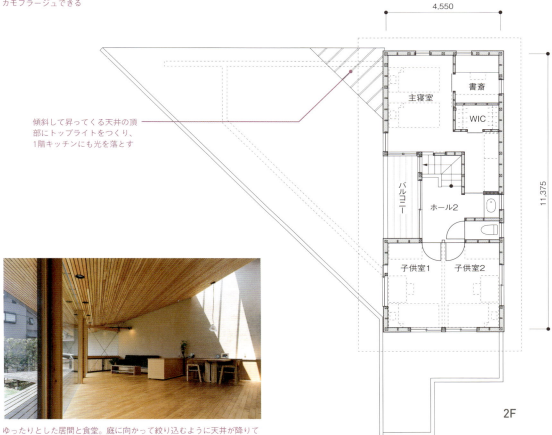

非日常空間をどうつくるか

A 三間角のワンルームに炉端暖炉を置く

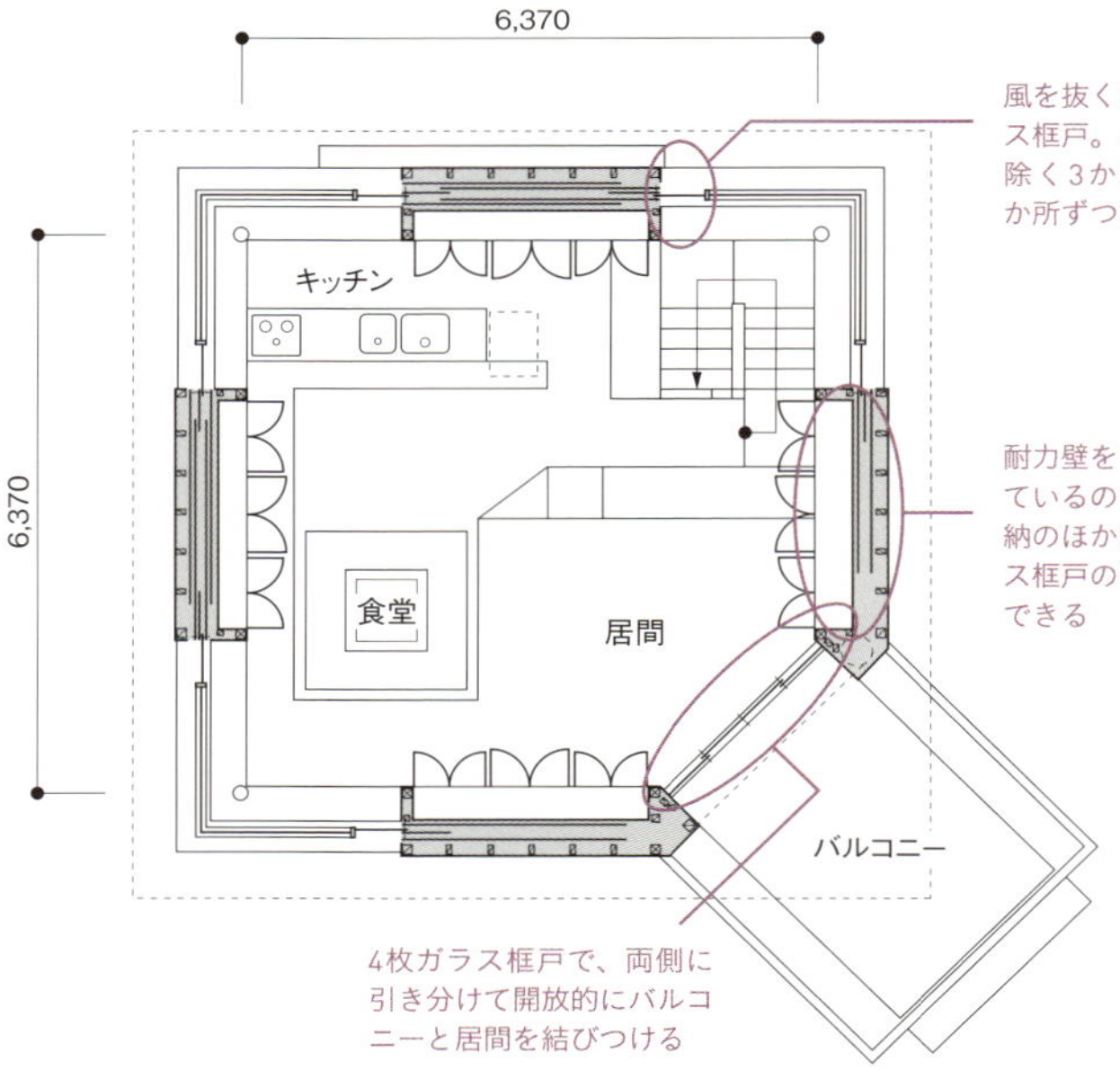
風を抜くための引込みガラス框戸。バルコニー方向を除く3か所のコーナーに2か所ずつ設けてある
耐力壁をブレースで構成しているので、この部分が収納のほか障子や雨戸、ガラス框戸の引込みスペースにできる
4枚ガラス框戸で、両側に引き分けて開放的にバルコニーと居間を結びつける

2F

電動ロールブラインドが降りるガラスの床の間。右はブラインドを上げた状態。閉めると左の状態となる

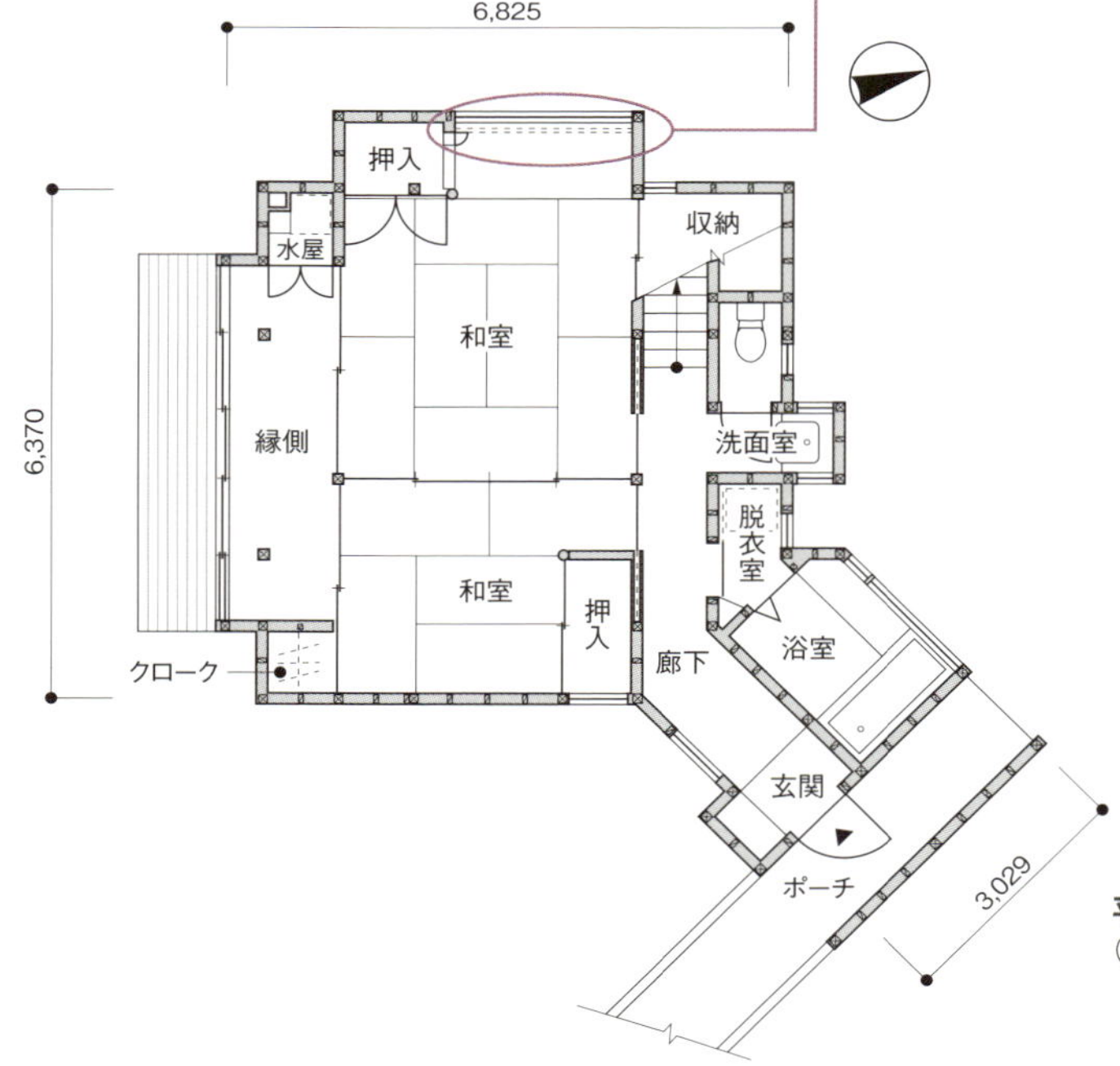

1F

平面図
(S＝1：150)

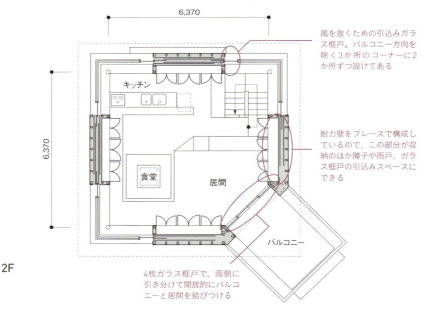

炉端暖炉の食堂。右がキッチン。左右にコーナー窓が見える。正面中央は壁に見えるが実は扉。両端の柱間にブレースを入れて耐力壁にしており、その隙間の収納をこの扉から使う。また、炉端暖炉の上のフードは、4辺の鉄板が折り上げてあり、煙が多いときには折り下げて炉をおおうことができる。キッチンカウンターの奥に見えるのはFFオイルヒーター

2階屋根は方形の4辺中央にある2本ずつ計8本の柱で支えられている。それぞれの2本の柱は、筋かいではなくブレースにしているので、柱間に空洞ができ、その外側の出窓分のスペースを収納として活用できる。屋根を受ける梁は、台形のトラス梁にすることで、3.5間スパンでも45×120mmの合わせ梁ですみ、圧迫感を軽減している。そのトラス梁を井桁に組んで方形の屋根を受けている。コーナーは、4辺の柱に載っている桁を跳ね出し、90°で交差させ、その交点を屋根の隅木で吊ることで、コーナーは柱なしにできる。ただ、念のためにバルコニー出入口部分を除いた3カ所では、135φの丸柱を立てている

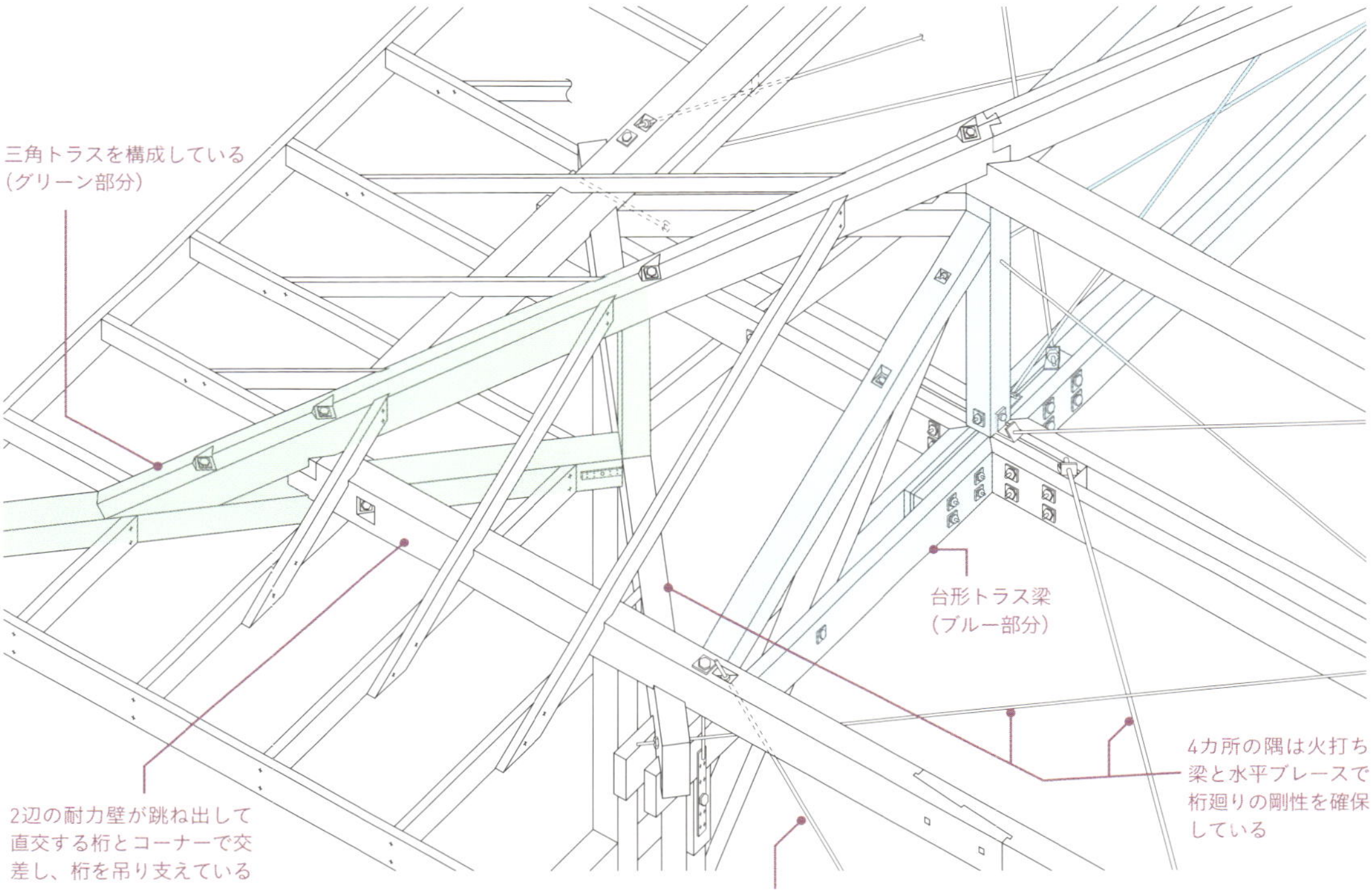
（グリーン部分）
台形トラス梁
（ブルー部分）
4カ所の隅は火打ち梁と水平ブレースで桁廻りの剛性を確保している
2辺の耐力壁が跳ね出して直交する桁とコーナーで交差し、桁を吊り支えている
周囲の外壁を耐力壁とするためのブレース。ブレースにすることで、ボードや合板で塞ぐ必要がなくなり、奥行きを収納にすることが可能になる

架構アイソメ

別荘には親しい人を呼びたくなる。非日常空間を自由気ままに過ごしてもらっていても、どこかに、一緒に語り合い、親しくなりたい気持ちが存在する。そのための仕掛けがほしい。それには食事が有効で、来客含め皆が一堂に集えて、燃える火とそれに照らされた、お互いの顔を見ながら食し、語り合うことのできる仕掛けが、事例の炉端の暖炉であり、それを包み込むワンルームの空間である。

各自の自由な意識を尊重しつつ、自然にそこに誘い込み一体感を生み出してくれる。2階の四隅は1間角の引込み出窓として森に開放してある。東西南北の4面の各壁中央を1.5間ずつのブレースの構造壁にし、ブレースの奥は出窓分の奥行きの収納棚を設け、その壁両端の柱に台形のトラスを井桁に組んで載せている。四隅の1つは、柱もなく、ベランダになっている。トラスの交差部の仕口は鉄骨金物で補強してある。

「箱根の別荘」

壁際で天井高1.8mの居間をどうつくるか

A 寄棟の棟をずらし、勾配天井で広がりを得る

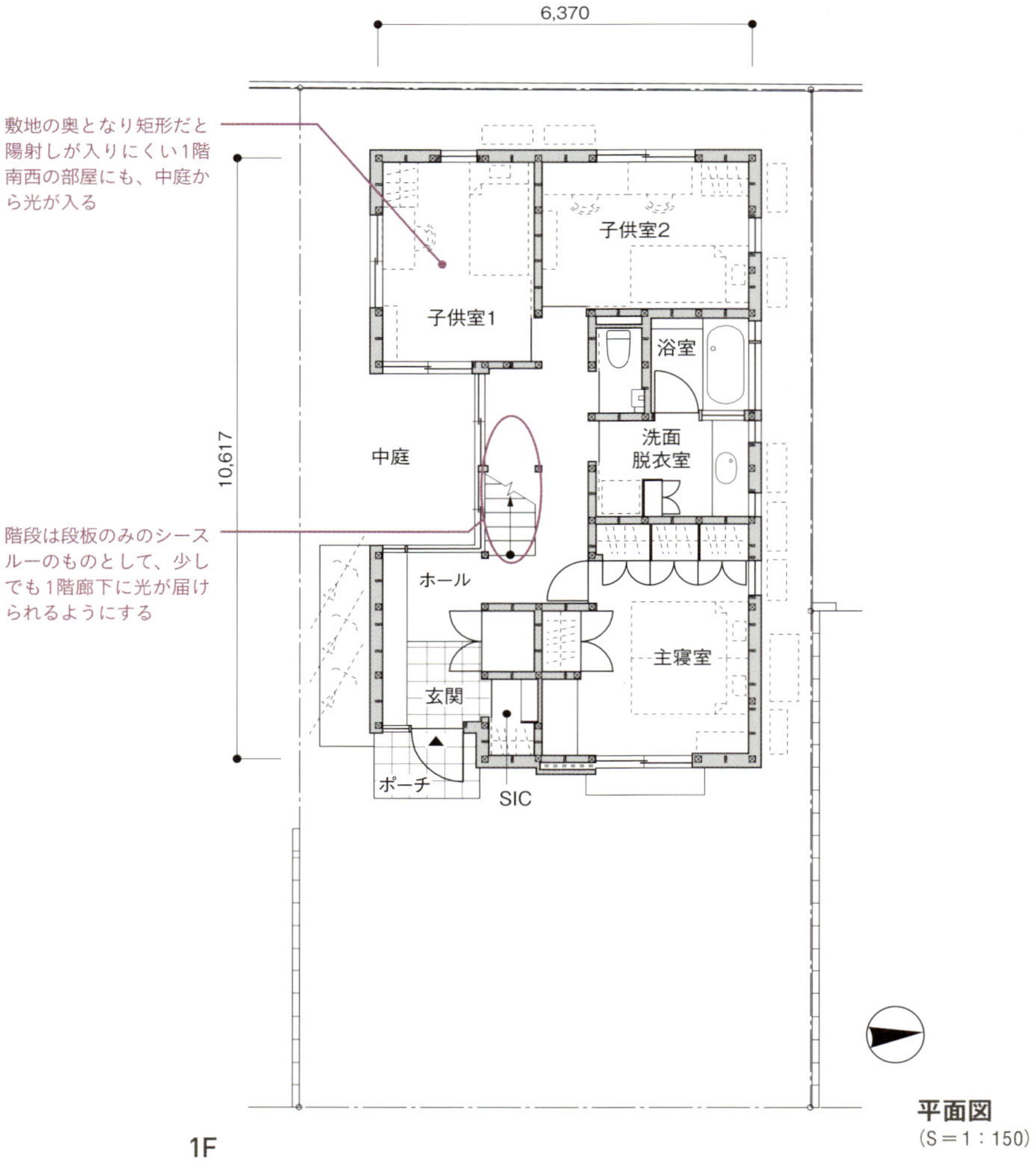
6,370
10,617
敷地の奥となり矩形だと陽射しが入りにくい1階南西の部屋にも、中庭から光が入る
階段は段板のみのシースルーのものとして、少しでも1階廊下に光が届けられるようにする
子供室1
子供室2
浴室
洗面
脱衣室
中庭
ホール
主寝室
玄関
ポーチ
SIC
1F

平面図
(S＝1：150)

個室ならいざ知らず、居間の天井高1.8mは普通の場合許されない。北側斜線規制で北側が1.8mしか取れないということは、敷地に南側から陽光が射し込む余裕はなく、1階の居室には陽光が期待できない。当然1階への法的採光は、なんとか設けたコの字型のコートから採る、逆転プランの2階居間食堂となる。

そこで天井高1.8mの居間北側端部にソファを配し、座ったときの目線は天井高1.8mの北には向けさせない。さらに北から南に向かって高くなる勾配天井とし、棟の位置も半間ほど南にずらすことで、そこの天井もおのずと高くなる。しかもコート分、居間の壁面線が北側に1間ほどずれるので南側壁面位置は天井高が高く大きな開口がとれて、天井高1.8mの部分があるとは思えない開放的空間となる。

そのほかの1.8mの天井高のところに、食品庫、トイレ、押入れ、レンジフードなど低くてかまわない機能の空間とする。

「三鷹の家」

中庭から入る光で十分に明るい食堂。必要なところの天井は十分高く、採光も不足がないようにしている

客間前からキッチン方向を見る。棟が真ん中よりずれているのがわかる

外観。外から見ても棟がずれていることがわかる

居間と和室。ずれた棟のため、中庭側の開口が高く取れ、階段越しの光で十分に明るい

ここが棟位置。棟の位置を南に1mほどずらすことで天井高が高くなり、北側斜線によって1.8mしか天井高が取れない北側でも、ソファに座ったときに目に入る空間が大きくなり、低い天井高が気にならなくなる

食品庫やトイレなど、天井高がなくても比較的問題の少ない部屋を北側に配置

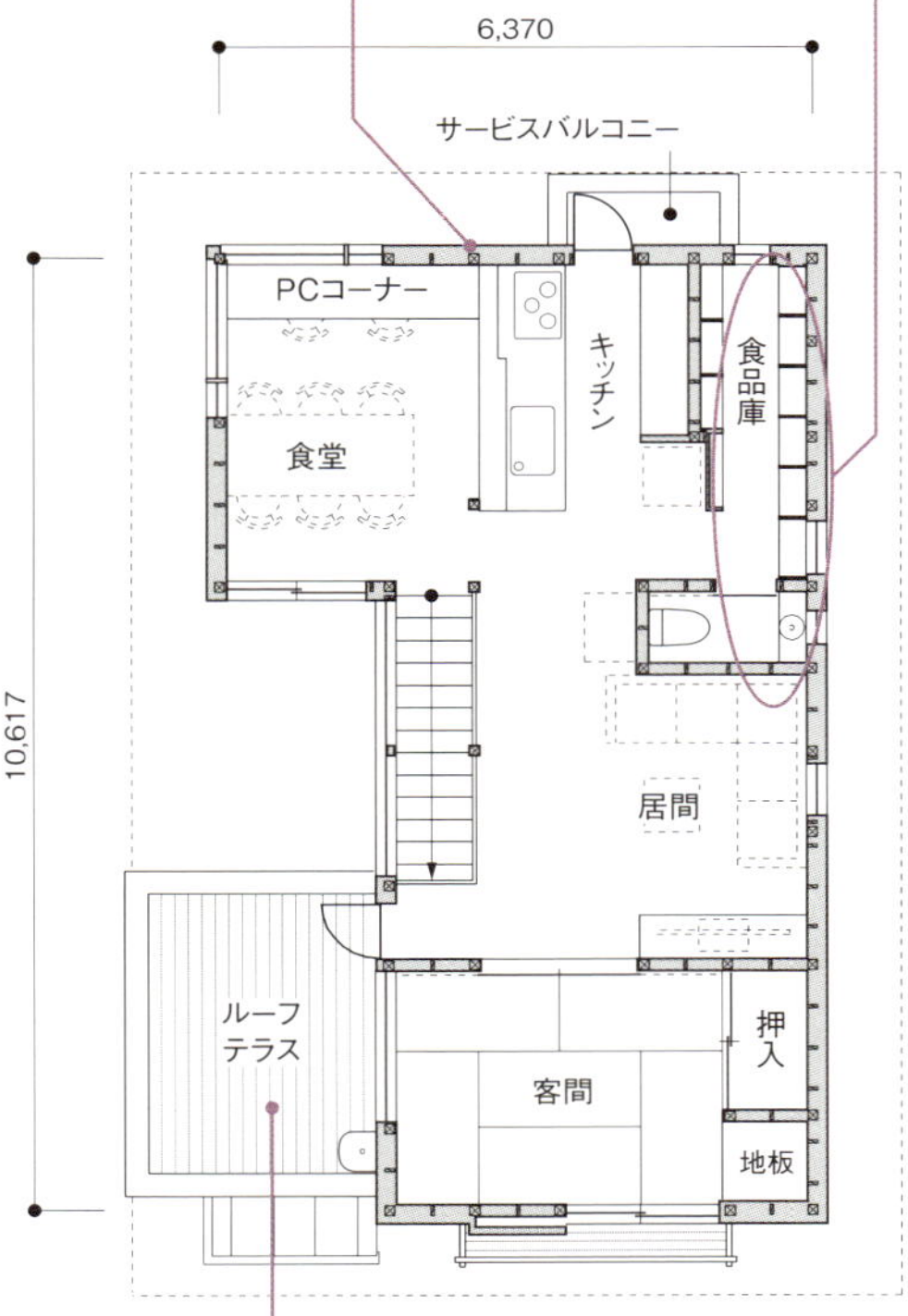

2F

玄関上部はあえて部屋とせずにルーフテラスとして中庭に光が十分届くようにする。テラスの中庭側の手すりも光をさえぎることのないようフラットバーでつくっている

道路側のルーフテラスの手すりは、道路からの視線が気にならない程度まで高くしている

東立面図
(S＝1：150)

A 飾り棚収納と和室地袋を連続させる

食堂と和室を併存させるには？

吹抜けを通じて1階とつながり、気配を伝えることができるスタディコーナー

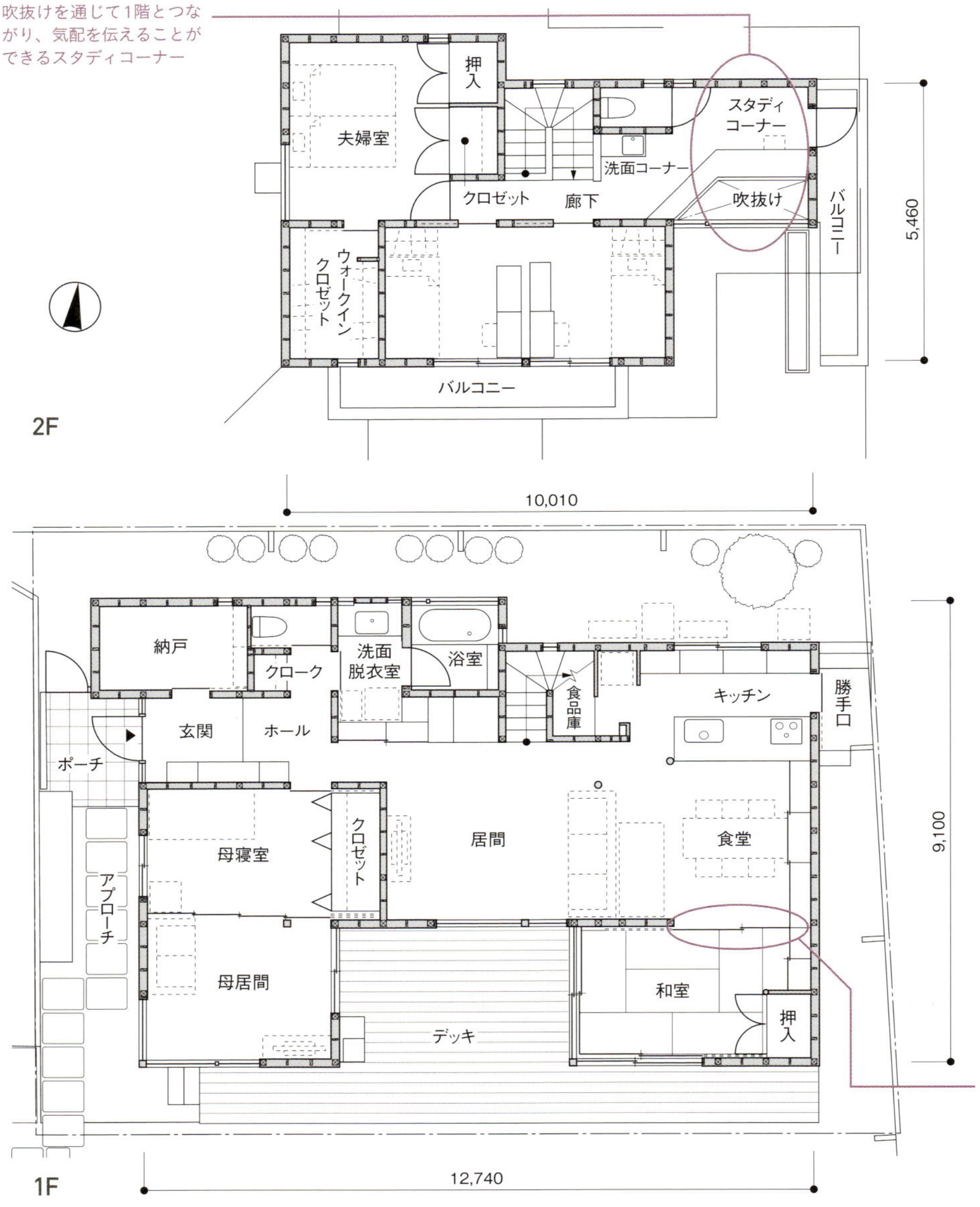

和室と居間・食堂は、襖で仕切ることもできる

平面図
(S＝1：150)

2階のスタディコーナー。和室から昇ってきた勾配天井がデスクの前で終わり、小さな吹抜けをつくりだしている

居間や食堂に連続させて和室を設けることがよくある。通常、食堂と和室は、和と洋の異なる質の空間でもあり、その連続感や一体感はなかなか出しにくい。また、東西に長い敷地でもない限り、居間、食堂、和室のどれかには間取り上南面させることが難しいことが多い。

そのような場合は、食堂を2階とも連続する勾配天井の半吹抜けとし、壁際のトップライトから光を落とし込むようにする。その光で明るくされた食卓際の飾り台を、小上がりとなった和室に延長させて、簡易な床の間の地袋へと連続させる。和室を仕切るときは、引込み襖が壁際まで引けるように、襖を地袋分欠き込む。

「稲荷町の家」

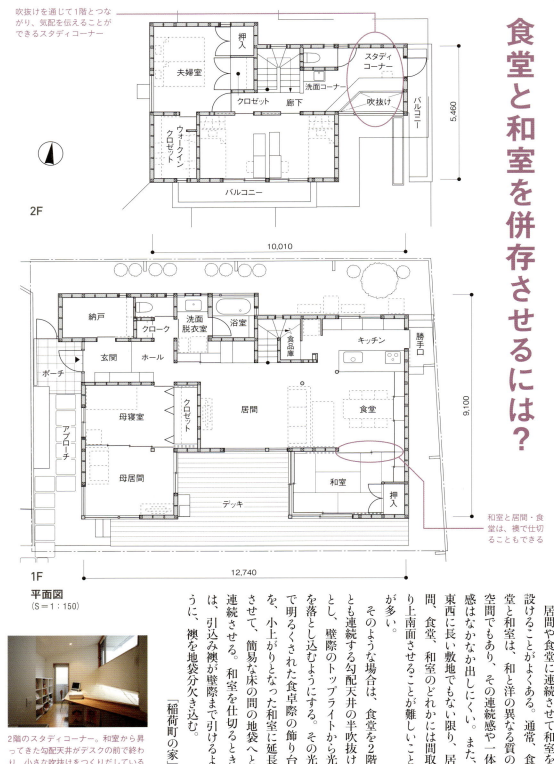

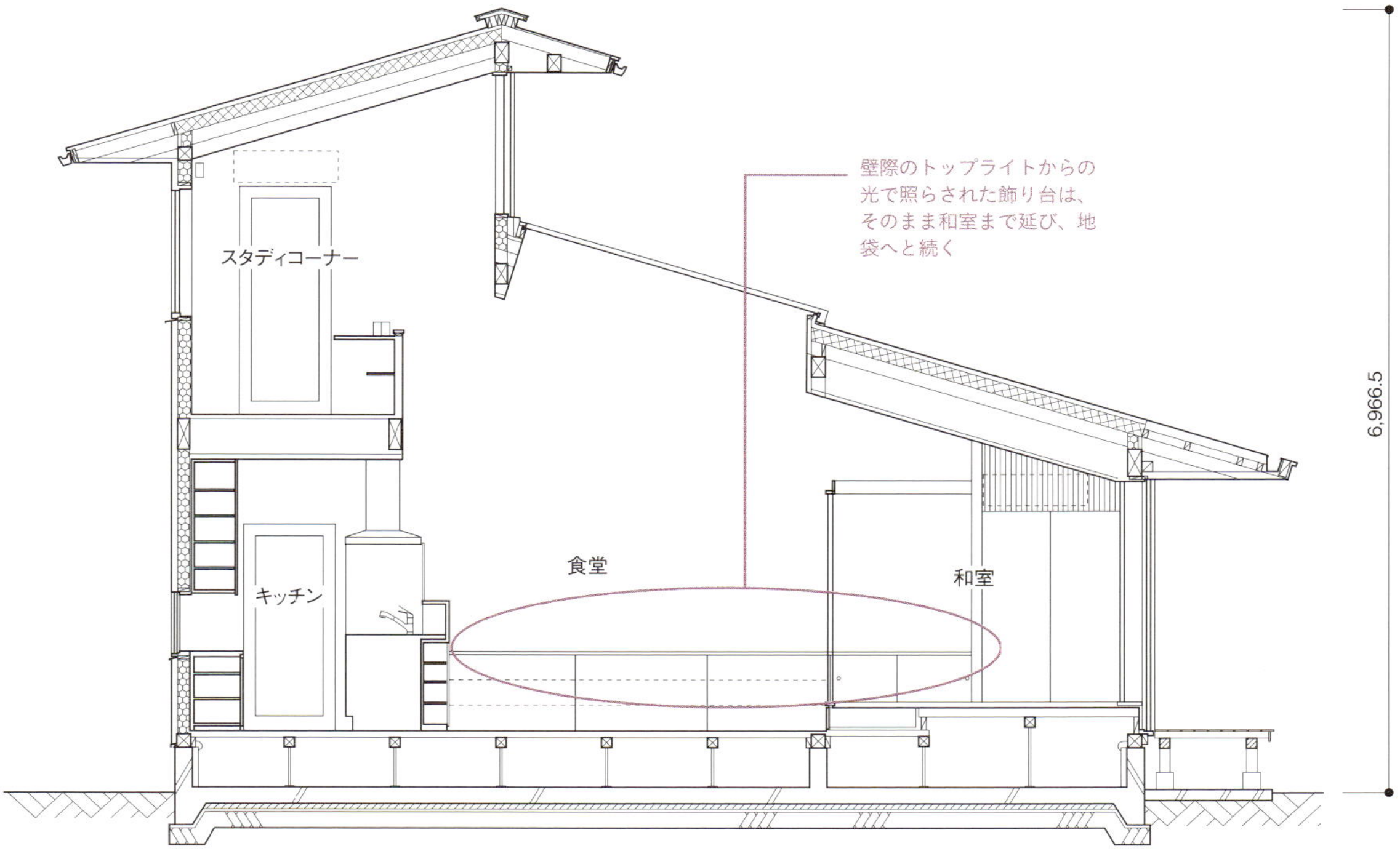
壁際のトップライトからの
光で照らされた飾り台は、
そのまま和室まで延び、地
袋へと続く
スタディコーナー
キッチン
食堂
和室
6,966.5

矩計図
(S＝1：80)

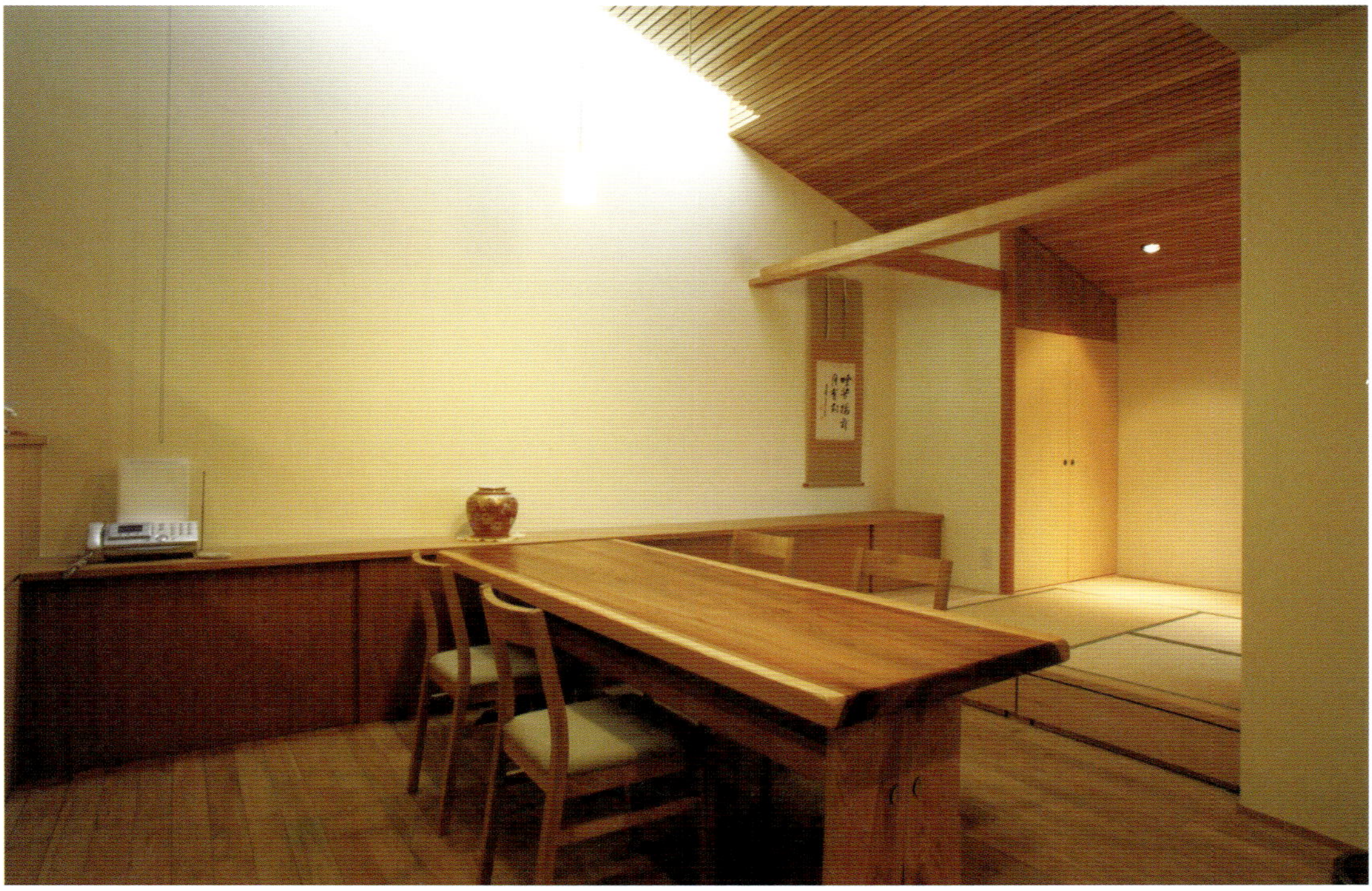

食卓越しに和室方向を見る。食卓脇の収納が延びて簡易床の間・地袋へと連続する。食堂には、壁際のトップライトから陽射しが射し込む

Q 30

将来の子供部屋をどこに計画しておくか？

A 子供部屋が必要になるまで、吹抜け空間として楽しむ

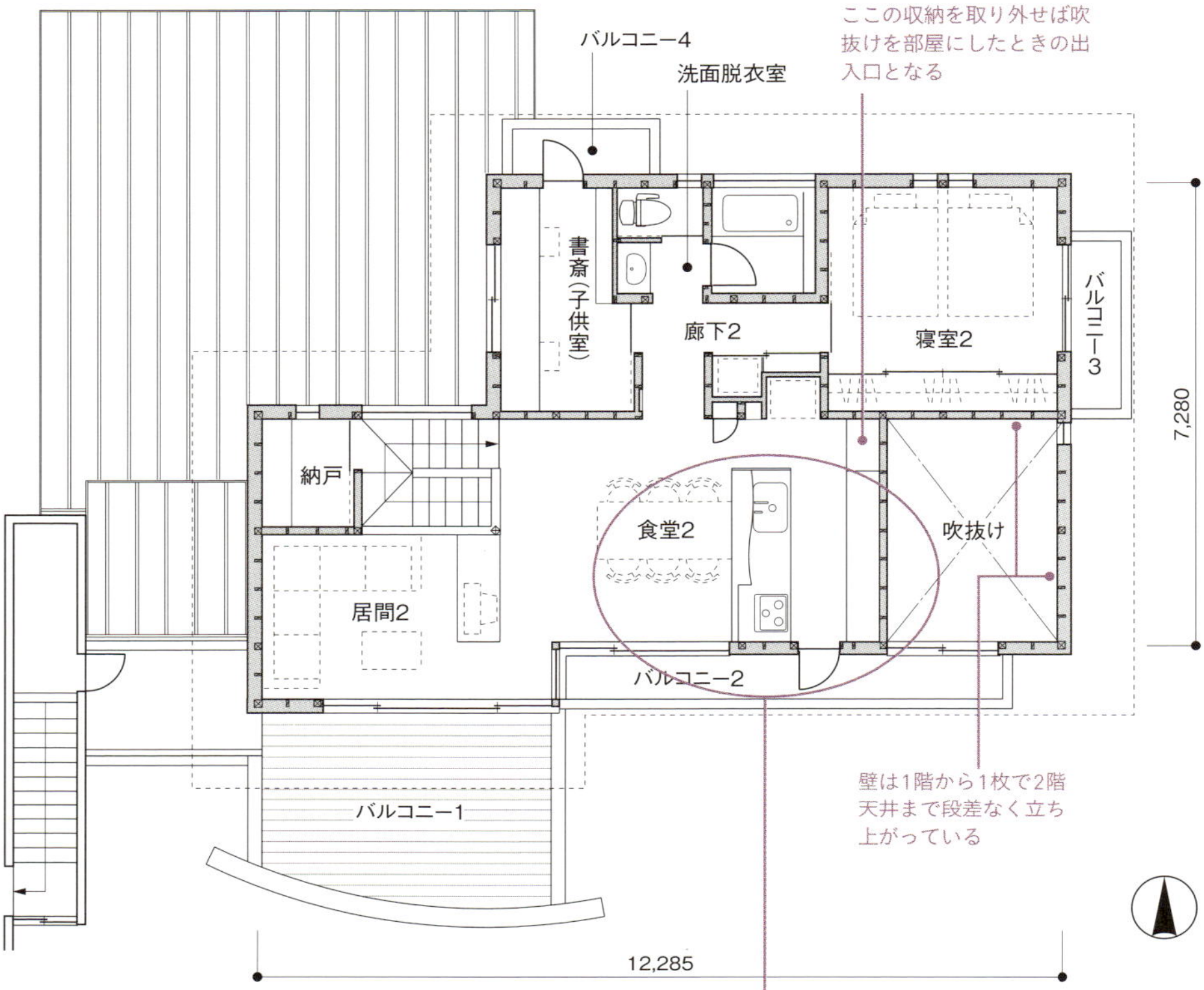

ここの収納を取り外せば吹抜けを部屋にしたときの出入口となる
バルコニー4
洗面脱衣室
書斎(子供室)
廊下2
寝室2
バルコニー3
7,280
納戸
食堂2
吹抜け
居間2
バルコニー2
バルコニー1
壁は1階から1枚で2階天井まで段差なく立ち上がっている
12,285

2F

平面図
(S＝1：150)

キッチン背面の収納の裏側に吹抜けがあり、吹抜けに床を張れば簡単に子供室にできる

子供がなかなか生まれない家庭の2世帯住宅では、子供室をどうするかが話題になる。限りある予算と面積で、不要の部屋を無駄に存在させるのも考えてしまう。そんな場合は、スペースは確保し、とりあえず生まれるまで吹抜けにして、居間の空間容量を大きくして楽しむことにする。生まれたら床を設け、子供室に転用することも予測しておくのである。

吹抜けの迫力は、天井が高ければ出るというものではなく、見える壁面が下階の部屋の天井にさえぎられずに、上階の天井近くまで連続して、垂直に伸びているところにある。壁面が途中で切れていると、効果は半減する。まして壁面が上階の壁面と連続ではなく、単に天井面に大きな四角い穴が開いているだけの吹抜けは、そこの天井が高いだけで迫力に欠け、ほとんど効果はない。

「河内町の家」

1階居間は、2階天井までの吹抜けと庭への広がりで開放的な空間となっている。仮に吹抜け部分が子供部屋になっても、庭とデッキへの横への広がりは残り、十分くつろげる居間となる

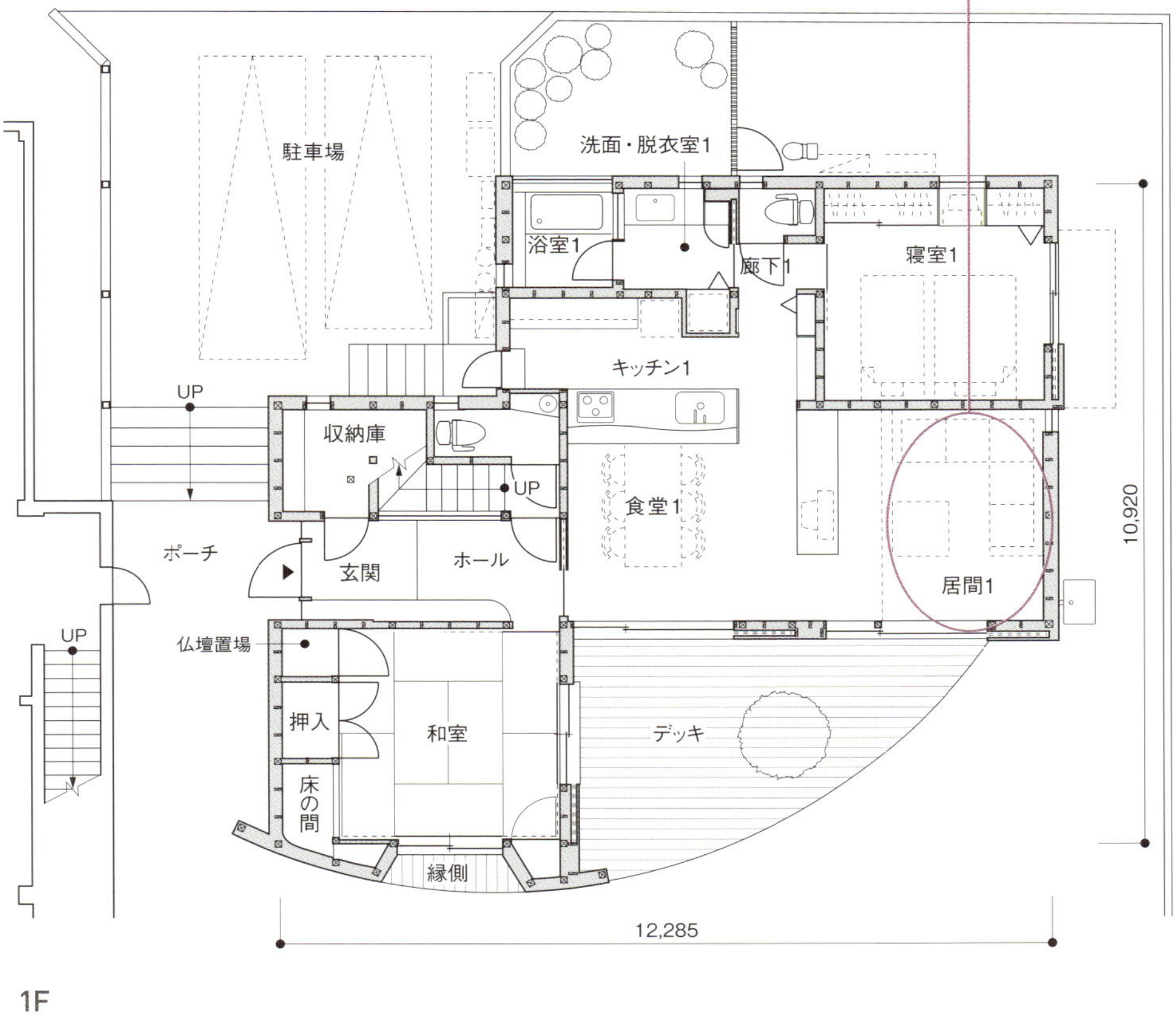

北面の壁は1階床から2階天井まで連続している。東側の窓も細くし、垂直ラインを強調している

1階食堂から見る。食堂の天井で途切れていても、その先に見える吹抜けが高い壁を予感させる

LDKフロアに子供室をどう置くか

A 階段手すりで柔らかく分ける

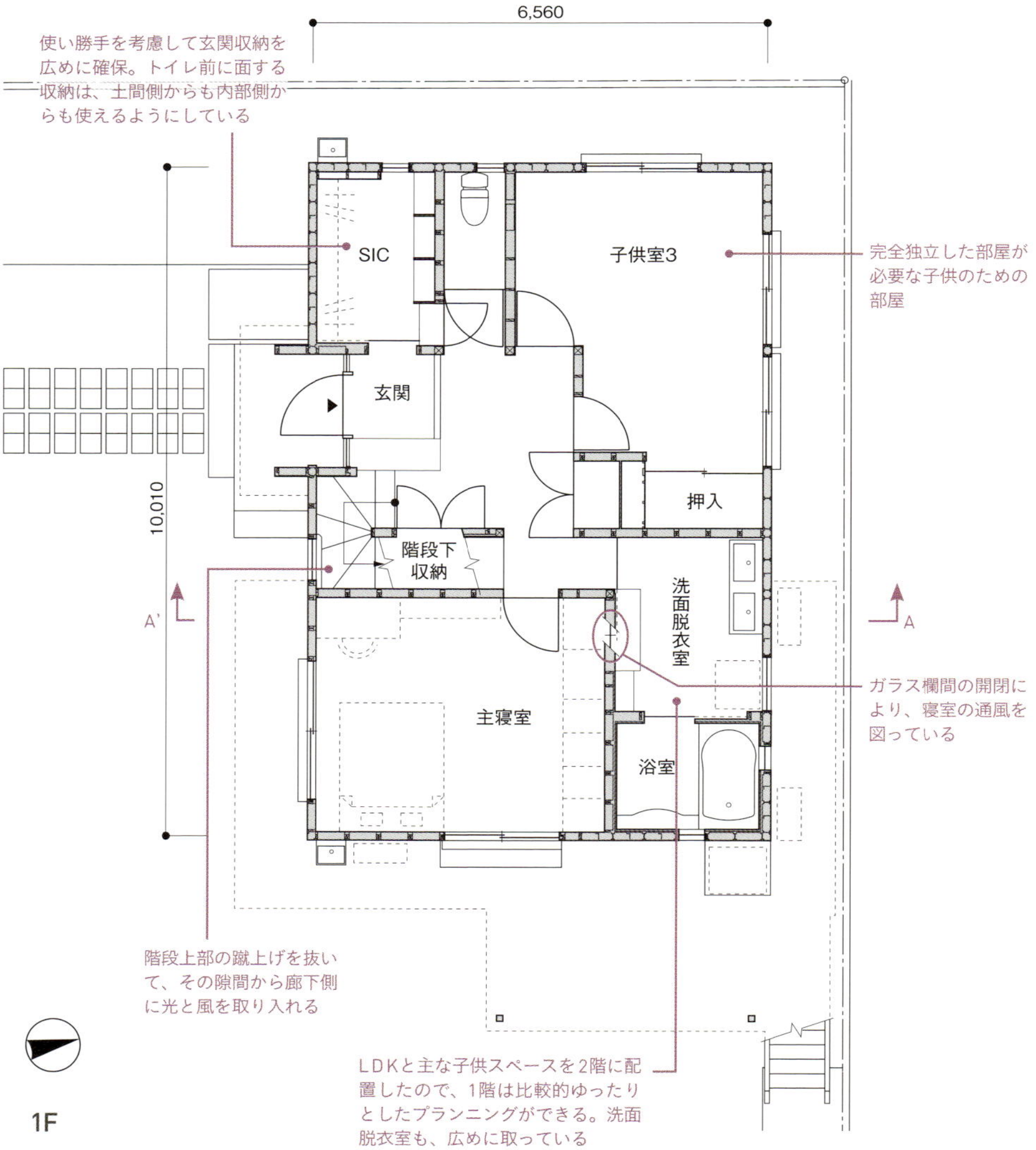
6,560
10,010
使い勝手を考慮して玄関収納を広めに確保。トイレ前に面する収納は、土間側からも内部側からも使えるようにしている
SIC
子供室3
完全独立した部屋が必要な子供のための部屋
玄関
押入
階段下収納
洗面脱衣室
A'
A
ガラス欄間の開閉により、寝室の通風を図っている
主寝室
浴室
階段上部の蹴上げを抜いて、その隙間から廊下側に光と風を取り入れる
LDKと主な子供スペースを2階に配置したので、1階は比較的ゆったりとしたプランニングができる。洗面脱衣室も、広めに取っている

1F

平面図
(S＝1：120)

総2階建てで、2階に居間を設けようとすると、面積の配分上、子供室を1階に設けたくなる。2階に子供室を設けると居間食堂が狭苦しくなりがちだからだ。しかしその場合、親は子供の出入りや様子が見えないことが心配である。

しかし見守りが必要な幼児期の期間を考え、また、いずれ巣立つと考えれば、個室として必要な期間はそんなに長くはない。まだ小さいなら居間とワンルームにし、手すり程度で仕切り、必要になったとき間仕切ればいいのでは、と考えたのがこの家である。

親にとっては目が届き、子供も親と一緒の感覚でいられる。散らかしは手すりで仕切られ、居間に侵入しにくい。キッチンからも遊んでいる子供たちを眺められる。

「草加の家」

写真の右が家族室の机。左が居間

居間・食堂・子供室をワンルームとしている

子供室2から居間方向を見る。屋根垂木が居間まで連続している

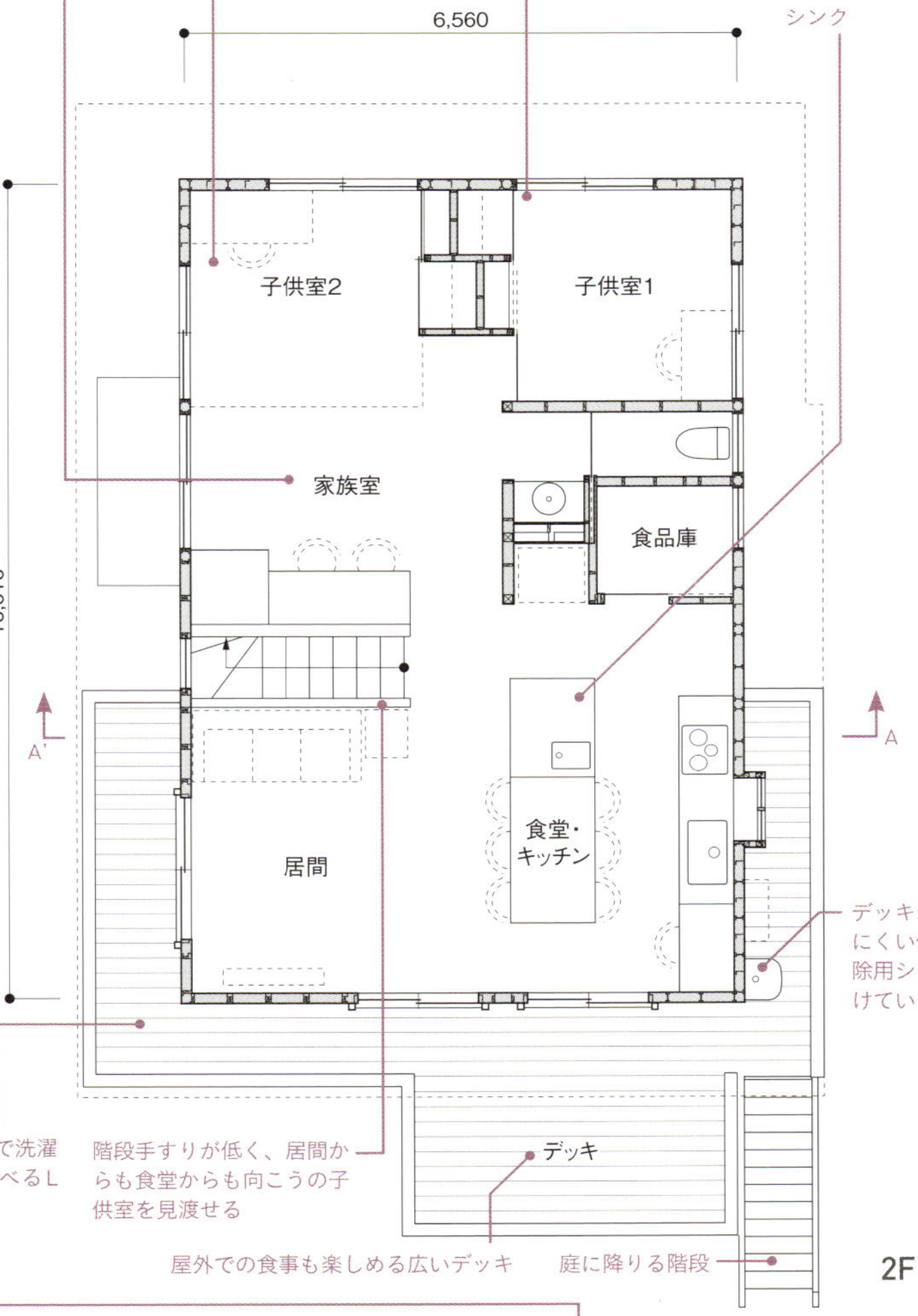
階段を挟むことで、子供のオモチャが居間側にもち込まれることがない
2番目に個室が必要となる子供のための部屋
最初に個室が必要となる子供のための部屋
子供たちも一緒に調理できる作業テーブルとシンク
6,560
10,010
子供室2
子供室1
家族室
食品庫
居間
食堂・キッチン
A'
A
デッキから見えにくい位置に掃除用シンクを設けている
風向きなどの状況で洗濯物を干す場所を選べるL字のバルコニー
階段手すりが低く、居間からも食堂からも向こうの子供室を見渡せる
デッキ
屋外での食事も楽しめる広いデッキ
庭に降りる階段
2F

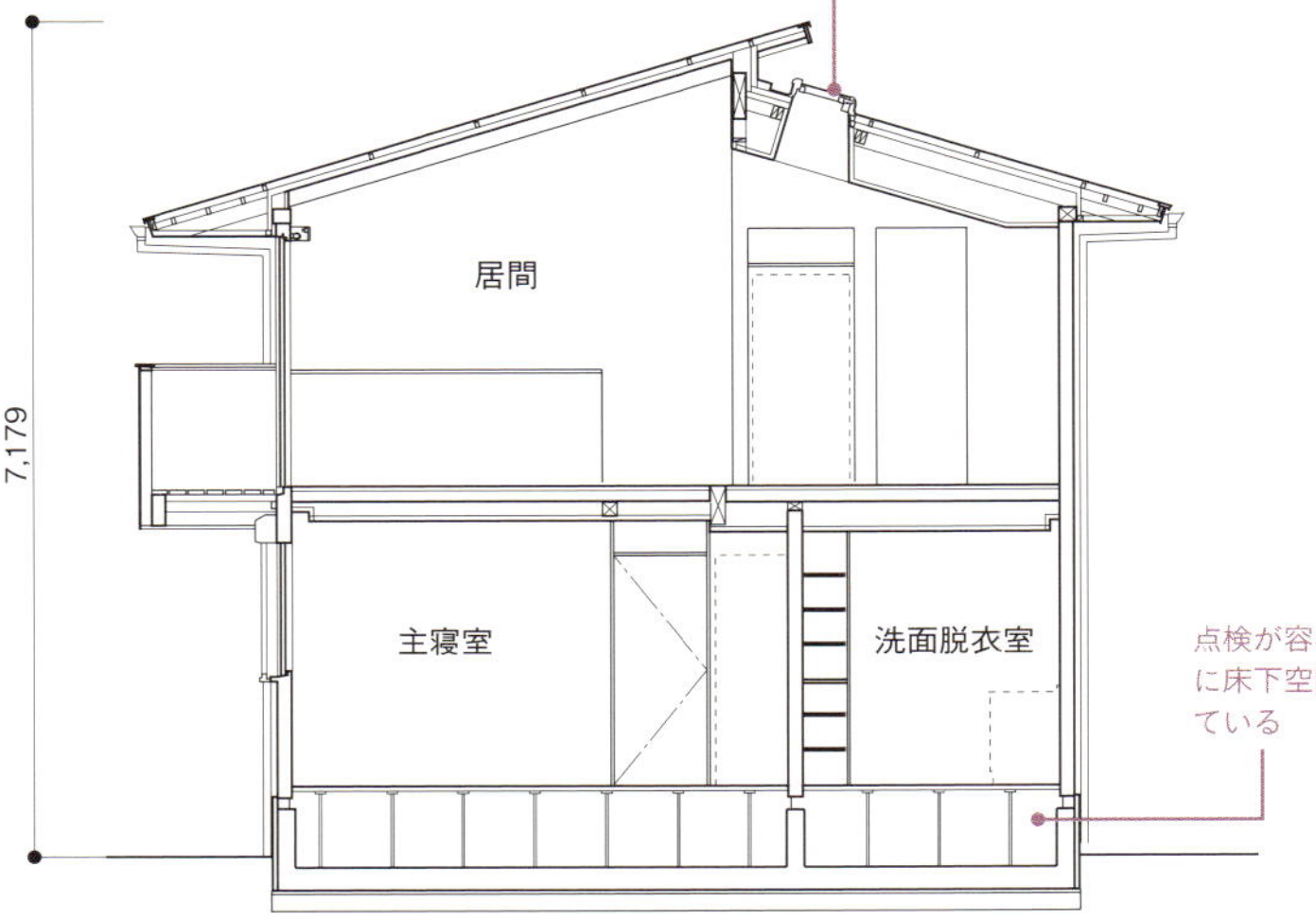
階段の降り口とキッチンが暗くなりがちのため、トップライトで明るくしている。トップライトは、暖気抜きとしても活用
7,179
居間
主寝室
洗面脱衣室
点検が容易なように床下空間を設けている

A-A'断面図
(S＝1：120)

旗竿状の敷地の奥に建つ

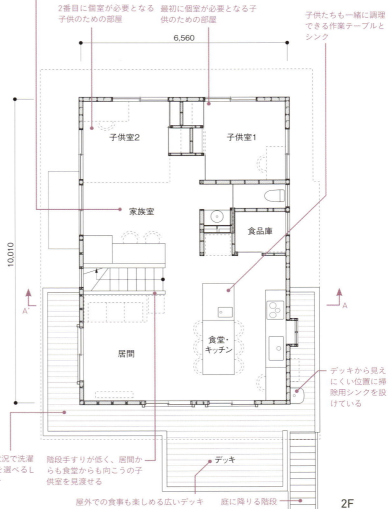

畳の暮らしは現代にはそぐわないか?

A アイレベルを調整して、家族間の距離を近づける

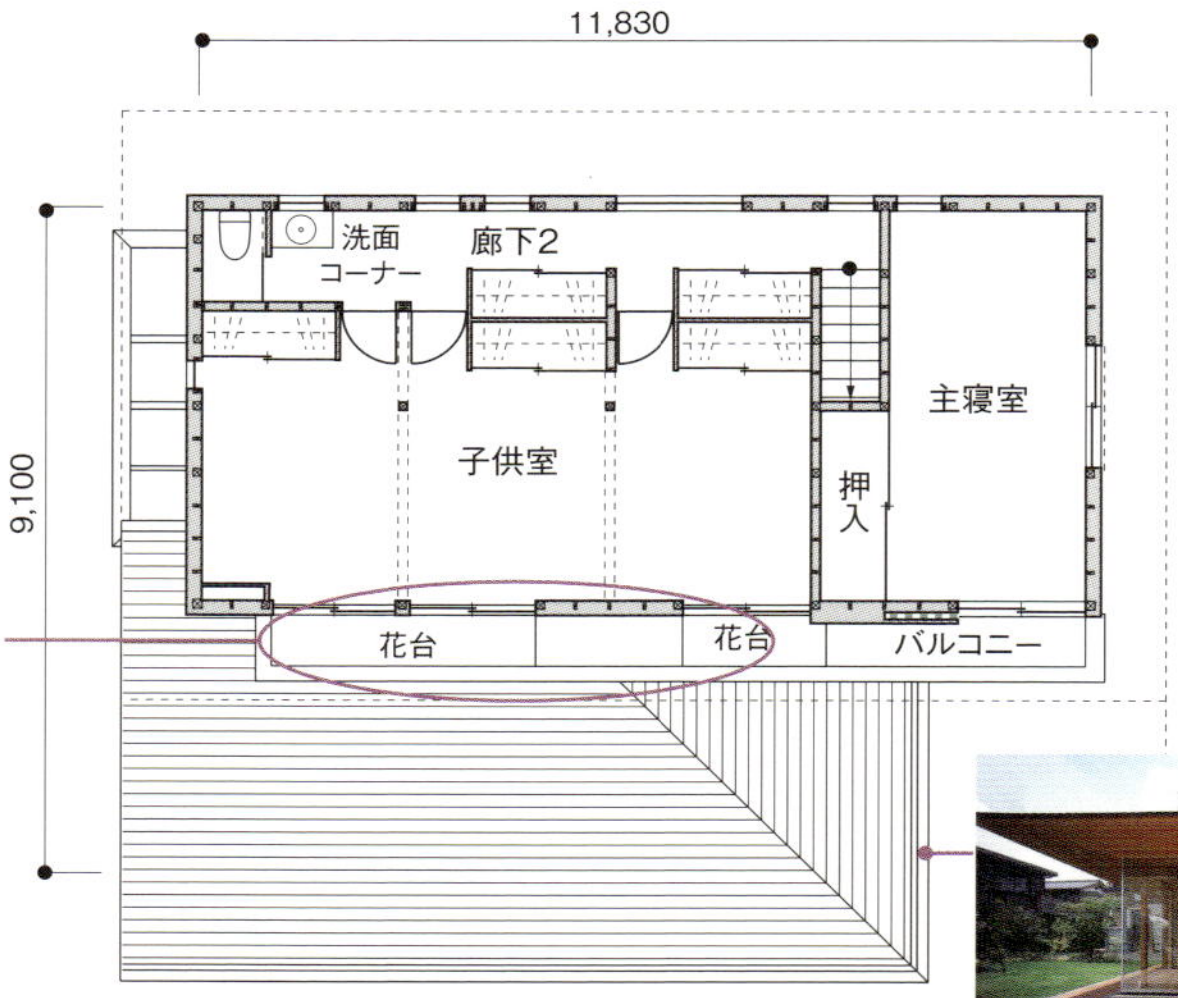

下屋の屋根が勾配なりに昇っていくと、2階腰窓にぶつかって窓の高さが不足することになる。その場合、ベランダを設けることで下屋の勾配を1m手前でとどめることができる

2F

下屋は寄棟とし、軒先は水平に回す

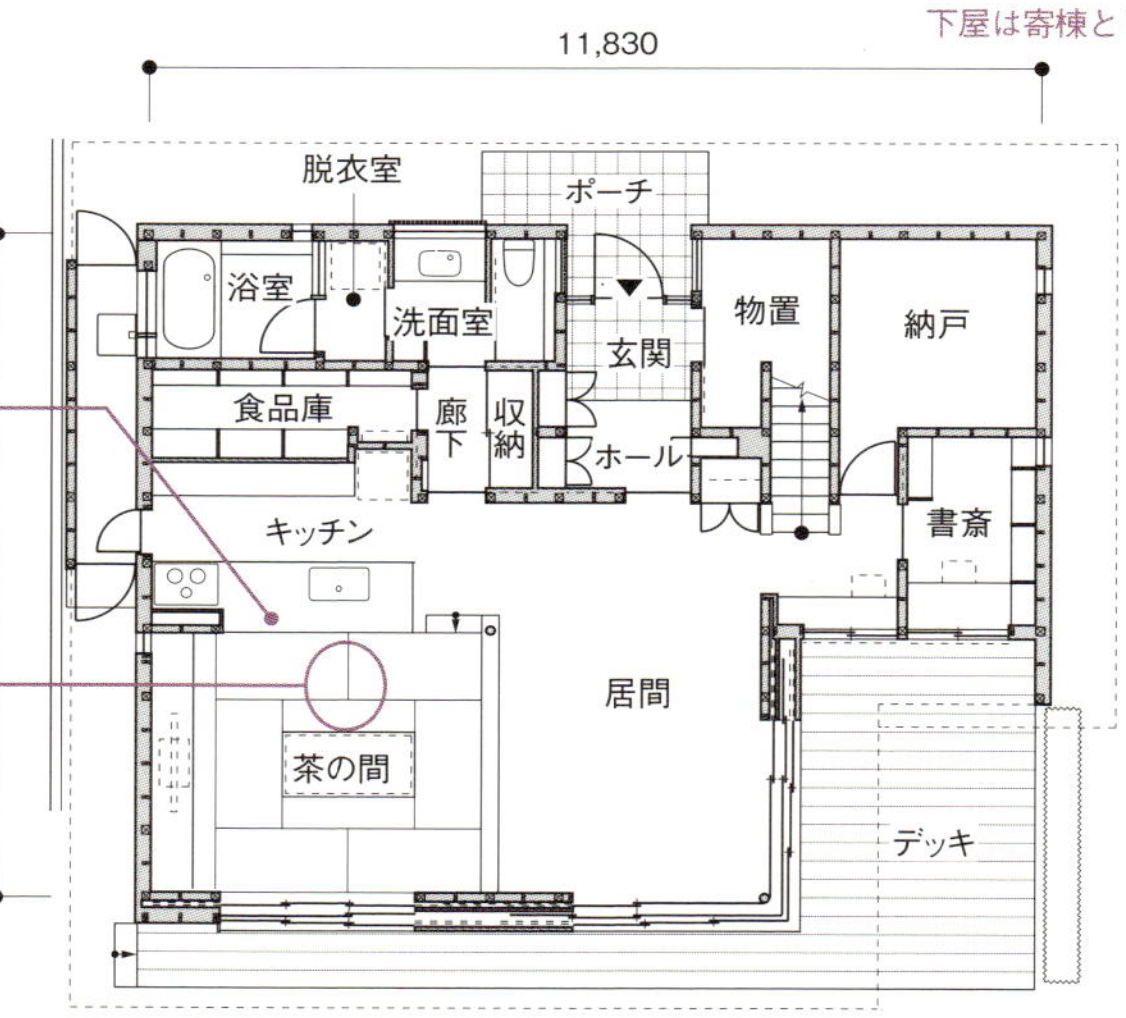

流し台カウンターの下に、足が降ろせるスペースを奥行き300mmほどで設ける

流し台カウンターに座った人とこたつ側に座った人の背中が当たらないように距離を確保する

1F

平面図
(S＝1：200)

キッチン床と同一レベルのフロアの掘りごたつの場合、どうしてもキッチンに立つ者とこたつに入っている者との目線に大きなレベル差が生じて、円滑なコミュニケーションがとりにくい。

その場合、小上がりにして、掘りごたつの深さを確保し、キッチンに立つ者の目線のレベルに合わせる。

また、総2階建ての住宅の立面は、内部的に必要な箇所に必要な開口部を無作為に設けると、まとまりのないデザインになりがちである。そんなとき、誰もが知っている技の1つとして、2階腰窓の下端ラインをそろえ、そこに見切りを入れて、仕上げの素材も変え、ツートンにすることで何とか様にする手法がある。

そのラインがちょうど軒までの高さの黄金分割の比率に近づけるとより様になる。気をつけたいのは、窓の上端は軒まで達するようにし、妻側以外、窓上に下がり壁をつくらないことである。

「茶の間のある家」

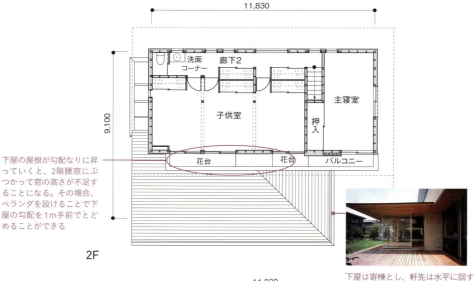

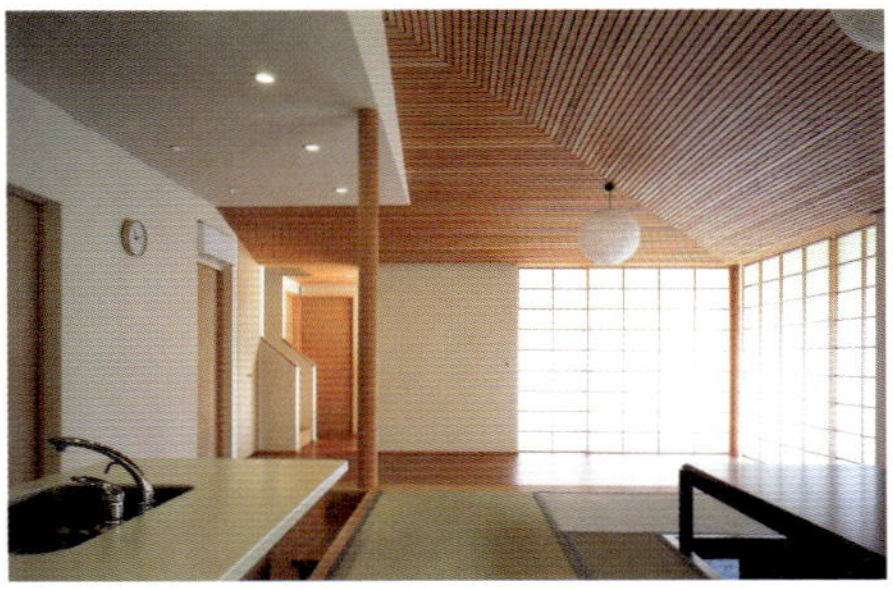

茶の間は小上がりになっているので、掘りごたつに座ったとき、キッチンなどに立っている人と目線が近くなる

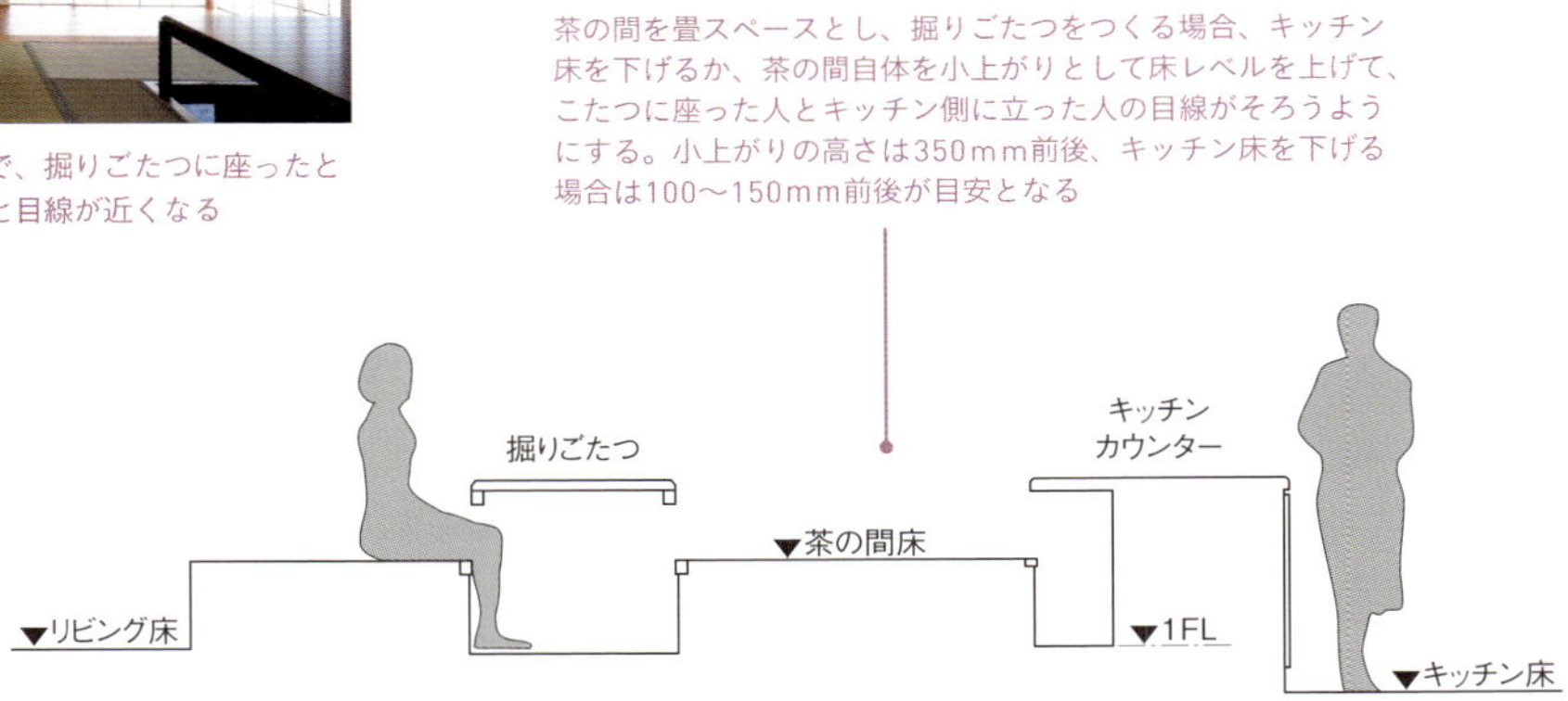
茶の間を畳スペースとし、掘りごたつをつくる場合、キッチン床を下げるか、茶の間自体を小上がりとして床レベルを上げて、こたつに座った人とキッチン側に立った人の目線がそろうようにする。小上がりの高さは350mm前後、キッチン床を下げる場合は100〜150mm前後が目安となる
掘りごたつ
キッチンカウンター
▼茶の間床
▼リビング床
▼1FL
▼キッチン床

茶の間とキッチンの関係

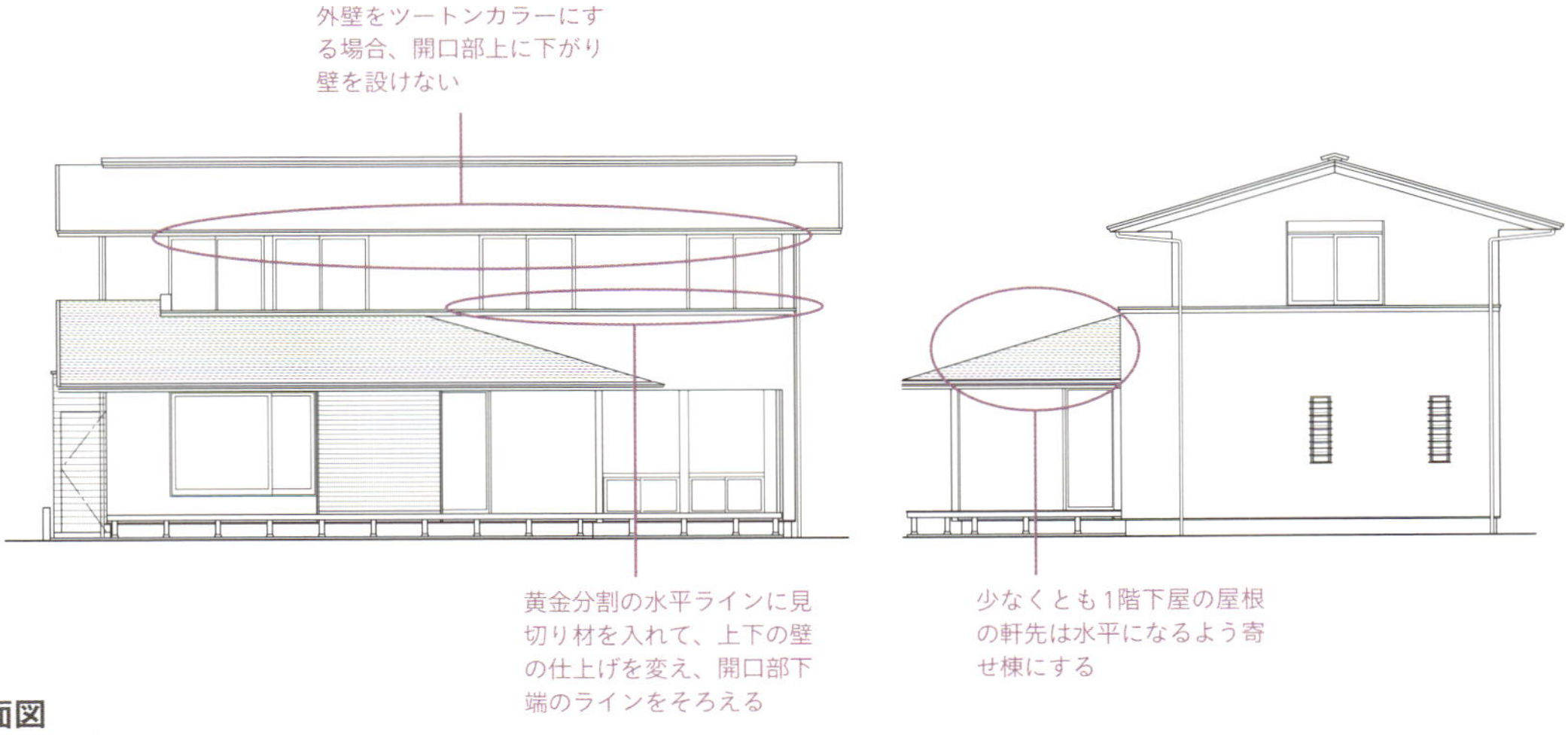
外壁をツートンカラーにする場合、開口部上に下がり壁を設けない
黄金分割の水平ラインに見切り材を入れて、上下の壁の仕上げを変え、開口部下端のラインをそろえる
少なくとも1階下屋の屋根の軒先は水平になるよう寄せ棟にする

立面図
(S＝1：200)

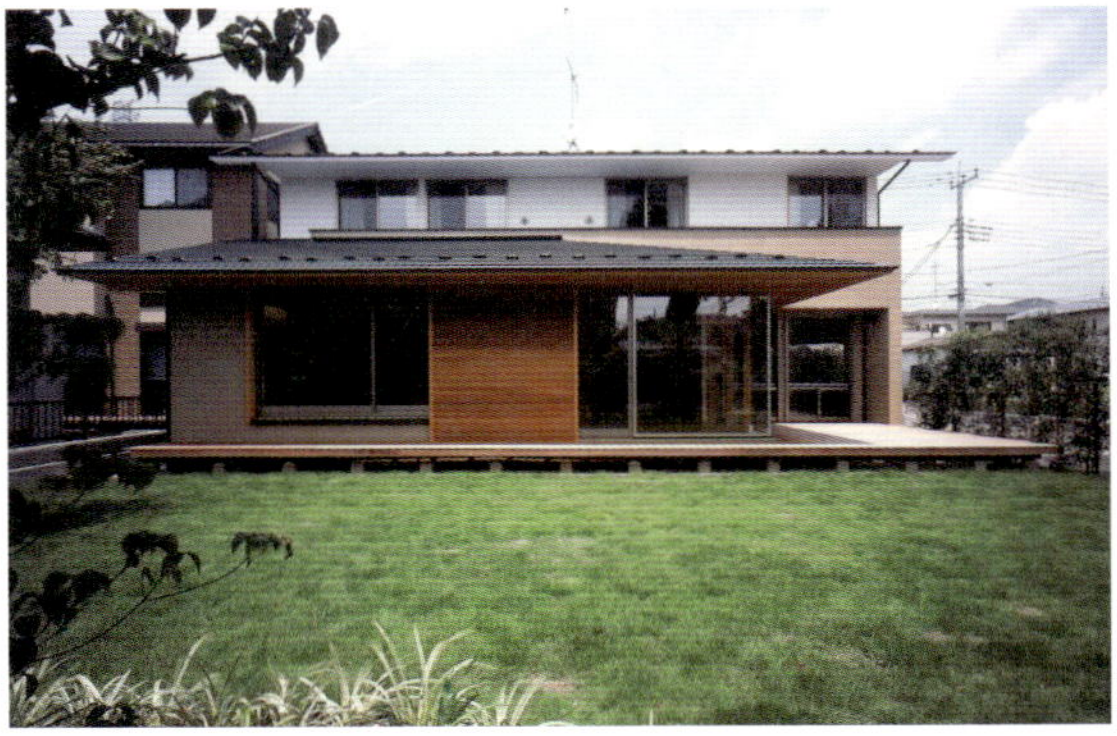

右/外壁は2階腰窓の下端ラインで分かれるツートンになっている
左/居間・食堂を2階南壁ラインより外に出して、下屋状の屋根としている。その屋根の水上を、2階腰の高さまで上げることで、居間・食堂の天井の一部を高くすることができる

Q 33

南隣家にのぞかれない配置計画とは?

A 主室を北に寄せ、回廊で緩衝ゾーンをつくる

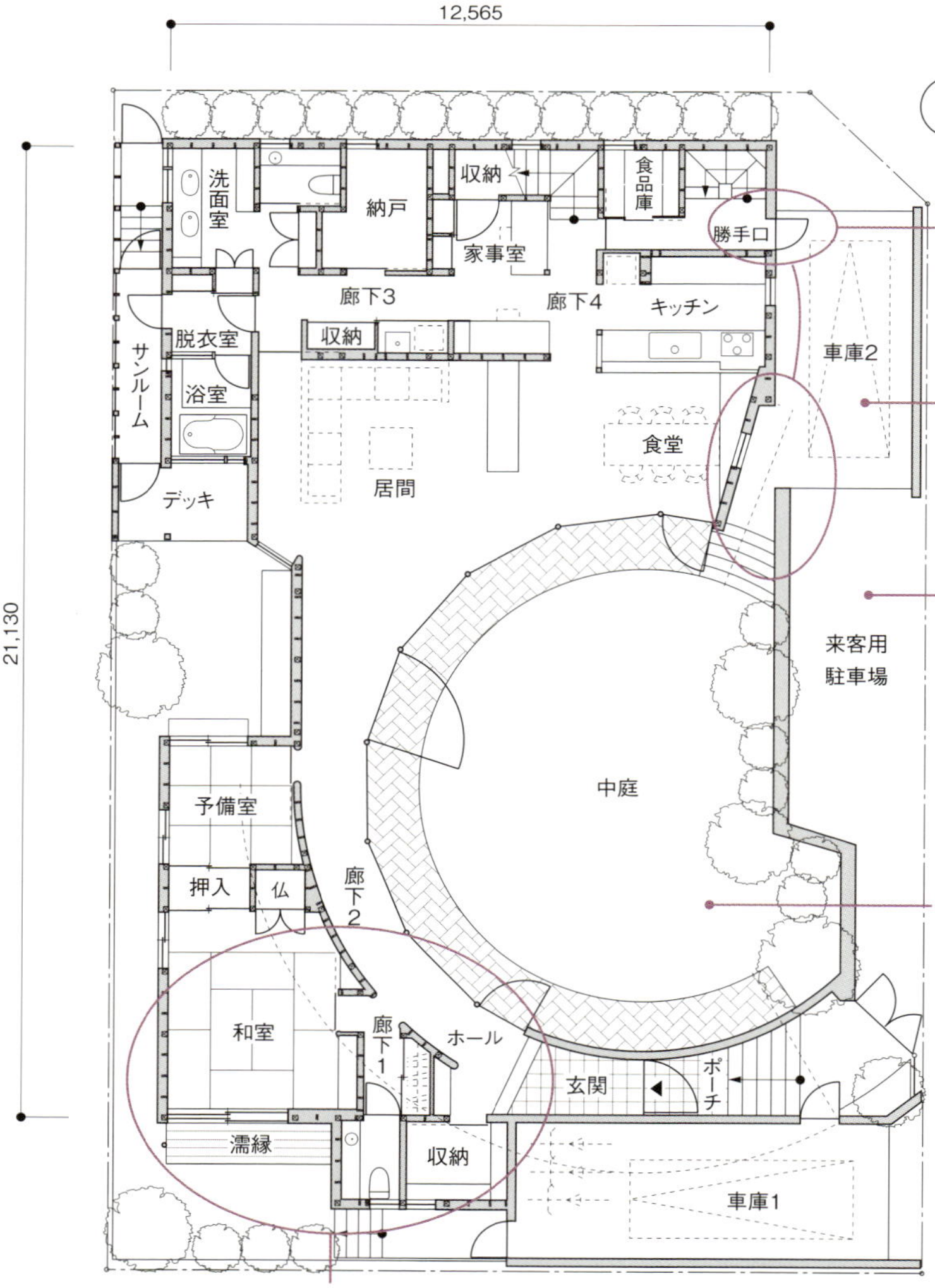

玄関からキッチンまでは距離があり、日常的に使う勝手口は必須。車庫2から直接中庭に行けるルートもある

通り抜け車庫

屋根が架かっている車寄せ

道路より1〜2mほど敷地が高くなっているので、道路側の車寄せの屋根は2.2mほどあるが、中庭の塀は1mほどしかない

隣地のアパートが迫る南側は、客間、来客用トイレ、収納と、日常生活のなかでは使うことの少ない諸室を配置。客間は障子を閉めれば視線をカットできる。また、居間まで通すことのない来客に対応しやすいよう、玄関近くに配している

平面図
(S＝1：200)

1F

この敷地は、通常のように南に庭を設けると、南隣家のアパートの2階廊下から丸見えになる。高さ5mの目隠し塀も芸がない。

そこで敷地中央東側に半円状の庭を設け、その周囲に各機能空間を巡らす。道路レベルに屋根付き車寄せ、並びに通り抜け車庫と通常の車庫および門を設け、1m上がった敷地レベルに玄関、客室、予備室、居間食堂、さらにそれらを連ねる回廊を半円状の庭を囲うように設ける。

中庭の東端部に目隠しの塀を1mほど立ち上げ、その上端から屋根を跳ね出し、車寄せの屋根とする。回廊と居間食堂の天井は3次曲面の小幅板天井になっていて、鼻隠しのベイヒバ材も水平ではあるが3次曲面になっている。「空間居」

玄関から回廊を経て居間に至る

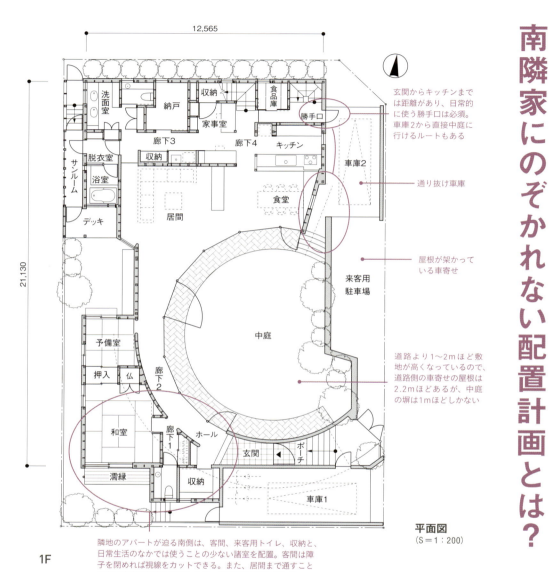

車寄せの屋根は片持ち跳ね出し庇となっている。その先が通り抜け車庫

半円の中庭を円弧状の庇が囲む。軒先の鼻隠しはベイヒバで、隠し樋になっている

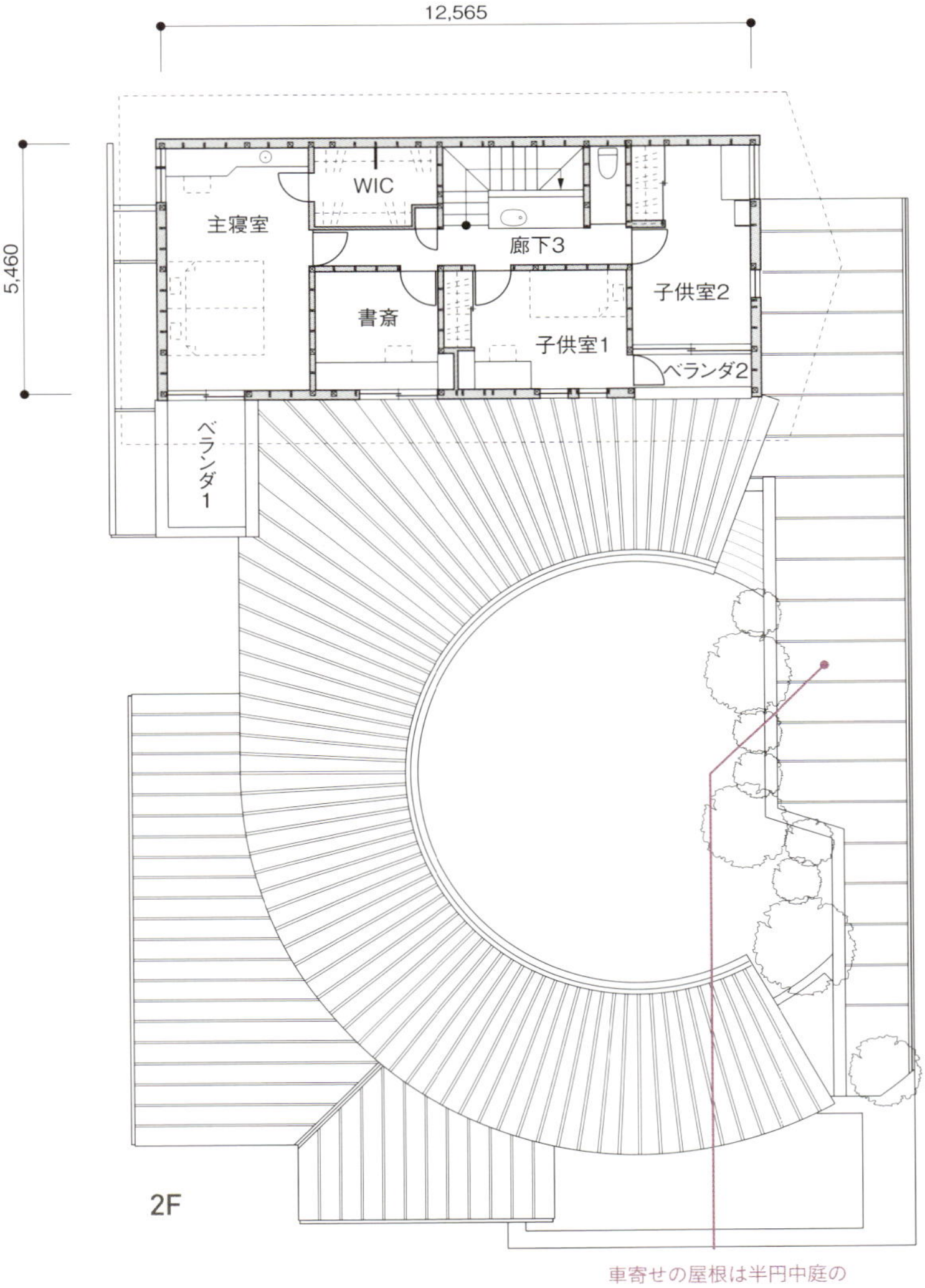

車寄せの屋根は半円中庭のRCの塀の上端から、鉄骨で跳ね出している

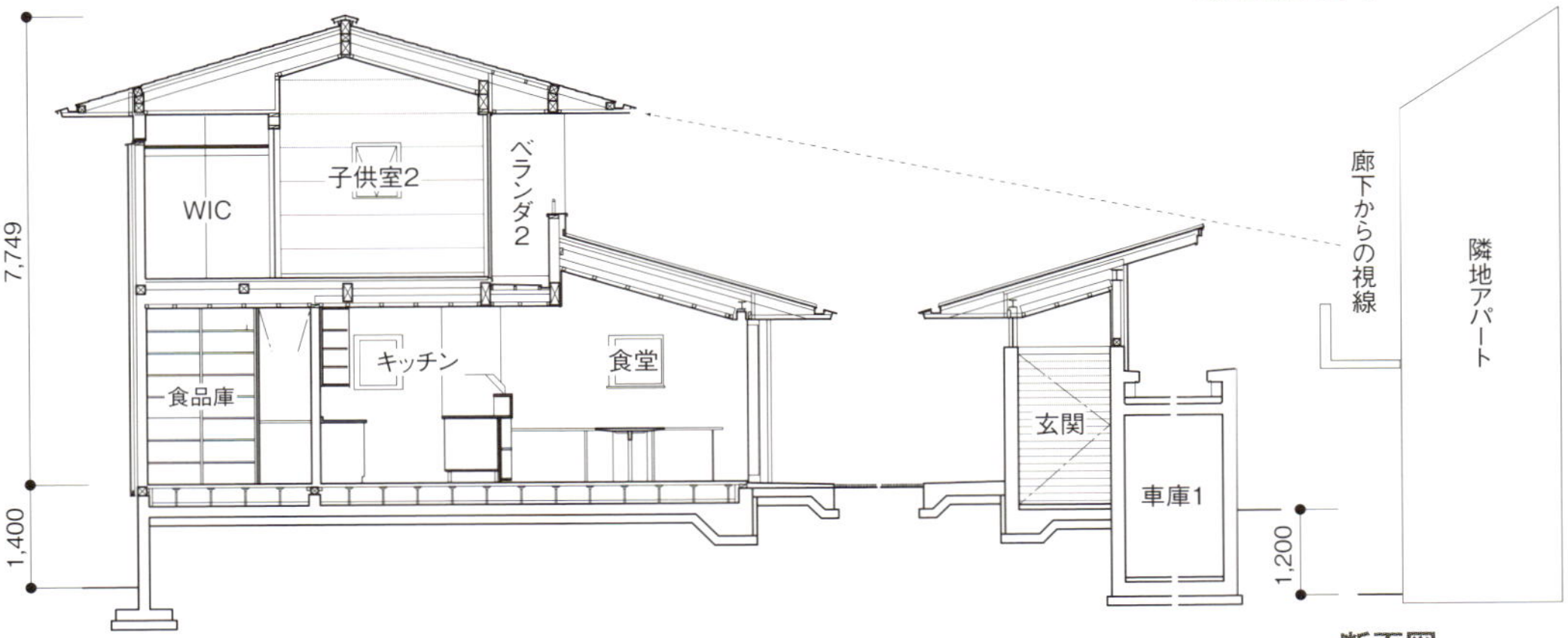

断面図
(S＝1：150)

Q 34

地下室をつくるときの注意点とは？

A 結露対策、集中豪雨対策は忘れずに

道路側ファサード。住宅らしくない表情にするために、外壁の汚れ防止用を兼ねる庇や開口部の形状・位置を慎重に決めている

建ぺい率に算入されないスペースはグレーチングのデッキとして、駐車場、ドライエリア、2階屋外デッキ、物干し場と、すべて活用する

夏の陽射しよけの庇と出窓の屋根が、道路側から段違いの庇のデザインとして見える

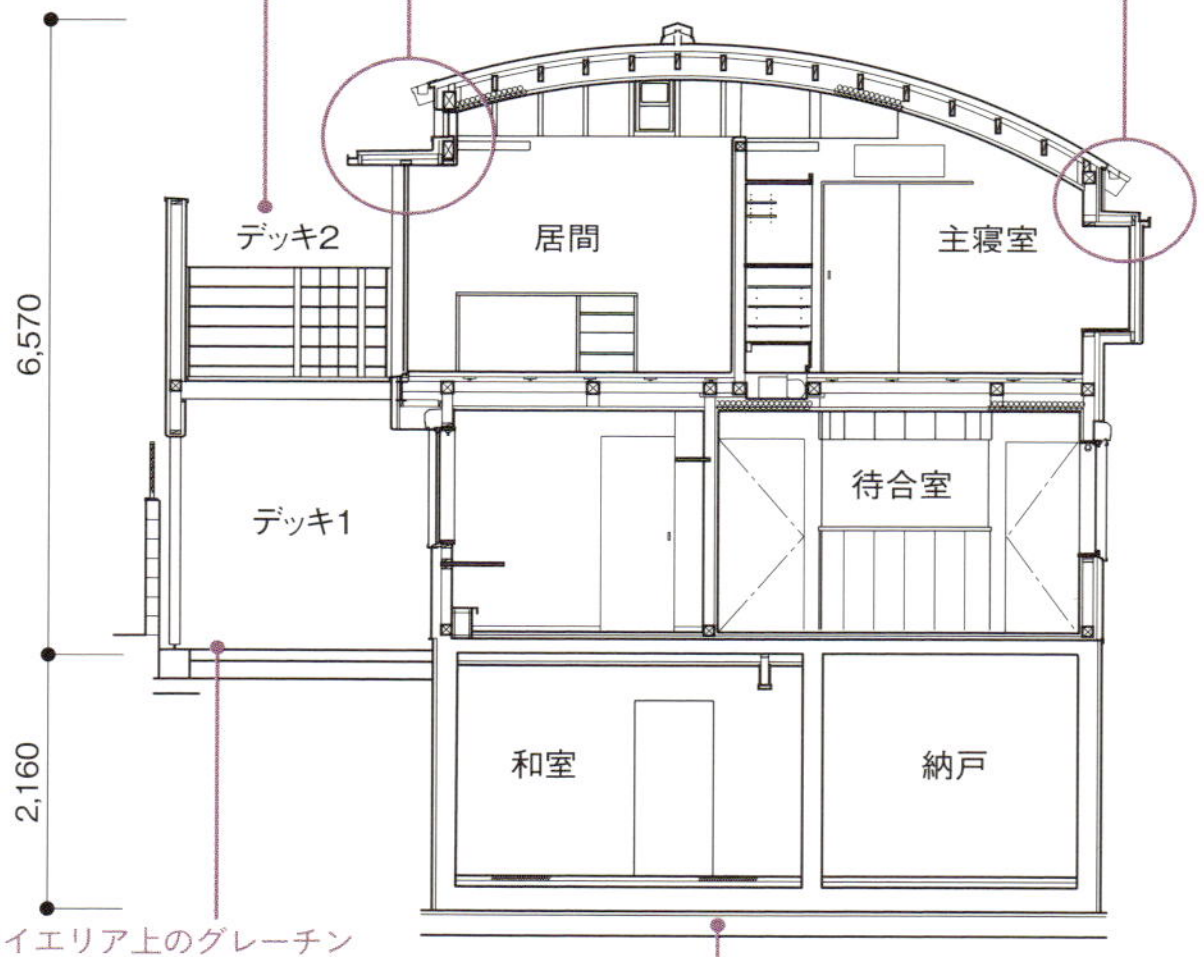

ドライエリア上のグレーチング床には、集中豪雨対策にガラス板を置いて、流れ込む雨量を少なくしている

地下室は断熱材で床も壁も外からくるむ

断面図
（S＝1：150）

3階建てのできない地域での店舗併用住宅の場合、2階建てでは住居部分に不足が生じるので、地下の容積緩和を活用して不足の必要面積を確保する。

地下室は敷地の状況で工事費が大きく違ってくる。地上階の倍の単価が掛かるといわれている。いくつか地下室をつくってきたが、孔内水位が地下室の床レベルより低く、残土処理や資材の搬入がスムースに行く敷地の場合は、それほど費用を要しない。しかも関東ローム層で杭工事を不要とする場合は設計次第で、地上階と同じ程度の予算で済ませることもできなくはない。

しかし低予算の場合は注意が必要である。地下室の一番の難敵は結露で、できれば地下室も外断熱にして結露の要素を少なくし、小さいエアコンで常時湿気を排出できるようにするのがよい。それだと内部仕上げをコンクリート打ち放しにしても結露は生じにくい。換気扇では夏場に外気を呼び込み、かえって湿度を高くすることがある。

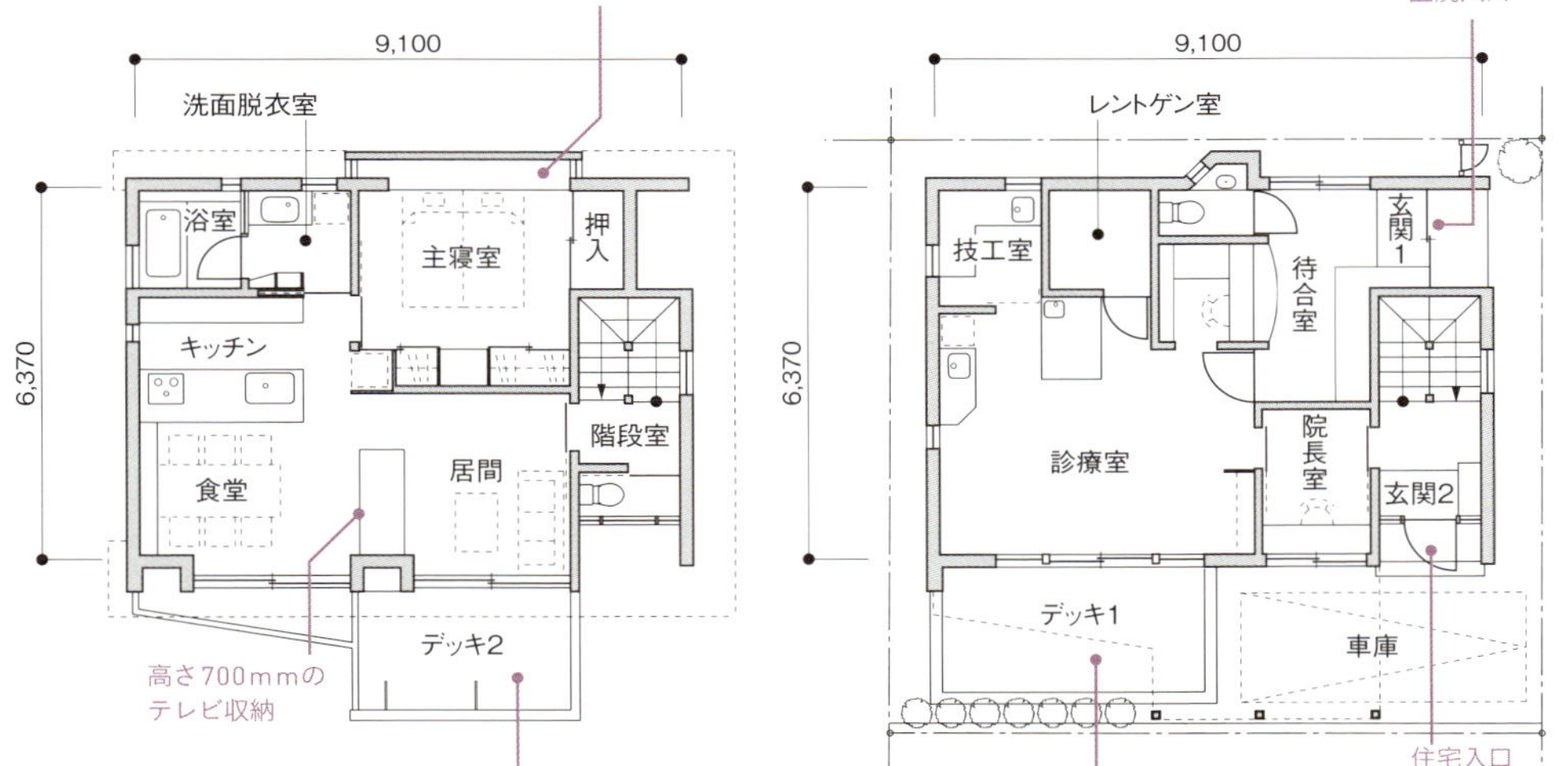

ベッドヘッドの代わりの出窓。通風用の窓にもなる

医院入口

高さ700mmのテレビ収納

車庫上のグレーチングデッキ。ここではグレーチング床で建ぺい率参入を回避したが、申請の仕方によっては参入されることもあるので注意が必要

住宅入口

ドライエリア上のグレーチングデッキは、医院内部から眺められる庭として活用

平面図
（S＝1：200）

住居部分の居間・食堂・キッチンをヴォールトの吸音小幅板が覆う。狭い室内を広く見せるために、天井が軒裏まで続いているように四方に欄間を設け、欄間には暖気抜きの小窓を設置している

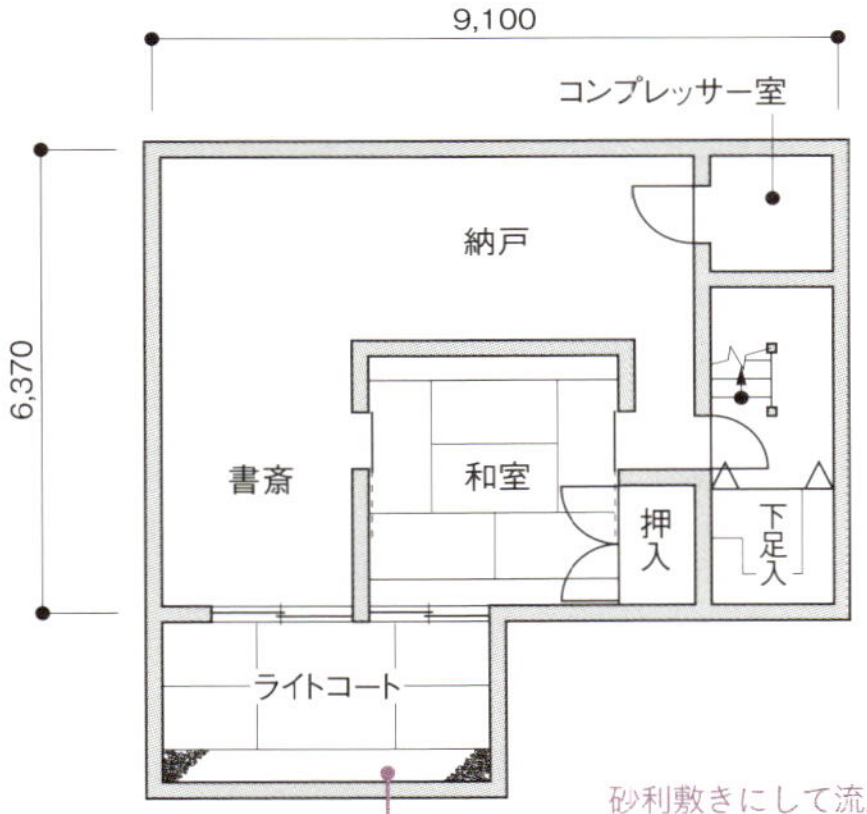

砂利敷きにして流入した雨水を浸透させる。万一大量に流入したときにはポンプで排水できるよう、一部ピットを深くしておく

地下の書斎からドライエリアを見る。グレーチングの床から陽射しがこぼれ落ちるので明るい地下室にすることができる。ドライエリアには、集水ピットを掘って砂利敷きにし、多少の雨は浸透させ、万一大量の雨水が流れ込んだときにはポンプで排水できるよう、一部深くしてある

ほかに注意を要するのは、採光のために設けたドライエリアへの集中豪雨対策である。ドライエリアの地上部分にグレーチングを敷き、その上にガラスを置いて、雨が吹き込まないようにするのも手である。

店舗併用の場合、住宅と店舗の入り口を分離し、住宅とは異なる表情がほしいところである。この事例では屋根を曲面にし、それを2階住居部分の天井に連続させることで住宅と異なる表情をつくろうとしている。

「医院併用の家」

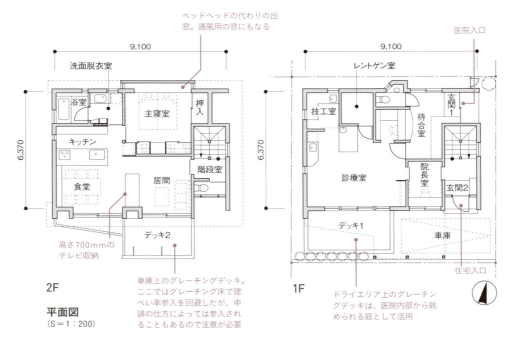

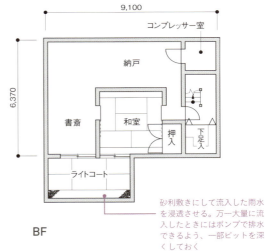

同居の親の寝室はどこに置くのがいいのか?

A 双方の居室空間を離し、互いの逃げ場を用意しておく

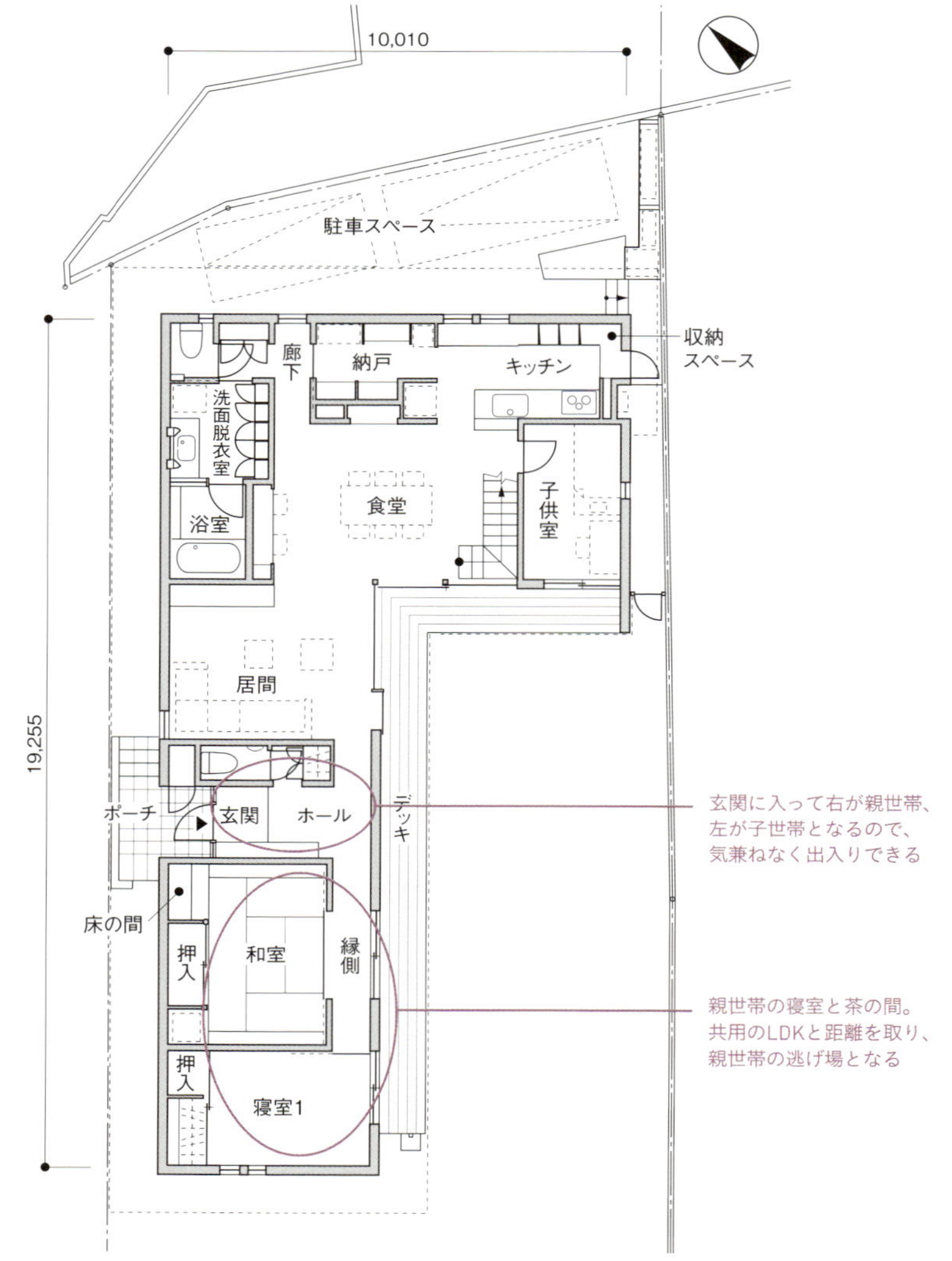
10,010
駐車スペース
19,255
廊下
納戸
キッチン
収納スペース
洗面脱衣室
食堂
浴室
子供室
居間
ポーチ
玄関
ホール
デッキ
床の間
押入
和室
縁側
押入
寝室1
1F
玄関に入って右が親世帯、左が子世帯となるので、気兼ねなく出入りできる
親世帯の寝室と茶の間。共用のLDKと距離を取り、親世帯の逃げ場となる

平面図
(S＝1：200)

玄関。左に居間・食堂、右に茶の間となる和室と両親の寝室がある

2世帯住宅の場合、親世帯と子世帯の離し方で、それぞれの生活が快適かどうか、決まってくる。

食事まで一緒の場合でも、逃げ込める場が必要で、ここではそれをそれぞれの寝室としている。敷地に沿って建物も東西に長くなり、その長さを建物のデザイン的特徴とする。東西方向の黄金分割の位置に設けたアクセント的玄関で親世帯の寝室を分岐させ、子世帯の寝室は食堂の上の2階に設け、それぞれ逃げ込めるようにしている。

「杉戸町の家」

北側壁の開口部は、洗面所の高窓とアクセント的な居間の風抜き小窓、また和室の地窓以外は設けておらず、玄関が明確になる

食堂から見たデッキと居間。左に見えるのは若夫婦の寝室に向かう階段

濡れ縁と南面する窓

食堂から居間・玄関方向を見る。現しの垂木が連続している

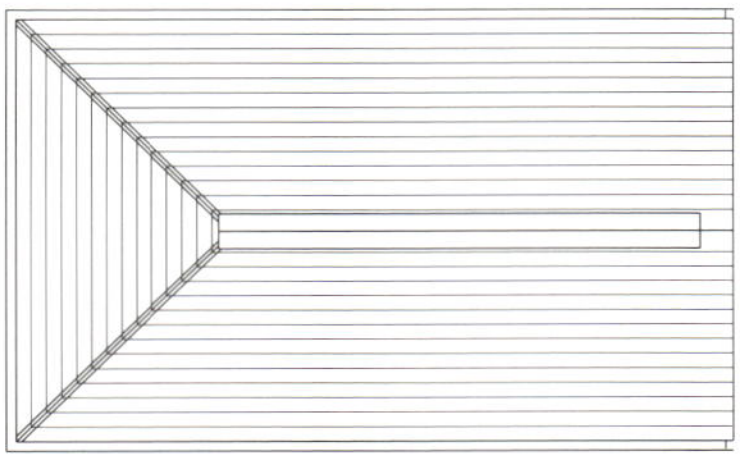

（2F屋根）

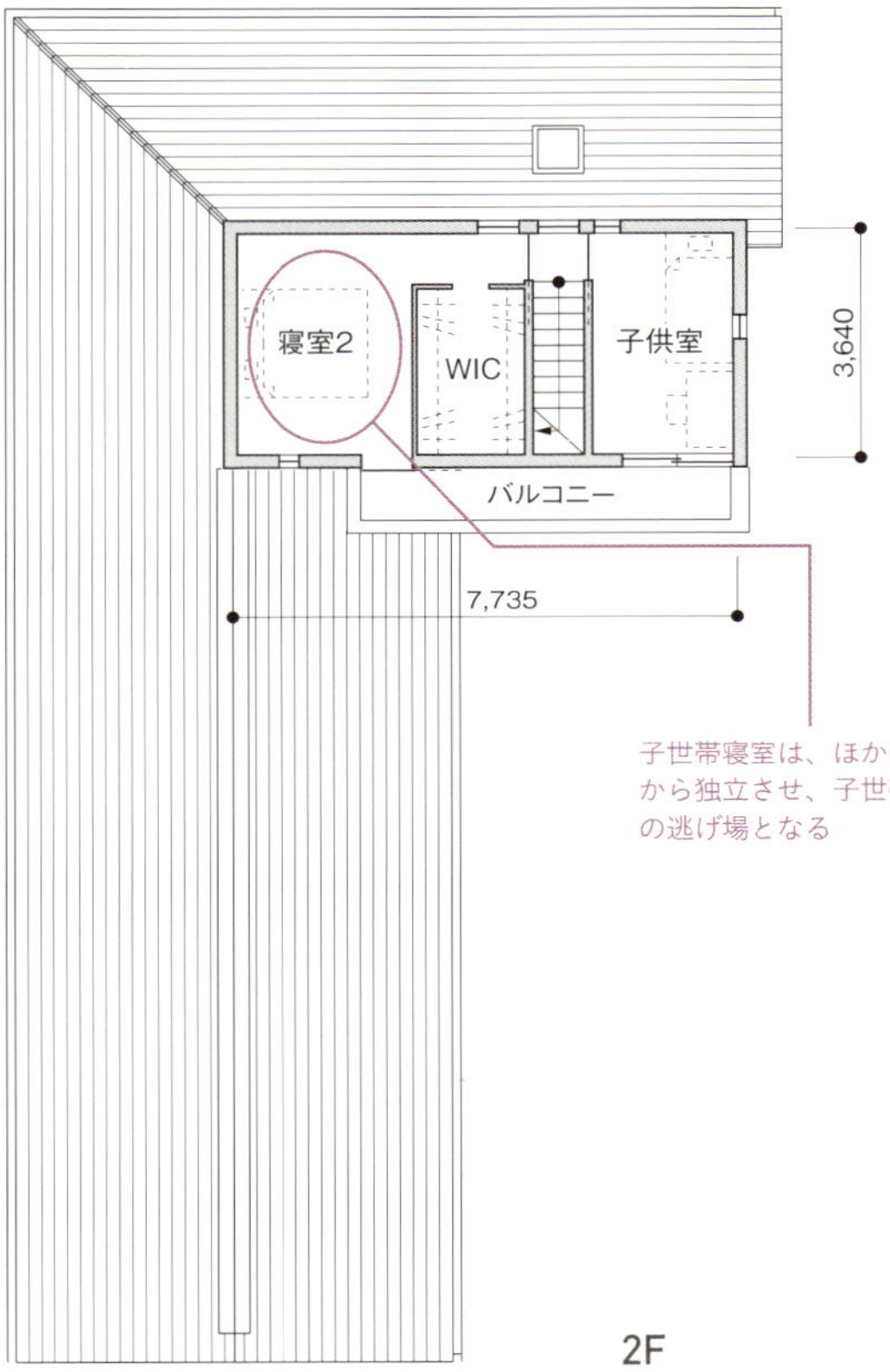

子世帯寝室は、ほかの部屋から独立させ、子世帯夫婦の逃げ場となる

2F

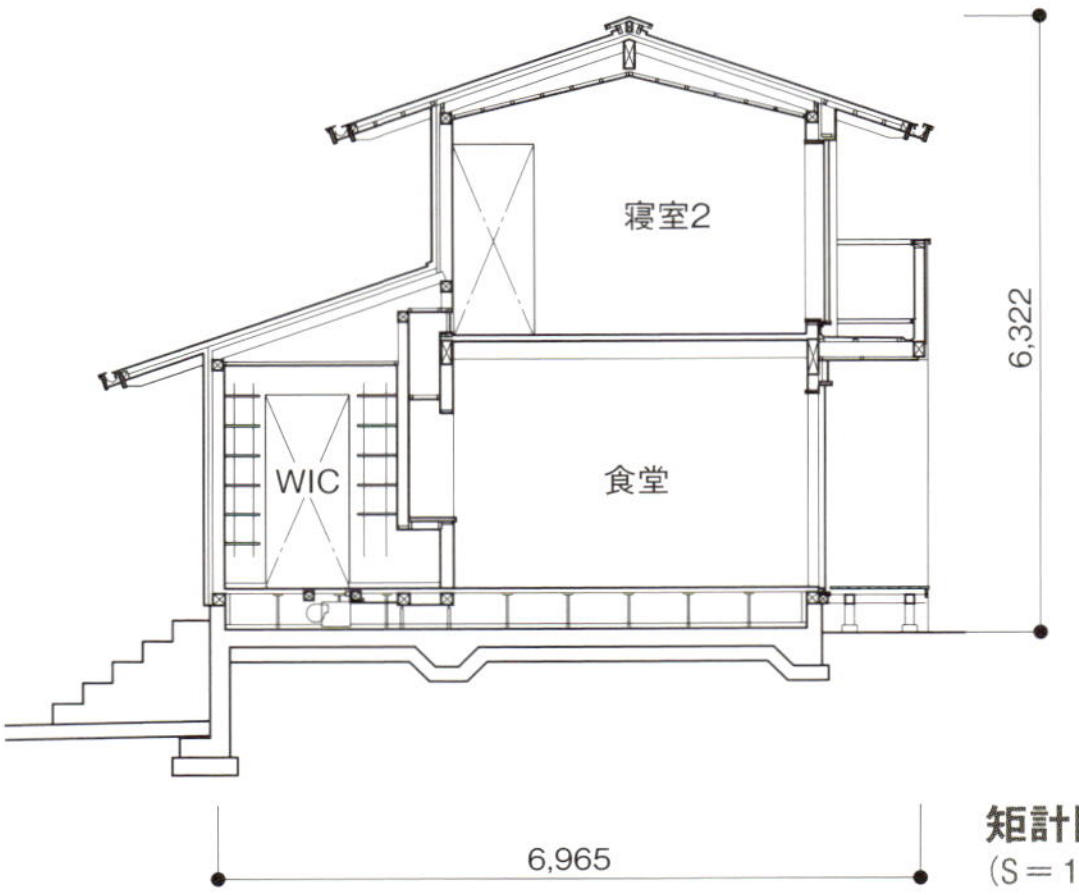

矩計図
(S＝1：150)

2棟の親子世帯の効果的なつなげ方とは？

A L字に配置しデッキと共用スペースで結ぶ

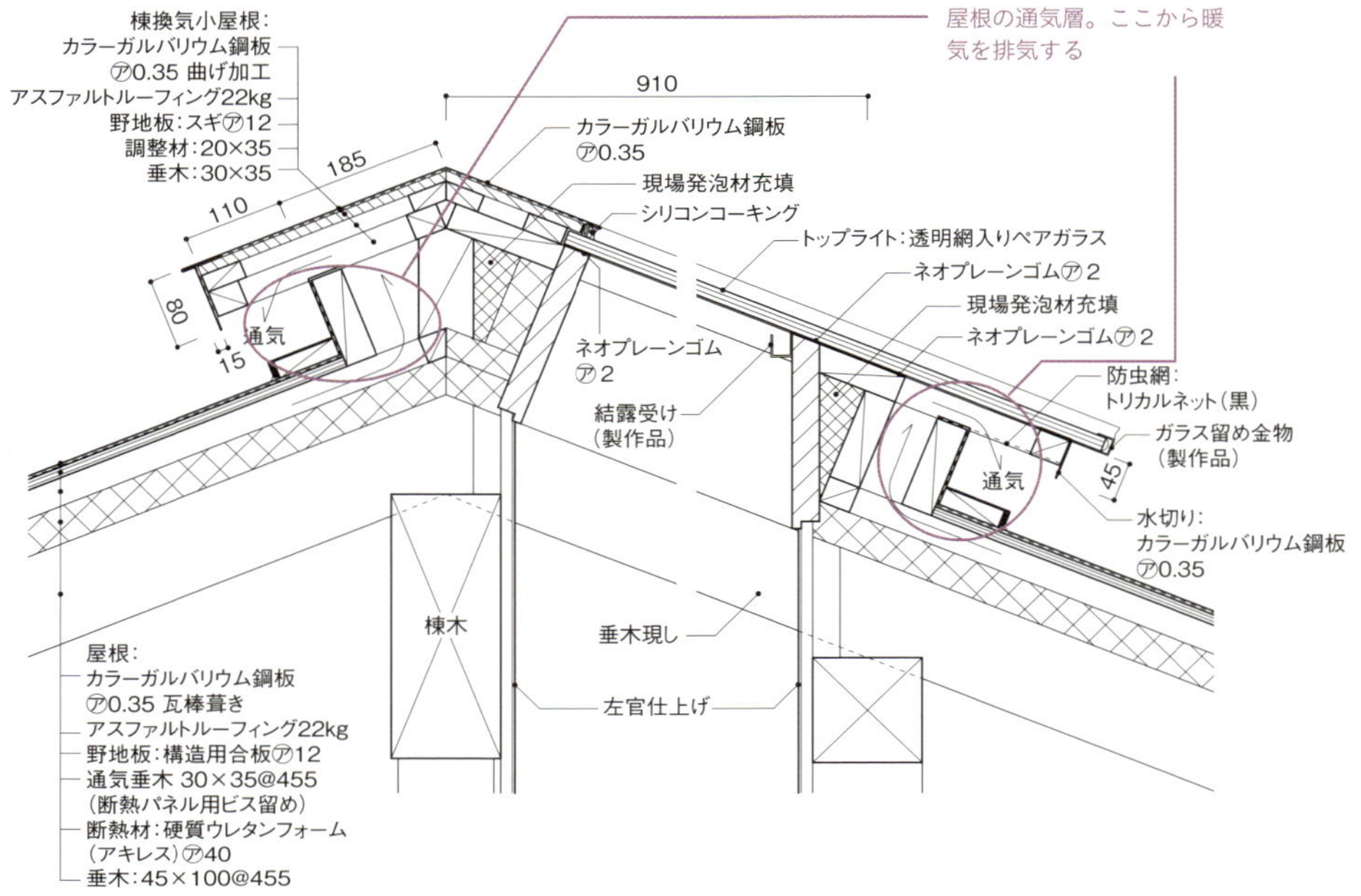

棟換気小屋根：
カラーガルバリウム鋼板
㋐0.35 曲げ加工
アスファルトルーフィング22kg
野地板：スギ㋐12
調整材：20×35
垂木：30×35
屋根の通気層。ここから暖気を排気する
910
185
110
80
15
通気
カラーガルバリウム鋼板
㋐0.35
現場発泡材充填
シリコンコーキング
トップライト：透明網入りペアガラス
ネオプレーンゴム㋐2
現場発泡材充填
ネオプレーンゴム㋐2
ネオプレーンゴム
㋐2
結露受け
（製作品）
防虫網：
トリカルネット（黒）
ガラス留め金物
（製作品）
45
通気
水切り：
カラーガルバリウム鋼板
㋐0.35
棟木
垂木現し
左官仕上げ
屋根：
カラーガルバリウム鋼板
㋐0.35 瓦棒葺き
アスファルトルーフィング22kg
野地板：構造用合板㋐12
通気垂木 30×35@455
（断熱パネル用ビス留め）
断熱材：硬質ウレタンフォーム
（アキレス）㋐40
垂木：45×100@455

トップライト断面詳細図
（S＝1：12）

中廊下上のトップライト。出入り口引戸の鴨居上は間接照明になっている

広い敷地の場合、すべての部屋を南面させて東西に並べることもできるが、2世帯住宅である場合、廊下がかなり長くなってしまい、動線的にも費用的にも2世帯にする意味がなくなってしまう。それなら2つの住宅にしたほうがよい。事例では、重要な居間食堂はどちらも南に面しつつ、2棟をL型に配置し、交点となる、雨天時の物干し場にガラス屋根を架け、共用スペースにして、庭とデッキスペースを囲み、2世帯住宅の意味をもたせている。

大きい平屋の住宅は、中廊下を設けざるを得ないことが多い。その廊下は棟下にくることが多く、暗い空間になりがちである。それを明るくするには、廊下に沿ってガラス屋根を架けるしかない。勾配屋根の途中に設けた横長のガラス屋根は、上から流れてきた雨水を脇に逸らす細工が必要だが、棟に設けた場合は、上からの雨水はなく、処理は楽である。また中廊下には各部屋の出入り口が多く、開閉時の衝突を避けるためにも、開き戸より引戸にすることが

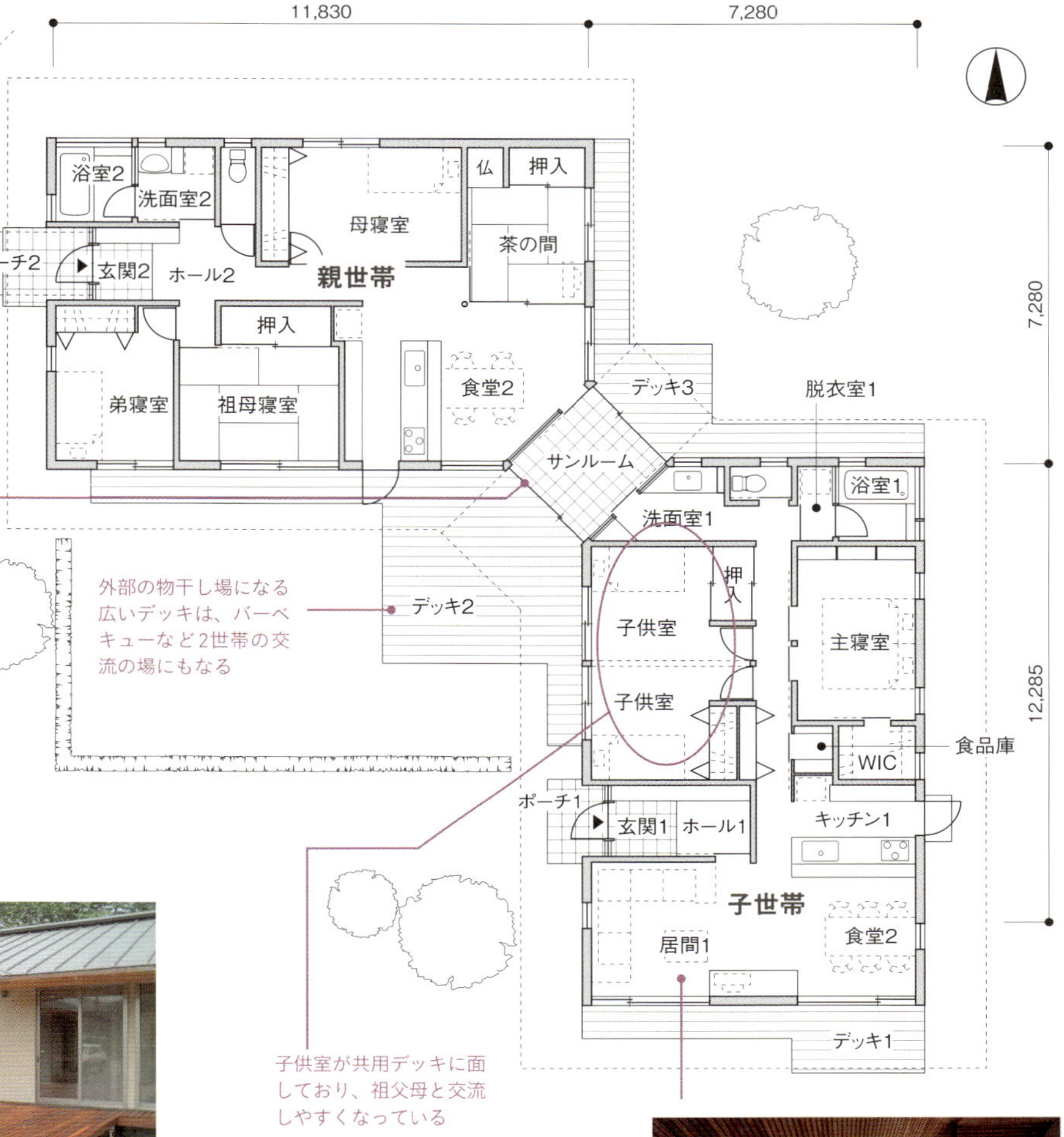
11,830
7,280
7,280
12,285
浴室2
洗面室2
仏
押入
母寝室
茶の間
ポーチ2
玄関2
ホール2
親世帯
押入
弟寝室
祖母寝室
食堂2
デッキ3
脱衣室1
サンルーム
浴室1
洗面室1
外部の物干し場になる広いデッキは、バーベキューなど2世帯の交流の場にもなる
デッキ2
押入
子供室
主寝室
子供室
食品庫
WIC
ポーチ1
玄関1
ホール1
キッチン1
子世帯
居間1
食堂2
デッキ1
子供室が共用デッキに面しており、祖父母と交流しやすくなっている

平面図
(S＝1：200)

親子世帯で共有するサンルームは物干し場であり、洗濯物の出し入れ時のさりげない交流を生み出す。ガラス屋根のため冬場でも陽射しで暖かく洗濯物もよく乾く。対角線上に設けた窓を開ければ風が抜け、夏も暑くなりすぎることはない

子世帯の居間・食堂。親から干渉されにくいよう、親世帯から遠い位置に置き、独立性を高めている。小窓から様子はうかがえる

多い。その鴨居のラインが途中でぶつぶつ切れているのは美しくない。すべてをつなげて直線とし、その上に細い照明を仕込んで間接照明とすると棟下の高い天井の演出にもなる。夜には屋根が光り、それはそれで美しい。

「西方町の家」

南西側からの外観

Q 37

親子近居の家の〝つかず離れず〟をどうつくる？

A アールのフレームでエリアを明らかにする

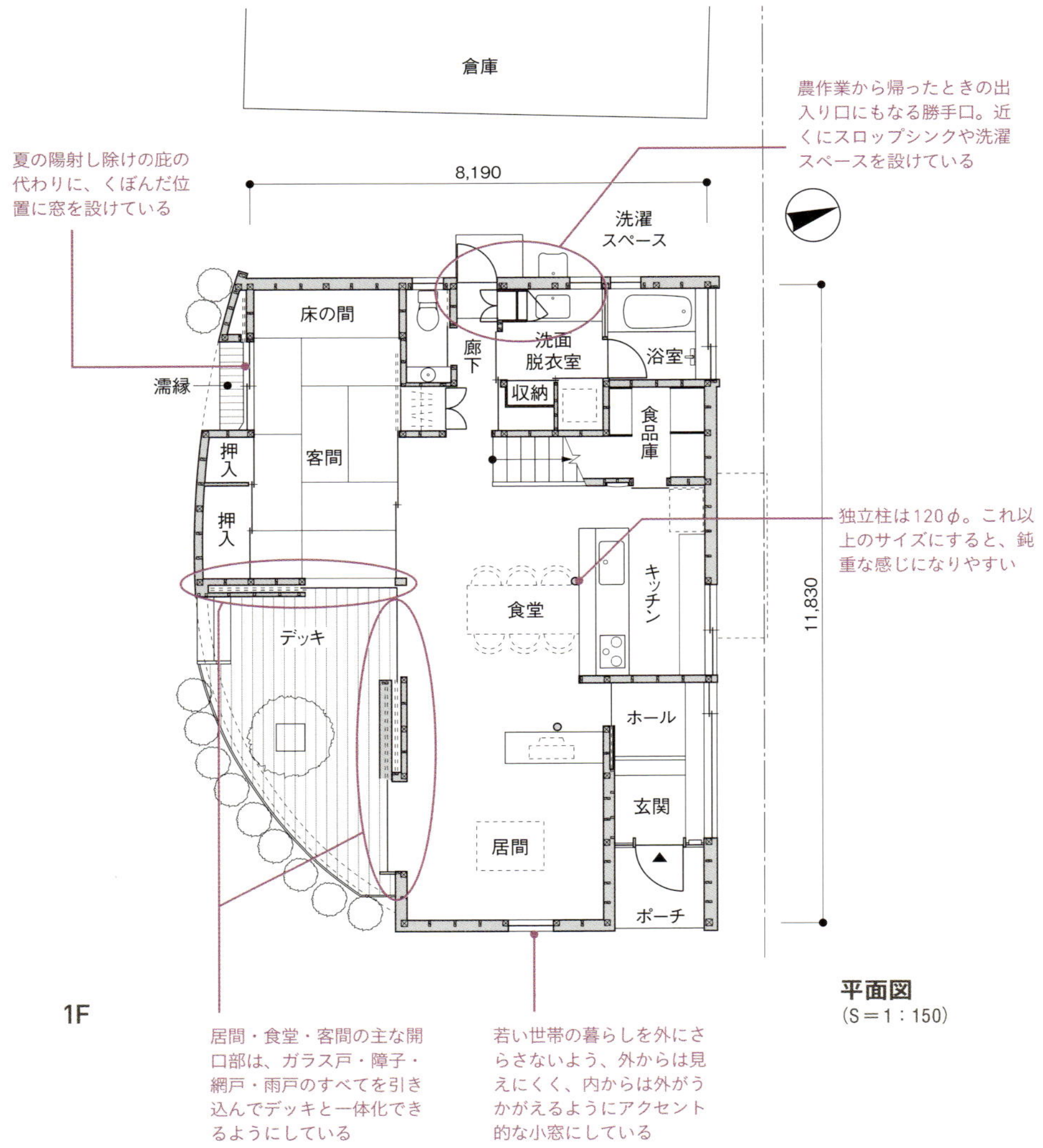

倉庫
農作業から帰ったときの出入り口にもなる勝手口。近くにスロップシンクや洗濯スペースを設けている
夏の陽射し除けの庇の代わりに、くぼんだ位置に窓を設けている
8,190
洗濯スペース
床の間
廊下
洗面脱衣室
浴室
濡縁
収納
食品庫
押入
客間
押入
独立柱は120φ。これ以上のサイズにすると、鈍重な感じになりやすい
キッチン
食堂
11,830
デッキ
ホール
玄関
居間
ポーチ
1F
居間・食堂・客間の主な開口部は、ガラス戸・障子・網戸・雨戸のすべてを引き込んでデッキと一体化できるようにしている
若い世帯の暮らしを外にさらさないよう、外からは見えにくく、内からは外がうかがえるようにアクセント的な小窓にしている

平面図
(S＝1：150)

古くからある広大な農家の屋敷内に若い家族のための家をつくろうとしても、屋敷内はすべて親のテリトリーである。そこに若い家族がともに暮らそうとすると、無意識に自分たちの拠り所となる独自のテリトリーを確認できる何かを欲するのでは、と考えた。その潜んでいると思われた欲求への解答がこの住宅である。

住宅の内部は要望を素直に反映したものであるが、外観の、屋敷内に入ってすぐ目につく南側の壁面は、屋敷内には存在しない曲面の壁である。2階と1階に独自の領域でもある、デッキスペースを設けて、そこを曲面の手すり壁とフレームで囲うことで、独自性とテリトリーを主張している。曲面壁は左官で仕上げ、フレームのなかには鉄骨が組み込むことで異形を可能にしている。

「小平の家」

広い敷地のなかで、曲面壁とフレームがそこだけ違った雰囲気をつくり出す

屋外デッキは両親ら屋敷内の誰もが集いやすいよう開かれている。中庭にシンボルツリーが植えられている

キッチンからは居間・食堂・屋外デッキスペースを見渡せる

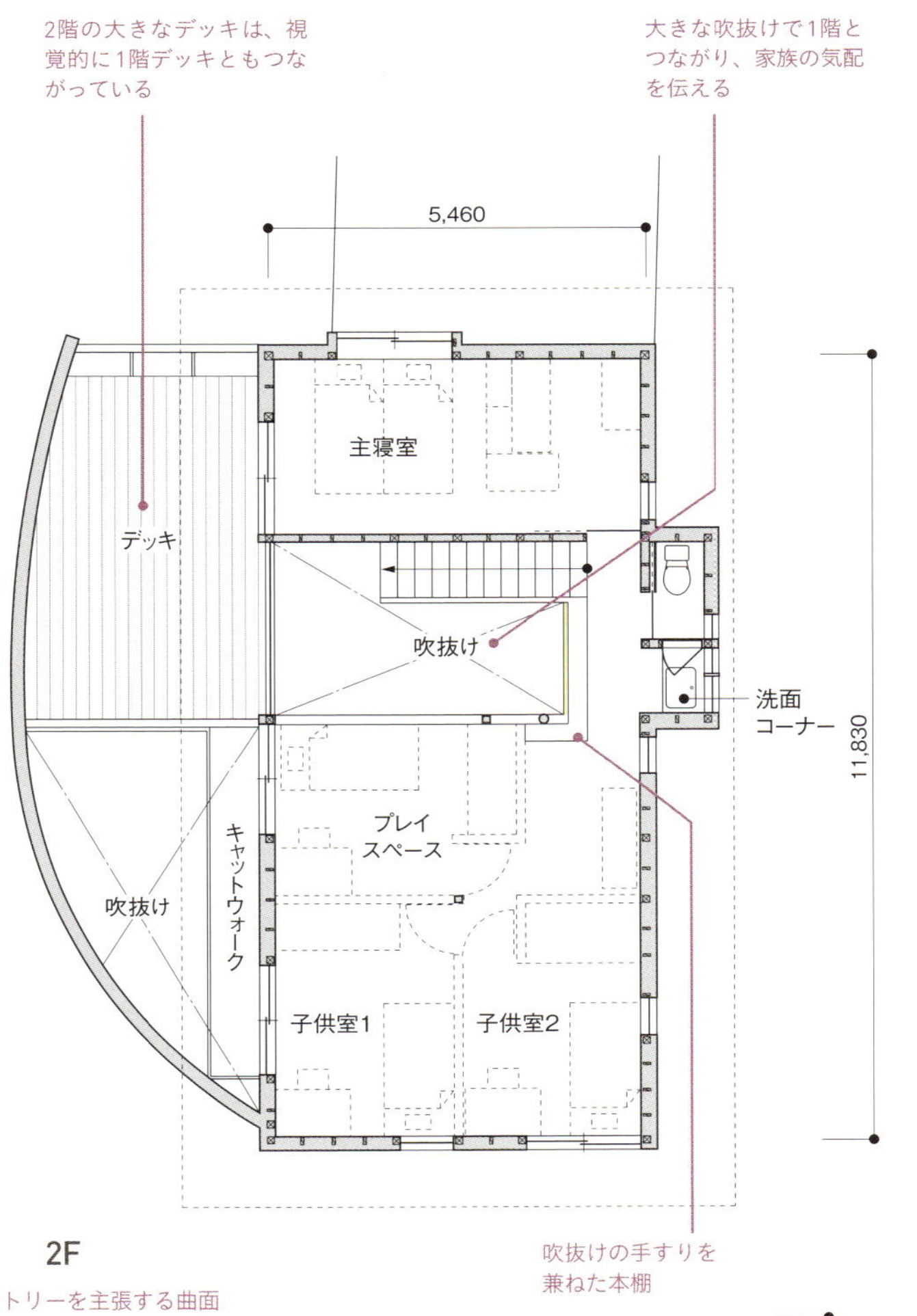
2階の大きなデッキは、視覚的に1階デッキともつながっている
大きな吹抜けで1階とつながり、家族の気配を伝える
5,460
主寝室
デッキ
吹抜け
洗面
コーナー
11,830
プレイ
スペース
キャットウォーク
吹抜け
子供室1
子供室2
吹抜けの手すりを兼ねた本棚

2F

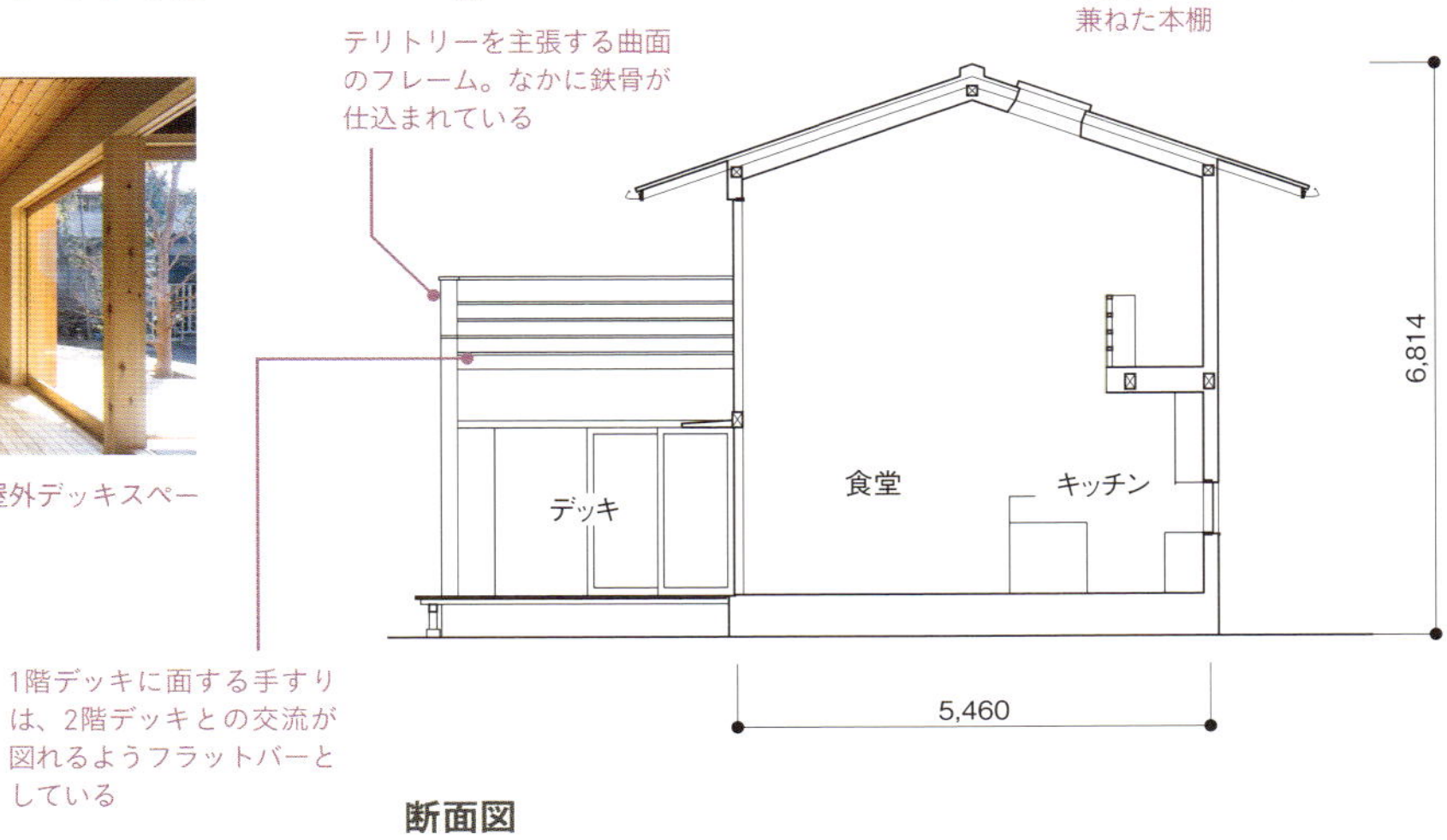
テリトリーを主張する曲面のフレーム。なかに鉄骨が仕込まれている
6,814
食堂
キッチン
デッキ
1階デッキに面する手すりは、2階デッキとの交流が図れるようフラットバーとしている
5,460

断面図
(S＝1：150)

3章

上下の関係が暮らしに変化をつくる

ずっと天井の高い部屋ばかりでは、
その高さに見合った開放感は得られません。
天井の低いところを抜けて、
天井の高いところに入って初めて、
その高さが実感できるのです。
また、敷地に高低差がある場合はあえて、
高低差なりにつくることで、
いる場所によって景色がかわる
変化にとんだ空間をつくることができます。

家族の気配を伝える吹抜けのつくり方は？

A 多くの部屋が吹抜けに面するように配置する

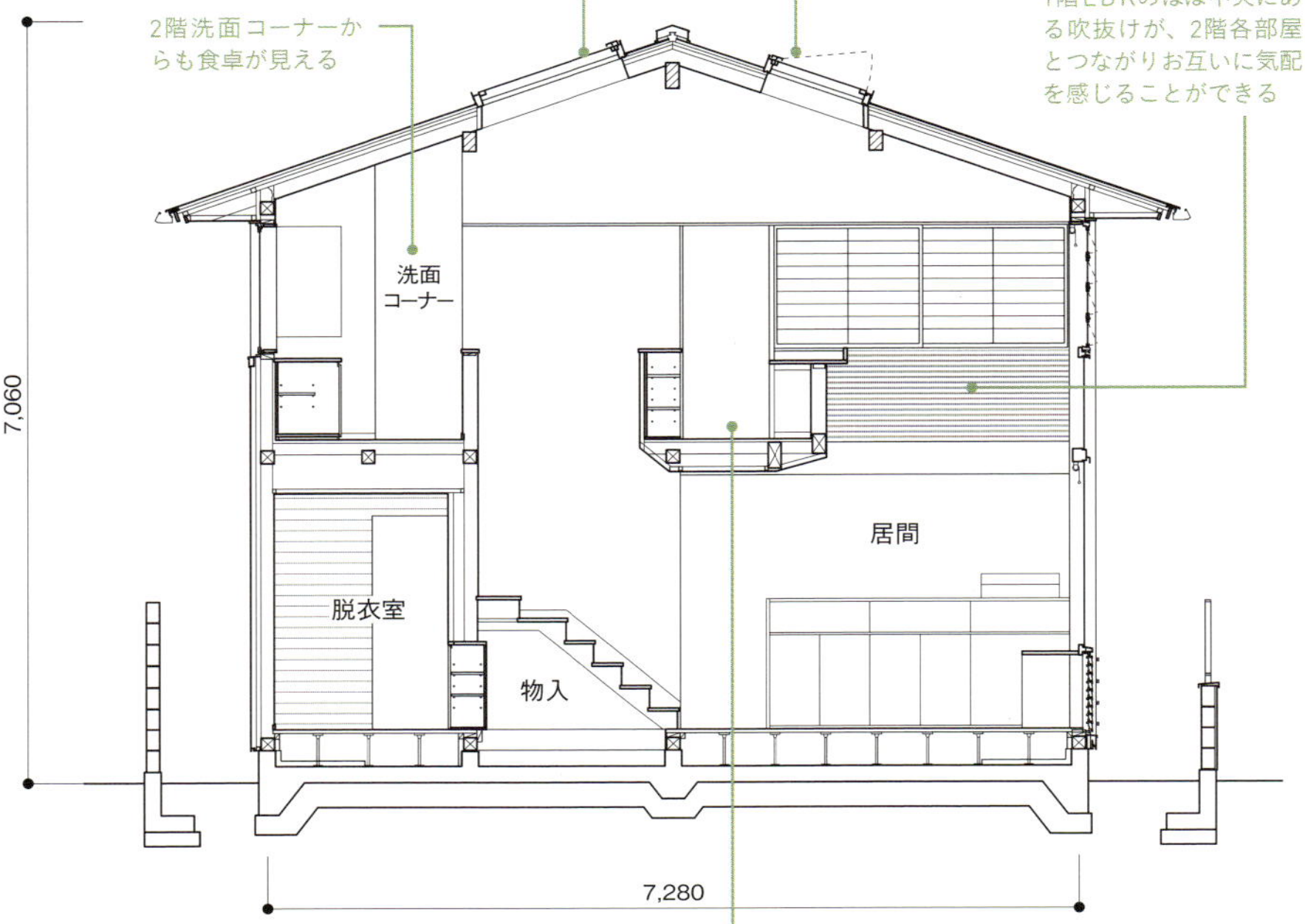
階段室と洗面所を明るくする
トップライト
勉強机の上を明るくする
2階洗面コーナーか
らも食卓が見える
トップライト
1階LDKのほぼ中央にあ
る吹抜けが、2階各部屋
とつながりお互いに気配
家族みんなが使う書斎コーナー
は、階段と吹抜けの間にブリッ
ジのようにかかっている

矩計図
（S＝1：100）

キッチンから、居間・食堂方向を見る。庭や和室はもちろん、吹抜けを通じて子供室・勉強コーナー、階段室の気配までうかがえる

吹抜けは空間をダイナミックにするためと、上下階の気配を感じさせ、交流を促すために設ける場合とがある。

この住宅は後者で、吹抜けのある食卓にほとんどの部屋が面している。吹抜けを強調する縦長の東開口部から朝日が入り、南側に居間、北にキッチン、西に階段室と和室、2階西に勉強机（書斎コーナー）と洗面所、北に寝室、南に子供室が面し、相互の気配が感じられる配置である。

「我孫子の家」

居間にいても、食卓・キッチン・和室・子供室・寝室・勉強コーナーの気配がわかる

2階寝室から書斎コーナー・子供室・吹抜け・1階和室を見る

居間から和室を見る。床の間が内部空間全体の象徴的役割を担っている

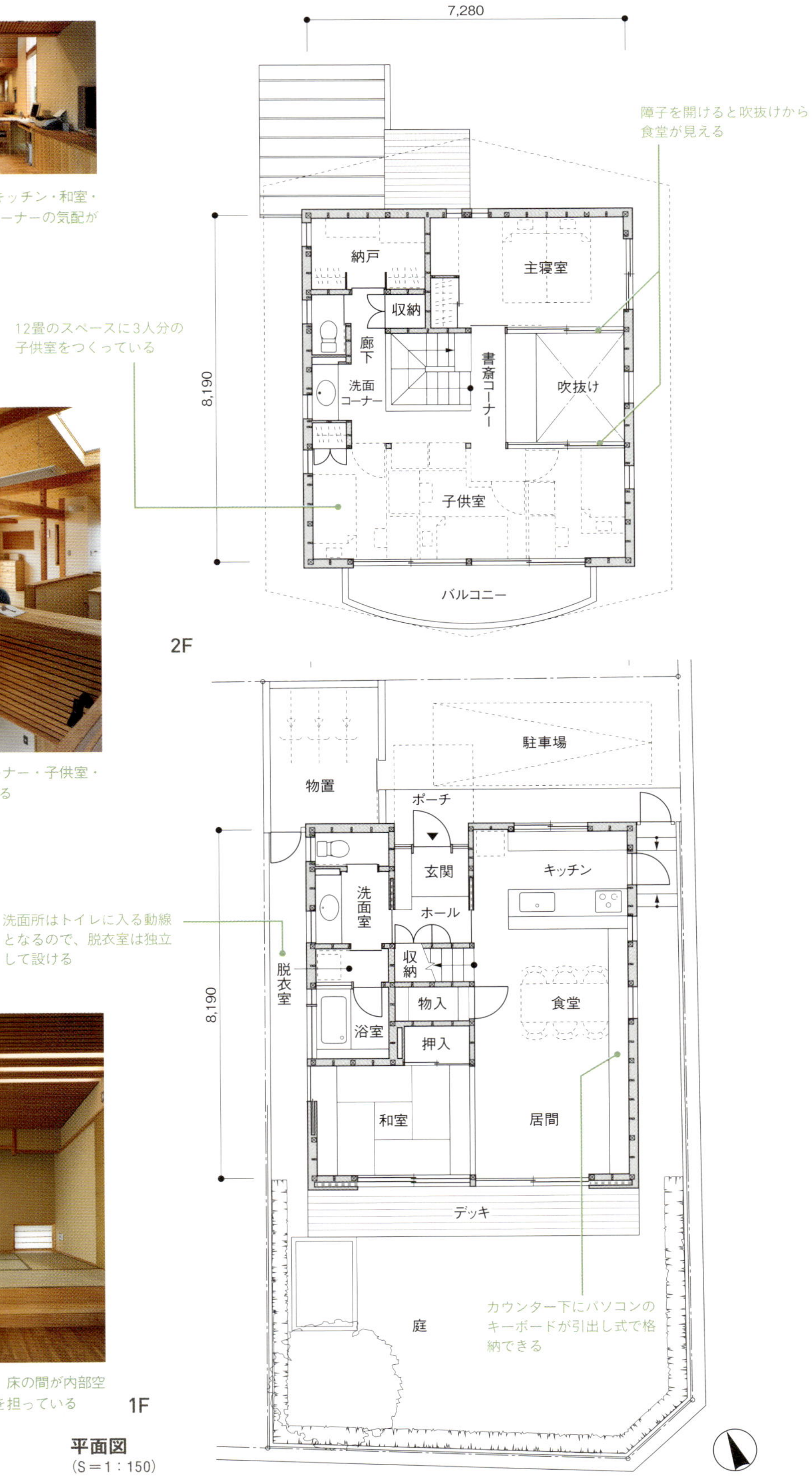

平面図
(S＝1：150)

A ブリッジ・暖炉・連続窓で彩る

間の抜けた吹抜けにしないためには？

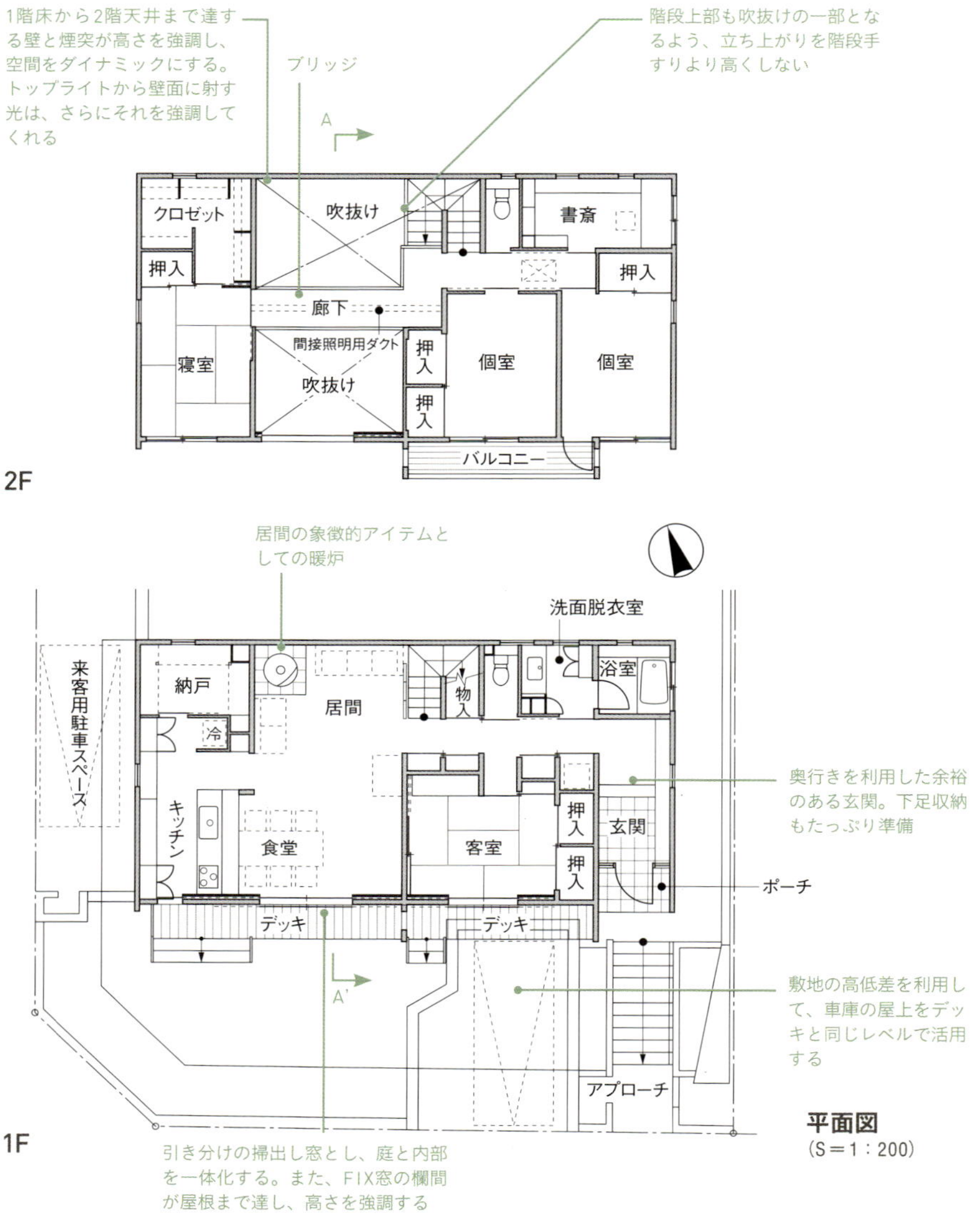
1階床から2階天井まで達する壁と煙突が高さを強調し、空間をダイナミックにする。トップライトから壁面に射す光は、さらにそれを強調してくれる
ブリッジ
階段上部も吹抜けの一部となるよう、立ち上がりを階段手すりより高くしない
A
クロゼット
吹抜け
書斎
押入
押入
廊下
間接照明用ダクト
寝室
吹抜け
押入
押入
個室
個室
バルコニー
2F
居間の象徴的アイテムとしての暖炉
洗面脱衣室
来客用駐車スペース
納戸
居間
物入
浴室
冷
奥行きを利用した余裕のある玄関。下足収納もたっぷり準備
キッチン
食堂
押入
客室
押入
玄関
ポーチ
デッキ
デッキ
A'
敷地の高低差を利用して、車庫の屋上をデッキと同じレベルで活用する
アプローチ
1F
引き分けの掃出し窓とし、庭と内部を一体化する。また、FIX窓の欄間が屋根まで達し、高さを強調する

平面図
(S＝1：200)

住宅の計画で1階の居間食堂が味気なくなりそうなとき、吹抜けで何とかしようとすることがある。その場合、単純な吹抜けにしただけではさほど効果がなく、床を張って面積を増やしたほうがよいのでは、といわれることになる。

この事例の場合、吹抜けの効果を高め、楽しくさせる仕掛けとして、壁面の1階床から2階天井まで連続させる壁を残した上で、南面の窓を床から天井まで連続させ、暖炉の煙突も天井まで立ち上げ、縦の線で吹抜けを強調した。

その上であえて吹抜けの空間を貫通するブリッジを設け、2階からも楽しめる吹抜けとして彩りを添えた。

ただ、このブリッジは工法的事情もあり、集成材で構成したが、それにこだわらず、スチールのフラットバー等で視覚的に軽やかで透視できるもののほうが正解であったかもしれない。

「四条畷の家」

窓は床から天井までの連窓として、高さを強調している

建築の工法を、厚み120×幅450×長さ6000mmの集成材を立て並べた壁式の集成材造としたFM工法。ブリッジの手すりはフラットバーなどを使って存在感を少なくしたほうが、吹抜け空間が分断されずにすんだかもしれない

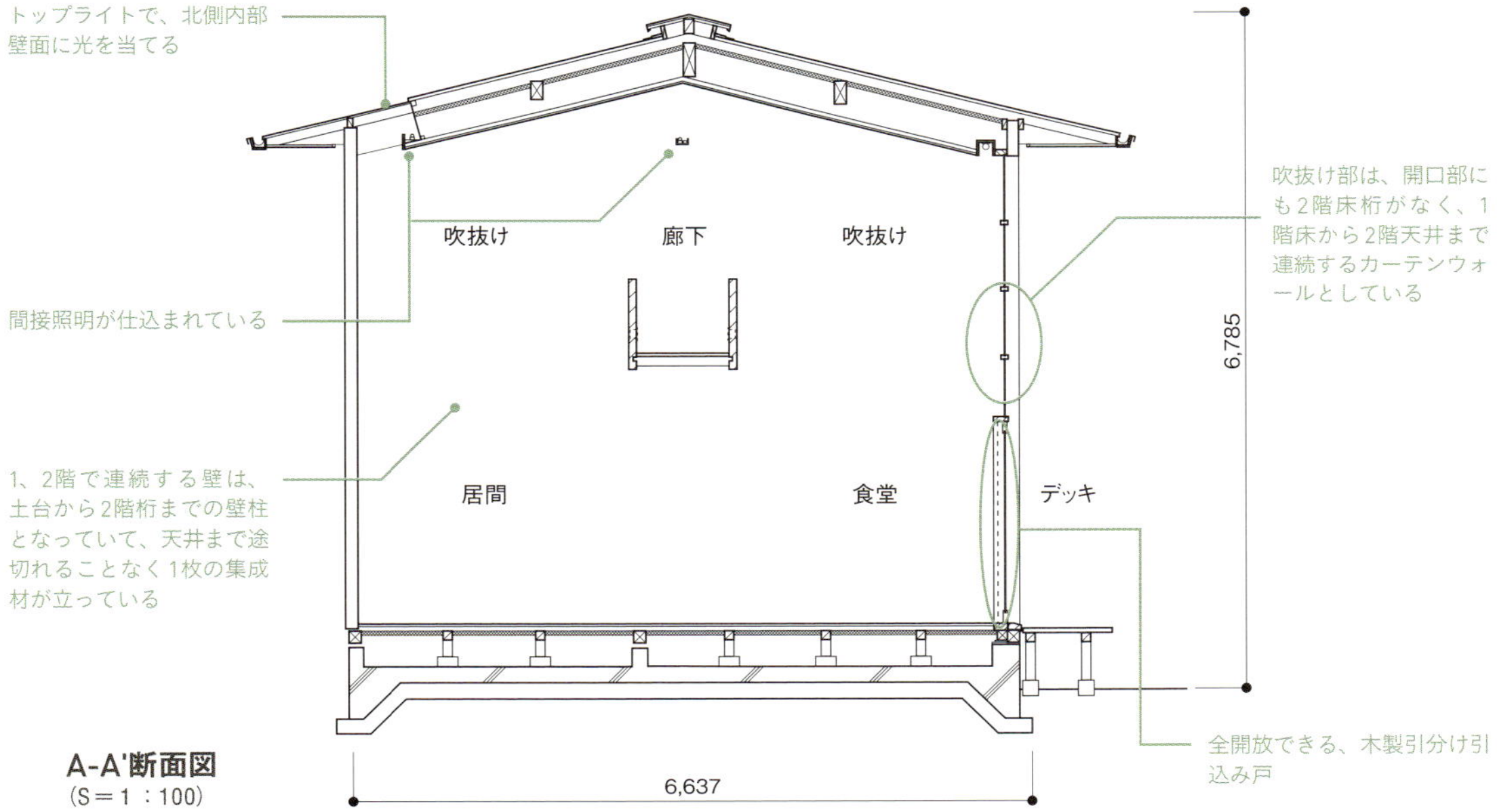
トップライトで、北側内部壁面に光を当てる
間接照明が仕込まれている
1、2階で連続する壁は、土台から2階桁までの壁柱となっていて、天井まで途切れることなく1枚の集成材が立っている
吹抜け
廊下
吹抜け
居間
食堂
デッキ
6,785
6,637
吹抜け部は、開口部にも2階床桁がなく、1階床から2階天井まで連続するカーテンウォールとしている
全開放できる、木製引分け引込み戸

A-A'断面図
(S＝1：100)

暖炉の煙突を床から天井まで通すことで、煙の吸い込みをよくし、吹抜け高さを強調できる

A 1層目を地下として3層の家にする

敷地内の1.3mの高低差をどう扱うか?

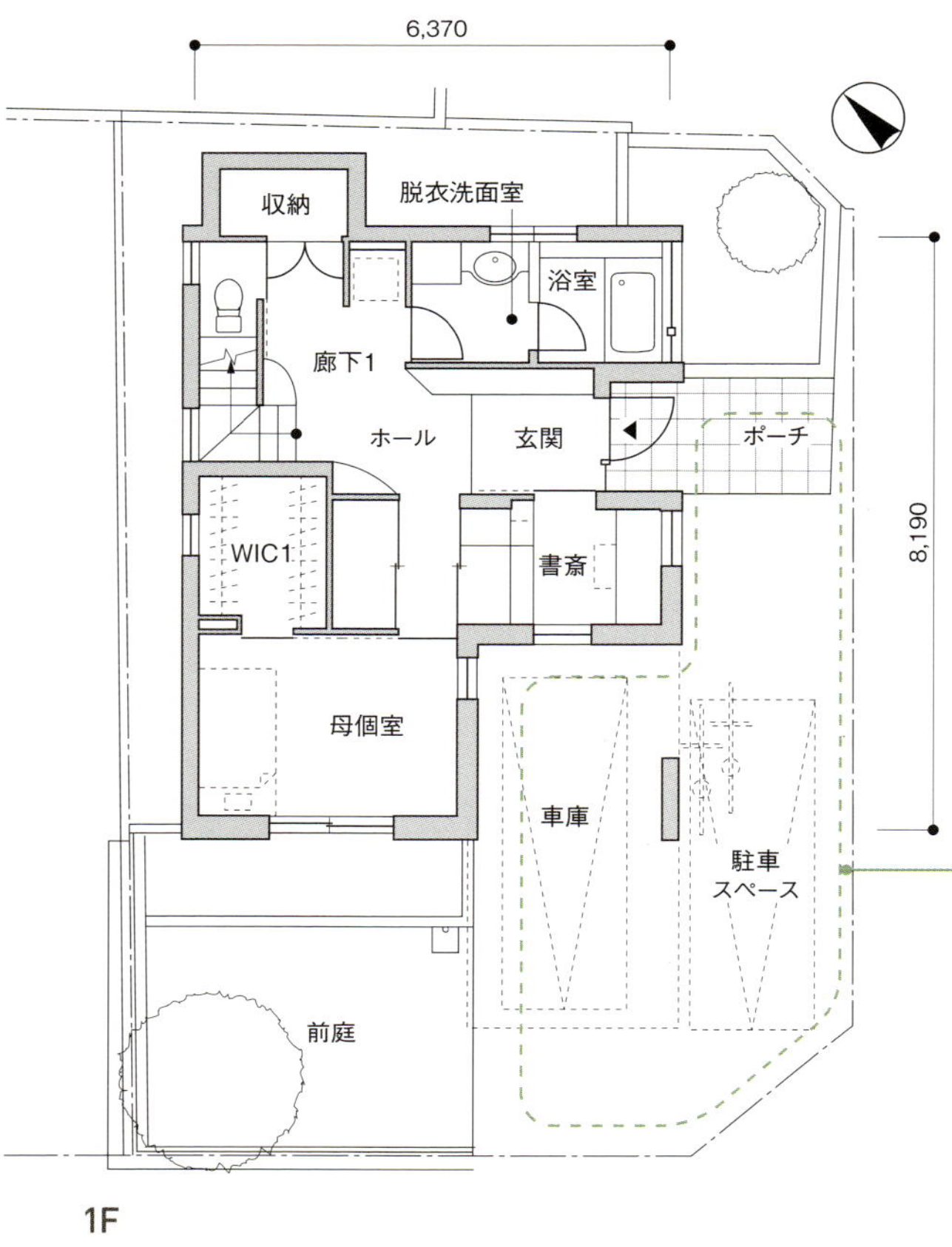

玄関ポーチと駐車スペースのみが道路レベルにある

平面図
(S＝1：150)

右/食堂から見た書斎コーナー。3層目の寝室の床を1m上げて居間の開放的な天井高を確保する
左/インナーガレージがある場合、どうしても平均地盤面が下がる。敷地の高低差を活用して3層などにする際には、それらを慎重に検討する必要がある

階段前からデッキを見る

敷地の5割以上が道路より1.3mほど高い地盤の場合、道路際に土止めを設け、敷地のほとんどを道路より1.3mほど高い敷地にする。1層目の床面は道路より10cmだけ高くし、天井高は2.2mとすることで、半分以上が地下に潜った地下室となる。その上に木造2階建てを載せる。

しかし道路より1.3m高い地盤面をつくるには擁壁が必要である。敷地に余裕がないと、北側斜線と道路斜線を避ける位置に必要床面積の住宅を据えて、カーポートを設けると、そこの地盤は低くなり、平均地盤面を下げる。地盤面形成の擁壁をつくる際、その分を計算しないといけない。

「菊名の家」

この建物では2階だが、高い敷地にある隣家では1階からも見える高さになるので、目隠しを兼ねて高い木の壁を回している

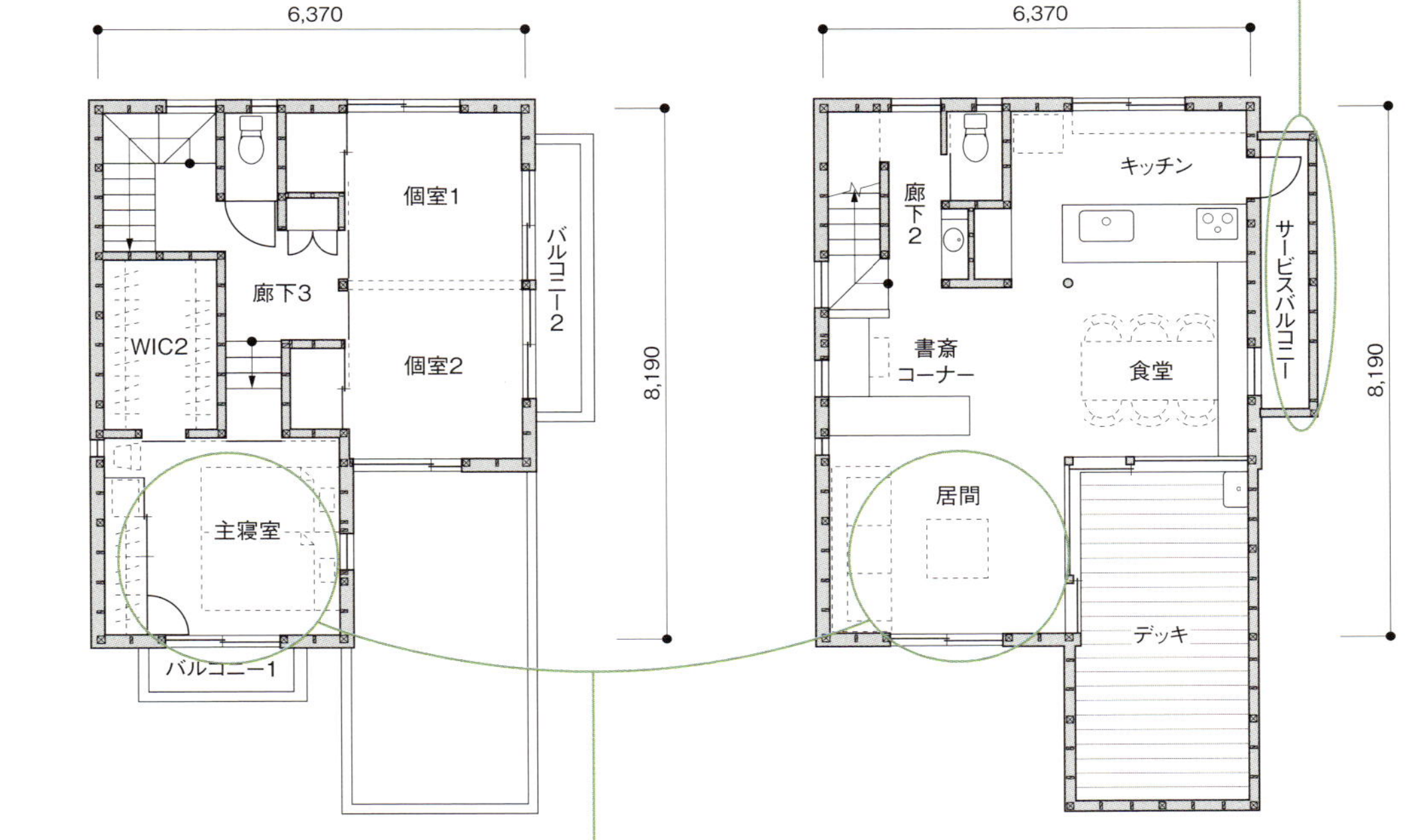

3F

2F

地形の高低差を活用して地下を設けた3層の住宅では、北側斜線や道路斜線の関係もあって、各階階高が低くなり、閉塞的な空間になりやすい。そこで斜線制限を受けない南側の最上層（寝室）を1mほど高く設定し、居間部分の天井高を確保して閉塞感を軽減している

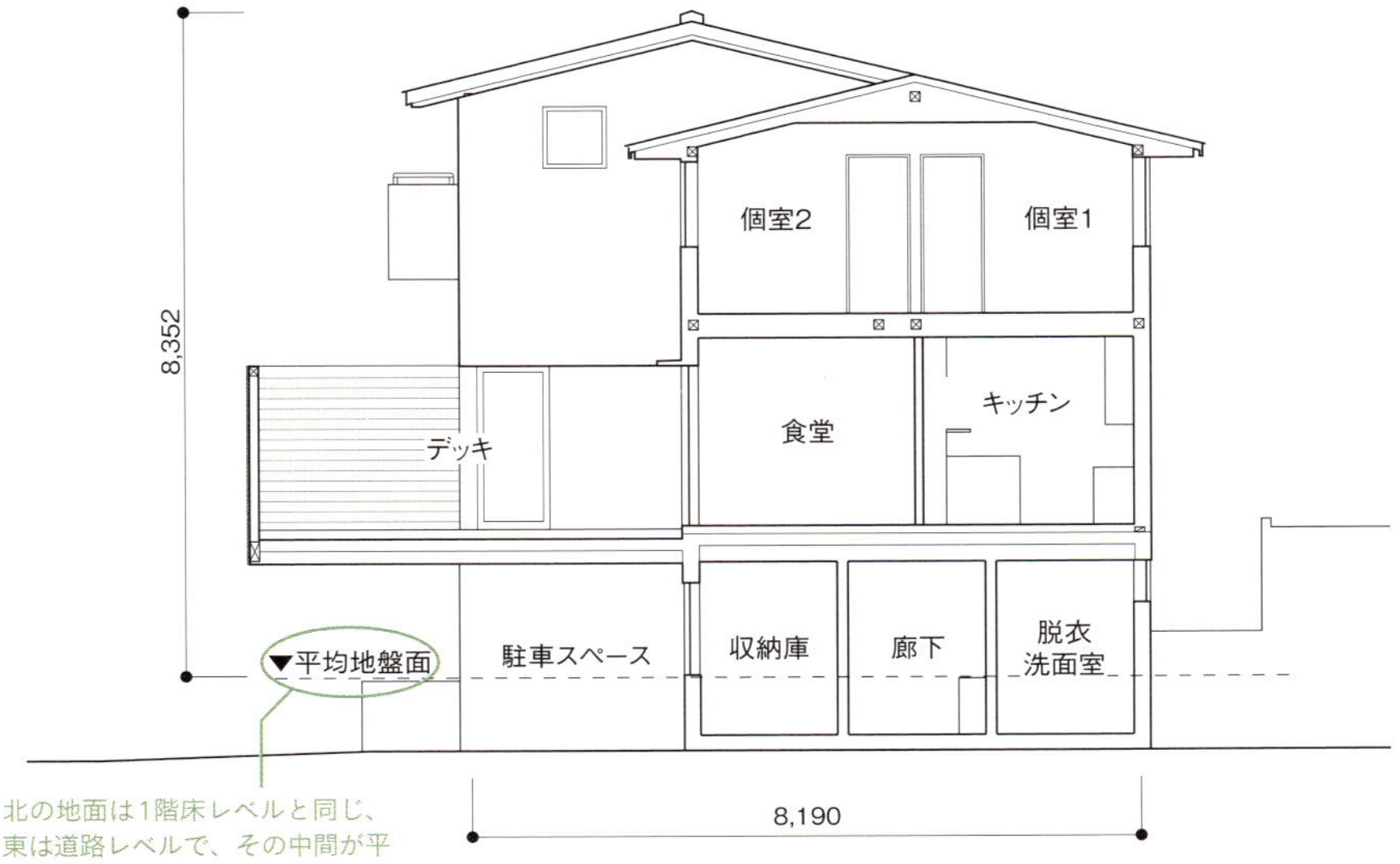

西と北の地面は1階床レベルと同じ、南と東は道路レベルで、その中間が平均地盤面となる。そのレベルより天井高のある割合以上が地下にあれば、地下室とみなされる。容積率が緩和され、3層の住宅も可能となる

断面図
（S＝1：150）

Q 41

敷地内の複雑な高低差を生かす建て方とは？

A 高低差に素直に建てて、庭と屋上を魅力的にする

キッチンから食堂方向を見る

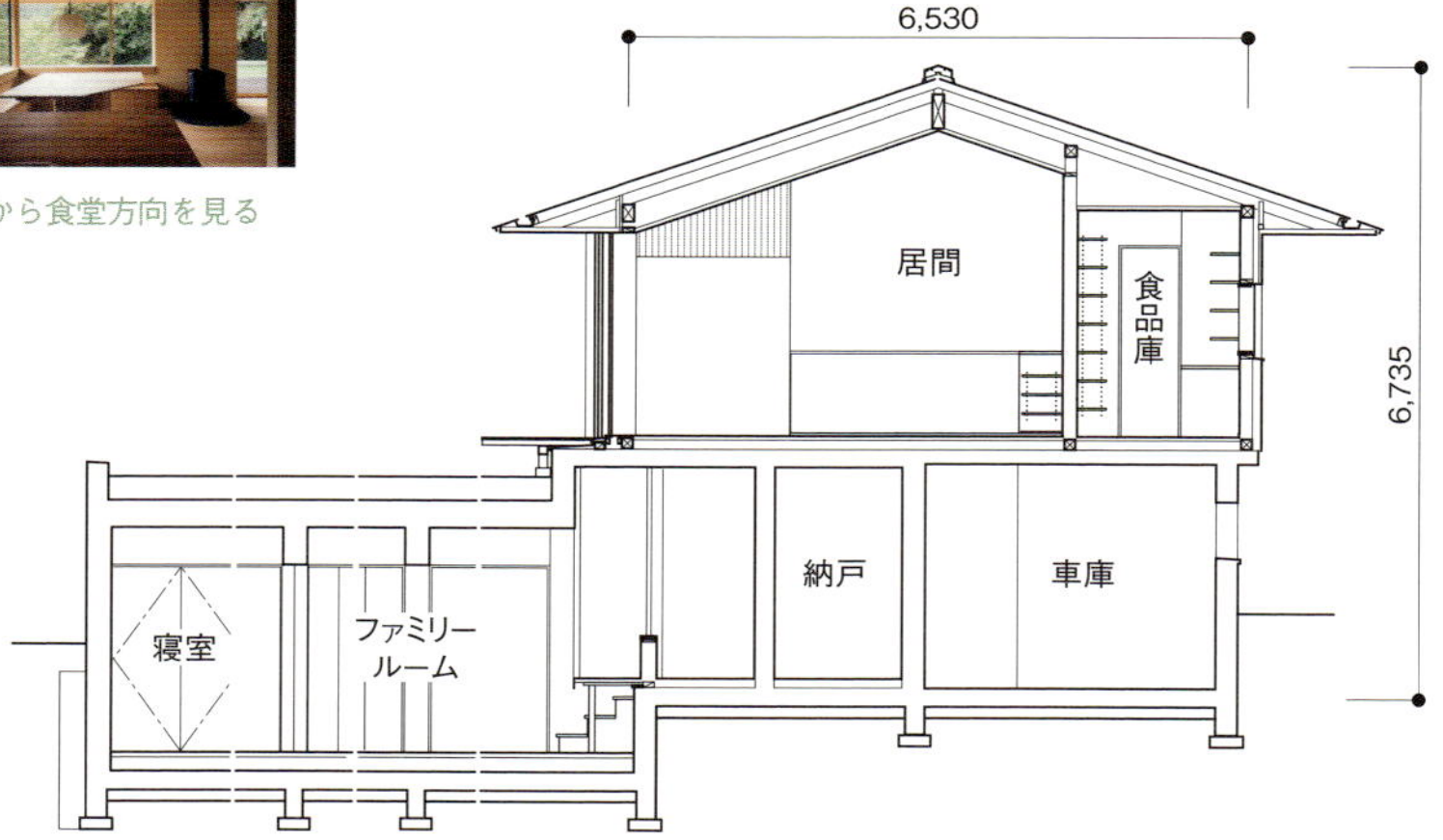

A-A'断面

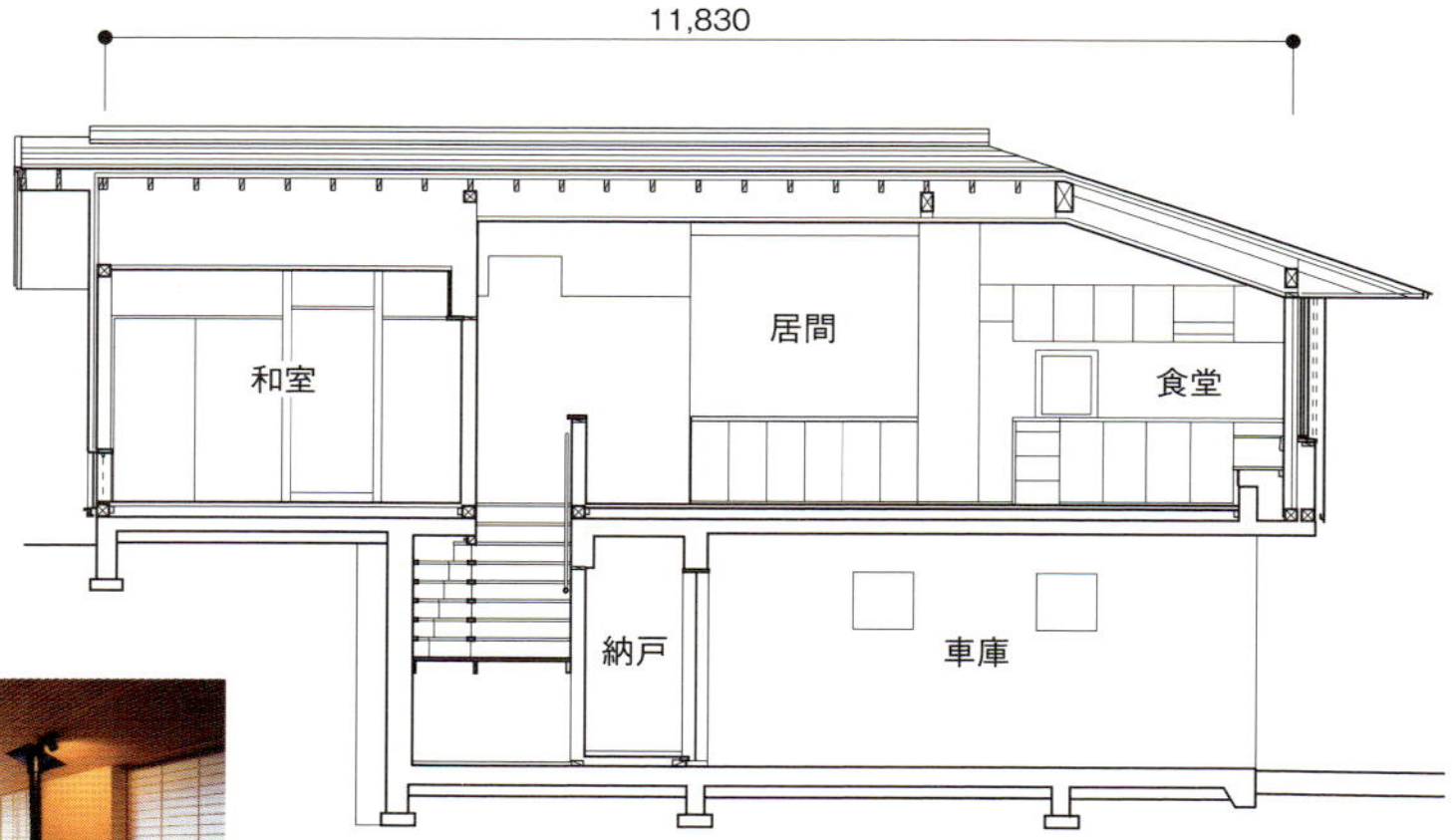

B-B'断面

断面図
(S＝1：150)

すべての開口部が引き込める居間・食堂

当該敷地の東は5m低く、西は6m高い崖地で、かつ敷地内に各1m以上の段差を有した4面の地面で構成された土地である。これを単純に造成しようとすると、1m以上の切土か盛り土となり、開発規制に触れる。平らな部分が大きい面に建てると、残る平らな地面は少なく、敷地の広さの割に庭は貧弱なものにしかならない。

そこで1番低い地面に、開口部を東側に有したRC造の寝室と個室を設け、西側半分は地面に埋め込まれた地下室とし、半階上がった道路と同レベルの中段の地面に車庫と玄関を設け、ここもRC造で1階とする。

その上の2階を木造のLDKとし、床を高い地面に平屋のように建てた和室の床レベルと合わせる。かつ高い地面に残された南側の庭のレベルと、土を載せて芝を植えた地下室の屋上庭園のレベルとを合わせることで広い庭を構成する。その合算した庭をメインの庭とし、居間の開口部を木製両引き分け戸として南側の庭に開放できる居間にする。食堂の開口部は

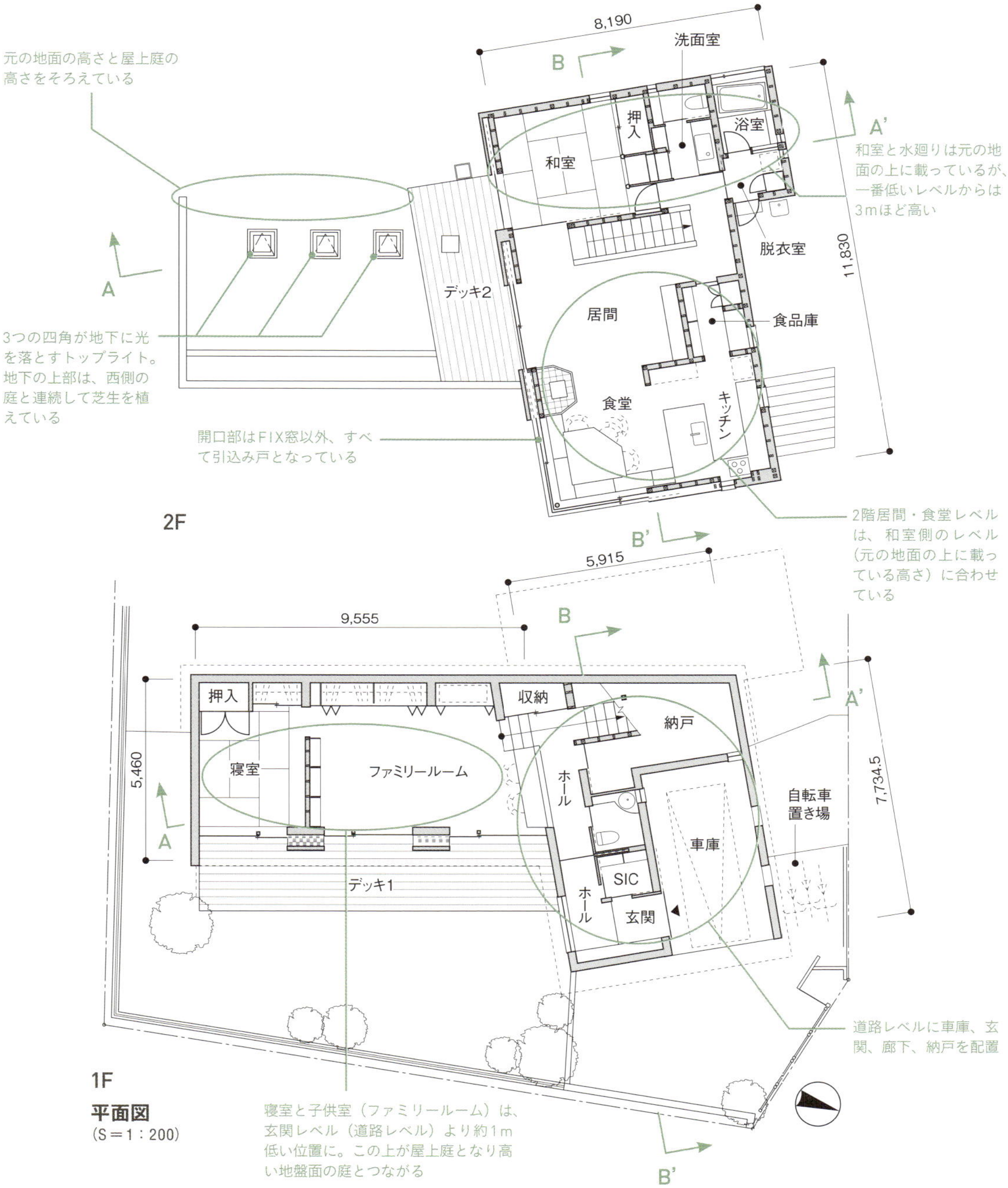
8,190
洗面室
B
押入
浴室
A'
和室
元の地面の高さと屋上庭の高さをそろえている
和室と水廻りは元の地面の上に載っているが、一番低いレベルからは3mほど高い
A
脱衣室
11,830
デッキ2
居間
食品庫
3つの四角が地下に光を落とすトップライト。地下の上部は、西側の庭と連続して芝生を植えている
食堂
キッチン
開口部はFIX窓以外、すべて引込み戸となっている
2F
2階居間・食堂レベルは、和室側のレベル（元の地面の上に載っている高さ）に合わせている
B'
5,915
9,555
B
押入
収納
納戸
A'
5,460
寝室
ファミリールーム
ホール
7,734.5
自転車置き場
A
車庫
デッキ1
SIC
ホール
玄関
道路レベルに車庫、玄関、廊下、納戸を配置
1F
寝室と子供室（ファミリールーム）は、玄関レベル（道路レベル）より約1m低い位置に。この上が屋上庭となり高い地盤面の庭とつながる
B'

平面図
（S＝1：200）

平屋にしか見えない庭からの外観。芝庭に並ぶ3つのトップライトが、下に部屋があることをうかがわせる。屋根の樋は隠し樋で、縦樋も戸袋の内側に仕込んで見えないようにしている

谷間（低い東側の崖下）を見下ろせるように、東南の角に、勾配天井で開口部ラインを低くめに抑えた、腰からのフィックスガラス窓と、障子と通風用に北と西に引き込む木製の小窓にしてある。

［仙谷望楼］

Q 42 大きな平屋で内部の隅々に光を行きわたらせるには？

A 坪庭が思いのほか効果的

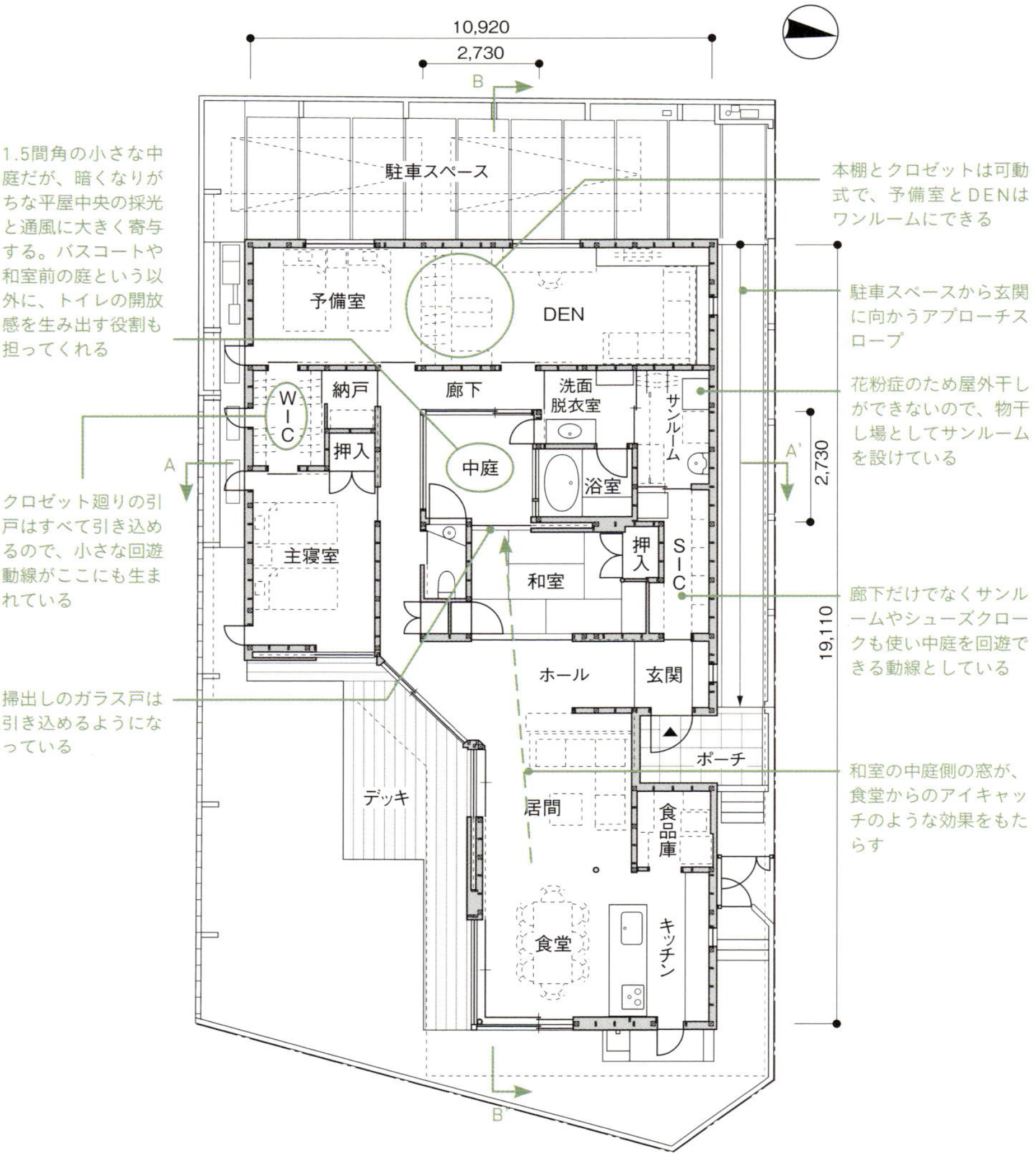

10,920
2,730
B
駐車スペース
予備室
DEN
W・I・C
納戸
廊下
洗面脱衣室
サンルーム
押入
中庭
浴室
主寝室
押入
和室
S・I・C
ホール
玄関
ポーチ
デッキ
居間
食品庫
食堂
キッチン
A
A'
2,730
19,110
B'
1.5間角の小さな中庭だが、暗くなりがちな平屋中央の採光と通風に大きく寄与する。バスコートや和室前の庭という以外に、トイレの開放感を生み出す役割も担ってくれる
クロゼット廻りの引戸はすべて引き込めるので、小さな回遊動線がここにも生まれている
掃出しのガラス戸は引き込めるようになっている
本棚とクロゼットは可動式で、予備室とDENはワンルームにできる
駐車スペースから玄関に向かうアプローチスロープ
花粉症のため屋外干しができないので、物干し場としてサンルームを設けている
廊下だけでなくサンルームやシューズクロークも使い中庭を回遊できる動線としている
和室の中庭側の窓が、食堂からのアイキャッチのような効果をもたらす

平面図
(S＝1：200)

平屋の住宅を計画する場合、床面積を広く取ろうとすると、外壁から遠ざかる部屋が生じて、暗い部屋ができてしまう。何とか光を採ろうとするとトップライトで採るしかないが、トップライトは夏の熱射への対応が必要になる。

そんなとき、1.5間角程度の坪庭が想像以上の効果を発揮する。平屋住宅の坪庭は、そこに面するのが廊下なら広く見せ、洗面脱衣所やトイレであれば風や光を供給し、浴室ならバスコートにもなる。和室の庭としても十分機能し、そこの引込み窓や障子は、和室の向こうの居間からの遠窓の庭としてのアイキャッチになり、隠し味的効果も期待できる。

ただし、集中豪雨用の排水処理が必要となり、軒を大きく出せないことによる外壁汚れ対策と、近隣住宅からの視線をさえぎるための処置も忘れてはならない。たとえば庇の勾配を逆にし、先端の水の切れを考えた形態にするなど、状況に合わせた処理が必要となる。

「多摩の家」

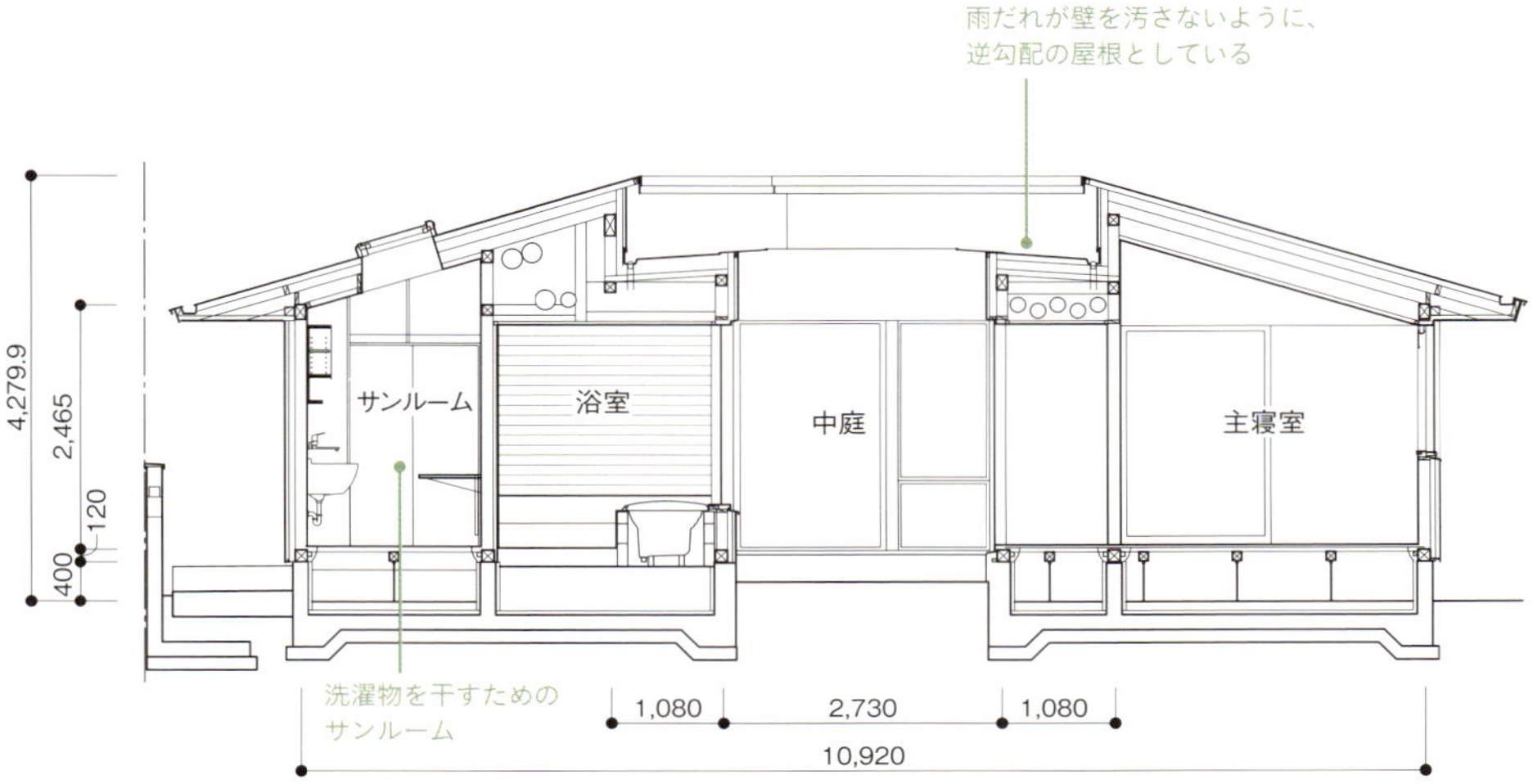
雨だれが壁を汚さないように、
逆勾配の屋根としている
4,279.9
2,465
120
400
サンルーム
浴室
中庭
主寝室
洗濯物を干すための
サンルーム
1,080
2,730
1,080
10,920

A-A'断面図
(S＝1：120)

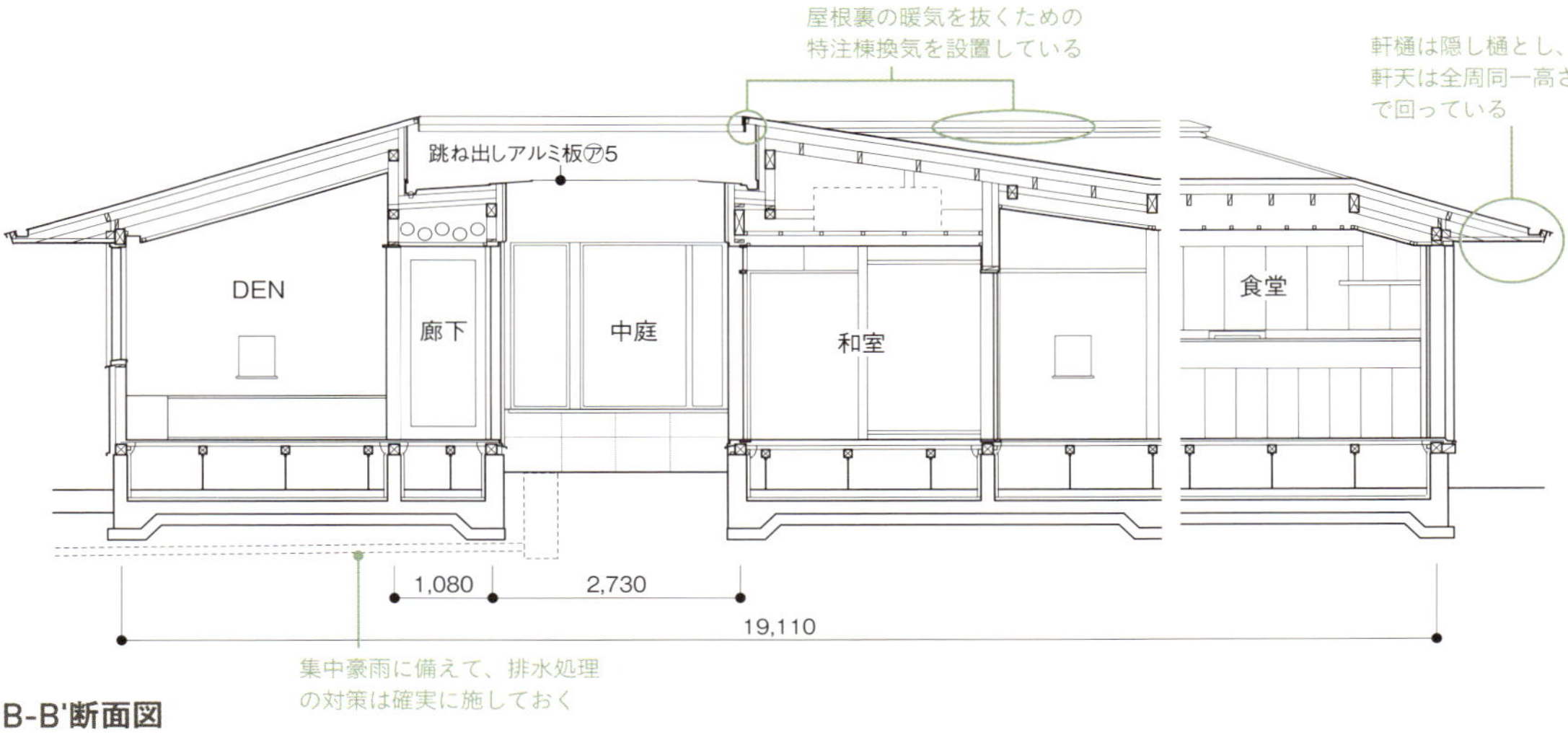
屋根裏の暖気を抜くための
特注棟換気を設置している
軒樋は隠し樋とし、
軒天は全周同一高さ
で回っている
跳ね出しアルミ板㋐5
DEN
廊下
中庭
和室
食堂
1,080
2,730
19,110
集中豪雨に備えて、排水処理
の対策は確実に施しておく

B-B'断面図
(S＝1：120)

廊下から中庭越しに和室方向を見る

居間側から和室越しに坪庭を望む。和室の襖を開けておくと、食卓からのアイキャッチにもなる。框戸は引き込み戸で、障子も欄間と出入り部分を分けており、いろいろな閉じ方・開き方ができる

横並びの2世帯を、それぞれどう特徴づけるか？

A スキップ構成と天井形状で違いをつくる

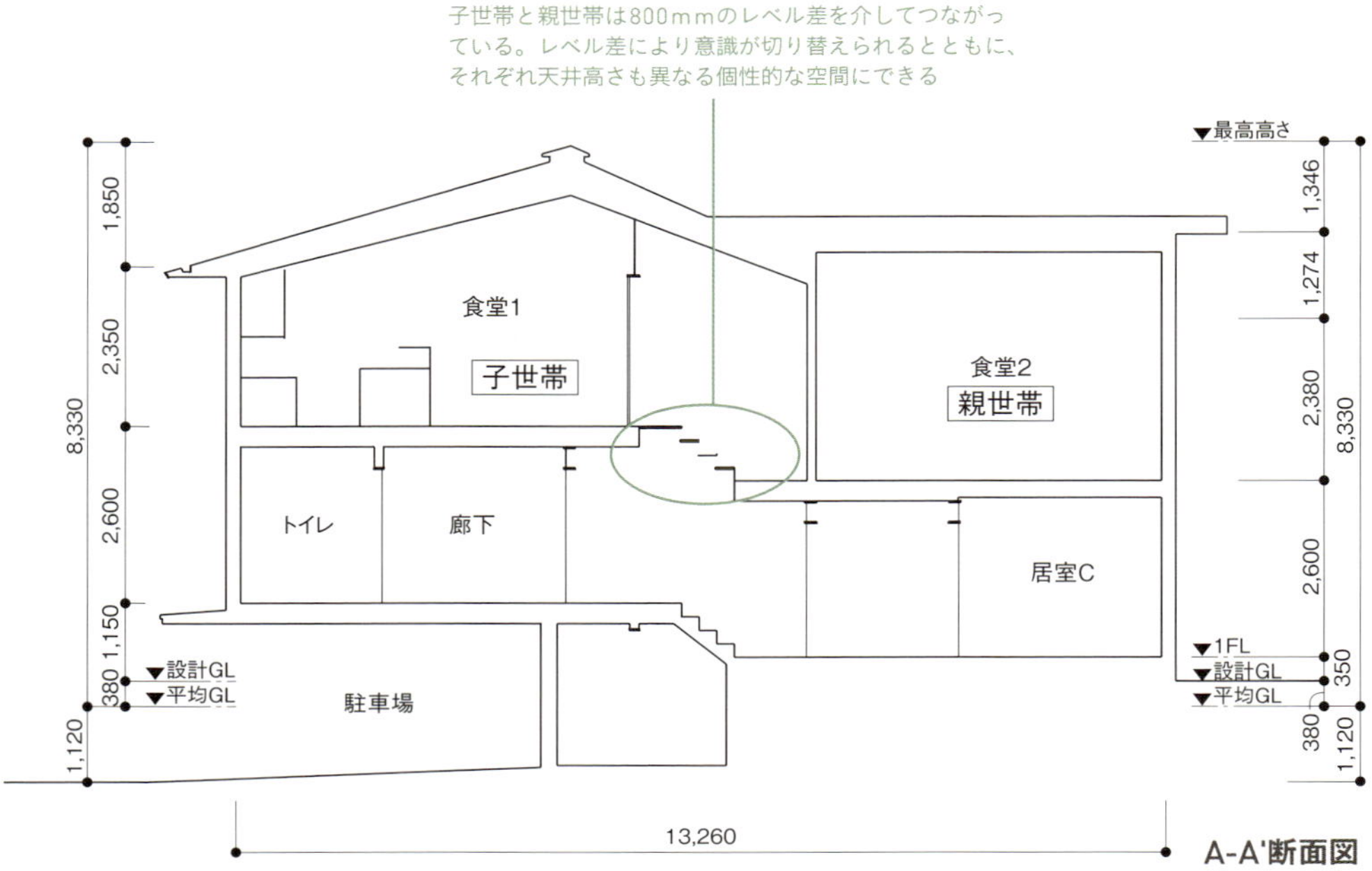
子世帯と親世帯は800mmのレベル差を介してつながっている。レベル差により意識が切り替えられるとともに、それぞれ天井高さも異なる個性的な空間にできる
食堂1
子世帯
食堂2
親世帯
トイレ
廊下
居室C
駐車場
最高高さ
1FL
設計GL
平均GL
1,850
2,350
2,600
1,150
380
1,120
8,330
1,346
1,274
2,380
2,600
350
380
1,120
8,330
13,260

A-A'断面図
(S＝1：150)

親世帯の居間から食堂を望む。天井近くに見える黒いアングルは間接照明

右/道路レベルにあるのは玄関と車庫のみ

この住宅は、敷地が道路より1.5mほど高いレベルにある。玄関と車庫は道路レベルに即して計画しても、高い地盤面に建つ部分と車庫上に載る部分とに半階ほどのレベル差ができる。そのレベル差を階段で吸収させている。

階段で2世帯を分離し、玄関、洗面脱衣、浴室、喫煙室、客室を共用させた、縦割りの2世帯住宅である。

階段は動線の要であることから、その回りに共用の諸室の配置が自然である。階段で半階ずつずれることで、それぞれの居間食堂の天井の高さも異なってきて、おのずと違った個性の空間となる。

将来用のエレベーターも半階ずらして、2方向乗降の可能なもので計画するようにしてある。

「日野の家」

子世帯食堂の階段室扉を開けた状態（上）と閉めた状態（下）

家の中央付近で自然光が届きにくい階段室はトップライトから採光。階段も踏み面のみとして、上からの光を階下まで届けるようにしている
敷地北側は広い道路のため2階では外からのぞかれる心配がなく両世帯とも開放的な窓としている。親世帯では、大きなFIXガラスと換気用の引違い窓、子世帯では大きなガラスの一部を縦すべり出し窓にして通風を図る
13,260
喫煙コーナー（共用）
7,735
食堂1
キッチン1

居室B
居室D
バルコニー1
7,735

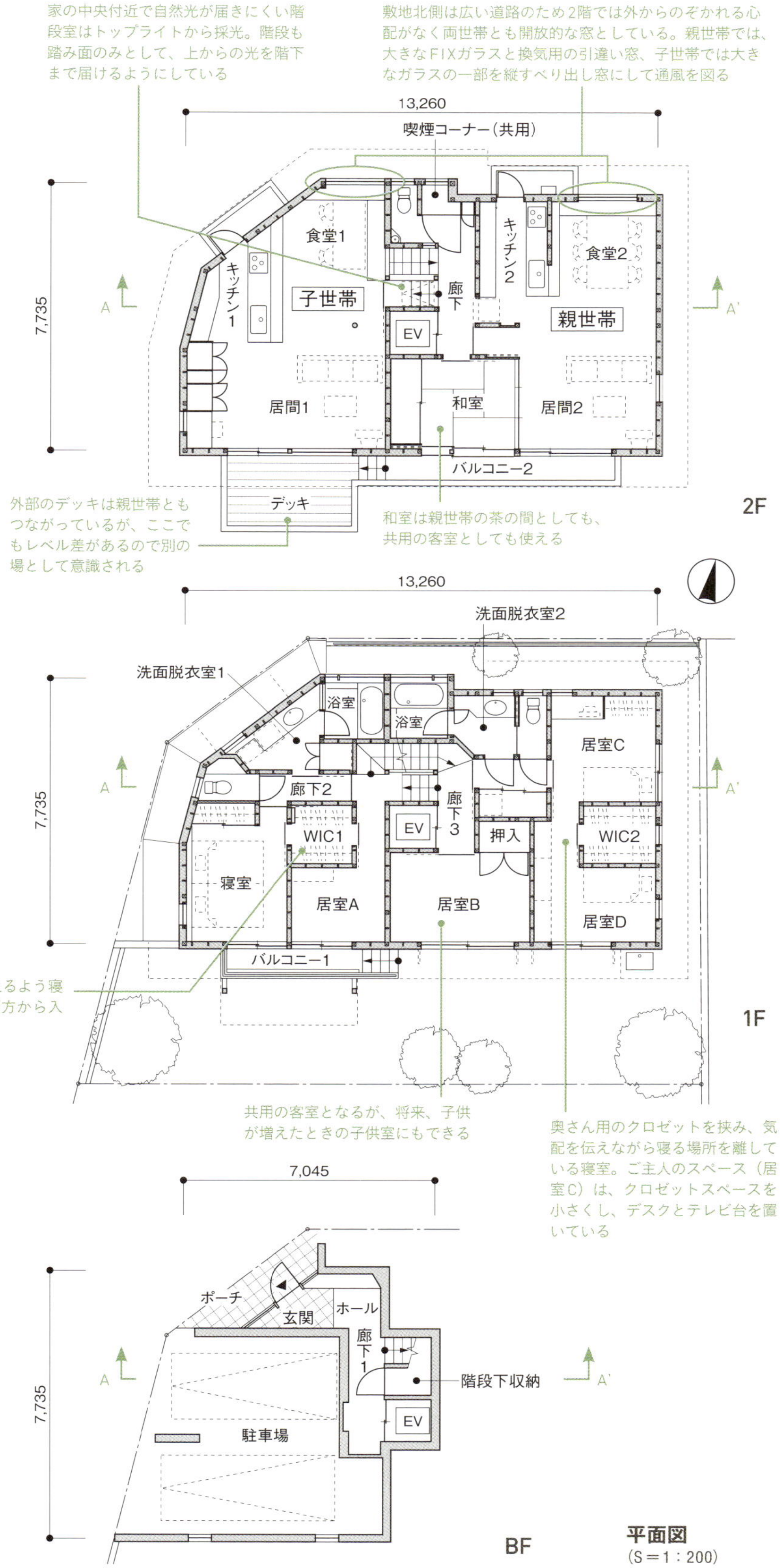
クロゼットは家族で使えるよう寝室・子供室（居室A）両方から入れるようにしている

1F
共用の客室となるが、将来、子供が増えたときの子供室にもできる
奥さん用のクロゼットを挟み、気配を伝えながら寝る場所を離している寝室。ご主人のスペース（居室C）は、クロゼットスペースを小さくし、デスクとテレビ台を置いている
7,045
ポーチ
玄関
ホール
廊下1
階段下収納
EV
駐車場
7,735
BF
平面図
（S＝1：200）

北側外観。2世帯住宅であることが、3層と2層に分けられた外観からもわかる

廊下
EV
キッチン2
食堂2
親世帯
和室
居間1
居間2
バルコニー2
デッキ

外部のデッキは親世帯ともつながっているが、ここでもレベル差があるので別の場として意識される
和室は親世帯の茶の間としても、共用の客室としても使える
2F
13,260
洗面脱衣室2
洗面脱衣室1
浴室
浴室
居室C
廊下2
廊下3
EV
押入
WIC1
WIC2

2階の子世帯居間。勾配天井の変化のある空間になっている

Q 44

老夫婦の家に階段は厳禁か？

A 将来への配慮をしつつ、日常的な運動と捉えてもらう

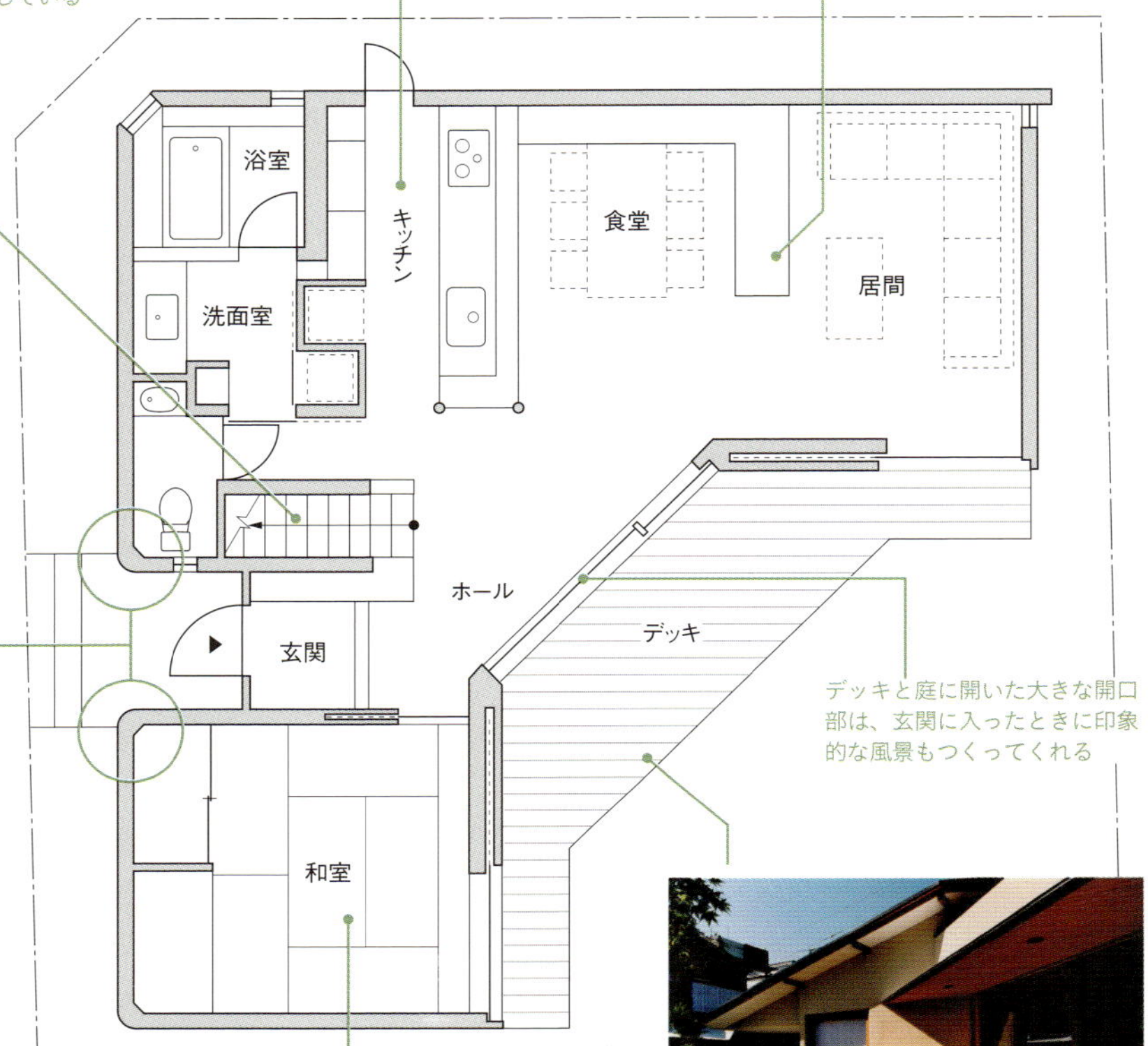

元気なあいだは階段の昇り降りで健康に。階段は、落下防止に備えて回り階段とし、蹴上げ180mm、踏面250mmと少しゆるやかにしている

LDKと水廻りをコンパクトにまとめて、ワンルームのように使える

テレビを格納している地袋収納

デッキと庭に開いた大きな開口部は、玄関に入ったときに印象的な風景もつくってくれる

普段は客室として使える和室は、キッチンから様子がうかがえる寝室にもなる

1F
平面図
(S＝1：120)

大きく面を取ったコーナーの丸壁。道路側にやさしい表情をつくる

大きなデッキは庭とのつながりを密接にする。デッキは、居間からも和室からもホールからも出られるようにしている

平屋建ての住宅は住みやすく使いやすい。しかし小さい家では運動不足となり、足を弱くさせて、かえって老いを早めることにもなりかねない。住人が元気なら、あえて寝室を2階に設け、朝晩や洗濯物干しには階段の上り下りをしてもらうようにする。

2階寝室は、仮に体調を崩して寝ていることが多くなっても、1階の食堂から声が聞こえるよう、吹抜けに通じる小窓を設け、欄間からは1日中陽が入り、光の加減で時刻や気候の変化が感じられるものとする。

ただし、1階にも予備室を兼ねて、キッチンからも様子を伺える和室を1部屋設けて、いつでも寝室に早変わりできるようにする。生活はすべて1階だけでもできるようにし、ほとんどワンルームにする。

「朝霞の家」

寝室は吹抜けと小窓でつながっているので、小窓を開けると1階と気配をつなげることができる

転落防止用の片開きの手すりをつけている

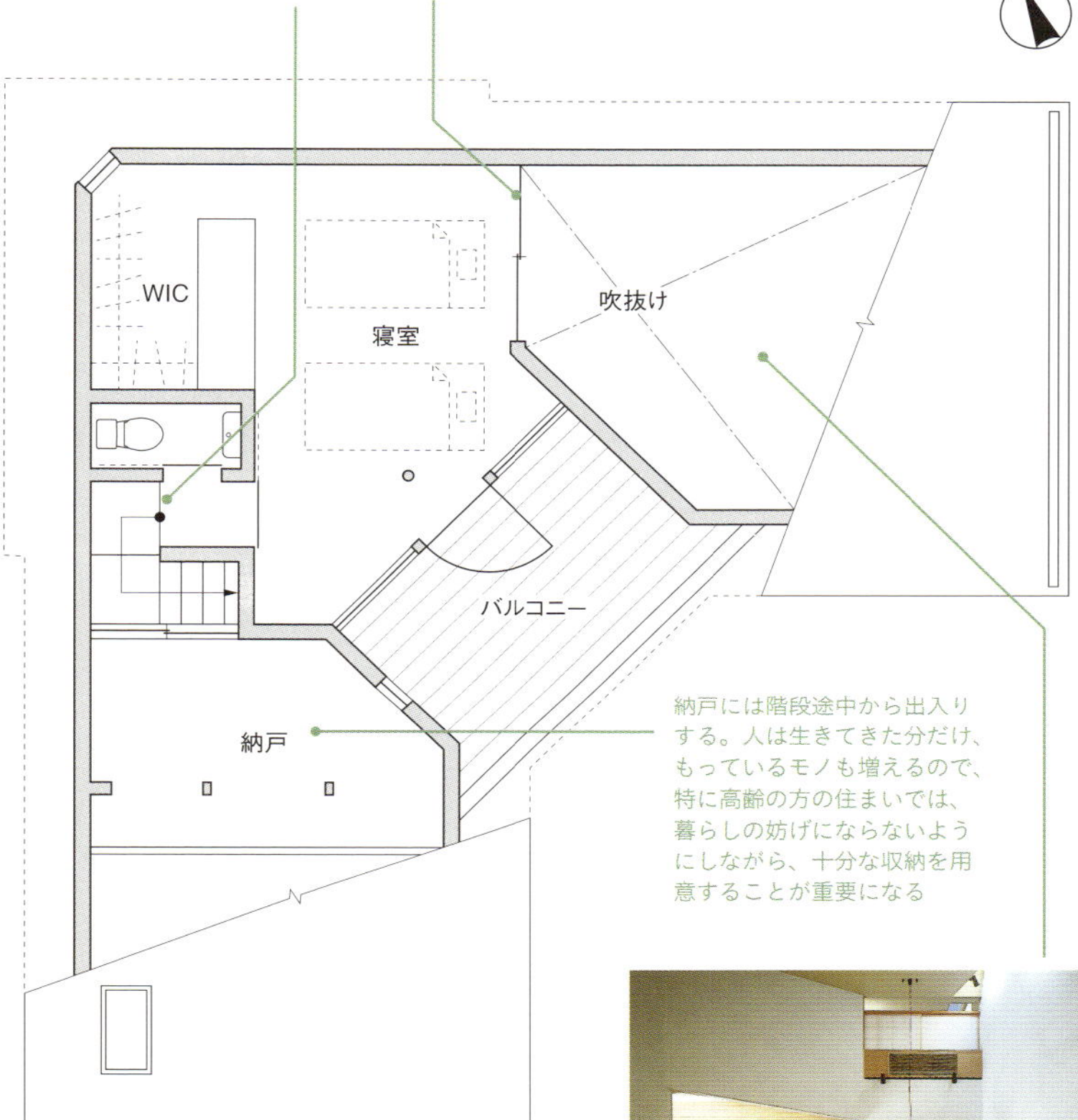

2F

納戸には階段途中から出入りする。人は生きてきた分だけ、もっているモノも増えるので、特に高齢の方の住まいでは、暮らしの妨げにならないようにしながら、十分な収納を用意することが重要になる

跳ね出し屋根の下がカーポート

1階LDKの吹抜けを居間側から見る。正面上部の障子が2階寝室とつながっている。障子は壁に引き込めるようになっている

右/西側外観　左/北側外観。敷地角部分を頂点に下屋が架かるようにした平屋風2階建て。2階欄間からは朝から夕方まで陽射しが射し込む

道路より高い敷地で、バリアフリーは可能か？

A 地下玄関とエレベーターで実現させる

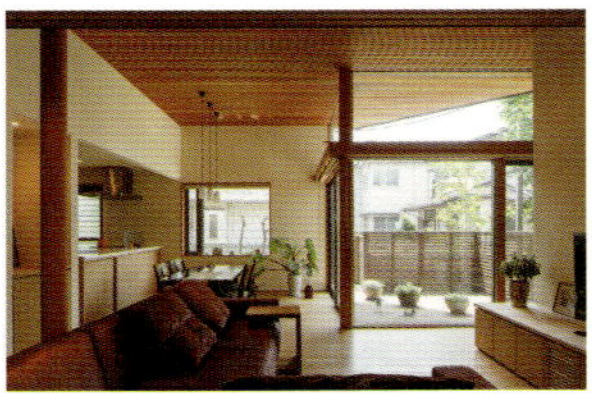

部分的に天井の高い食堂とデッキを見る

食堂から居間方向を見る。天井の変化がわかる。右が和室

階段口から居間・食堂・キッチンを見る。キッチン上の壁が、床の段差を支える大梁となっている

キッチンから居間とテラス1を見る。天井の変化が見て取れる。テレビの向こう側が階段

道路側外観。玄関ポーチ、ガレージ上の庭、子供室前のバルコニーと3つの外部空間が重なりあう。入隅角地だが、道路斜線上の道路幅員は4mしか認められなかった

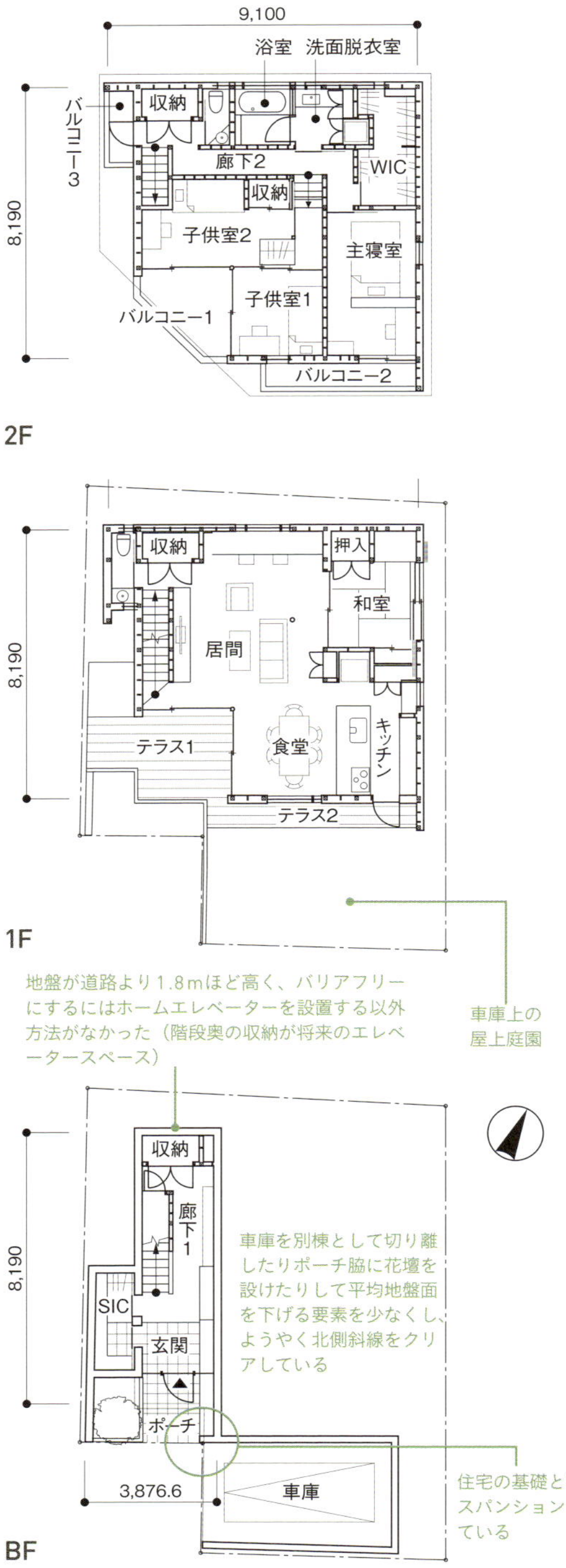
住宅の基礎と車庫はエキスパンションで縁を切っている

平面図
（S＝1：250）

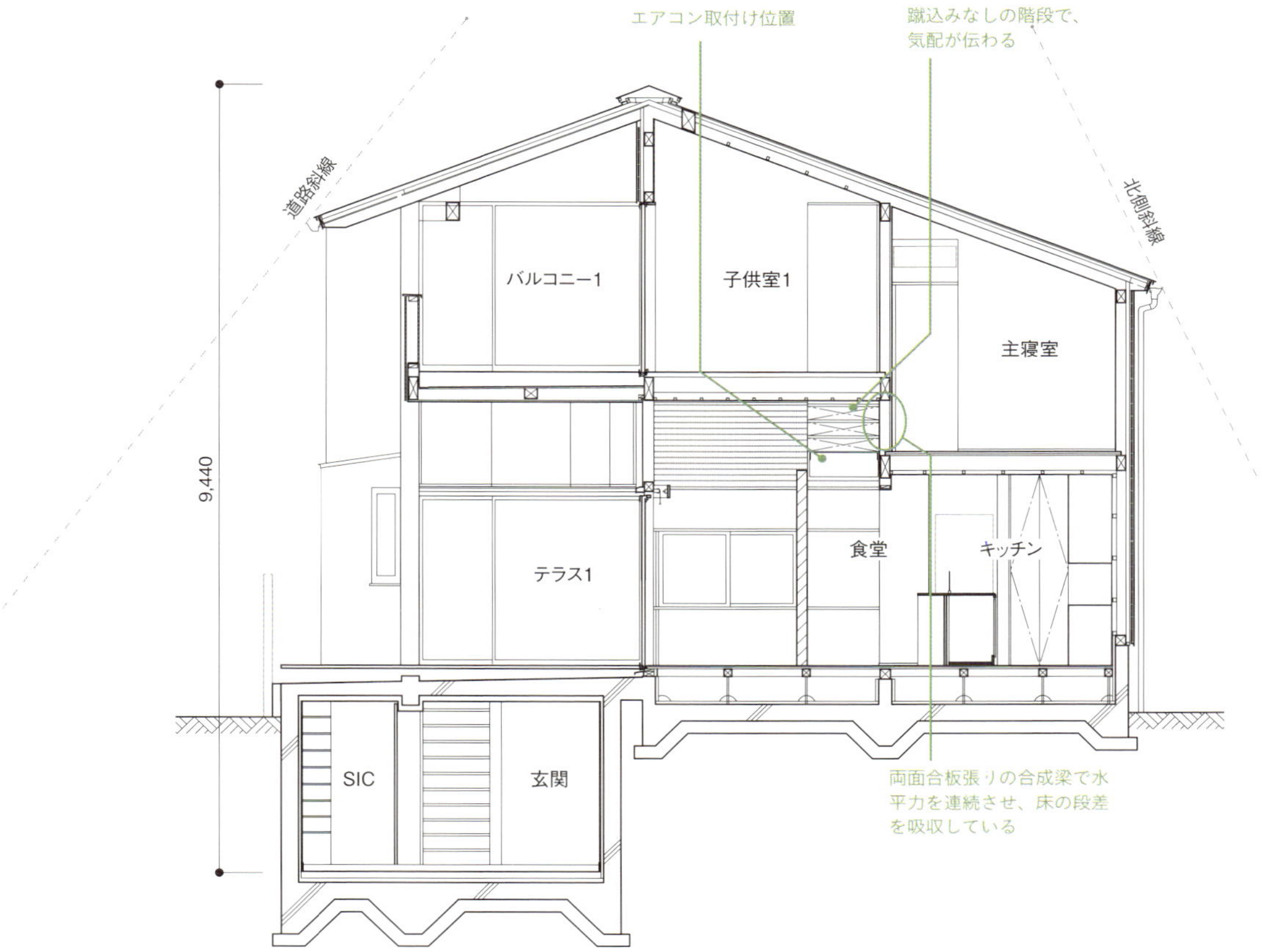

矩計図
(S＝1：100)

道路より敷地が1層分高い場合、道路斜線で不利にはたらく。また外階段ではバリアフリーにならない。地下入り玄関で、必要になったらホームエレベーターを導入することで対応するしかない。地下入り玄関は、玄関の壁面分、平均GLを下げることになり、北側斜線で不利になる。

この事例は敷地に余裕がなく、2種類の斜線規制を避けられるほど後退スペースはない。車庫を設けるとほとんど庭スペースが残らない。地下車庫と住宅を一体化すると車庫の入り口の壁面分が平均GLを下げ、北側斜線で不利になるので別棟として回避した。

北側と道路の斜線規制をかいくぐる位置に住宅を据え、その範囲で計画するしかない。地下階（1層目）の上に載る2層建てのため、居間食堂を3層目の階にすると、階段を2層分上がらなければならないので、居間食堂は1階（2層目）に設けた。通常の階高の総2階建てでは居間食堂がフラットで単調な天井になる。北側斜線で階高を高くもできない。吹抜けをつくるほど建ぺい率に余裕もない。そこで、道路斜線に触れないすれすれで、2つの子供室のみ80cmほど床を高くし、居間の天井をその分高くすることで空間に変化を生み出している。

また、車庫の屋上は緑化して庭としている。道路斜線の回避もあり、4.5畳ほどの屋外デッキスペースを道路方向に開放するように設け、居間と食堂でL型に囲んでいる。子供室も同じL型に配し、2室でバルコニーを共有している。結果、玄関ポーチ、屋外デッキ、子供室バルコニーと、縦に屋外空間が3層に重なることになり、オーソドックスに構成するものとは違う表情が生まれている。

「善福寺の家」

居間の後ろには、ごろんと横になれる和室がある

Q 46

厳しい斜線制限を活用する方法とは？

A 屋根壁一体の円弧で空間を包む

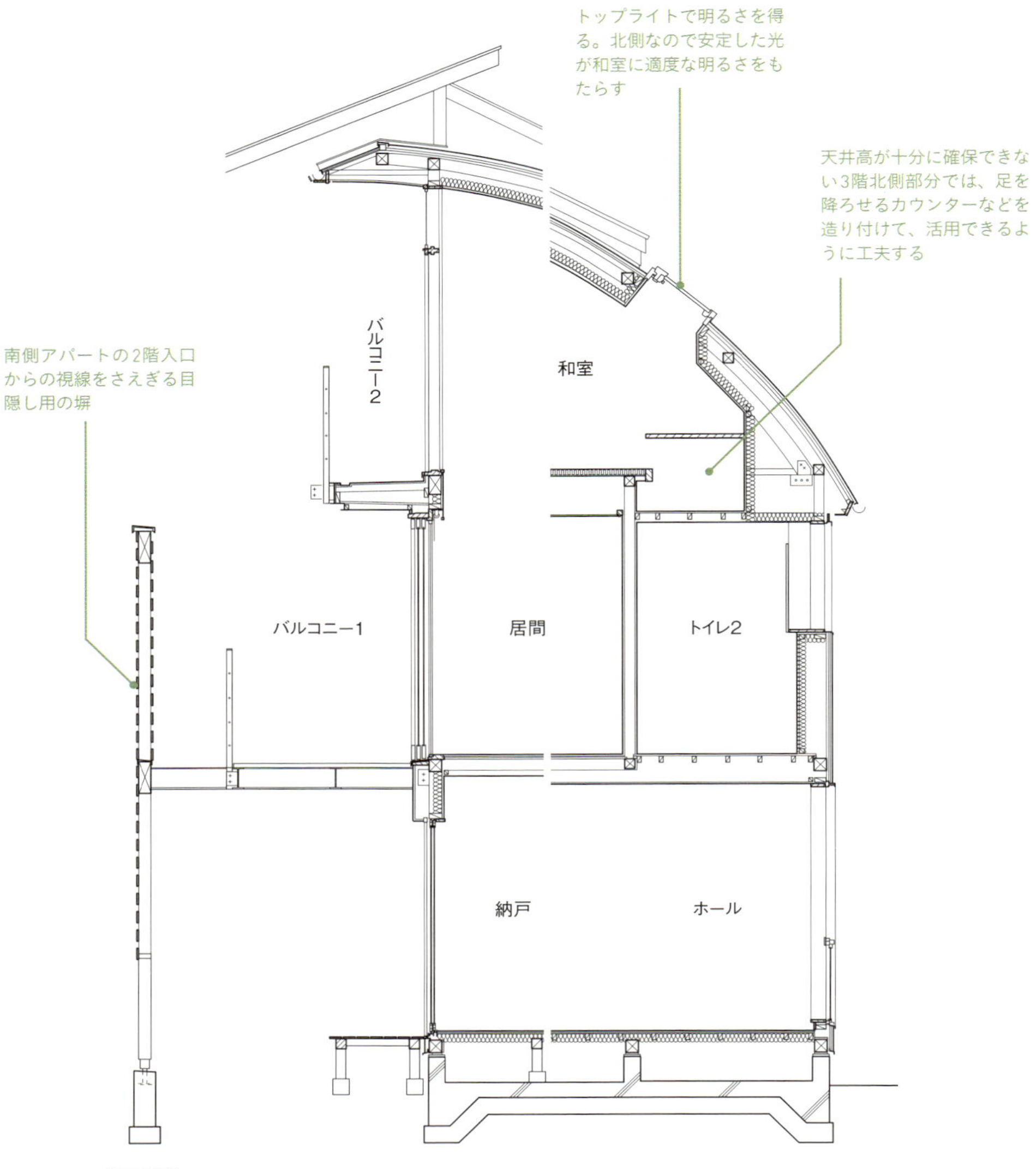

トップライトで明るさを得る。北側なので安定した光が和室に適度な明るさをもたらす
天井高が十分に確保できない3階北側部分では、足を降ろせるカウンターなどを造り付けて、活用できるように工夫する
南側アパートの2階入口からの視線をさえぎる目隠し用の塀
バルコニー2
和室
バルコニー1
居間
トイレ2
納戸
ホール

矩計図
（S＝1：75）

北側斜線規制のある地域で3階建てを計画する場合、敷地の北側に余裕がないかぎり、3階の北側部分に部屋はつくれない。屋根を通常勾配で架けると、軒先が規制に触れるため、屋根全体を下げる必要があるためだ。

そこで勾配屋根を円弧状にする。屋根は、北側斜線に沿って急勾配になり、3階の部屋の天井高を確保できるあたりから緩やかな勾配にすると、自然と円弧状の屋根になる。その屋根の特性を室内に現すことで、その家の個性とする。居間の一部に吹抜けをつくり、円弧のラインが2階から3階天井まで連続する壁の軌跡として現れるようにするのである。

この事例では、さらに壁と天井の境目をぼかして断面的に大きな円弧を描き、一体の空間としている。仕上げもチャフオールという貝殻の粉末を吹き付ける均一な表情の塗装にしてある。

［西落合の家］

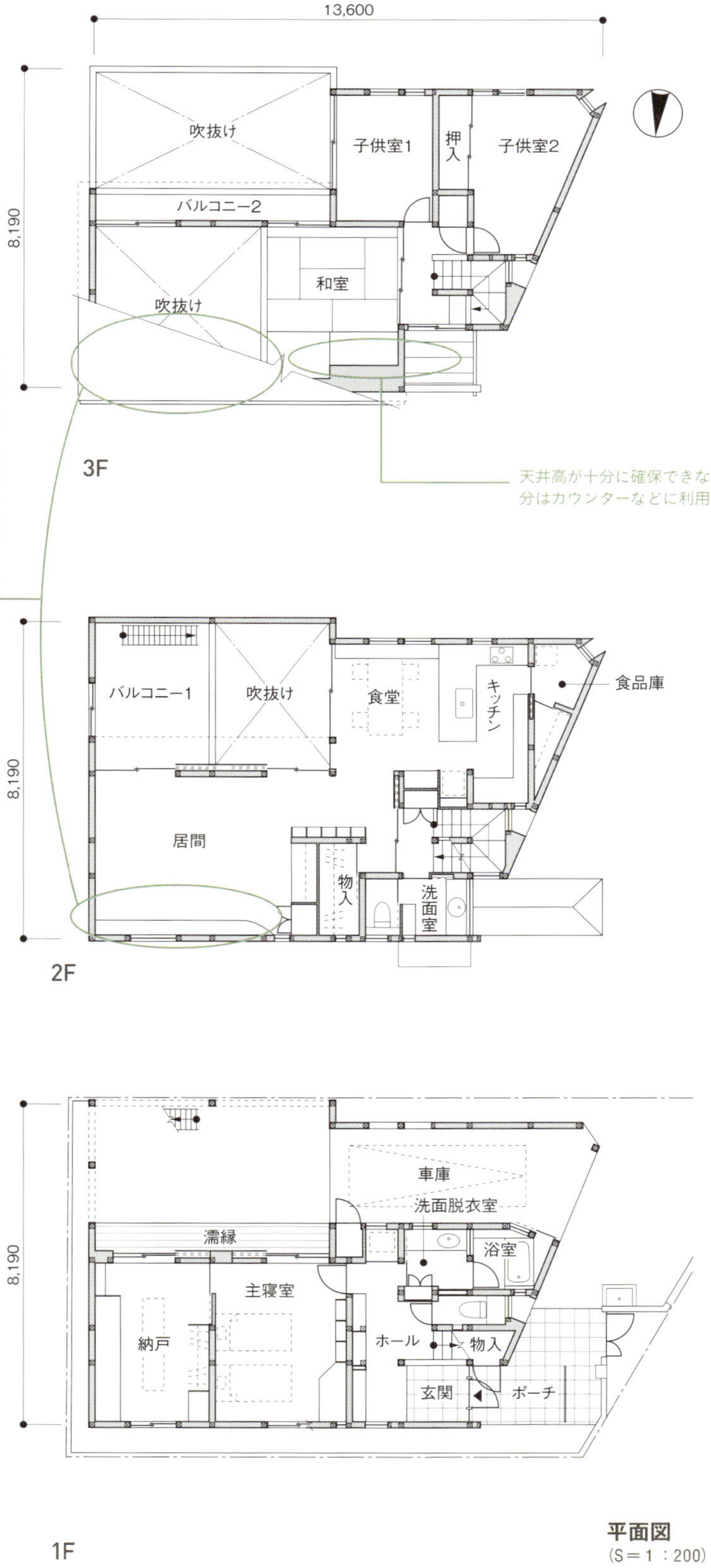

2階から3階に向かう吹抜けでは、壁が円弧状の天井へと境目なくつながり、室内空間の大きな特徴となる

天井高が十分に確保できない部分はカウンターなどに利用する

平面図
(S＝1：200)

2階から3階の壁は、弧を描いて天井に達する

円弧上の壁天井は、3階客室に連続する

西側道路より見る。奥に見える曲面が北側の屋根。しっかり取り付けた雪止めが見える

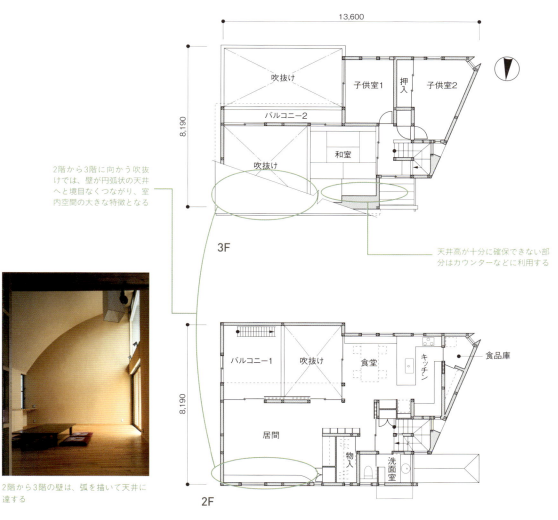

切妻屋根の単調さを克服する工夫はあるか?

A 内部空間とプロポーションから屋根の掛け方を工夫する

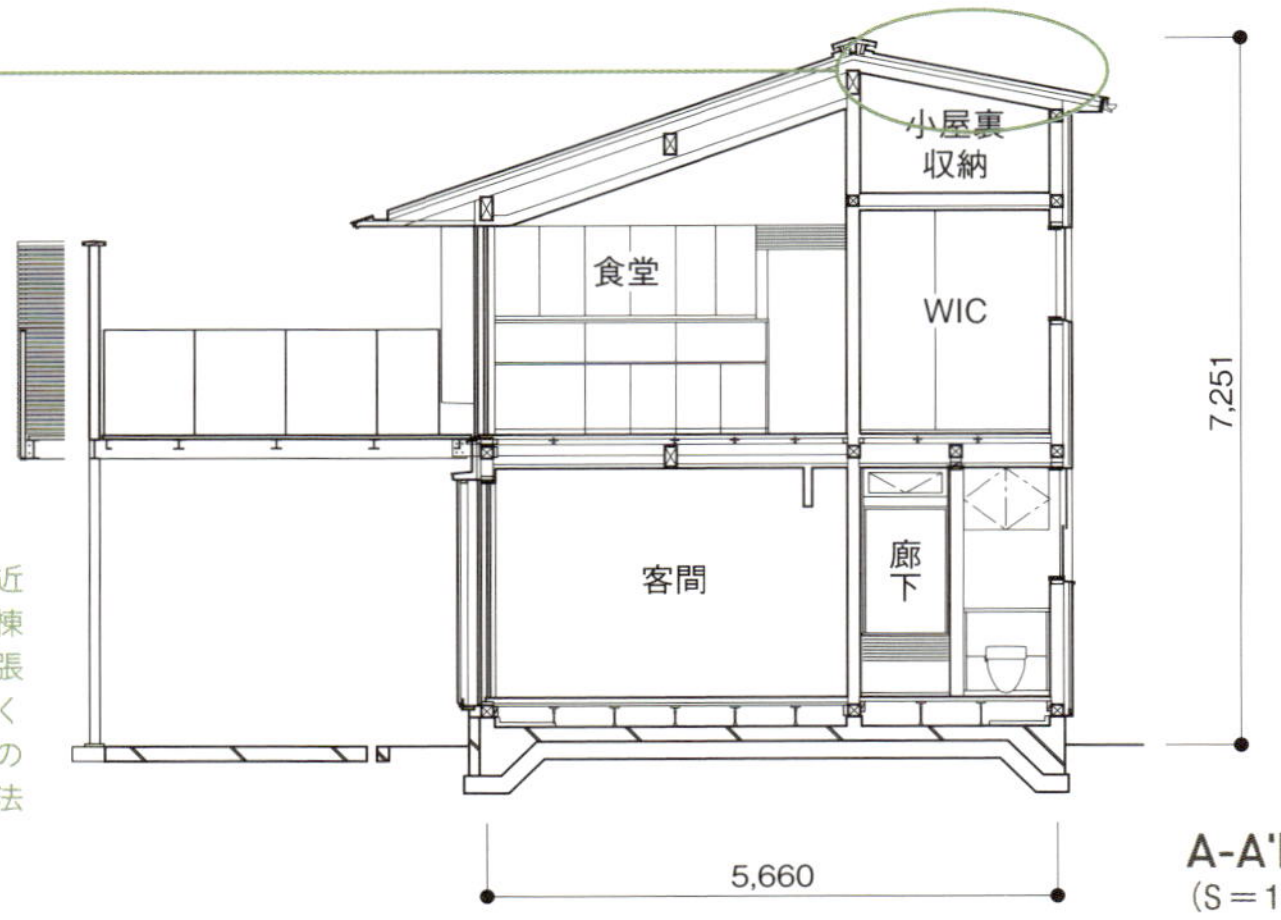

A-A'断面図
(S＝1：150)

北側の屋根がフラットに近い北側斜線屋根のため、棟木の下から水平に天井を張って変化のある空間をつくりだしている。北側斜線のない場所だから使える手法である

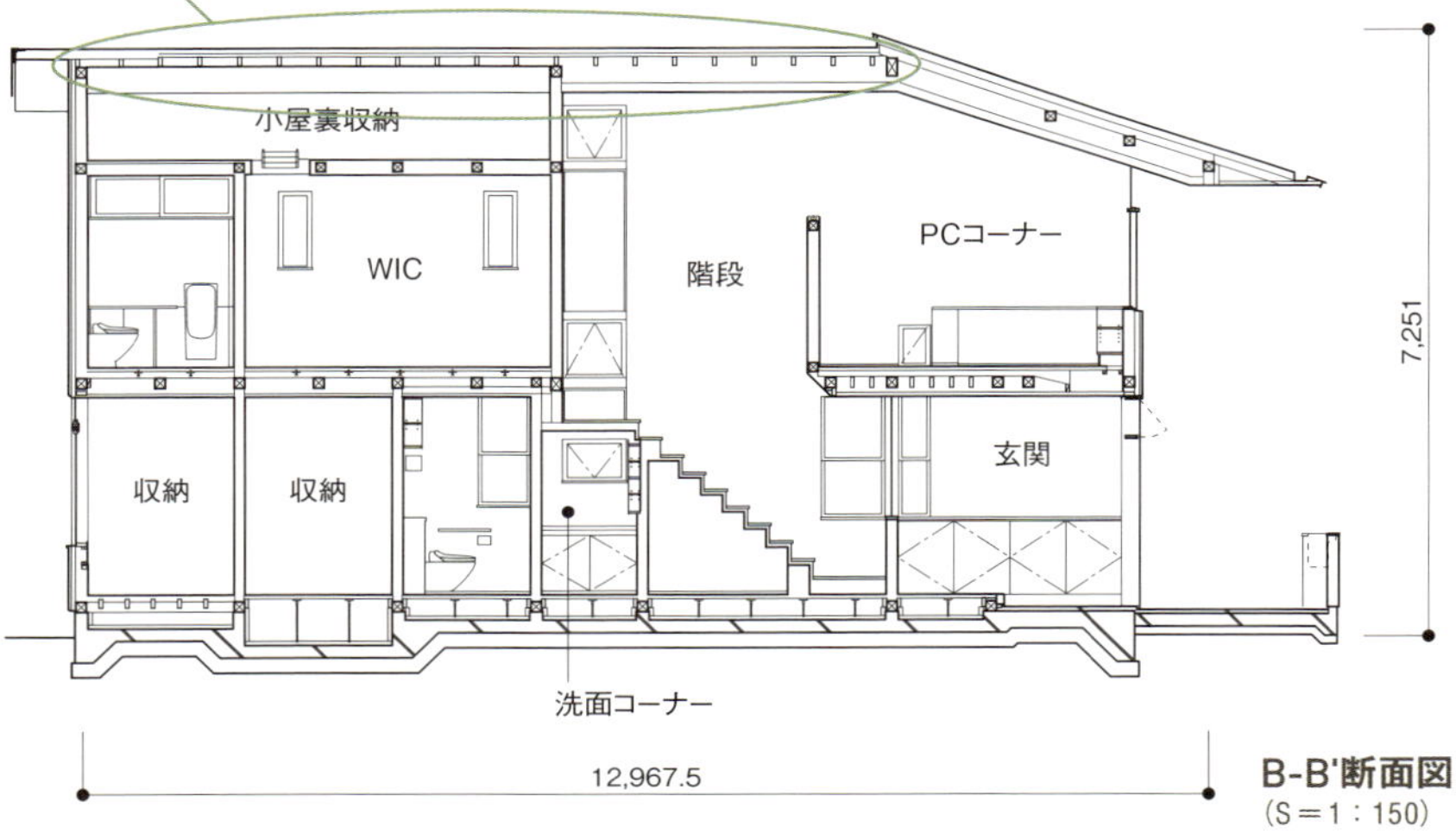

B-B'断面図
(S＝1：150)

片側隅木の天井のため、部分的に天井を高くすることができる

総2階建ての単純な切妻の屋根では、窓を設けた途端、立面がさまにならないことがある。そのときは、寄棟屋根とし、天井をメインの開口部の桁(南)側から勾配なりに上げ、棟も半間から1間ほどずらして、棟からは水平に張って一部天井部分を高くする。

屋根も棟から北側の桁までの部分は、平入り屋根のような処理にする。軒先は同一レベルで妻側にもL型に廻して、寄棟屋根の平入りのようにするのである。

「南浦和の家」

居間・食堂のある2階では、棟より北側の天井を水平に張ってボリュームのある空間としている

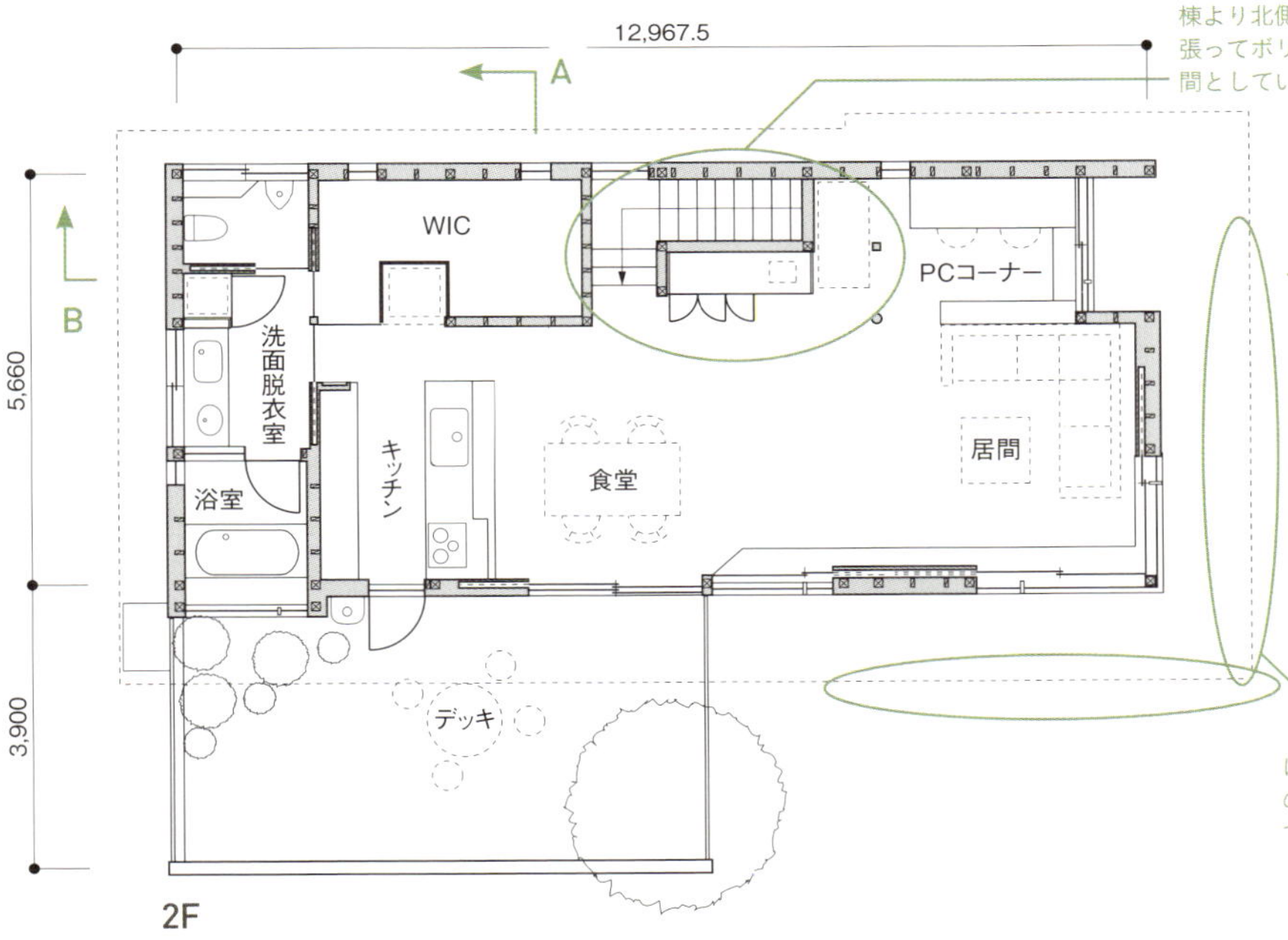

けらばと軒先は水平のほうが建物が整って見える

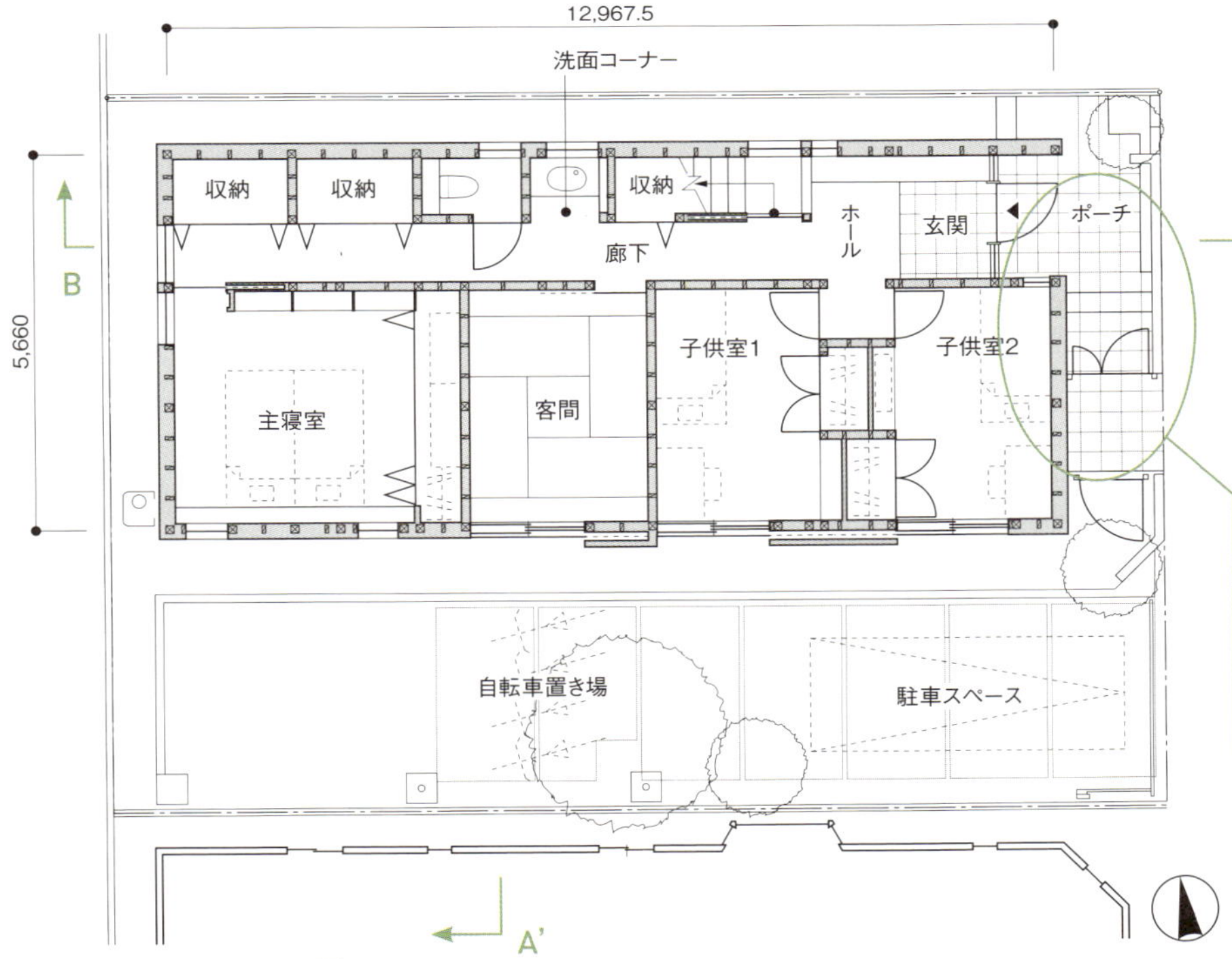

平面図（S＝1：150）

敷地に余裕がないため、門と玄関の位置をずらし、道路から玄関までクランクするようにアプローチをつくってゆとりをつくり出している

右/寄棟屋根のため、平入りの玄関となる
左/北面に勾配屋根があり、完全な寄棟ではないことがわかる

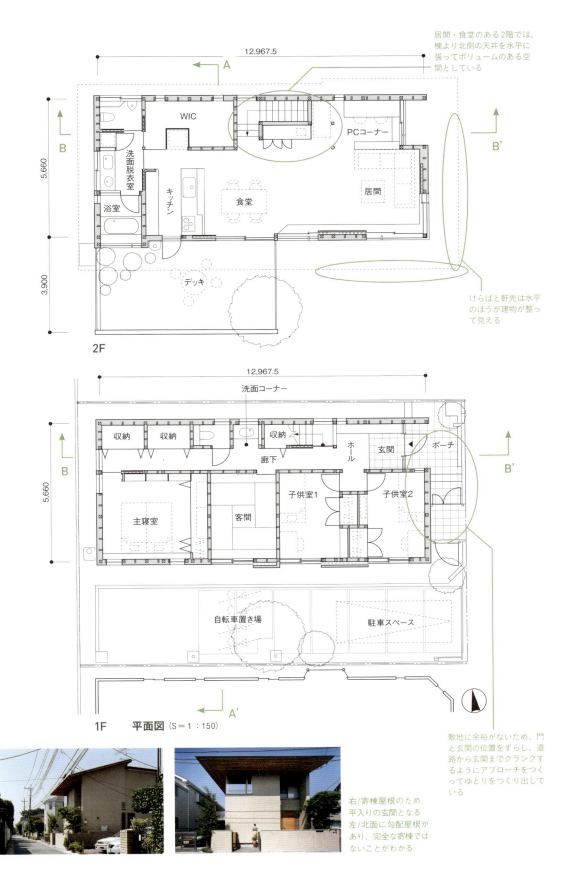

Q 48

北側しか開けていない敷地条件をどう克服するか

A 2方向片流れの屋根として、欄間を活用する

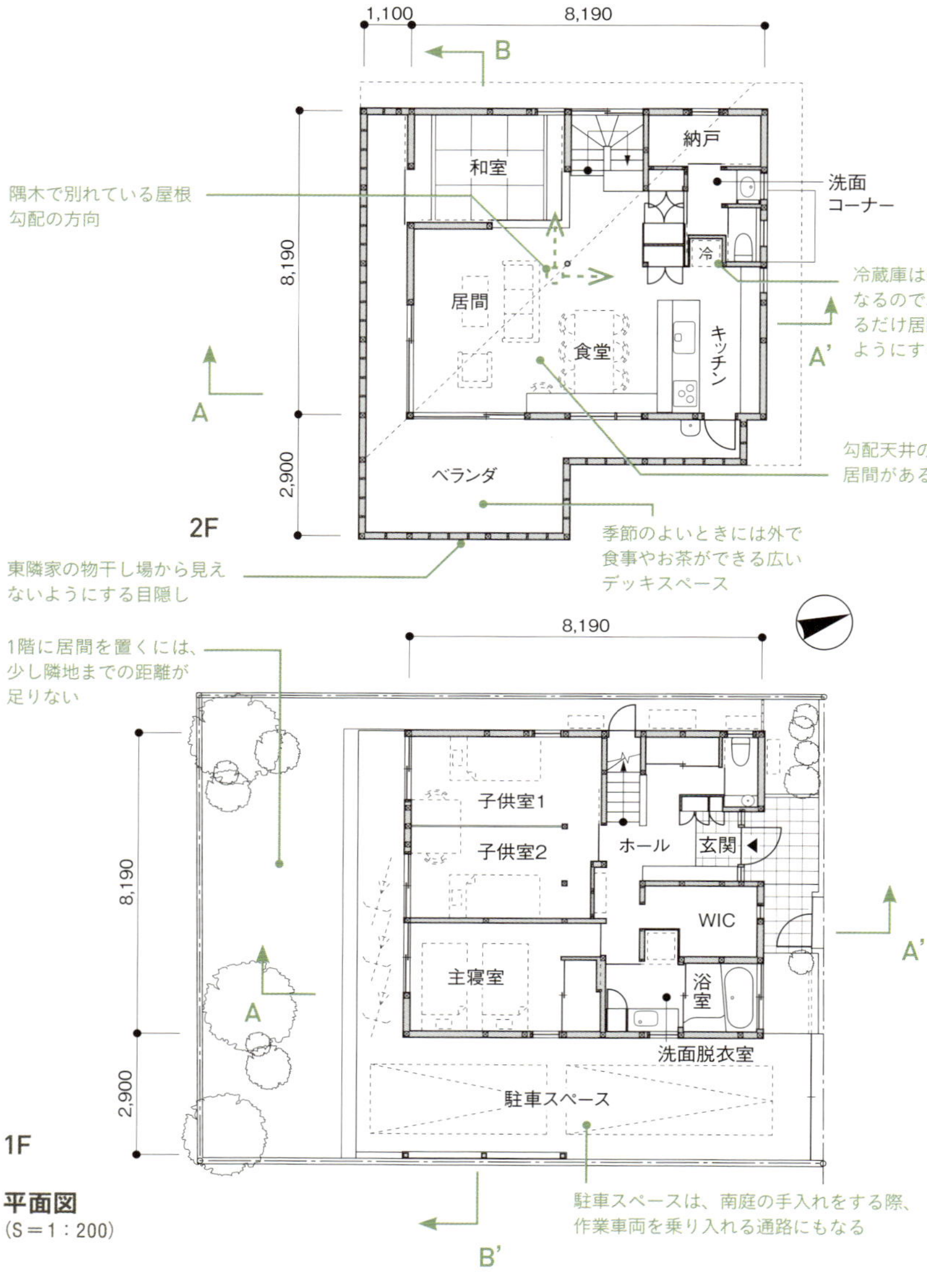
1,100
8,190
B
納戸
和室
洗面
コーナー
隅木で別れている屋根
勾配の方向
8,190
冷
冷蔵庫は生活感が露わになるので、真正面ができるだけ居間から見えないようにする
居間
食堂
キッチン
A
A'
勾配天井の高い部分の下に居間がある
2,900
ベランダ
2F
季節のよいときには外で食事やお茶ができる広いデッキスペース
東隣家の物干し場から見えないようにする目隠し
8,190
1階に居間を置くには、少し隣地までの距離が足りない
子供室1
子供室2
ホール
玄関
8,190
WIC
A'
主寝室
A
浴室
洗面脱衣室
2,900
駐車スペース
1F
駐車スペースは、南庭の手入れをする際、作業車両を乗り入れる通路にもなる
B'

平面図
(S＝1：200)

居間食堂を1、2階のどちらに設けるかは、南隣家の屋根越しに、冬至の陽光が1階居室に入るかどうかで決める。具体的には、厳しい北側斜線規制があるという条件で、南隣家の敷地境界からこちらの1階居室まで、真北方向の距離が7m以上あるか否かで決める。それ以下の場合は2階に居間食堂を設けることが多い。また、2階からの見晴らしがよい場合も2階に設ける。階段の上り下りを心配する場合は、将来を見越してホームエレベーターの設置スペースを設けることを薦めている。

十分でない広さの北入り道路の敷地の場合、南側にも荷運びで回り込めるカーポートスペースを東西どちらかに設けると、住宅の間口が狭くなり、その分、南に張り出し、7mの距離が取れなくなりがちである。1階に居間を設けた場合、隣家と塀で圧迫感が生じる。

2階の居間食堂の場合、2階屋外に食事ができるデッキスペースを設けることを必須としていて、カーポートの上をそれにあてる。また2階に居間食堂を設けると、

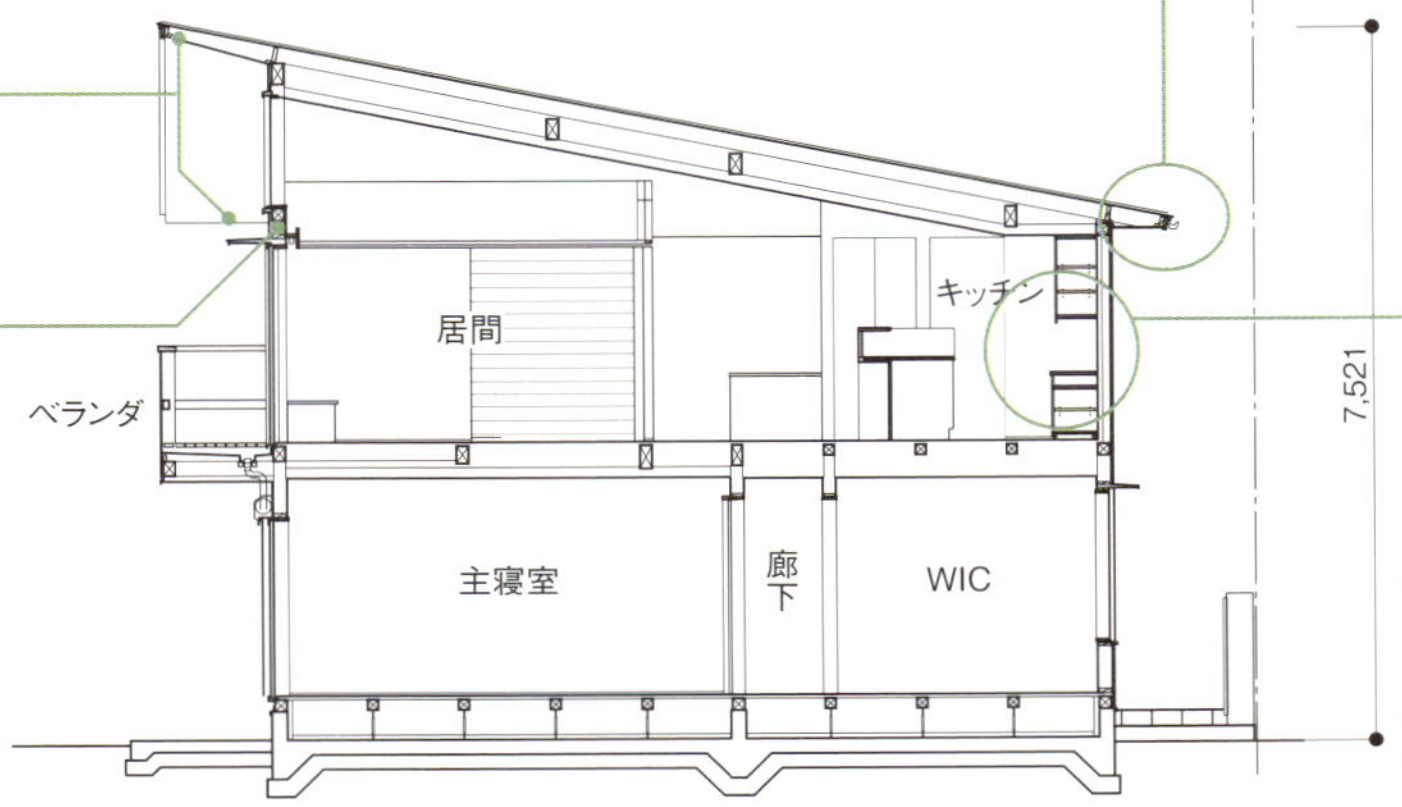
道路側からは軒のラインが水平に見える
夏の陽射し除けの庇は2段に分けている
カーテンボックスには間接照明が仕込まれている
上の吊り戸棚を食器棚として使いやすくするため、下収納の高さは流しカウンターより低い700mmにしている。その上部の空きスペースも高さ500mmを確保し、ポットなどほとんどの器具類を置けるようにしている

A-A'矩計図
(S＝1：150)

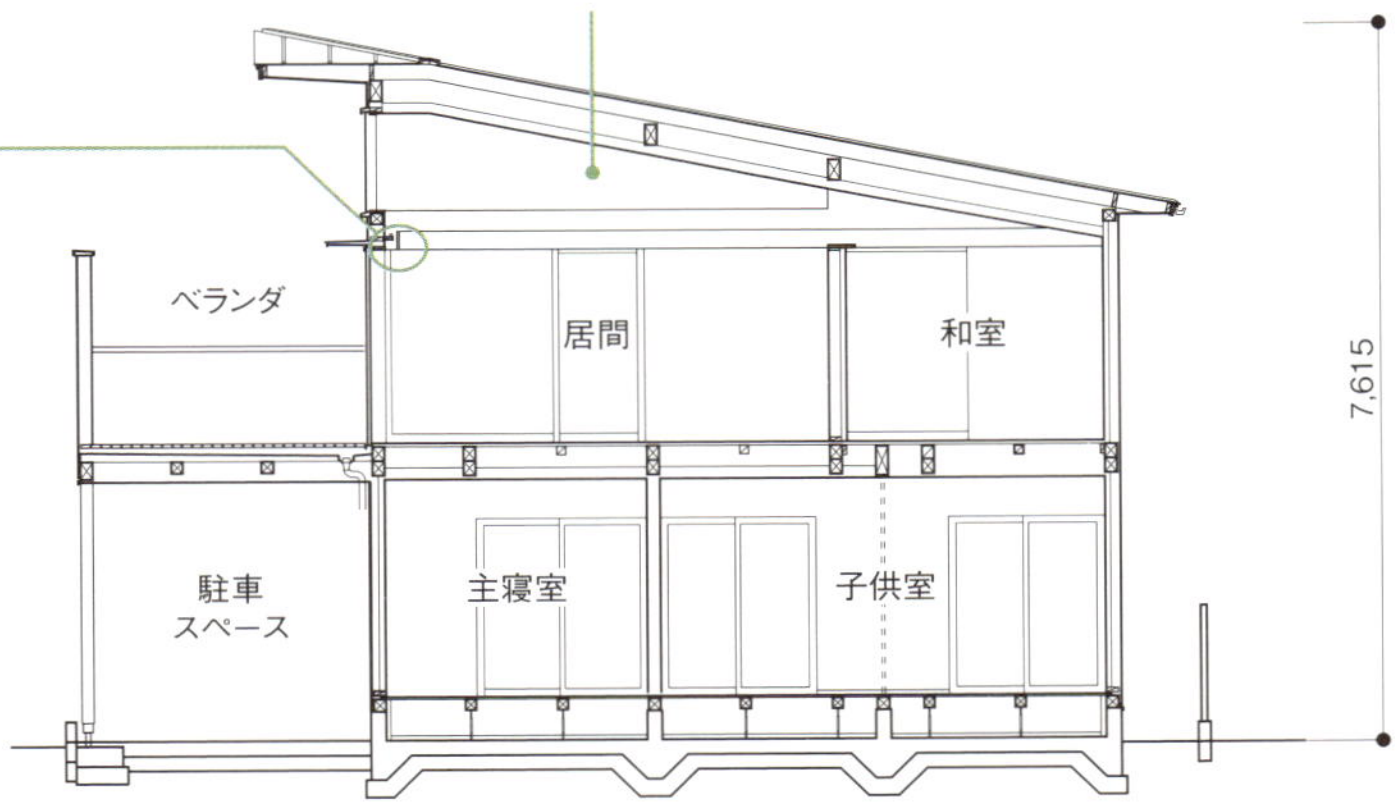
勾配屋根によってできる三角形の欄間が東と南にあり、上空へ向かって方向性が生まれる
幕板の裏側に間接照明が隠れている

B-B'断面図
(S＝1：150)

南隣家の2階がないので、光や風の通り道になり、見通しのきいた開放空間として生きてくる。そこをめがけて東と南が水上となる2方向に片流れ屋根を、隅木で45度に直交するように架ける。

桁廻りを内法とし、その上を勾配なりに大きくとった三角形の欄間として、東と南の空に開き、居間に開放感と方向性をつくり出す。桁に沿ったカーテンボックスには間接照明を仕込み、勾配天井の斜めのラインとで方向性を際立たせる。

「天王台の家」

上/和室側より居間・食堂方向を見る
下/キッチンから居間を見る。カーテンボックスの間接照明や空間の方向性、開放感がわかる

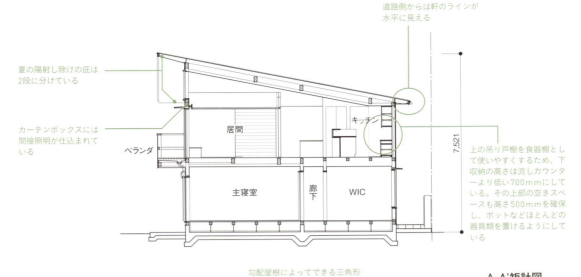

4章

美しい家の顔をつくる

（外回り・開口）

ファサードは街との接点です。
独自性を出しつつも街に馴染ませることで、
住まい手の愛着もぐっと高まります。
同様に開口部も家のなかと街とを結ぶ接点ですが、
街に対して開放的過ぎては
落ち着かない家になってしまいます。
開く方向・大きさ・数のバランスが大事なのです。

Q 49

素材に頼らないメリハリの付け方とは？

A アクセントカラーと形態操作で味付けする

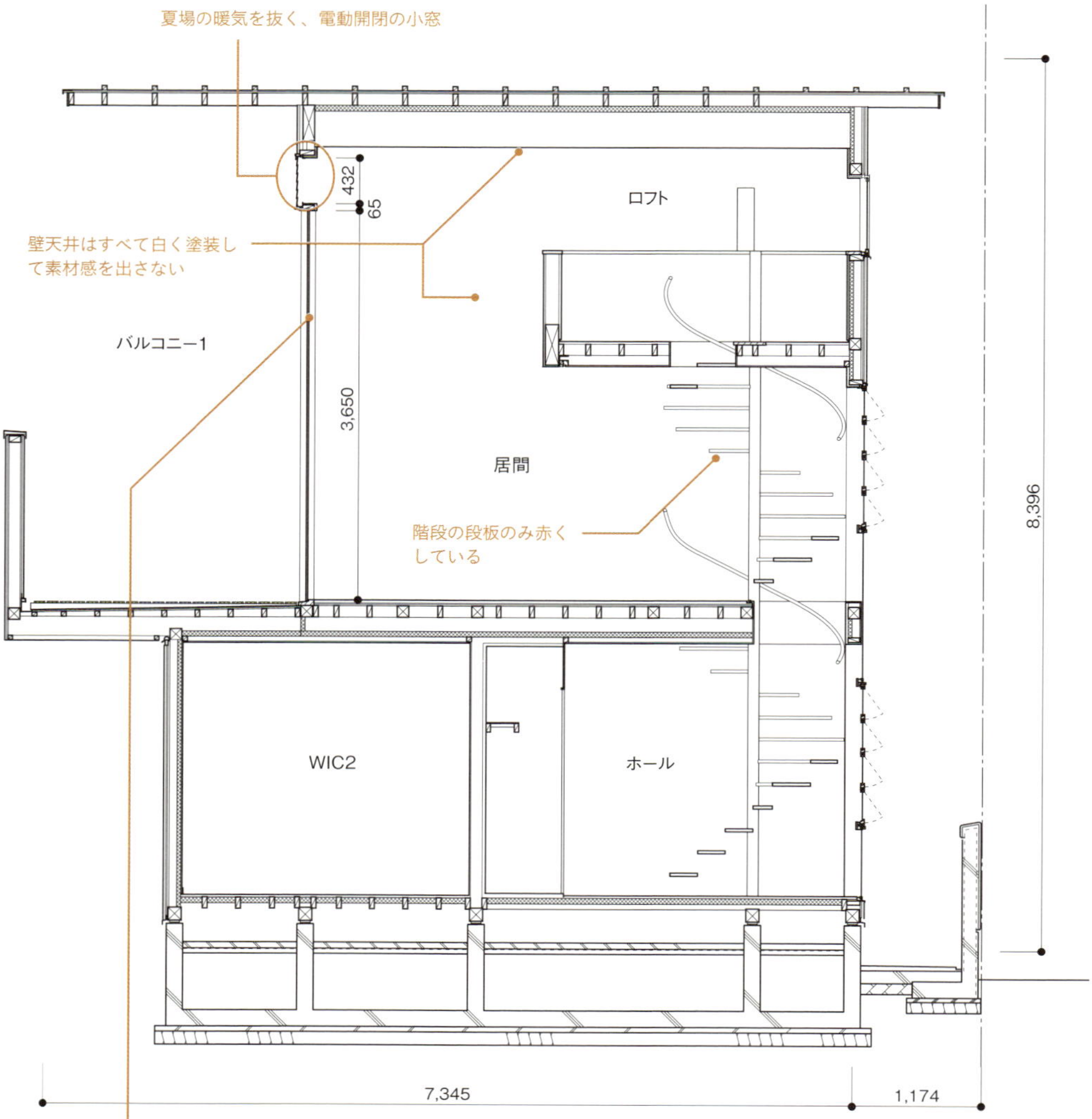
夏場の暖気を抜く、電動開閉の小窓
432
65
ロフト
壁天井はすべて白く塗装して素材感を出さない
バルコニー1
3,650
居間
階段の段板のみ赤くしている
8,396
WIC2
ホール
7,345
1,174

矩計図
(S＝1：75)

高さのある1枚ガラスサッシ

設計者によって空間の味付けの仕方は違う。太い梁とか、石張りの壁とかの素材感に頼る味付けや、素材感を消してかたちや空間の面白さを狙うなど、その人なりの味付けがある。

自分の事例としては数少ない白い空間で、素材感を消し、形態操作と1色のアクセントカラーでの味付けである。らせん階段の曲線と段板の赤、ロフト天井までの高い勾配天井、高さ3.5mを超す1枚ガラス、居間の飾り棚壁面の凹凸、細かいラインを強調する白い小幅板天井などで自然素材感を消す味付けである。

「九品仏の家」

リビングの西壁はテレビも入る奥行きの飾り棚が壁に造り付けられている

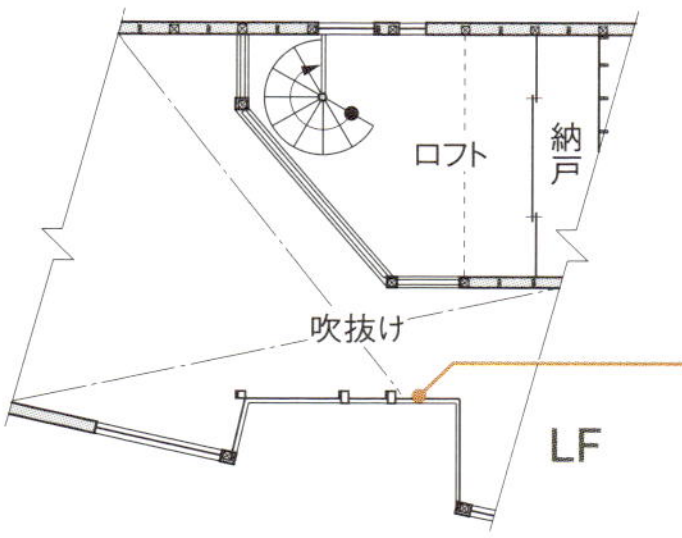

ロフトから見下ろしたバルコニー前の開口

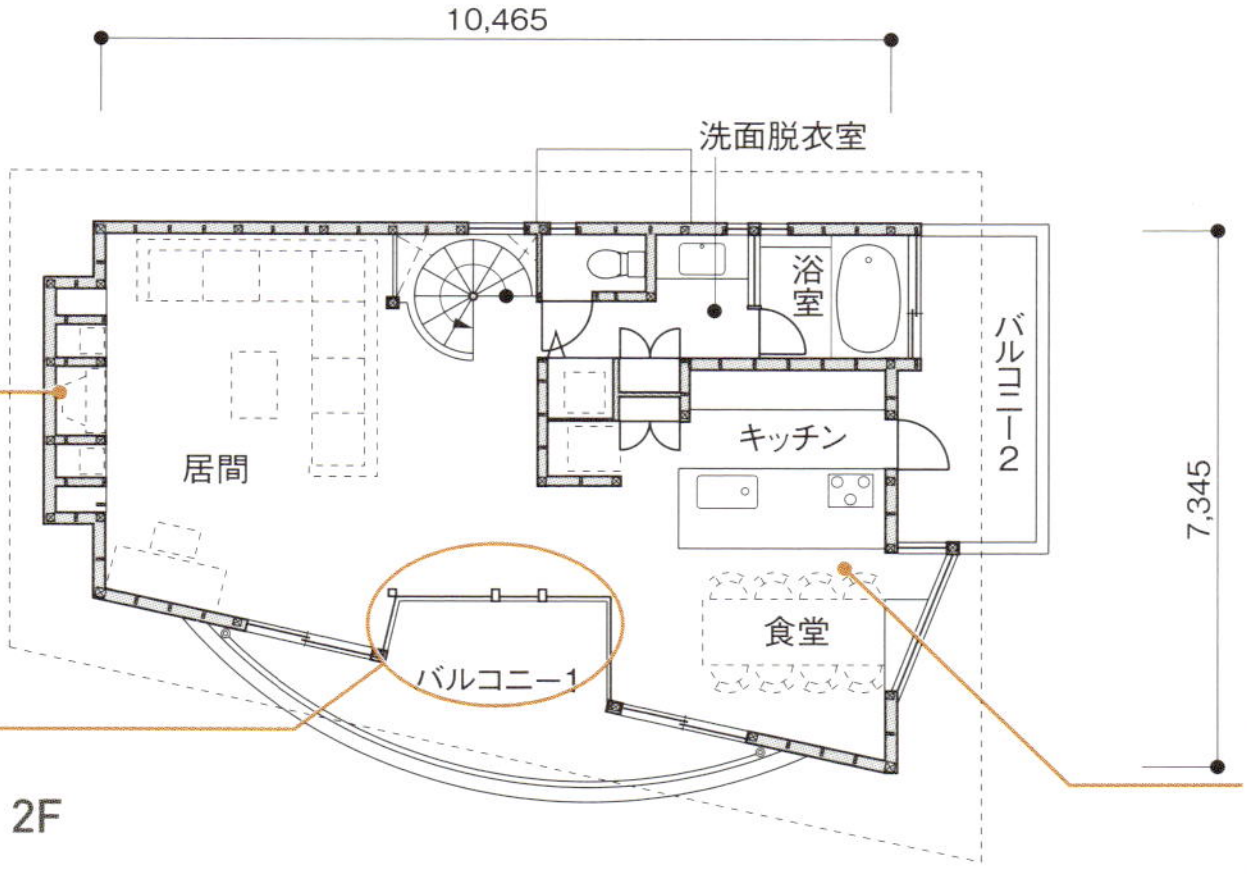

すべて高さ3.5mを超すフィックスガラスにして高さを強調する。バルコニーへの出入りは両脇の引違いサッシで行う

2階キッチンから食堂方向を見る。天井は白く塗装した小幅板天井

赤い階段が、1階からロフトまで続いている

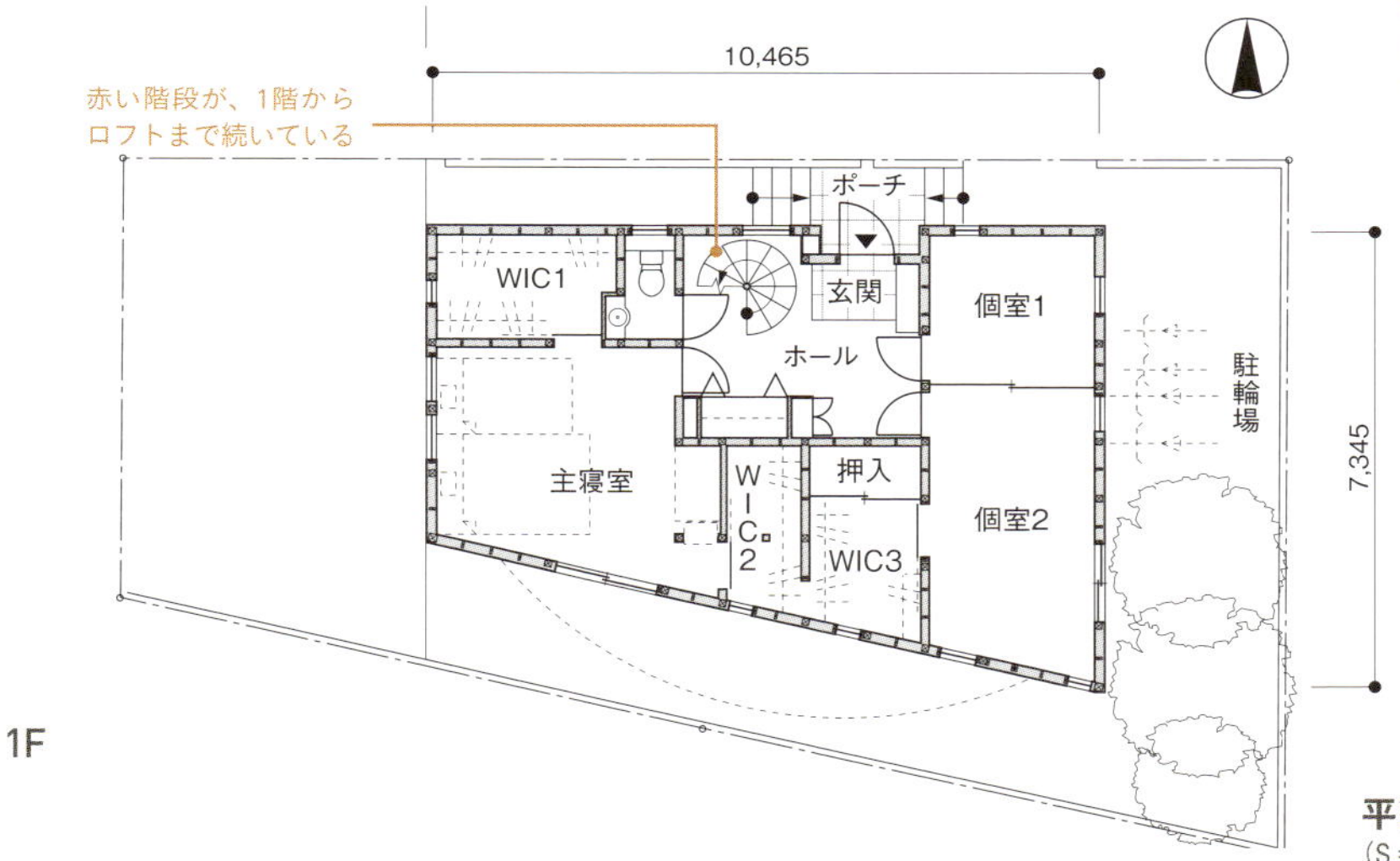

平面図
(S＝1：200)

2階居間からキッチン・食堂方向を見る。ロフトへは赤いらせん階段でそのまま昇っていく。2階からロフトまでは勾配天井になっており、吹抜け部分には1枚ガラスがはめ込まれている

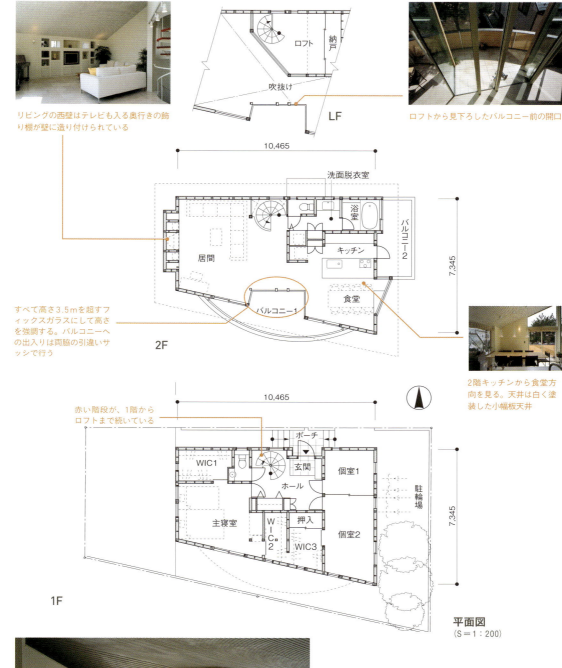

Q 50

北側の眺望と採光をどう両立させるか

A 眺望用の窓を重視して、南側はさりげなくつくる

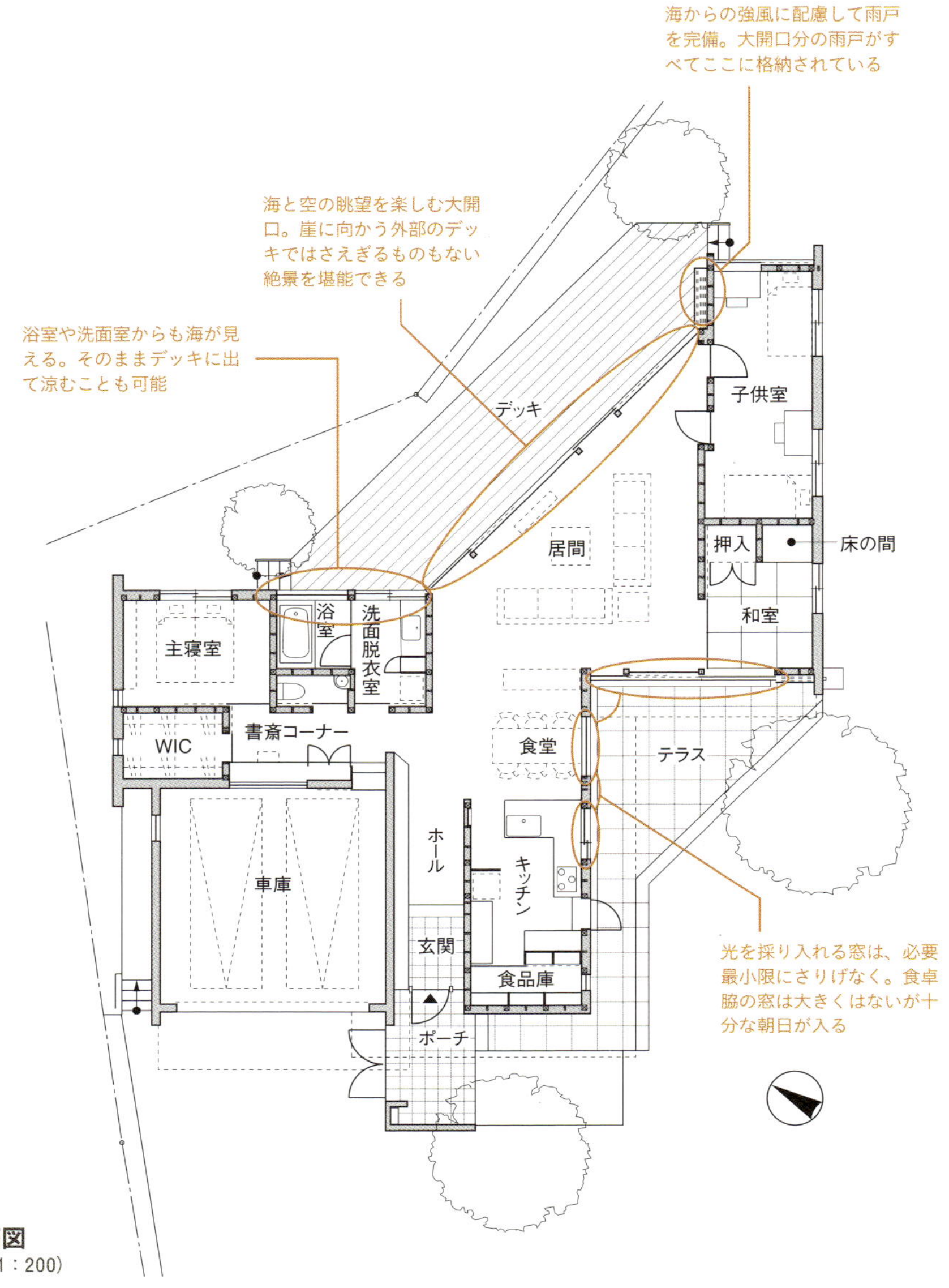

海からの強風に配慮して雨戸を完備。大開口分の雨戸がすべてここに格納されている
海と空の眺望を楽しむ大開口。崖に向かう外部のデッキではさえぎるものもない絶景を堪能できる
浴室や洗面室からも海が見える。そのままデッキに出て涼むことも可能
光を採り入れる窓は、必要最小限にさりげなく。食卓脇の窓は大きくはないが十分な朝日が入る
デッキ
子供室
押入
床の間
和室
居間
浴室
洗面脱衣室
主寝室
WIC
書斎コーナー
食堂
テラス
ホール
キッチン
車庫
玄関
食品庫
ポーチ

平面図
(S＝1：200)

高い天井の居間から海を望む

できれば陽光を採り入れる窓が、眺望もよいのが理想である。

だが事例のように、北側に素晴らしい海を見下ろせる敷地であれば、眺望を重視して、北側に空と海が同時に視野に入るだけの大きな窓を設けて部屋の方向性をつくる。その窓は、内法材で空と海に上下に分け、大きなメインの窓とする。

陽光を採り入れる窓は、居間と和室および食卓に必要最小限に、さりげなく設ける。

「房総岬の家」

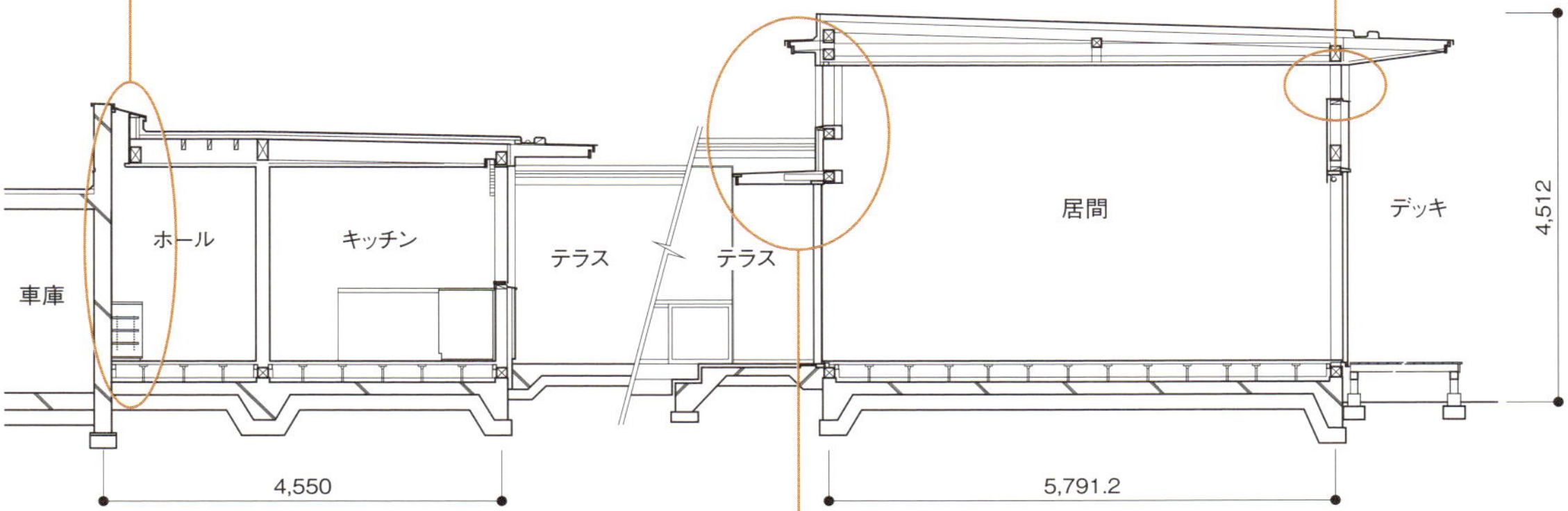
長いカウンター状の下足入れが飾り棚にもなるように、トップライトから光を入れて天板と背景の壁を照らす
海ばかりでなく空も見せる高窓。下がり壁を見せず、室内の天井がそのまま軒天へと続いていく
夏の陽射しを考慮して、欄間の庇は小さく、下部の窓の庇は大きく出している

矩計図1
（S＝1：120）

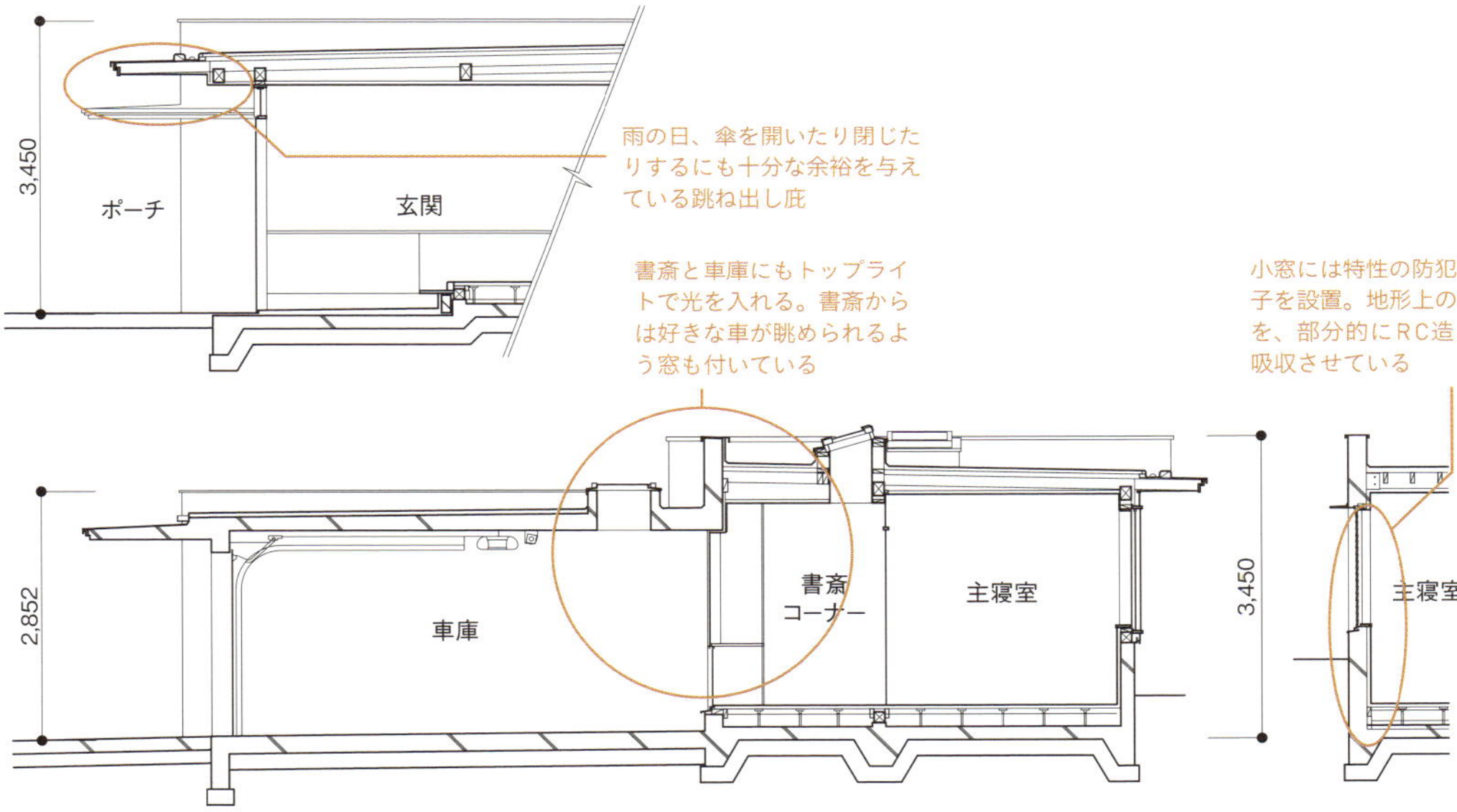
雨の日、傘を開いたり閉じたりするにも十分な余裕を与えている跳ね出し庇
書斎と車庫にもトップライトで光を入れる。書斎からは好きな車が眺められるよう窓も付いている
小窓には特性の防犯用面格子を設置。地形上の高低差を、部分的にRC造として吸収させている

矩計図2
（S＝1：120）

建物へのアプローチ。南側テラスは見えにくくしてある

居間から食堂と南側テラスを見る

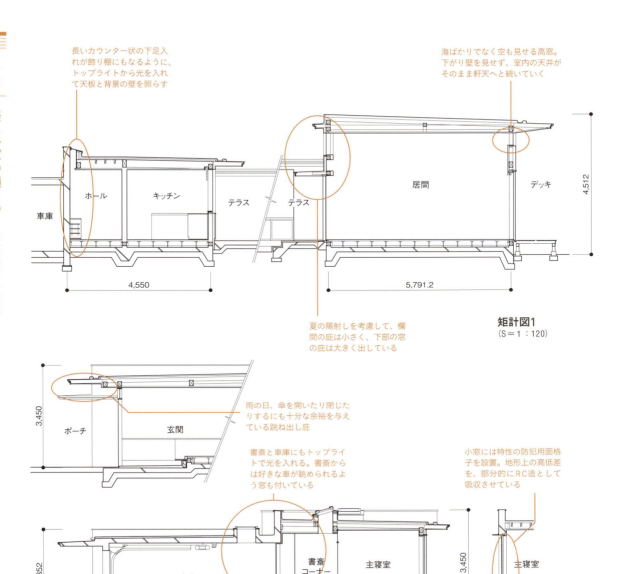

A　高窓採光で空間に方向性をつくる

隣家の視線を避けつつ、豊かな室内をつくれるか

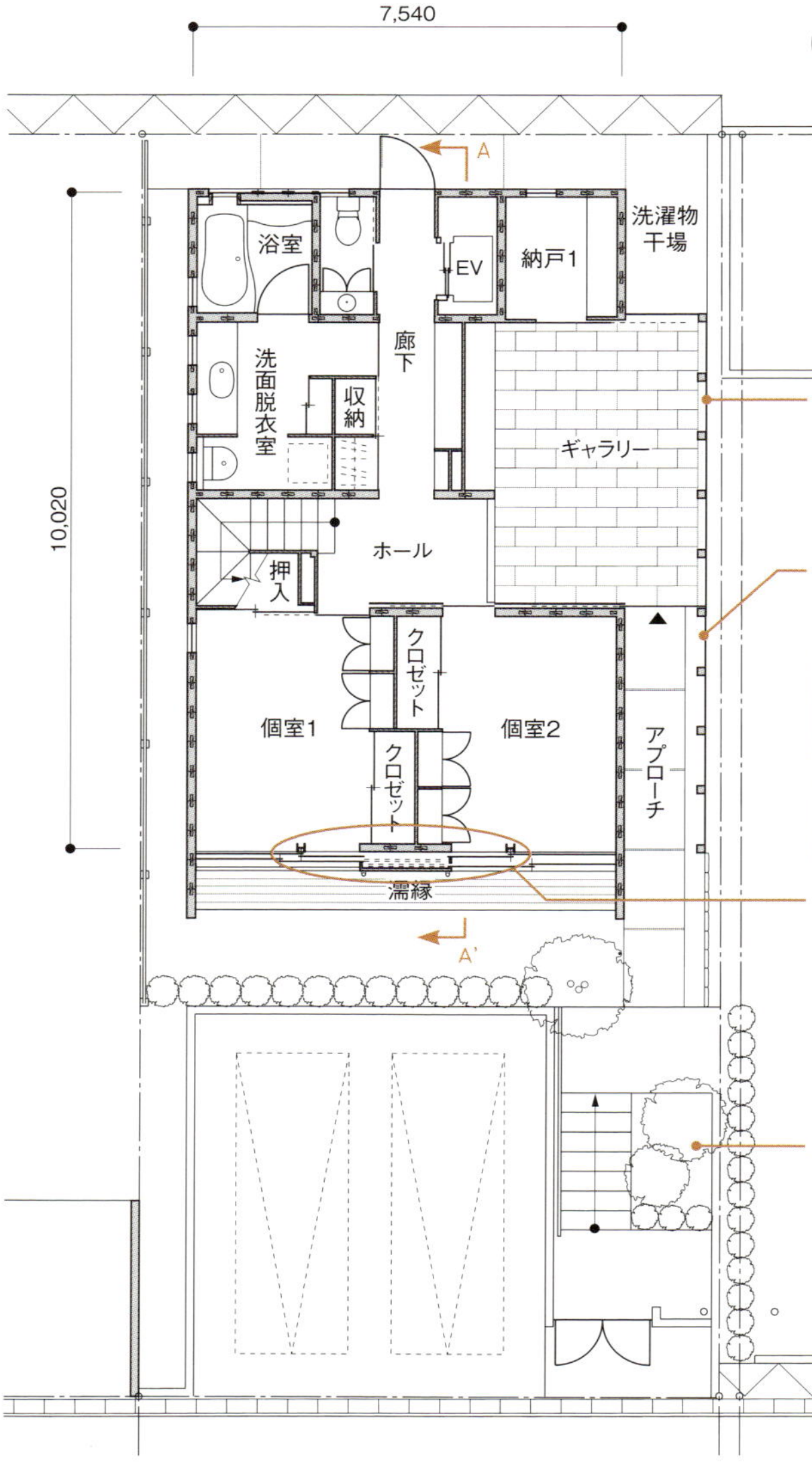
サンドブラストガラスを透して光をギャラリーに導く
列柱にガラスを張り、集成材の壁と対比させる
南面開口部の壁量が不足するので、一部鉄骨を用いて補強している
将来のリフトスペース

平面図
(S＝1：150)

1F

両隣が近接している場合、普通の高さの窓を設けても、お互いのぞき合うことになり、開けることのできない、明るさだけを期待した窓となる。それならハイサイド窓とし、明るさを上方から落とすことで、その下に幅広い壁をつくり、落ち着きのある空間とするのも1つのあり方である。

南道路側のみを大きく開放するように開け、片流れの屋根を浮かせて架けることで、空間に方向性ができ、秩序が生まれる。ハイサイド窓の下端に間接照明を仕込んで白い天井面を照らせば、室内に明るさを確保でき、外部にも天井が浮いている特徴をよく見せることになる。その明かりは南入り玄関ギャラリーを覆っているガラスの壁と屋根から放たれる光と相まって行灯的印象で特徴を際立たせる。

「浮き屋根の家」

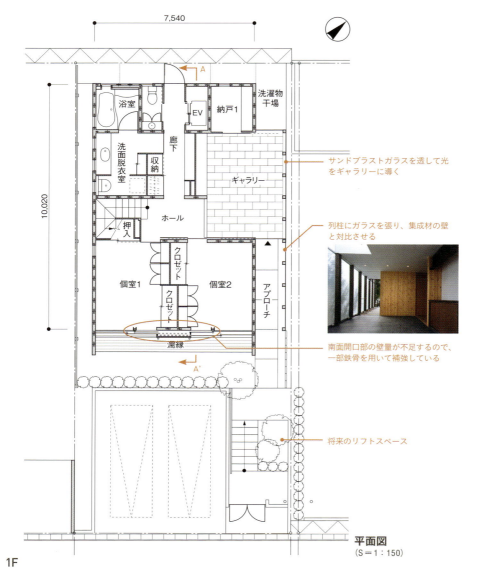

片流れの屋根とし、空間に方向性をもたせる

壁の上端に照明を仕込んで、内外の天井を照らす。軒天は端部を薄く見せるため、室内天井面から傾斜をつけている

西面は通風用の小窓のみ。明るさはハイサイドライトで確保する

屋根もサンドブラストガラス

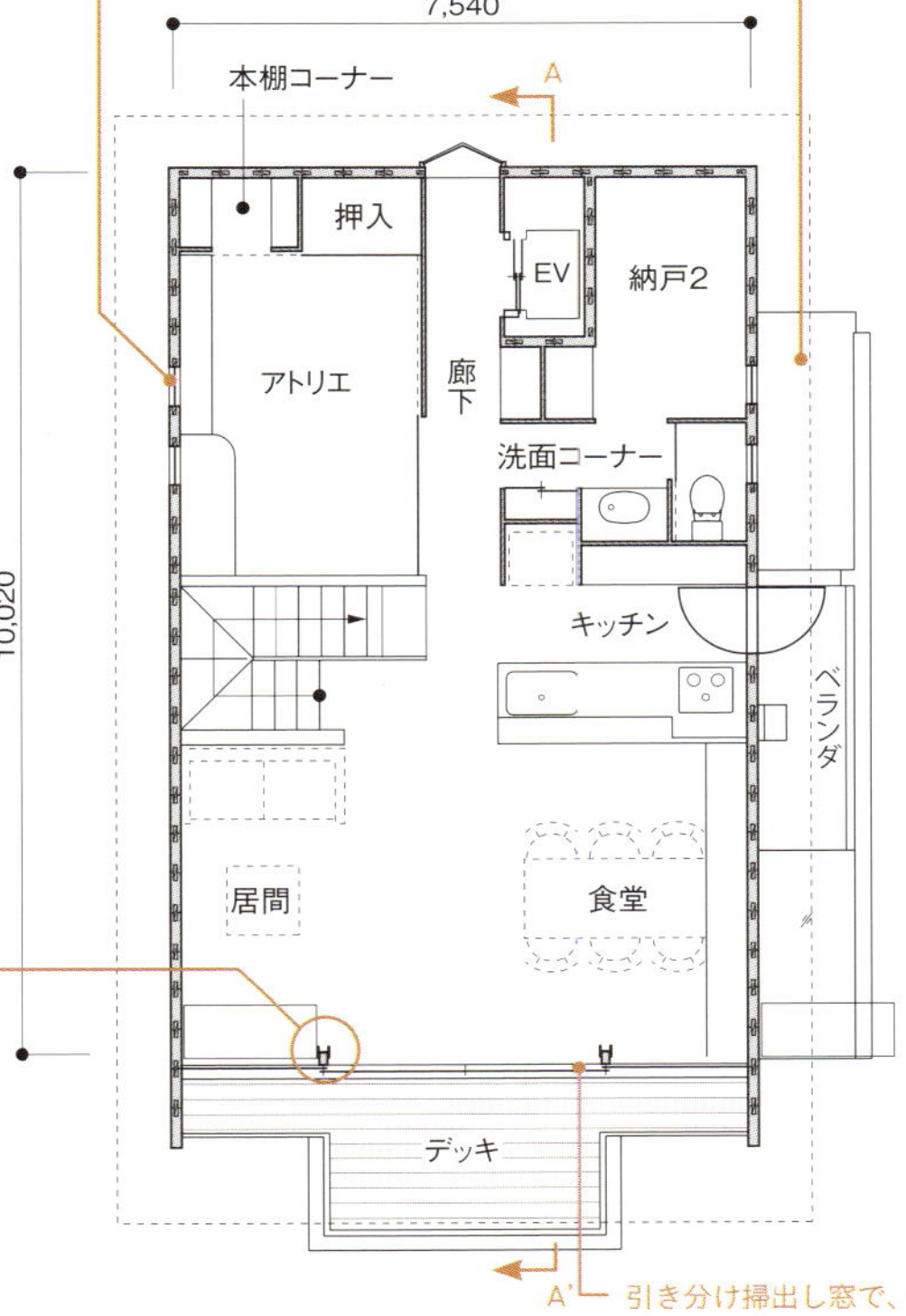

7,540
本棚コーナー
A
押入
EV
納戸2
アトリエ
廊下
洗面コーナー
10,020
キッチン
ベランダ
居間
食堂
デッキ
A'
2F

南面は壁がなく、H鋼で1階土台から2階天井まで立つラーメン構造になっている

引き分け掃出し窓で、デッキと一体化を図っている

欄間部分は、壁柱の上に束立てにすると屋根の剛性が壁に伝わらないので、屋根までの1枚の集成材を部分的に欠き取って束の太さにしている。120×450mmの壁柱の連結は、天端のスリットにスチールプレートを桁代わりに差し込んでピンで固定している

屋根下地は集成材(厚30mm)をボックス状にしたスラブにしている

壁上端に照明を仕込んでいる

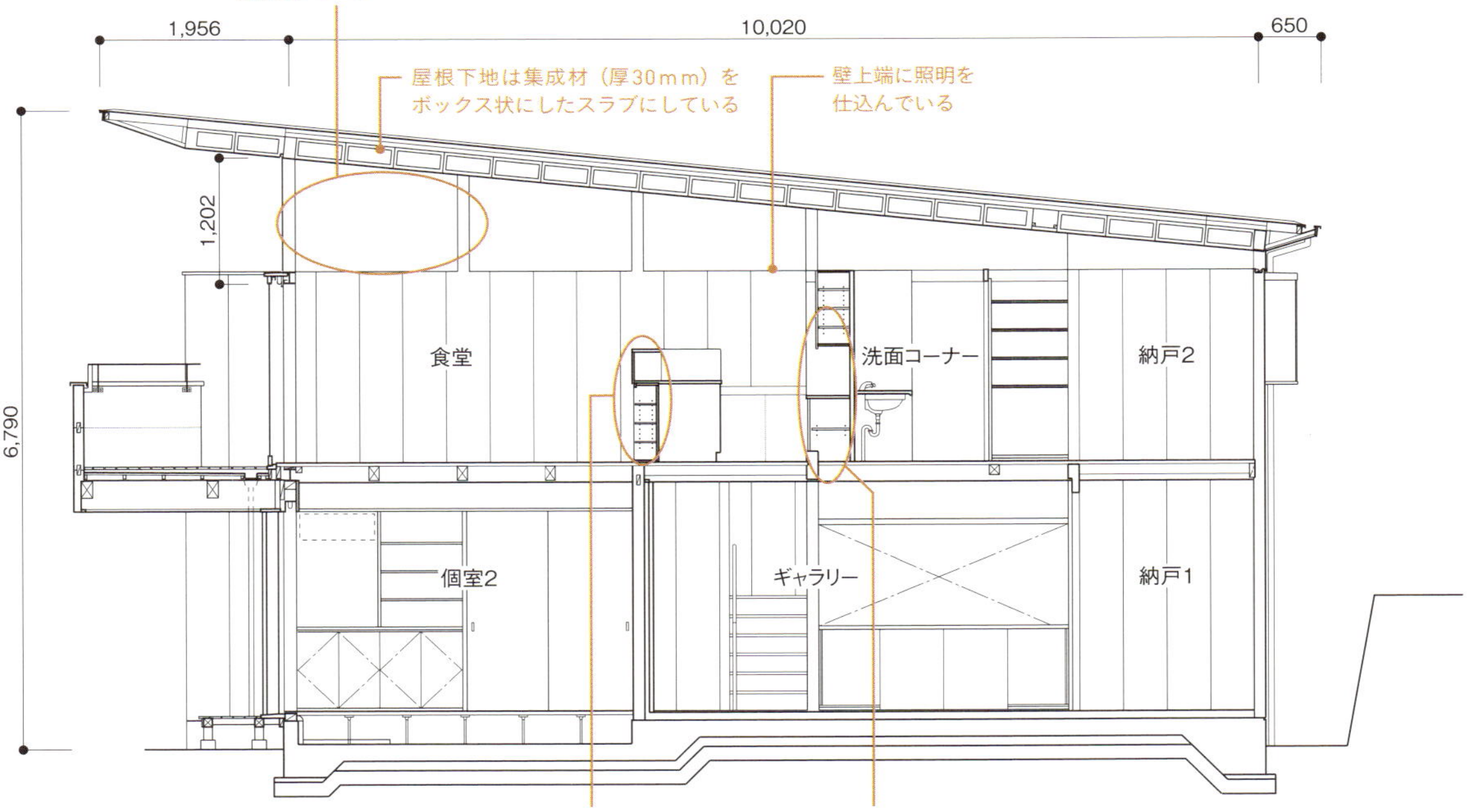

1,956
10,020
650
1,202
6,790
食堂
洗面コーナー
納戸2
個室2
ギャラリー
納戸1

同一平面で伸びる流し台甲板の人工大理石はキッチン側から使用、その下部は食堂側から使う食器棚。流し台側と甲板は既製品で、食堂側のみ建築工事

キッチンのバックカウンターは、流し台ではなく食卓等と同じ700mmの高さとすることで吊り戸棚を下げて、低い位置の収納量を増やすことができる

A-A'断面図
(S=1:100)

眺望のよさを際立たせる工夫とは?

A 開口部の内外天井を仕上げで一体化して額縁的にする

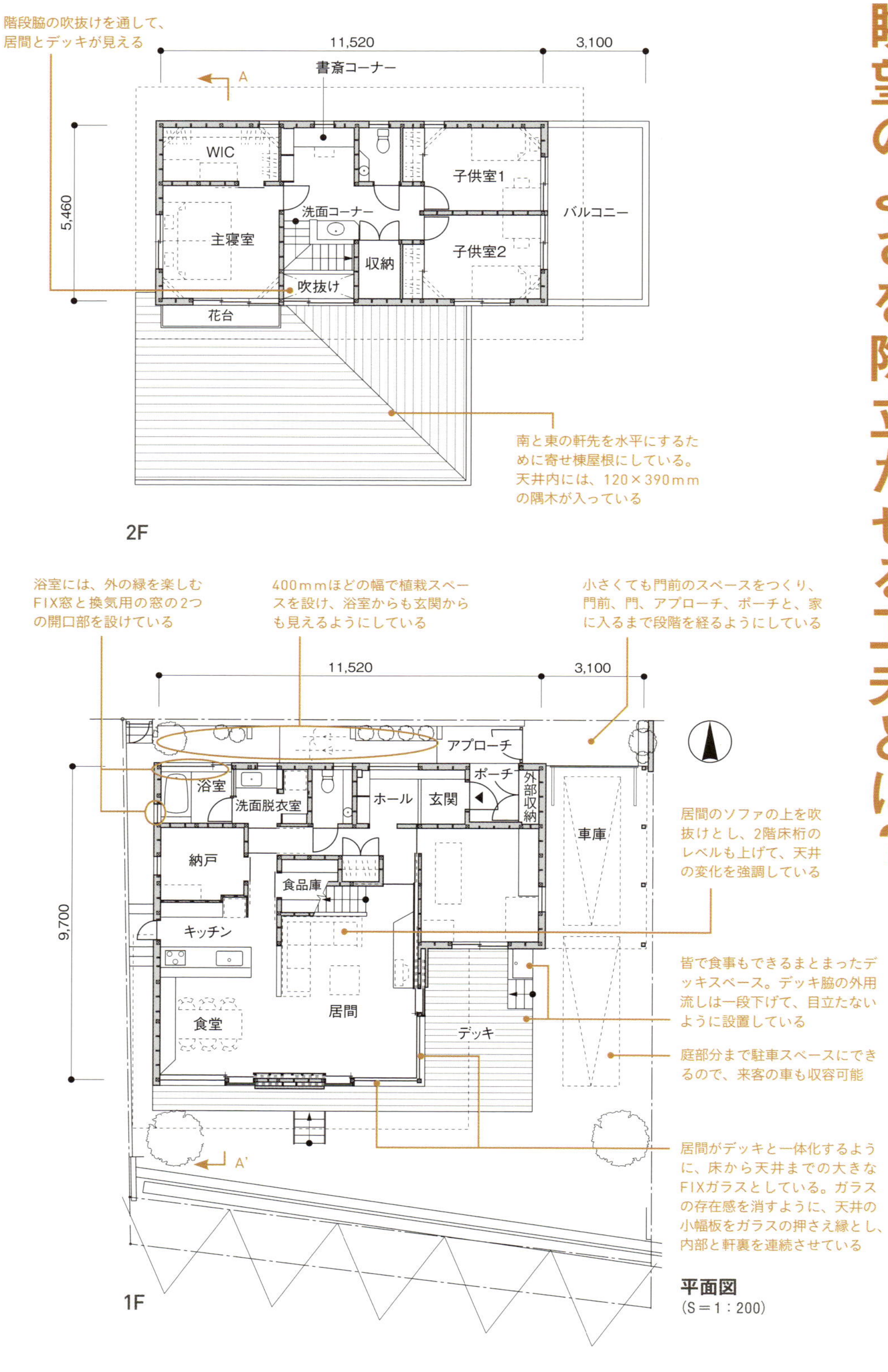

階段脇の吹抜けを通して、居間とデッキが見える
11,520
3,100
A
書斎コーナー
5,460
WIC
子供室1
洗面コーナー
バルコニー
主寝室
子供室2
収納
吹抜け
花台
南と東の軒先を水平にするために寄せ棟屋根にしている。天井内には、120×390mmの隅木が入っている
2F
浴室には、外の緑を楽しむFIX窓と換気用の窓の2つの開口部を設けている
400mmほどの幅で植栽スペースを設け、浴室からも玄関からも見えるようにしている
小さくても門前のスペースをつくり、門前、門、アプローチ、ポーチと、家に入るまで段階を経るようにしている
11,520
3,100
アプローチ
浴室
洗面脱衣室
ポーチ
外部収納
ホール
玄関
車庫
居間のソファの上を吹抜けとし、2階床桁のレベルも上げて、天井の変化を強調している
納戸
食品庫
9,700
キッチン
皆で食事もできるまとまったデッキスペース。デッキ脇の外用流しは一段下げて、目立たないように設置している
居間
食堂
デッキ
庭部分まで駐車スペースにできるので、来客の車も収容可能
居間がデッキと一体化するように、床から天井までの大きなFIXガラスとしている。ガラスの存在感を消すように、天井の小幅板をガラスの押さえ縁とし、内部と軒裏を連続させている
A'
1F

平面図
(S=1:200)

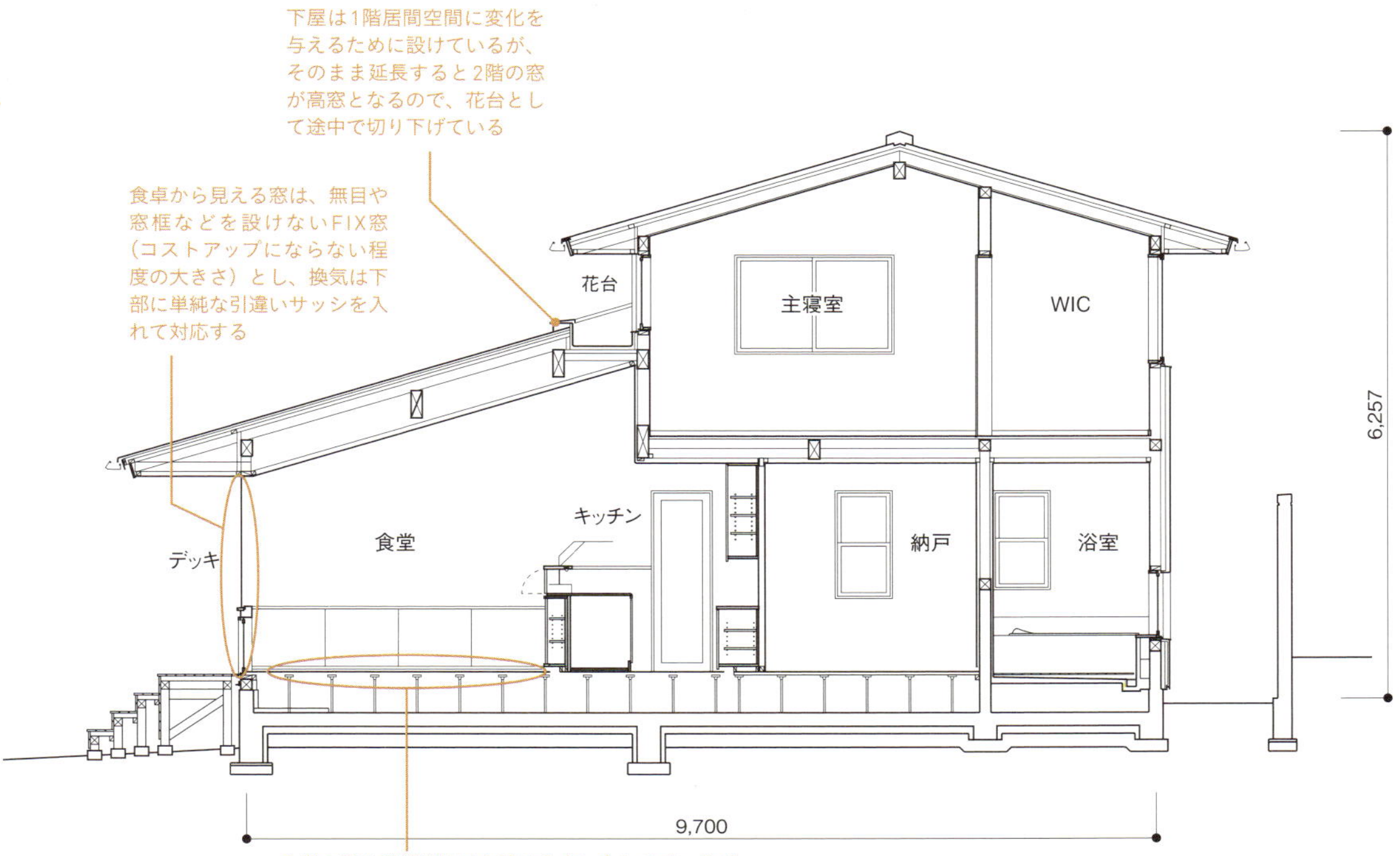
下屋は1階居間空間に変化を与えるために設けているが、そのまま延長すると2階の窓が高窓となるので、花台として途中で切り下げている
食卓から見える窓は、無目や窓框などを設けないFIX窓（コストアップにならない程度の大きさ）とし、換気は下部に単純な引違いサッシを入れて対応する
花台
主寝室
WIC
6,257
キッチン
デッキ
食堂
納戸
浴室
9,700

食堂の飾り棚兼収納は上端は食卓に合わせているが、床面から30mmほど浮かせて、床下に設置したファンコイルユニットの暖気吹出し口としている

A-A'断面図
（S＝1：100）

FIXガラスは、天井の小幅板が押さえ縁となって固定されている

外から見たコーナー窓。外部デッキには、壁側の引き込み戸から出入りする

室内を開放的で広く感じさせるため、軒を大きく出すという日本古来の手法がある。その現代版の1つである。

開口部はフィックスガラスのコーナー窓とし、その先が床と同レベルのデッキであれば、より開放的で広く感じさせることができる。その際、コーナーのフィックスガラス上端と軒天を水平に連続させ、寄せ棟屋根の下屋にすることで、内外から整った空間に見える。内外の一体感を出すためには、窓ガラスの存在感を消す必要がある。そこでコーナーの柱はできるだけ単独で立っているかのように見せ、ガラスはフィックスで、その押さえ縁や引込み障子の鴨居も天井と同材でつくって存在感を消し、天井と軒天が一体化し、ガラスから見える景色を絵と見立てて額縁のようにする。出入りのための可動の引き込みガラス戸の框だけを見せた手法である。

「横浜の家」

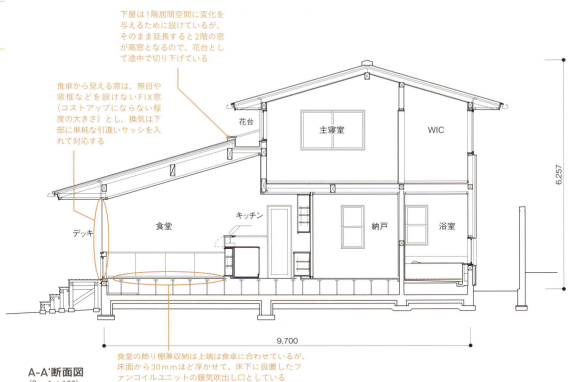

広い庭・畑と、内部をどう一体化させるか

A 木製カーテンウォールでつなげつつ隔てる

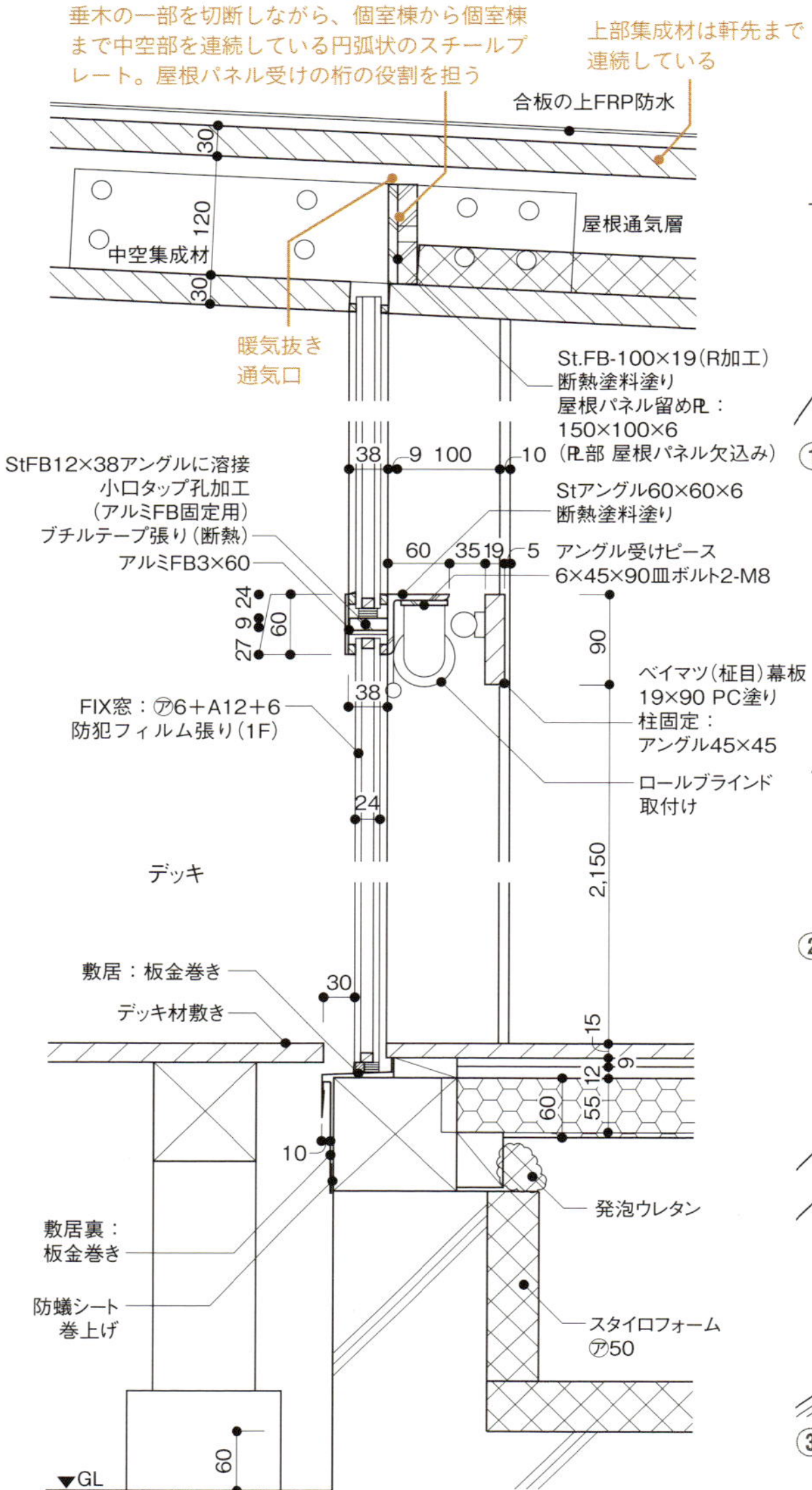

X-X'断面図(FIXガラス部分)
(S＝1：10)

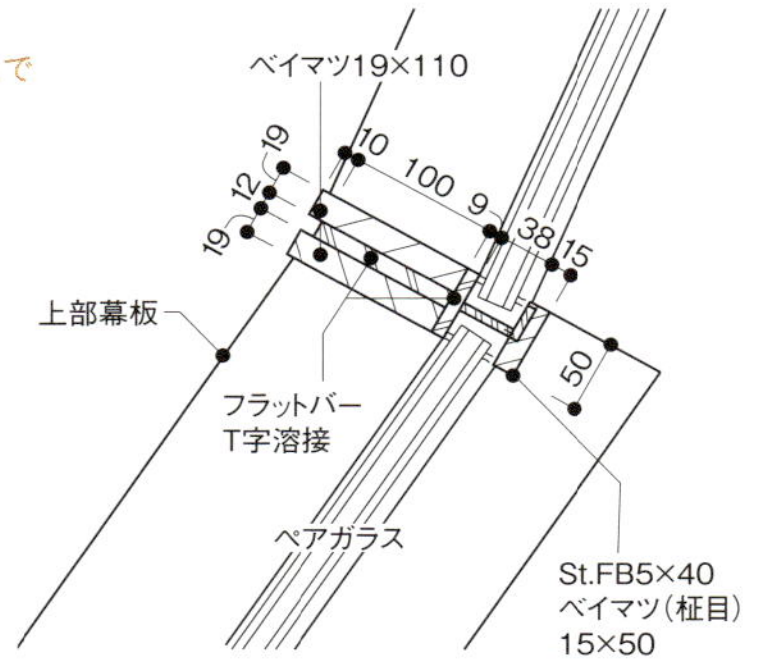

①部分平面詳細図 (S＝1：10)

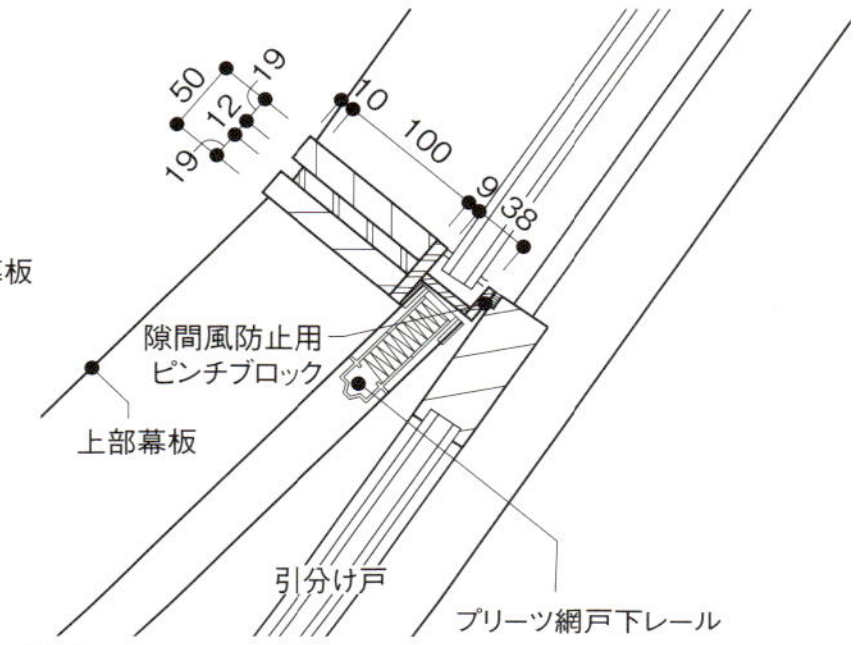

②部分平面詳細図 (S＝1：10)

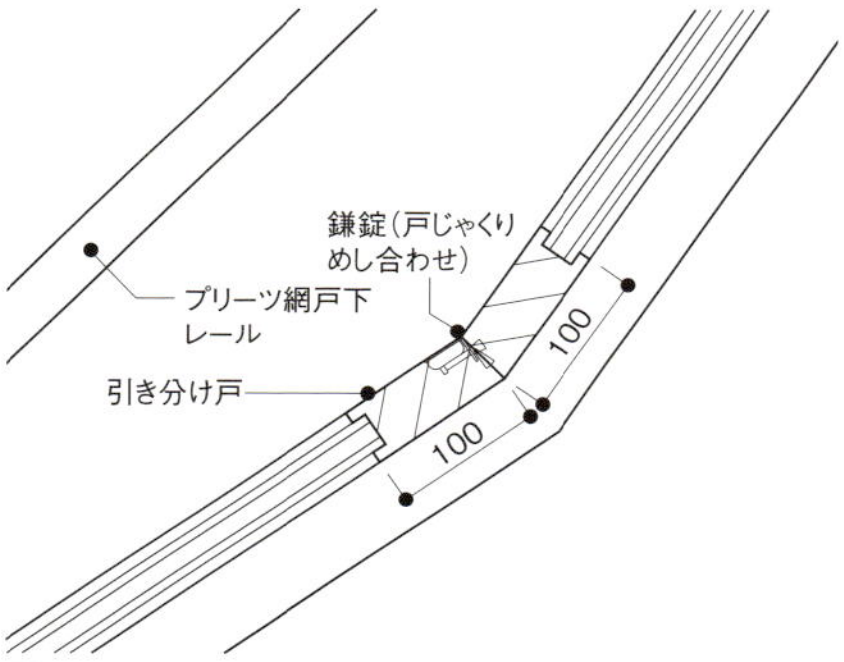

③部分平面詳細図 (S＝1：10)

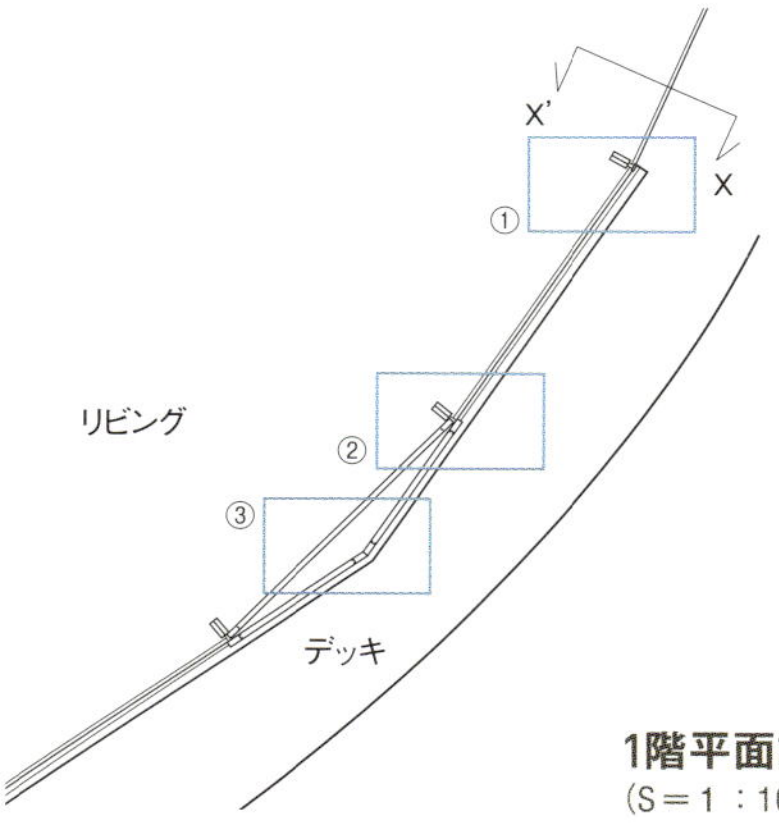

1階平面詳細図キープラン
(S＝1：100)

植物園的庭に面した大開口のカーテンウォール。中央下部分に、数度折れ曲がった引き込み戸が設けられている

2階床も120mm厚の集成材で構成されている。階段は集成材壁から跳ね出しており、手すりのなかに照明が仕込んである

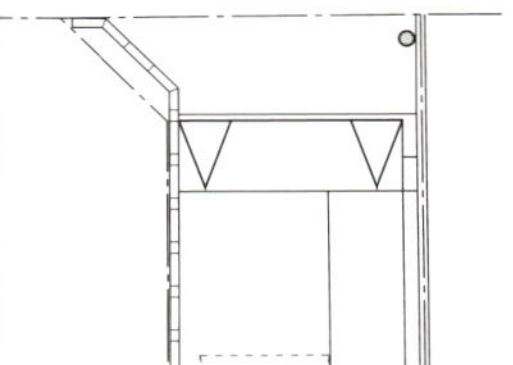

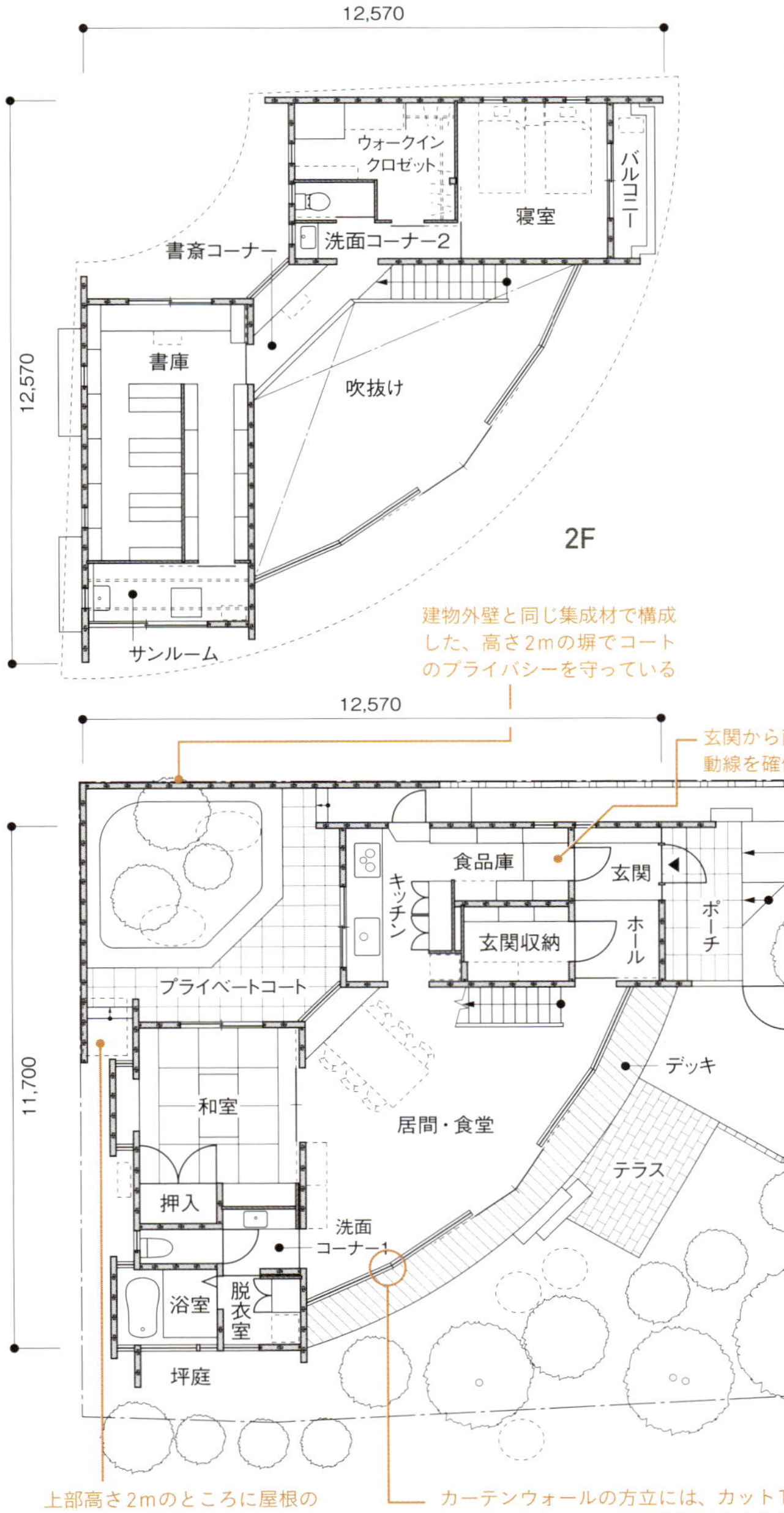

洗面コーナー2

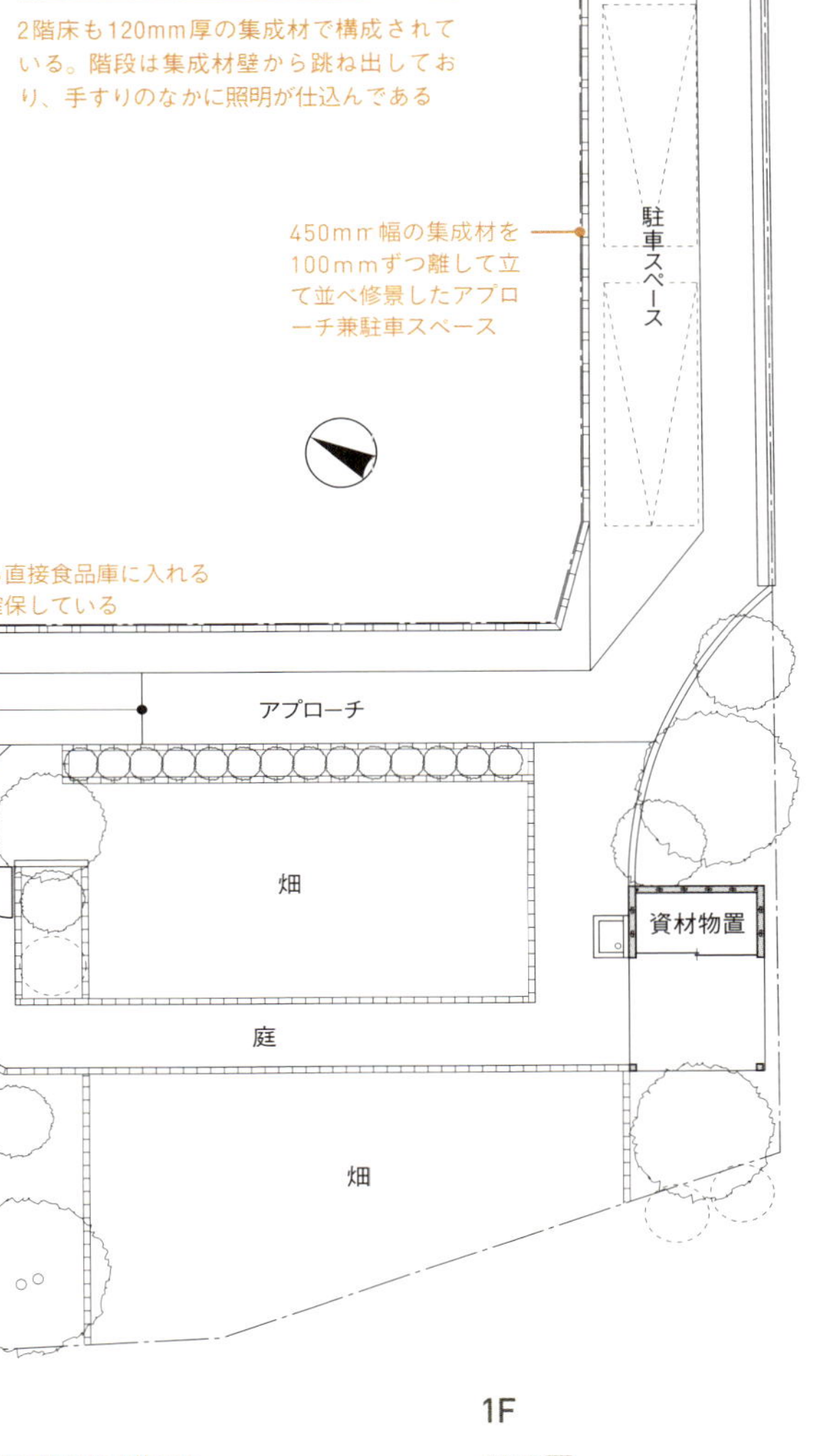
上部高さ2mのところに屋根の水を集めた散水用雨水タンクが設置してある
カーテンウォールの方立には、カットTの鋼材が木枠のなかに仕込まれており、屋根荷重を支える。鋼材はベイマツで包んで結露を防いでいる

平面図
（S＝1：200）

庭のほとんどが植物園のような畑をもつ住まいである。植物を育てながらの生活のため、住まいと畑をどのようにつなげるかが課題だったが、ここでは畑に面した室内空間を大きな吹抜けとしている。吹抜けなら、背の高い植物も置ける。開口部も大開口カーテンウォールとすることで、植物園と一体的な住まいにできる。

カーテンウォールの方立には、屋根の垂直荷重のみを担うスチールプレートが、結露防止も兼ねた木製薄板でカバーされて埋め込まれている。屋根は垂木をサンドイッチした中空集成材のスラブ状になっていて、そのスラブ荷重はそのなかに仕込まれたスチールプレートから方立に流している。プレートは個室棟から個室棟まで1／4円弧状に貫通して廻っている。屋根の水平剛性はL字型に配置された2つの個室棟が担っている。

450mm幅の集成材を100mmずつ離して立て並べ修景したアプローチ兼駐車スペース
建物外壁と同じ集成材で構成した、高さ2mの塀でコートのプライバシーを守っている

玄関から直接食品庫に入れる動線を確保している

「扇居」

Q 54

10坪の居間食堂を広く見せる方法は？

A コーナー窓で勾配天井と軒天を連続させる

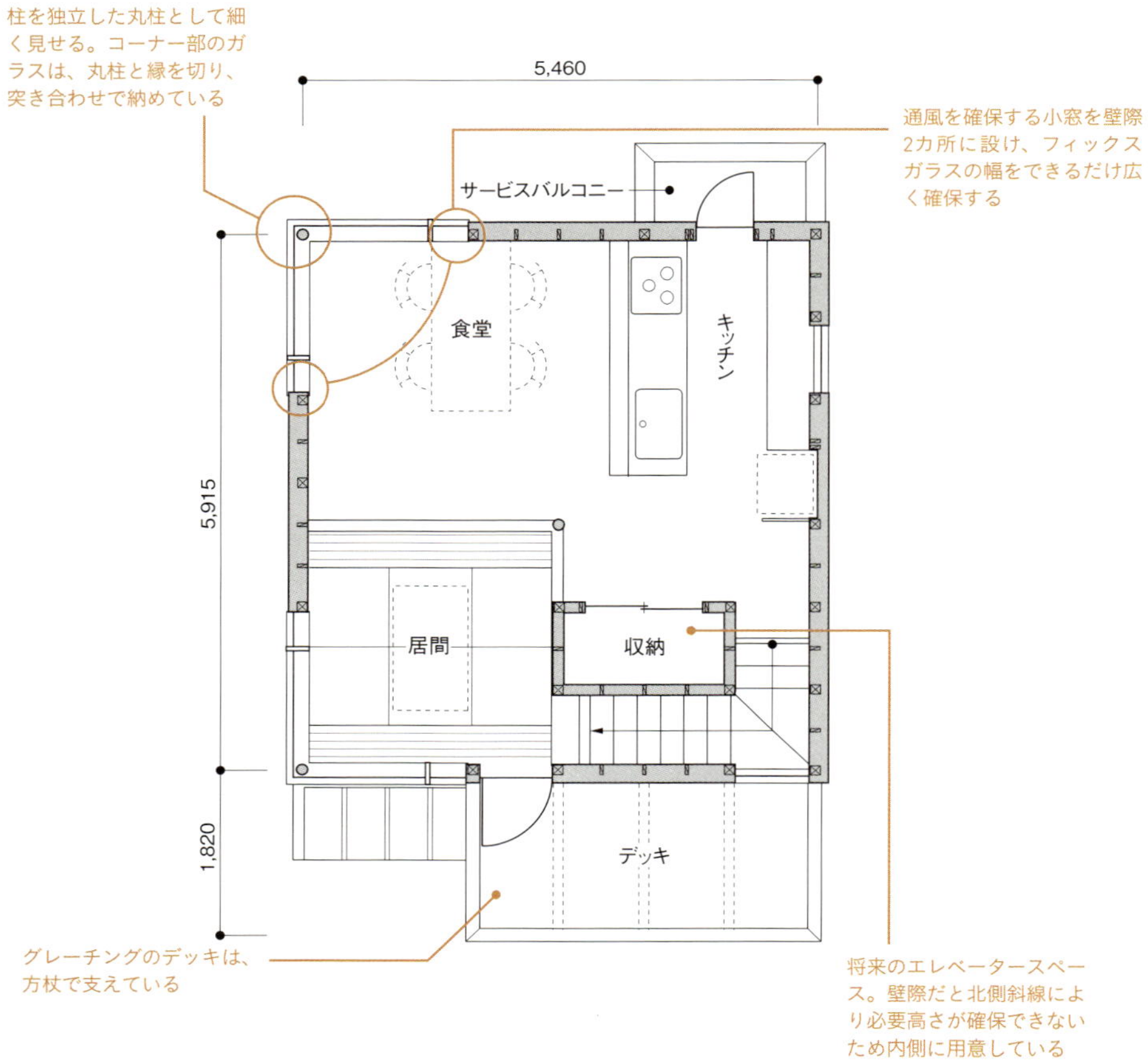

柱を独立した丸柱として細く見せる。コーナー部のガラスは、丸柱と縁を切り、突き合わせで納めている
5,460
通風を確保する小窓を壁際2カ所に設け、フィックスガラスの幅をできるだけ広く確保する
サービスバルコニー
食堂
キッチン
5,915
居間
収納
デッキ
1,820
グレーチングのデッキは、方杖で支えている
将来のエレベータースペース。壁際だと北側斜線により必要高さが確保できないため内側に用意している

平面図
(S＝1：100)

2F

建ぺい率の関係で、総2階で1、2階それぞれ10坪強となった住宅である。そのなかに、将来ホームエレベーターを設置できる押入れも両階に設けている。

階段やそれも含めて居間食堂が10坪では狭苦しい。そこで広がりをつくり出すために2階の南面東西の角に、フィックスのコーナー窓を設け、耐力は中央の壁で担わせる。コーナーを壁にして東と南に1間ずつ窓を設けるより、コーナーを窓にしたほうが、角が開放され、空間が拡大して感じられる。

ただし、空間ボリュームを大きくするためにも室内は勾配天井とし、下った天井ラインがそのまま1m以上跳ね出した軒の水平天井に連続させ、延長してあるように見せないとその効果は薄れる。

「西八王子の家」

キッチンから居間・食堂方向を見る。カウンター越しにコーナー窓が見える

東南方向より見る。南面の両コーナーが窓。カーポートの上にデッキが方杖で支えられて架かっている

居間となる和室。両側のコーナー窓により開放性が高まる

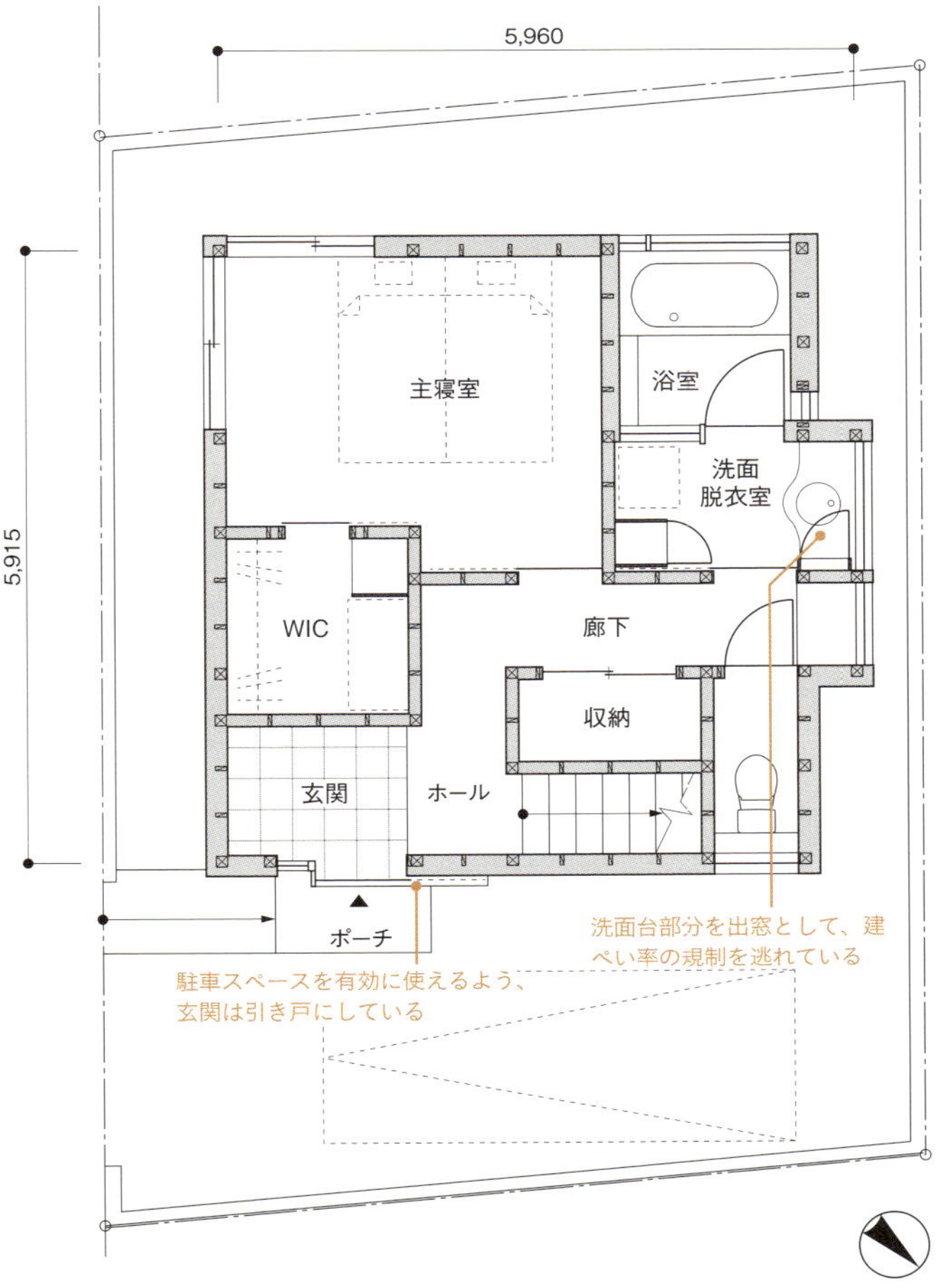
5,960
5,915
主寝室
浴室
洗面
脱衣室
WIC
廊下
収納
玄関
ホール
ポーチ
洗面台部分を出窓として、建ぺい率の規制を逃れている
駐車スペースを有効に使えるよう、玄関は引き戸にしている

1F

脱衣洗面所に収納と洗濯機能を集約させるため、洗面台を建築面積に算入されない出窓としている

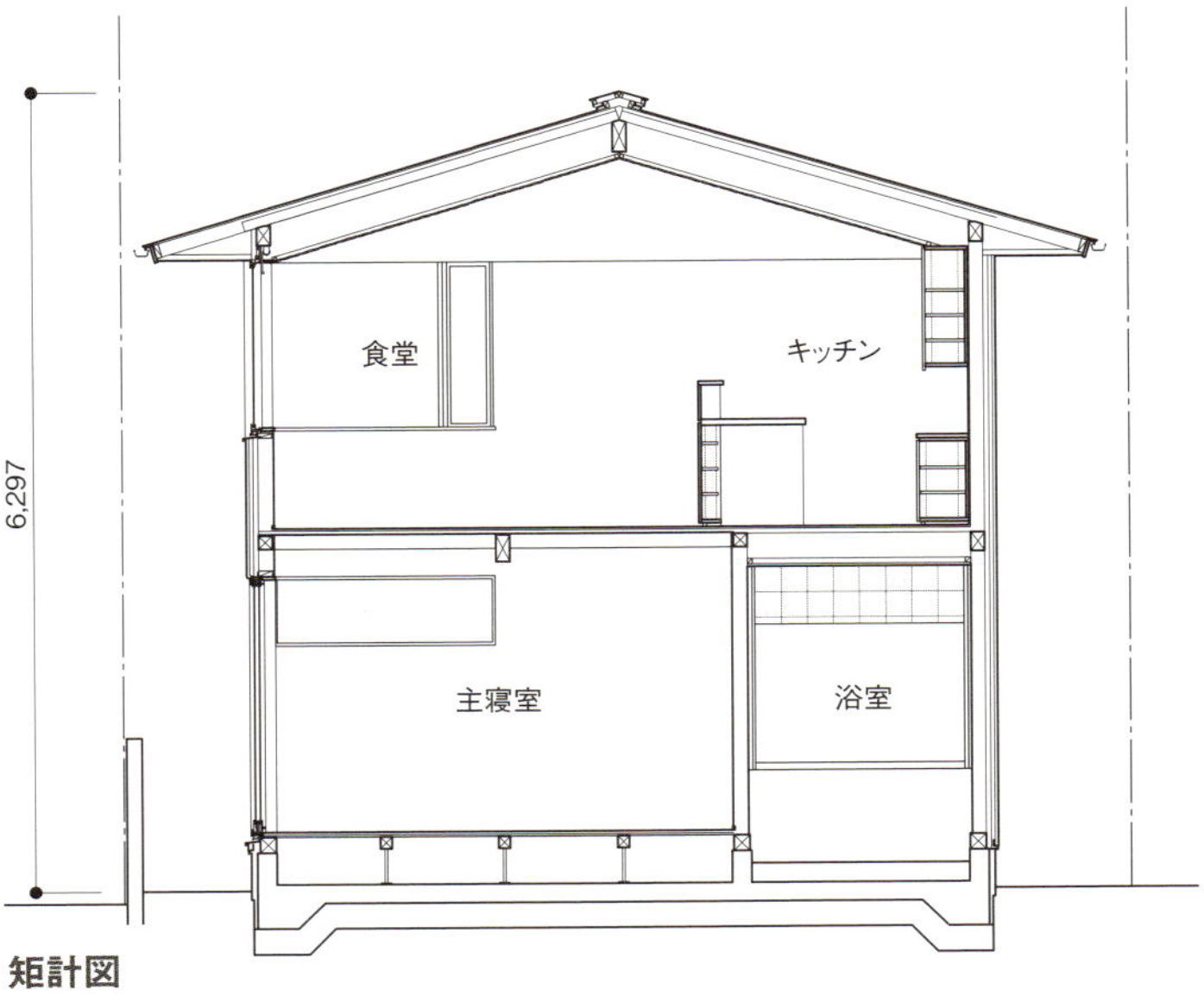
6,297
食堂
キッチン
主寝室
浴室

矩計図
(S＝1：100)

Q 55

古い街並みで違和感なくトップライトをつくる方法は？

A 寄棟の瓦屋根頂部を越屋根風に

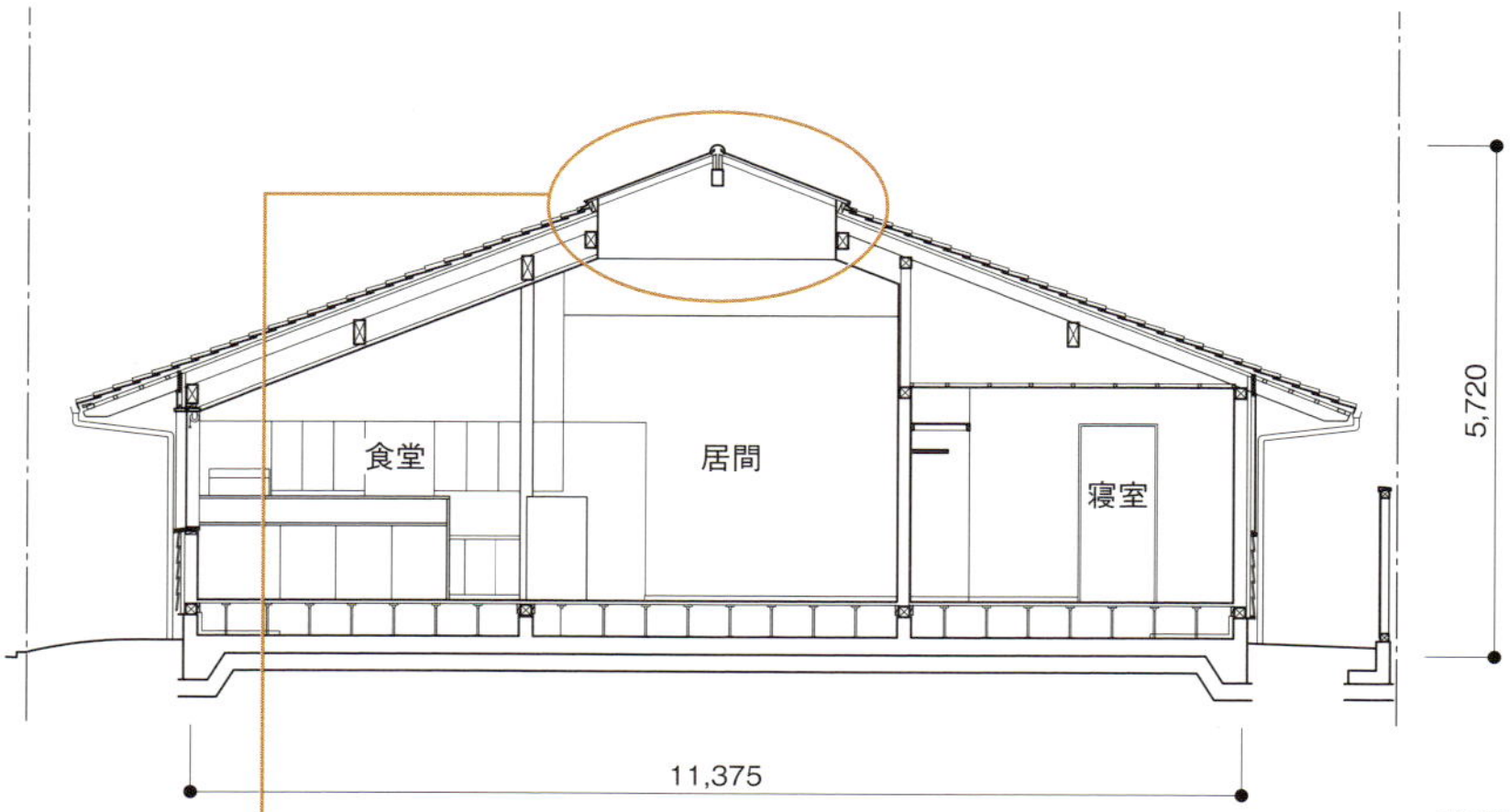

東西方向断面図
(S＝1：150)

周辺の古い街並みに瓦屋根で調和させながら、腰屋根のように一部を立ち上げて屋根頂部にトップライトを設けている

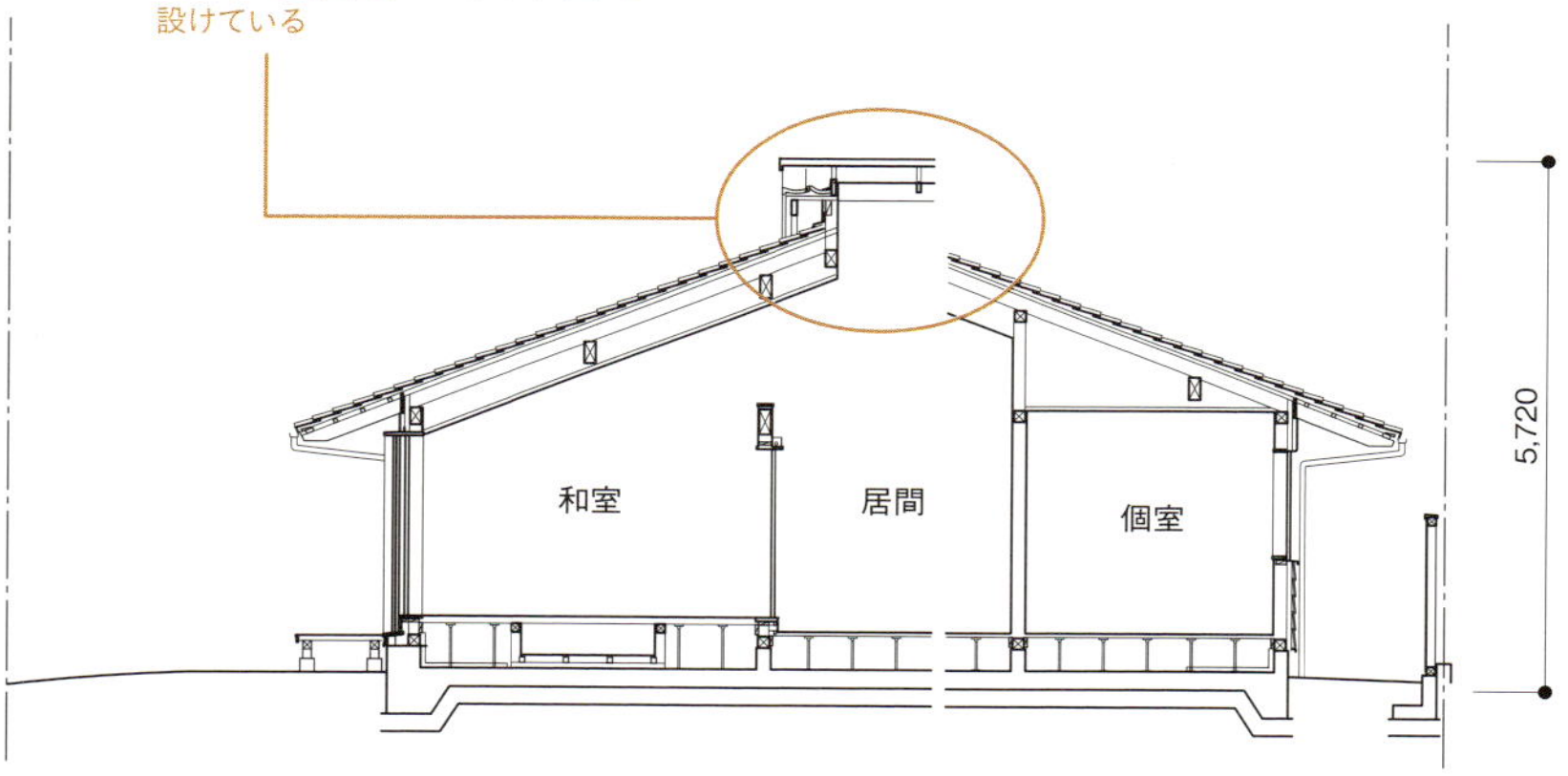

南北方向断面図
(S＝1：150)

玄関側（東側）の外観

瓦屋根の町並みにガルバリウムの屋根を架けて、街並みに破調をきたすようなことはできない。だが、平屋にして必要面積を確保すると、どうしても採光しにくい部屋が生じる。

そこで外観は伝統的仕様の要素で構成しつつ、中央屋根頂部を越屋根風に一部立ち上げたガラス屋根を架けた。

ガラス屋根を目立たせず、トップライトの光を落とし込むことで中央部の居間も十分明るい空間をつくり出す。

［東秩父の家］

暗くなりがちな中央部の居間は、トップライトから光を落としている

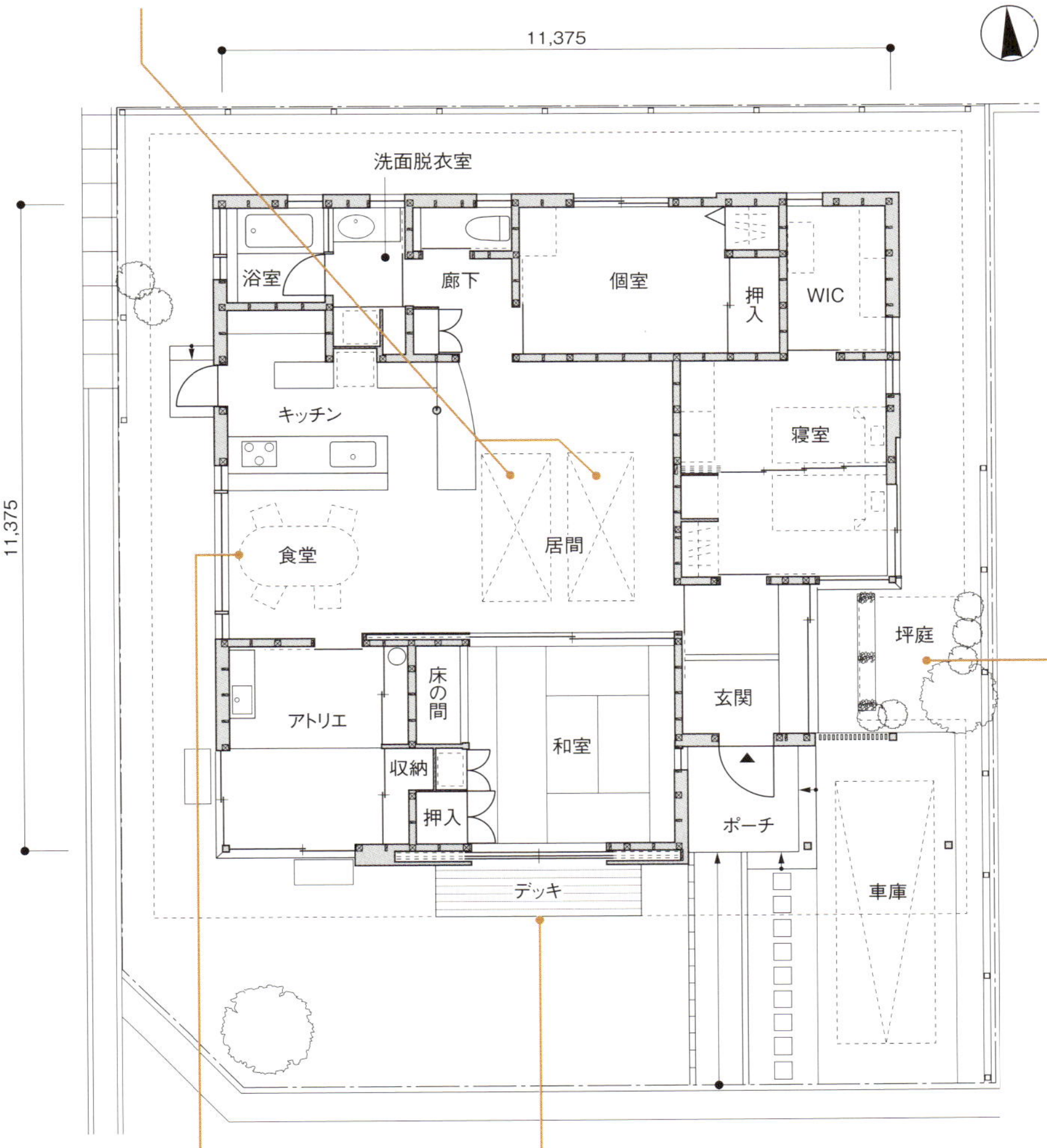

建物の雰囲気に合わせて玄関および寝室から見える坪庭は和風にしつらえている

食堂は道路に近い位置だが、人通りが少なく気にならない

近隣の人たちと気軽に話ができる濡れ縁

平面図
(S＝1：150)

トップライトから落ちる光で明るい居間。キッチン上にはフラットバーに挟み込んだ照明が仕込んであり、上下を照らす

西側外観。棟にガラス屋根が架かっている

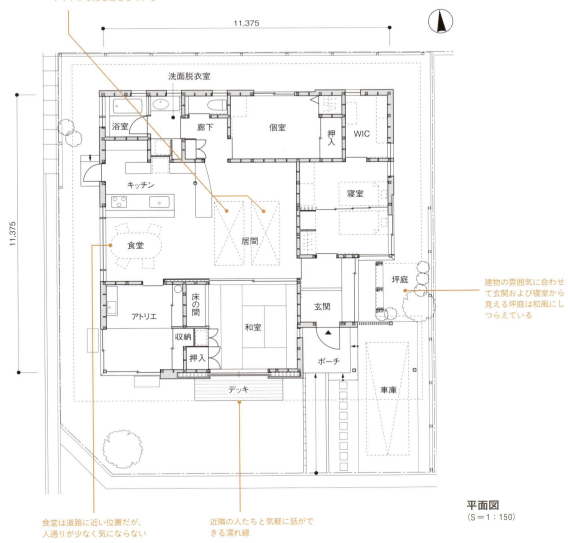

Q 56 窓で空間にアクセントをつける方法とは?

A 壁をくりぬいてFIXの丸窓をつくる

食堂の象徴的な窓。壁体内にプリーツブラインドが仕込んである。食卓上のペンダント照明のカバーは漆塗装

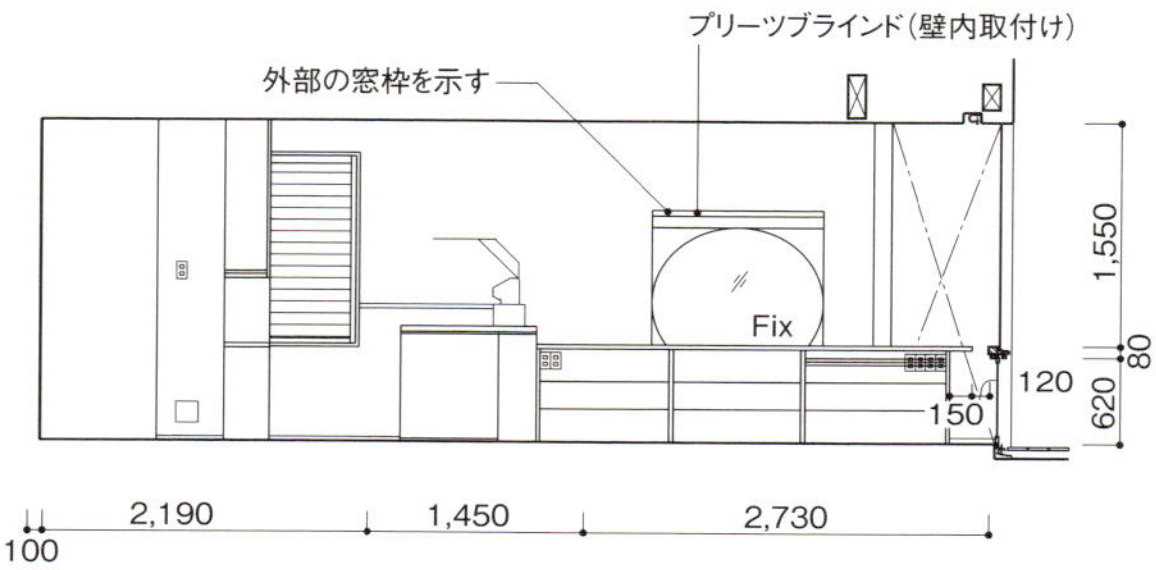

食堂東展開図
(S=1:100)

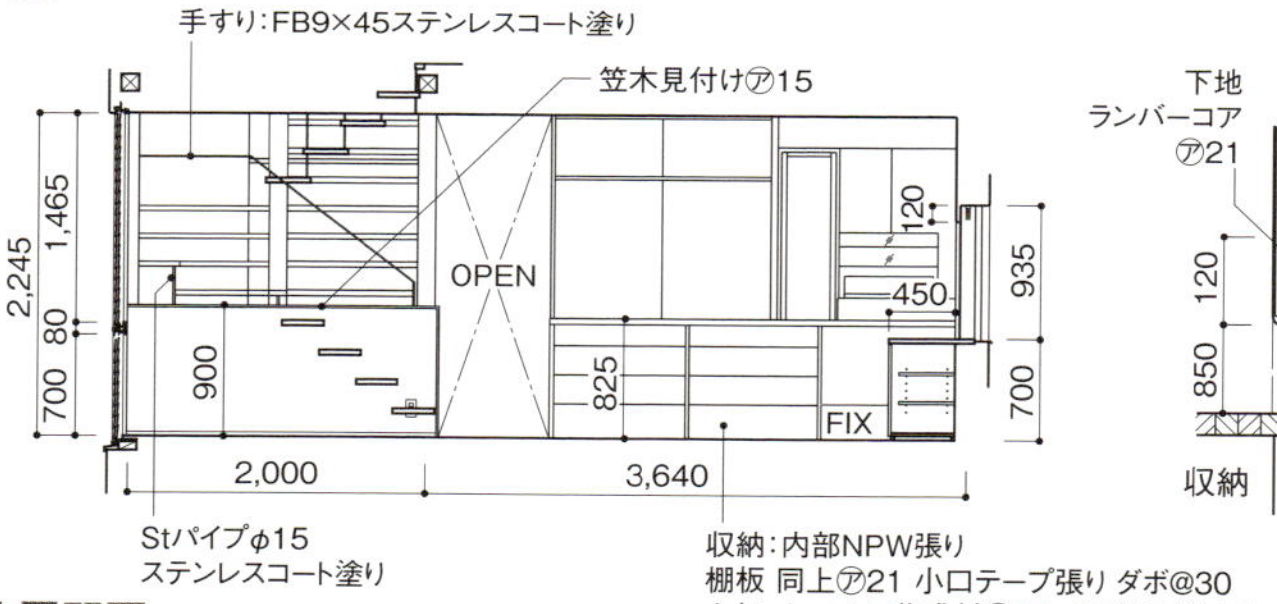

食堂北展開図
(S=1:100)

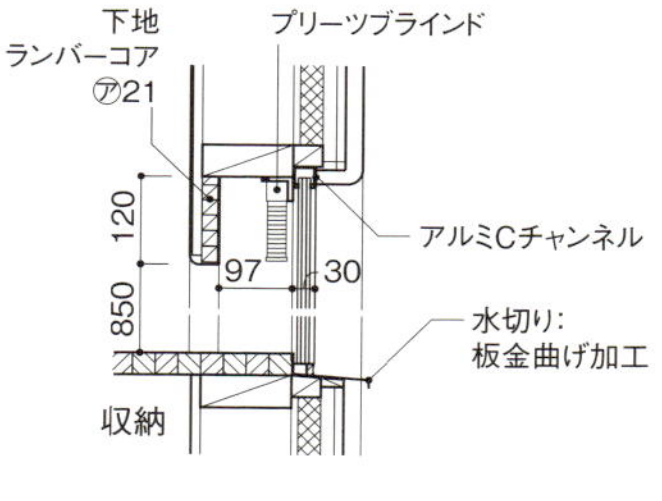

丸窓廻り詳細図
(S=1:20)

異形の多用は住宅の品を落とすリスクを伴う。しかし的を射た使い方をした場合、効果的でもある。

事例の窓は、東側にある。ここからは、道路を挟んだ隣家の桜も見え、景観的にも、食卓を朝日で照らすためにも窓がほしいところであった。しかし大きく取るには道路が近すぎる。そこで食卓を象徴的にするためにも、あえて食卓幅の丸窓とした。丸窓はフィックスで縁がなく内部側からは壁が刳り抜かれたような形態にし、壁厚内にはプリーツブラインドを仕込んでいる。

外部側は通常の四角の窓とし、見えてしまう内部側の丸い縁壁を、黒色塗装することでガラスを鏡面化して見えなくし、違和感のない表情としている。照明もその方向性を強調する器具を選んで吊るしている。

「深沢の家」

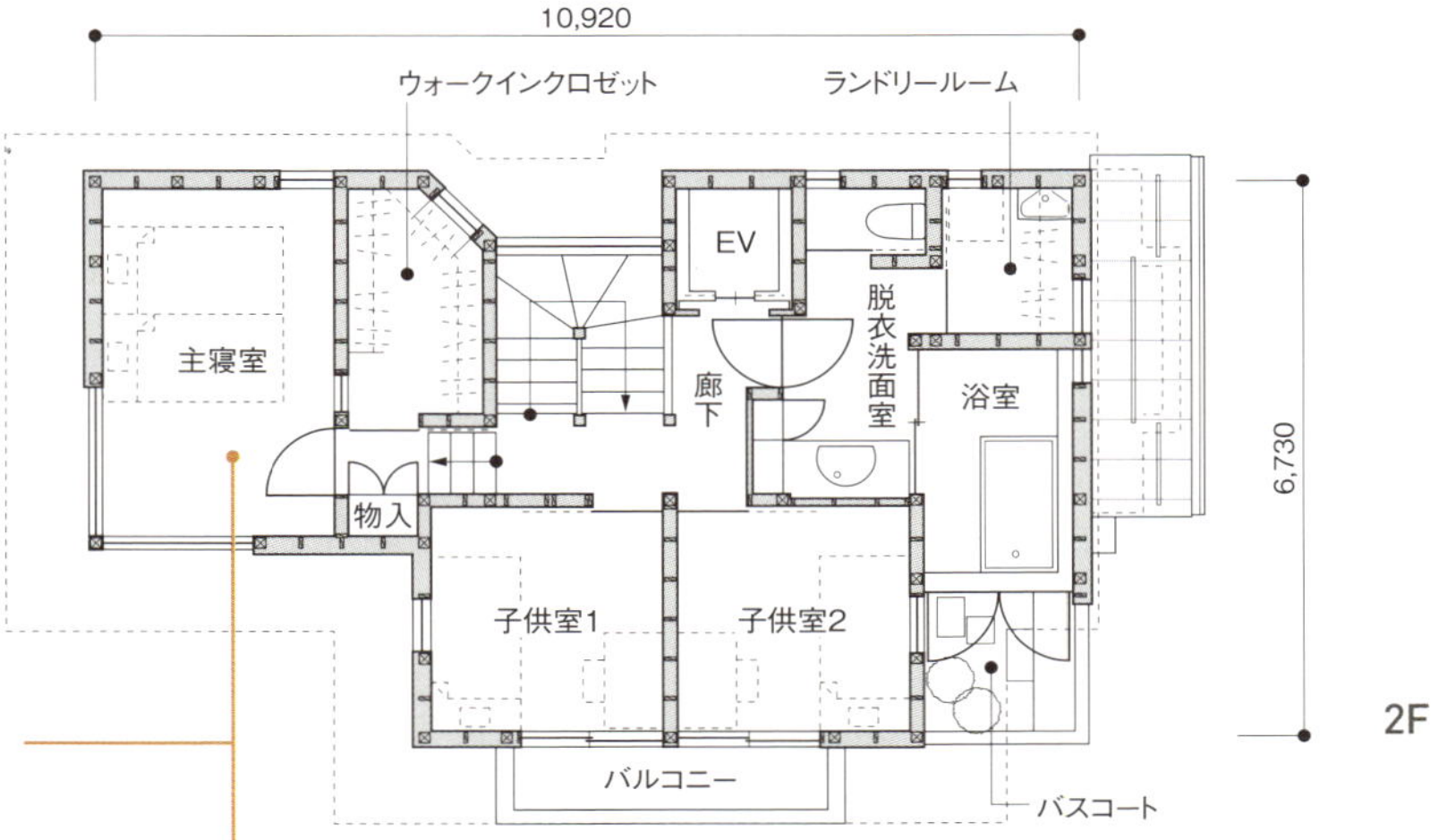

居間の上の主寝室の床が800mmほど高くしてあるので、下階の居間の天井がその分高くできる

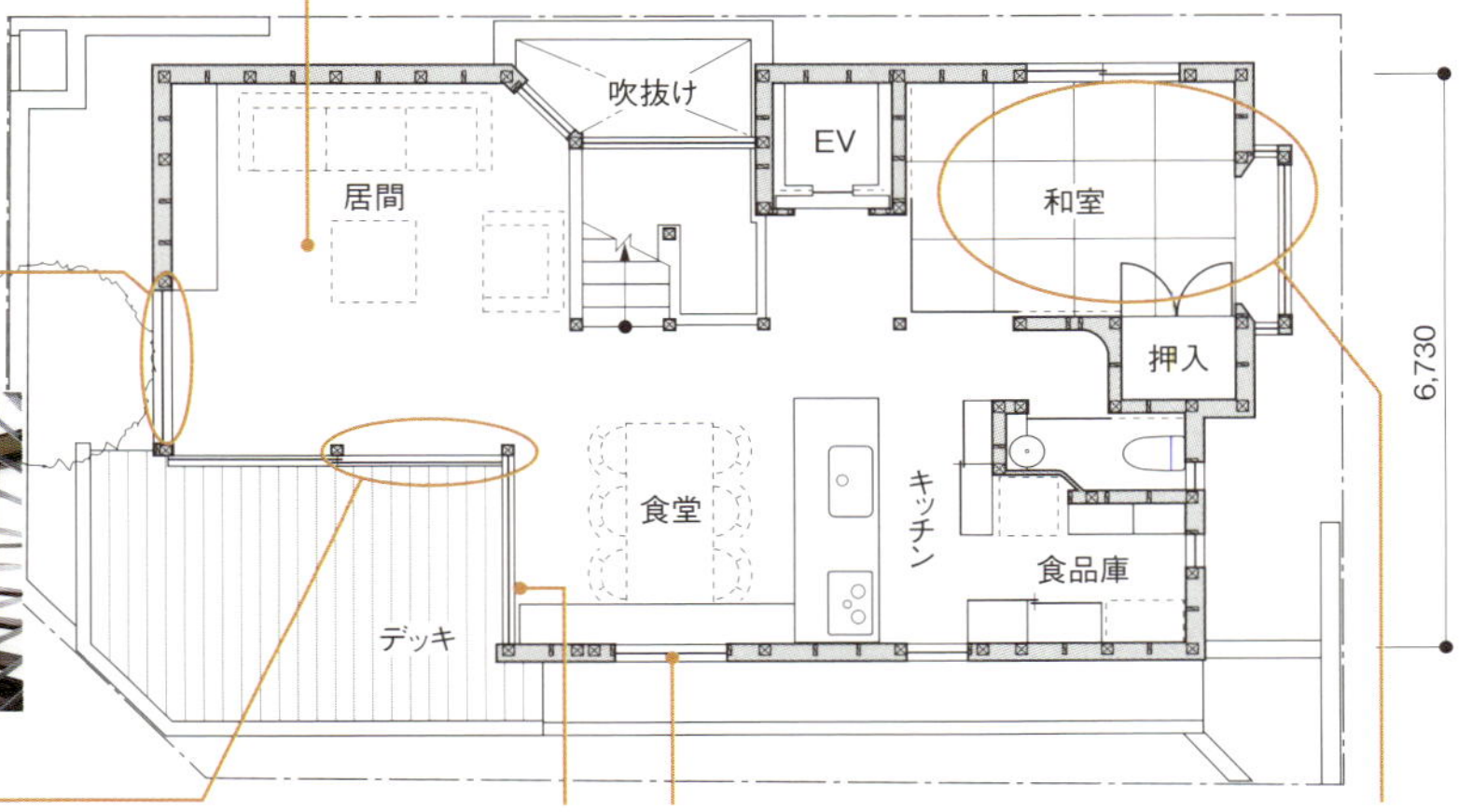

上と下に風を抜くための引き違いの窓があり、中央部分は外を眺めるためのFIXガラスにしている

幅の広い木製建具となっており、開けると外の木製デッキと一体化する

上がFIX窓、下が風抜き窓になっている

食堂の象徴ともなる丸窓。玄関アプローチの上部にあたる

客間にもなる和室。正面は大きなガラスで床の間的な扱いに

玄関を入ると正面にドライエリアの坪庭が見え、自然光も射している。坪庭の植栽は、上階でも階段の隙間から見ることができる

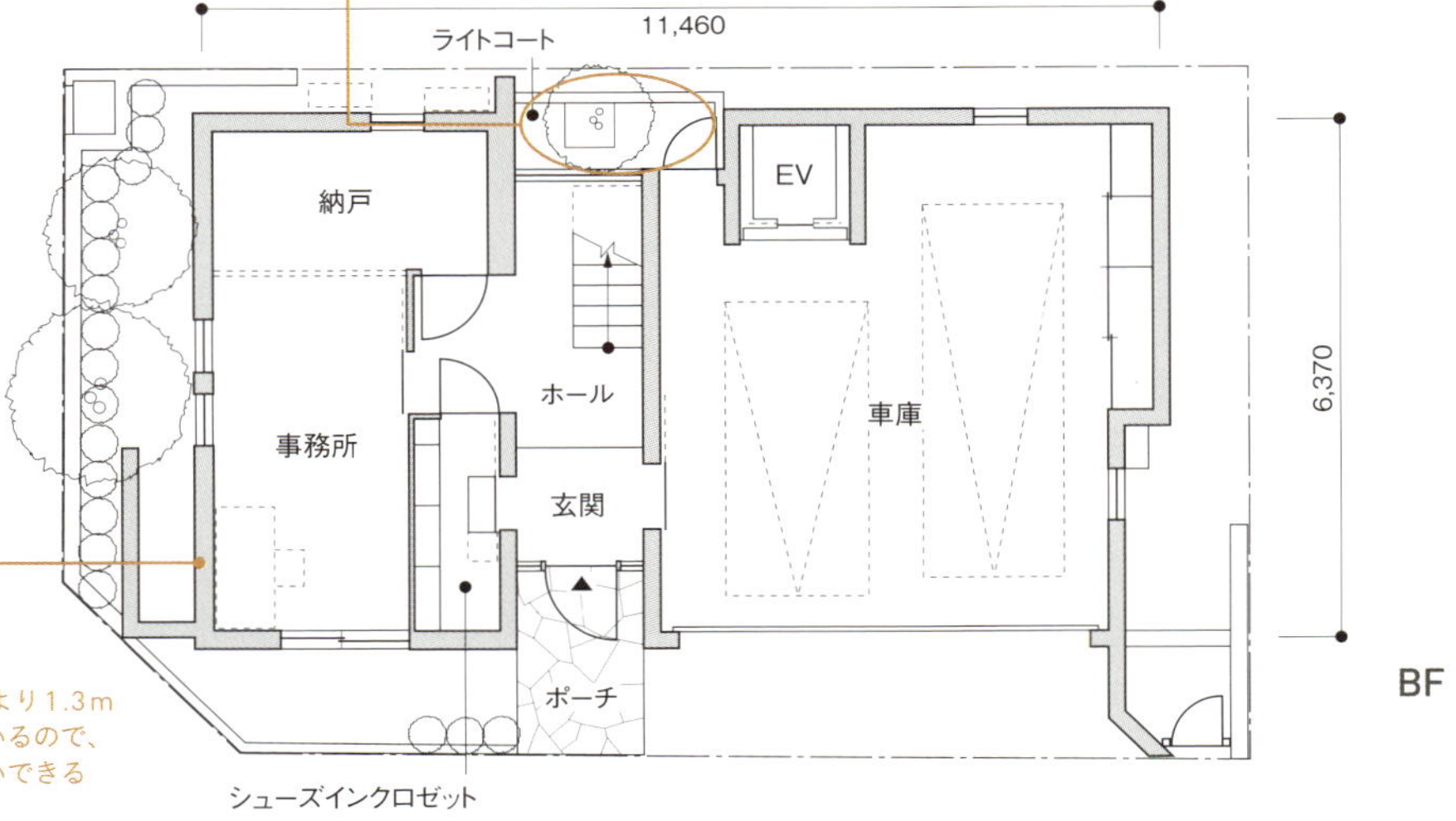

周囲土面は道路より1.3mほど高くなっているので、最下層を地下扱いできる

平面図
（S＝1：150）

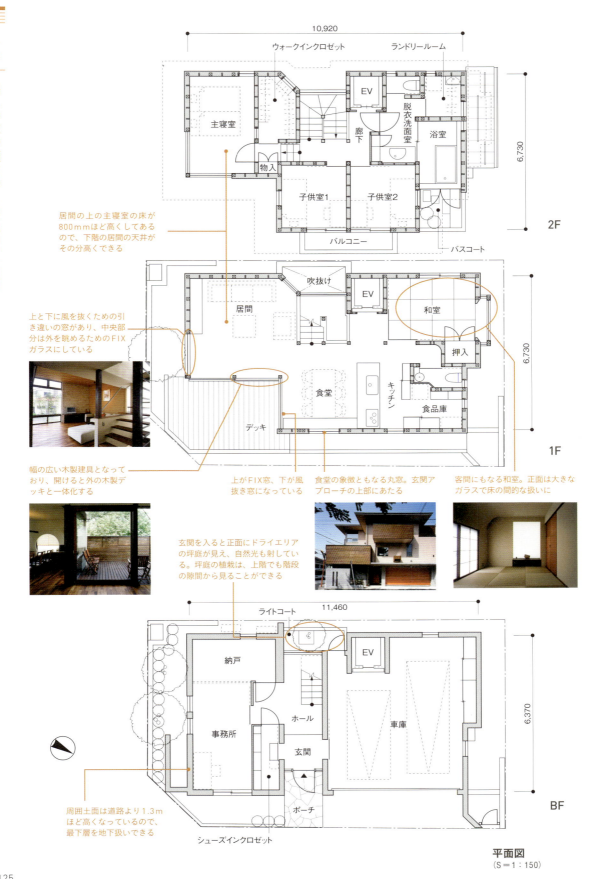

A 雑木林のアプローチで自然味のある家屋敷にする

南北に極端に長い敷地をどう生かすか

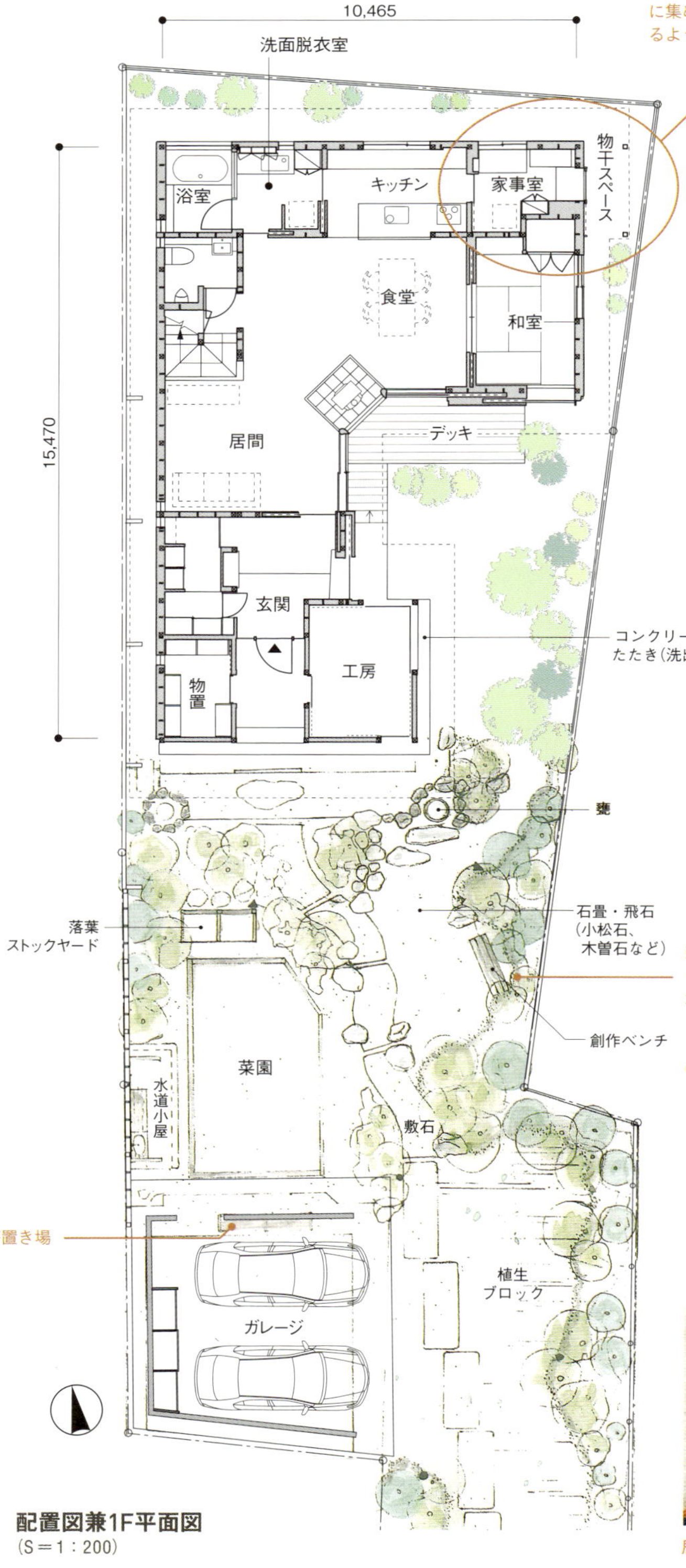

パントリーや家事机、物干し場など、家事関係を北側に集めて効率よく作業できるようにしている

雑木林のようなアプローチ。道路からは、木々の向こうに家があるように感じられる。アプローチでは、四季の変化が楽しめる

ストーブ用の薪置き場

配置図兼1F平面図
(S＝1：200)

居間から食堂、吹抜け方向を見る

食堂前のデッキから工房方向を見る。食堂にいても工房の気配が伝わる

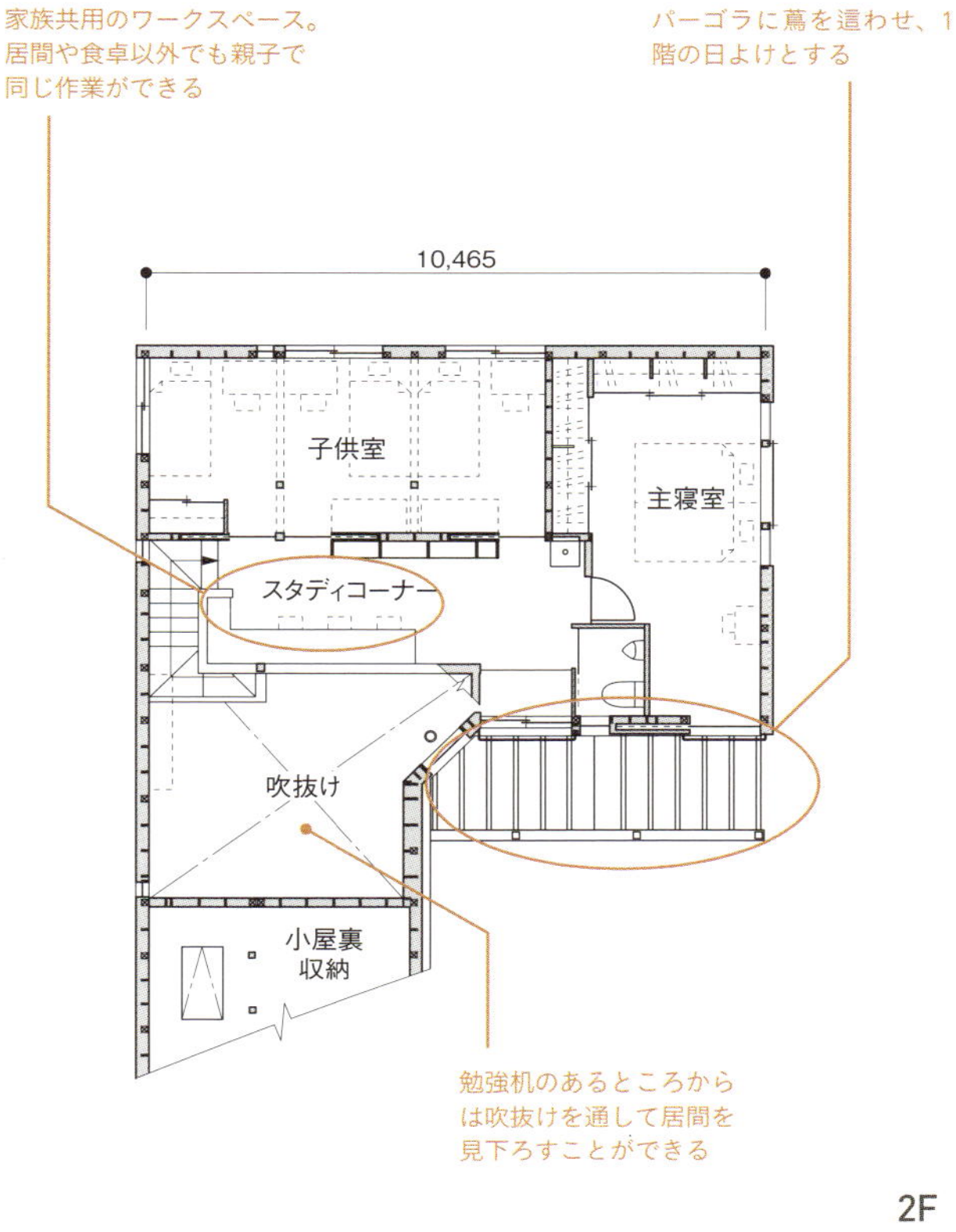
家族共用のワークスペース。居間や食卓以外でも親子で同じ作業ができる
パーゴラに蔦を這わせ、1階の日よけとする
10,465
子供室
主寝室
スタディコーナー
吹抜け
小屋裏
収納
勉強机のあるところからは吹抜けを通して居間を見下ろすことができる
2F

薪ストーブは調理でも活用される。後ろの腰壁は放熱のため二重壁となっている。ストーブを燃やさないときは背面に和紙のプリーツスクリーンを降ろすことができる

東側から工房・玄関・居間・ストーブの後ろの窓を見る。工房の窓は引込み戸になっていて、引き込むと工房と中庭が一体化する

南北に細長い敷地の場合、住まいを北寄りに置かないと、北側に残された土地が有効に活かせない。住宅も細長くならざるを得ず、南側間口も広くとれない。

南側には玄関と関連する諸室を東西に、狭く低く配し、大屋根の住宅とする。建物東側中ほどに、陽光が射すようにコの字型の庭を配し、吹抜けの居間や薪ストーブのある食堂の採光はそこから採り入れる。

住宅の南側に残った敷地には、住まい以外の付属する機能の車庫や家庭菜園、ストーブ用の薪置き場等を配し、それらの間を通る玄関への長いアプローチとする。それだけ離れていてもキッチンから、食堂、庭、長いアプローチを通してインターホンのある門の付近が見えるようにする。

そのアプローチは車路としての機能も必要とすることから、自然石のピンコロ石を並べて、石の間に芝を植え、緑の多い石畳にする。車庫入れの邪魔にならない範囲に木々を植えて、東西の敷地境界を見せず、細長さを感じさせないようにして、奥行きのある雑木林風の、自然豊かなアプローチにする。

「飯能の家」

Q 58 小さくても変化のあるアプローチのつくり方は？

A 高低差と動線でシークエンスを変化させる

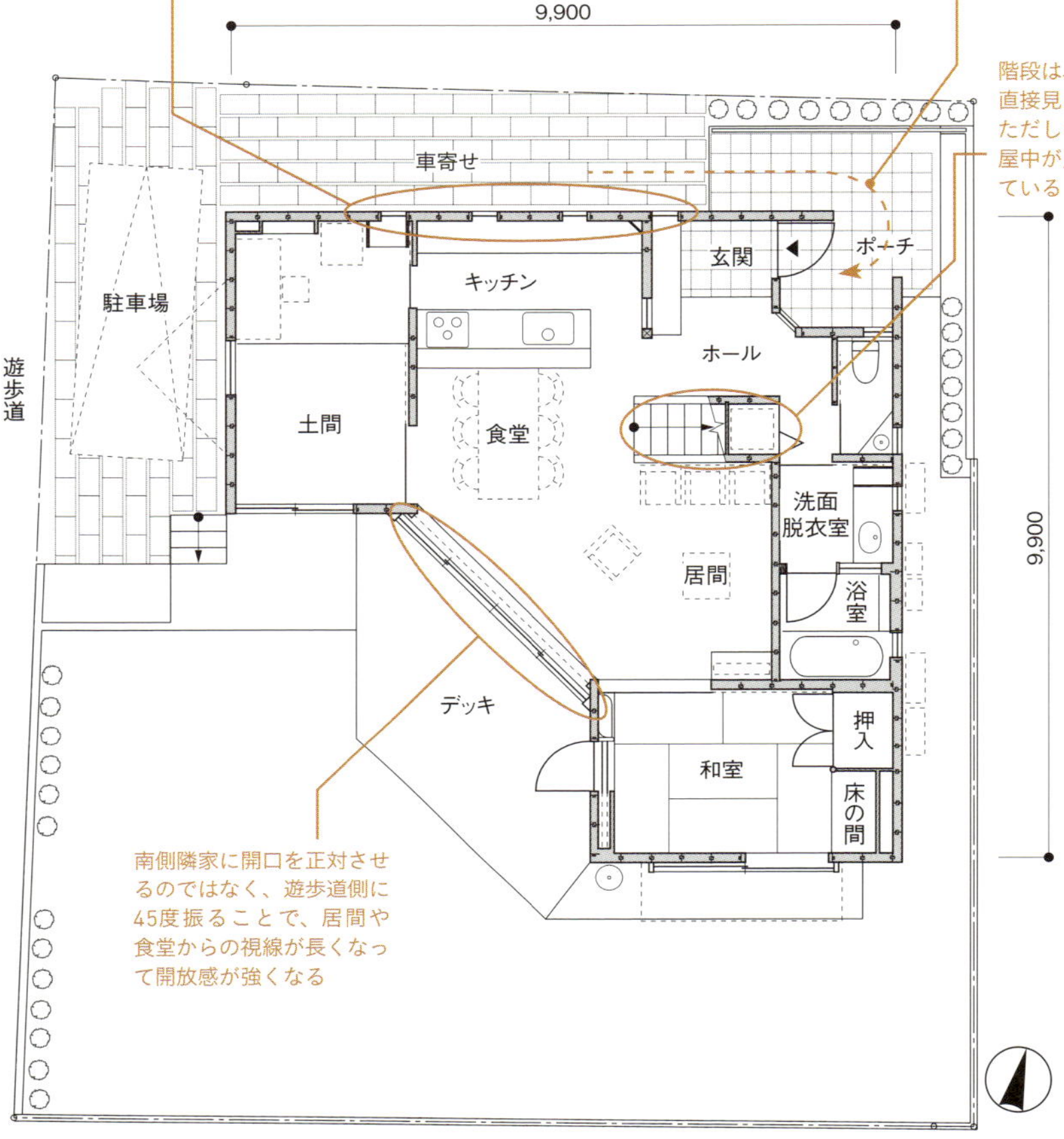
窓は均一にして、存在を意識させないようにしている
来客用の車寄せ分、建物を道路から離して置き、車寄せからステップ、ポーチ、さらに振り返って玄関扉と、道路からわずかな距離のなかに豊かなアプローチをつくっている
階段は、玄関から居間が直接見えないように配置。ただしキッチンからは部屋中が見通せるようにしている
南側隣家に開口を正対させるのではなく、遊歩道側に45度振ることで、居間や食堂からの視線が長くなって開放感が強くなる

1F　**平面図**
(S＝1：150)

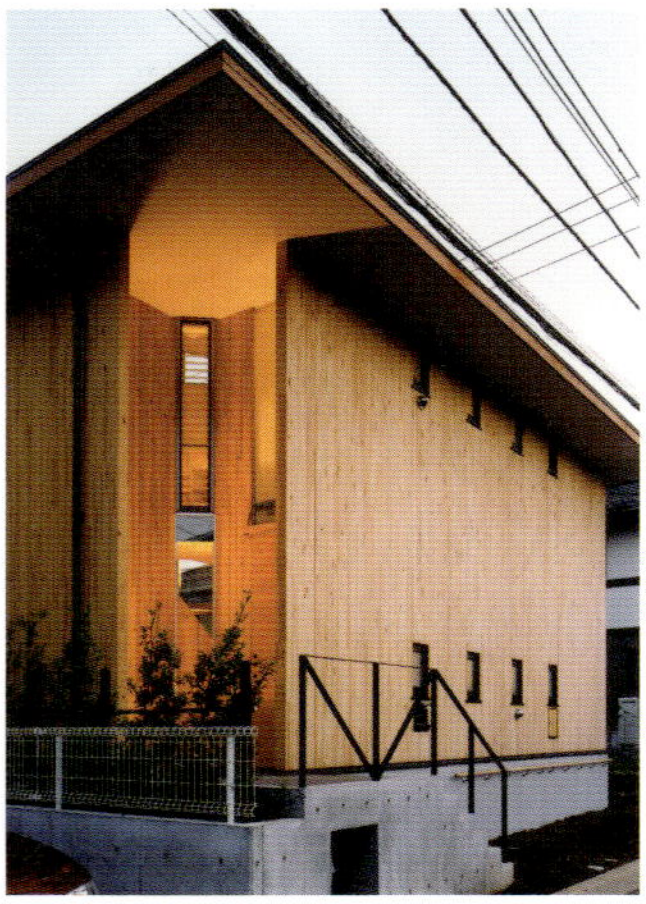

車寄せ側から階段を昇り、ポーチで振り返った位置に玄関扉がある

北接道の敷地の場合、庭をできるだけ大きく取ろうとして、建物を北に寄せがちだが、そうすると道路からすぐ玄関になって十分なアプローチが取れない。

この住宅は、軒の出と客用車寄せを兼ねて、境界から2.0mほど離して建物を据え、外階段で4段ほど上がらせて、反転して吹抜けのポーチ空間に導き、玄関ドアに向かうアプローチとしている。「印西の家」

吹抜けの居間と食堂夜景

デッキに面する居間の開口部は、隣家の北壁に対して45°遊歩道側に振られている

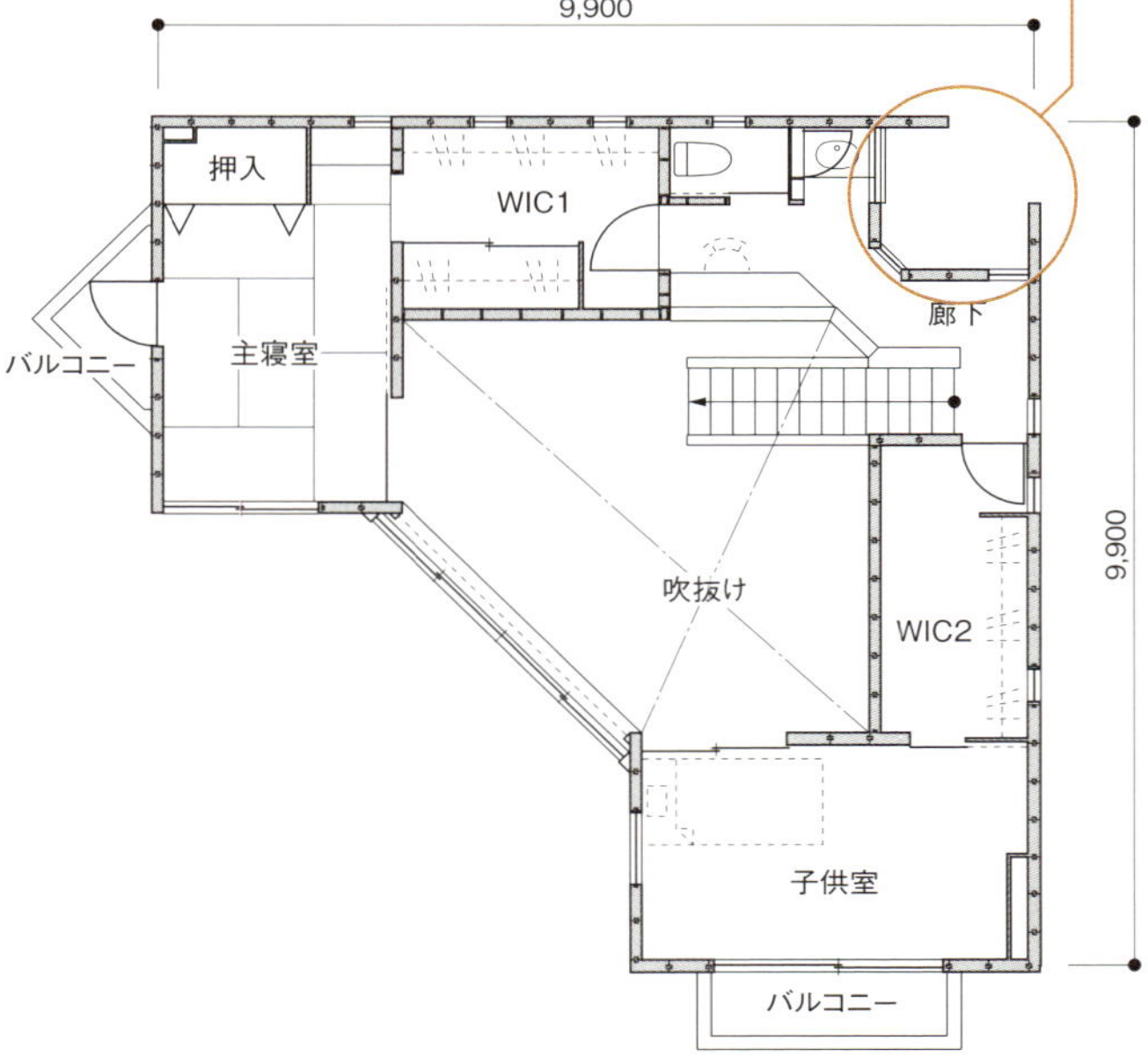
玄関扉の前の、外部の吹抜け空間だが、廊下、洗面、階段、1階トイレの採光・通風にも重要な役割を果たしている

2F

階段は吹抜けの食堂側にある。手すり壁途中に見える小さな障子の出っ張りは、壁厚内につけた照明のカバー

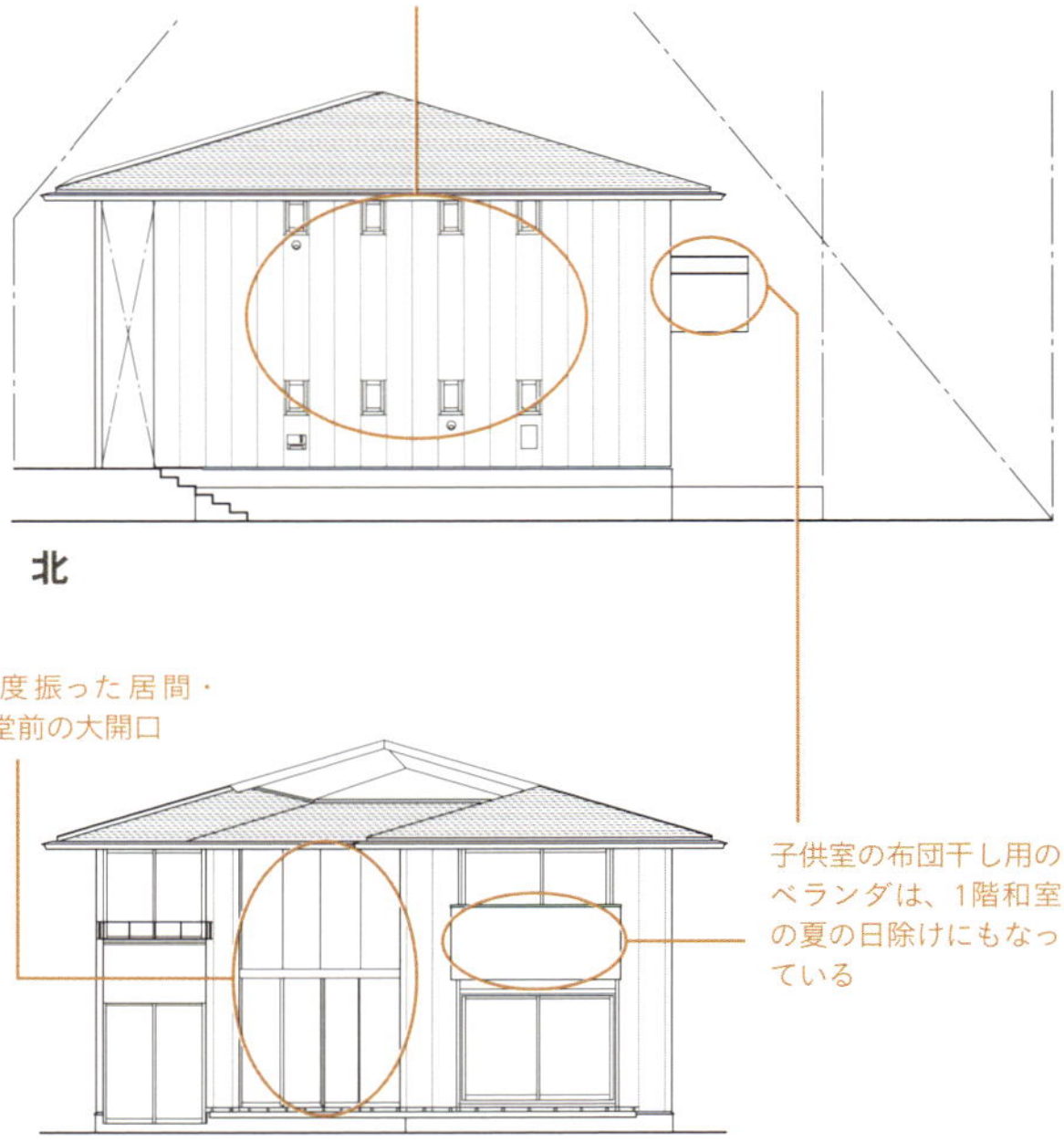
存在を意識させない均一な窓
45度振った居間・食堂前の大開口
子供室の布団干し用のベランダは、1階和室の夏の日除けにもなっている
南

立面図
(S＝1：250)

Q 59 4階建てRC造住宅のファサードをどう整えるか

A スリット状の開口と浮いた屋根で表情をつける

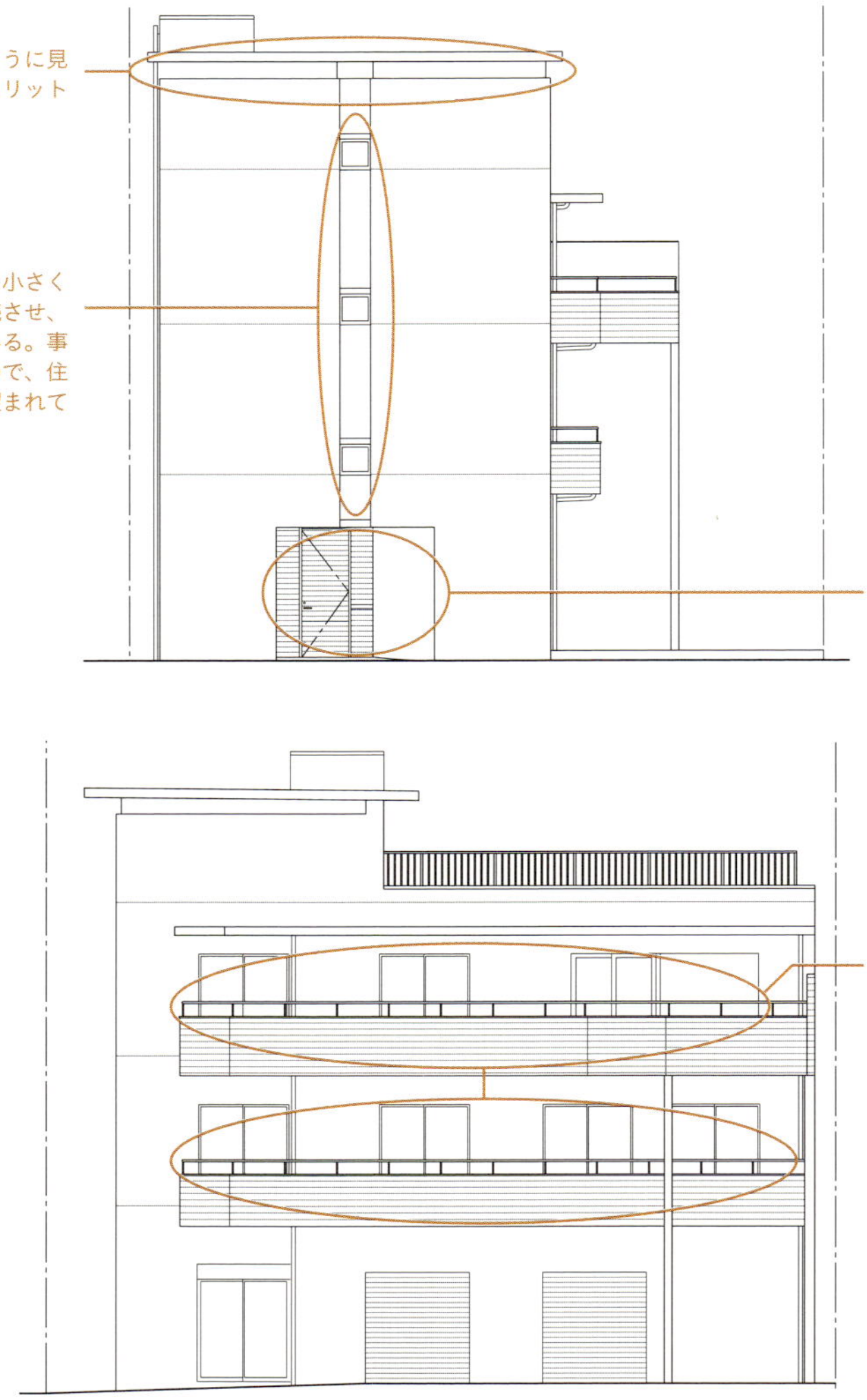
屋根が浮いているように見せるため、横長のスリット窓を入れている
西日を避けるために小さくした開口を各階連続させ、建物の特徴としている。事業用ビルでもあるので、住宅然とした表情は望まれていなかった
庇を出すのではなく、玄関を奥まらせて導入効果を高めている
西面
南側は陽光を確保するため、必要な窓を十分に設けている
南面

立面図
(S＝1：200)

右/西側正面外観　左/西側夜景。浮く屋根がわかる

西側壁面では、西日対策もあり、大きな開口部は設けない。風抜き窓を各階入り口と同位置にそろえて設けることで、壁面のアクセントにする。さらにペントハウス階の屋根スラブは壁から浮かして架ける浮き屋根で、開口部ラインを上昇する縦から横の水平に連続させ、壁際の間接照明でそれを強調する。

「今戸の家」

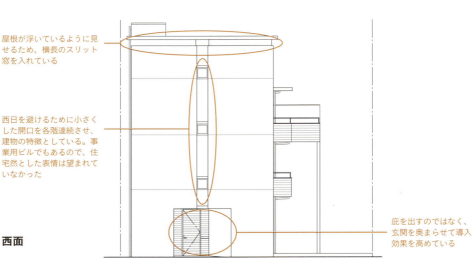

3階子世帯は地上面から切り離されているので、屋外空間を楽しめる広いバルコニーを居間・食堂に隣接させて設けている
RCの壁厚を利用した小さな床の間

1階と2階事務室は事業用として使用する

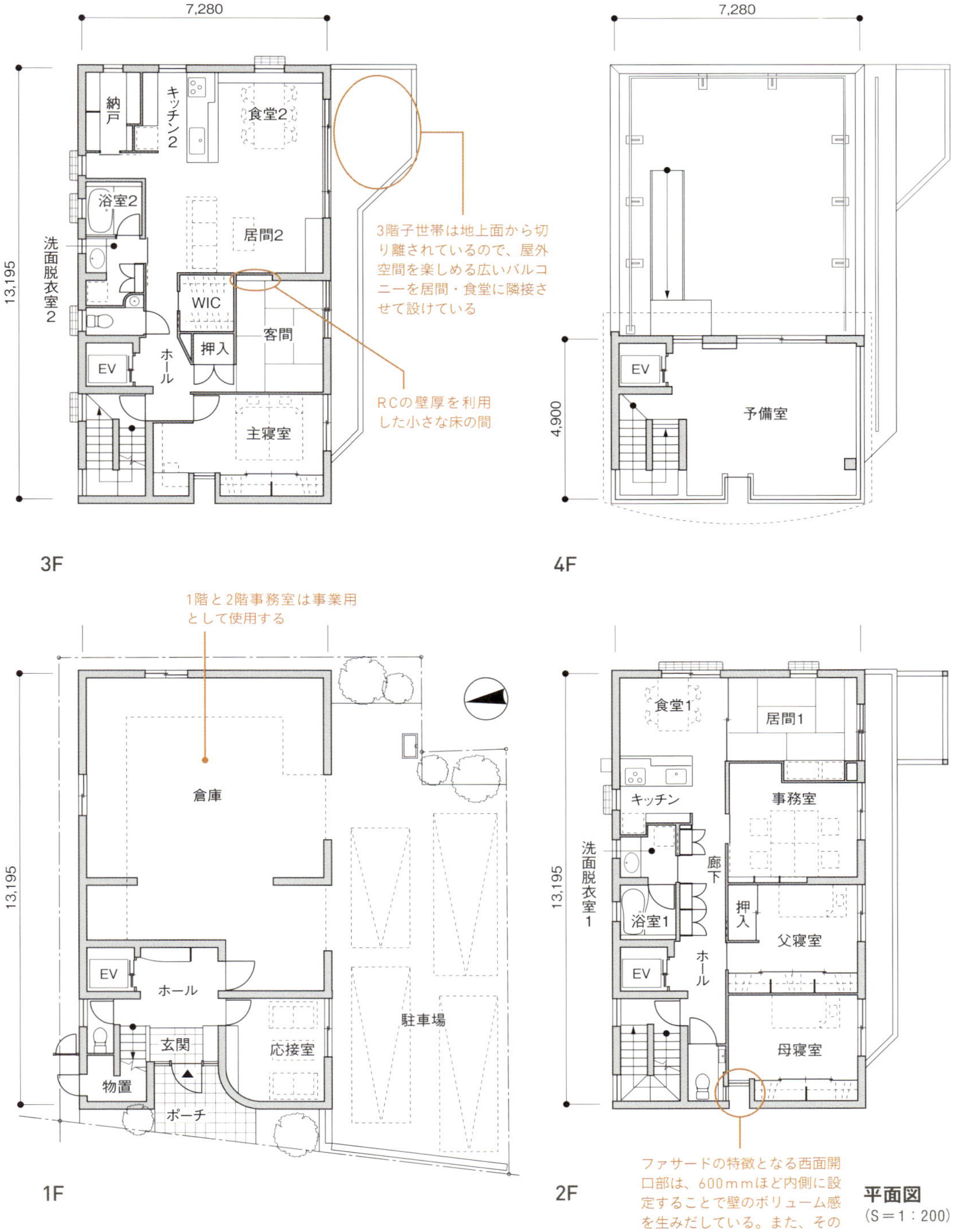
ファサードの特徴となる西面開口部は、600mmほど内側に設定することで壁のボリューム感を生みだしている。また、その奥行きを利用してトイレの窓が目立たないようについている

右/和室には簡易な床の間がしつらえてある。畳床の部屋の壁際にバランスと位置を考えて、竹で幅10cmほどの棚板を吊って添えることでミニ床の間ができる
左/RCの家だが居間には木がふんだんに使用されている

A うねる屋根で柔らかい表情をつくりだす

似たような住宅が並ぶなかで、違和感なく個性をつくるには？

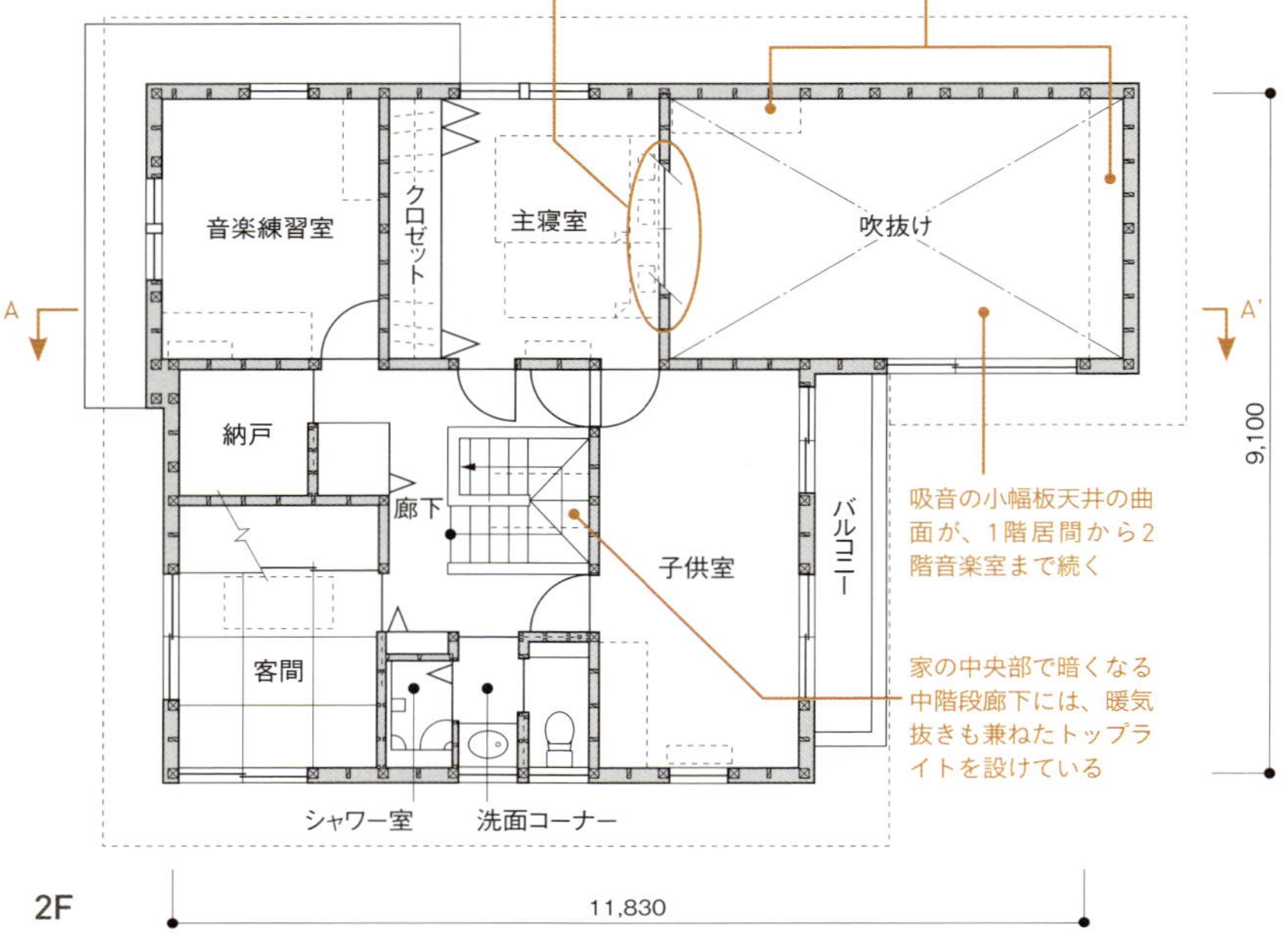
引き分け戸で寝室と居間の交流ができる
トップライトからの光が、櫛引きの壁の凹凸を照らし、時間によりさまざまな表情をつくり出す

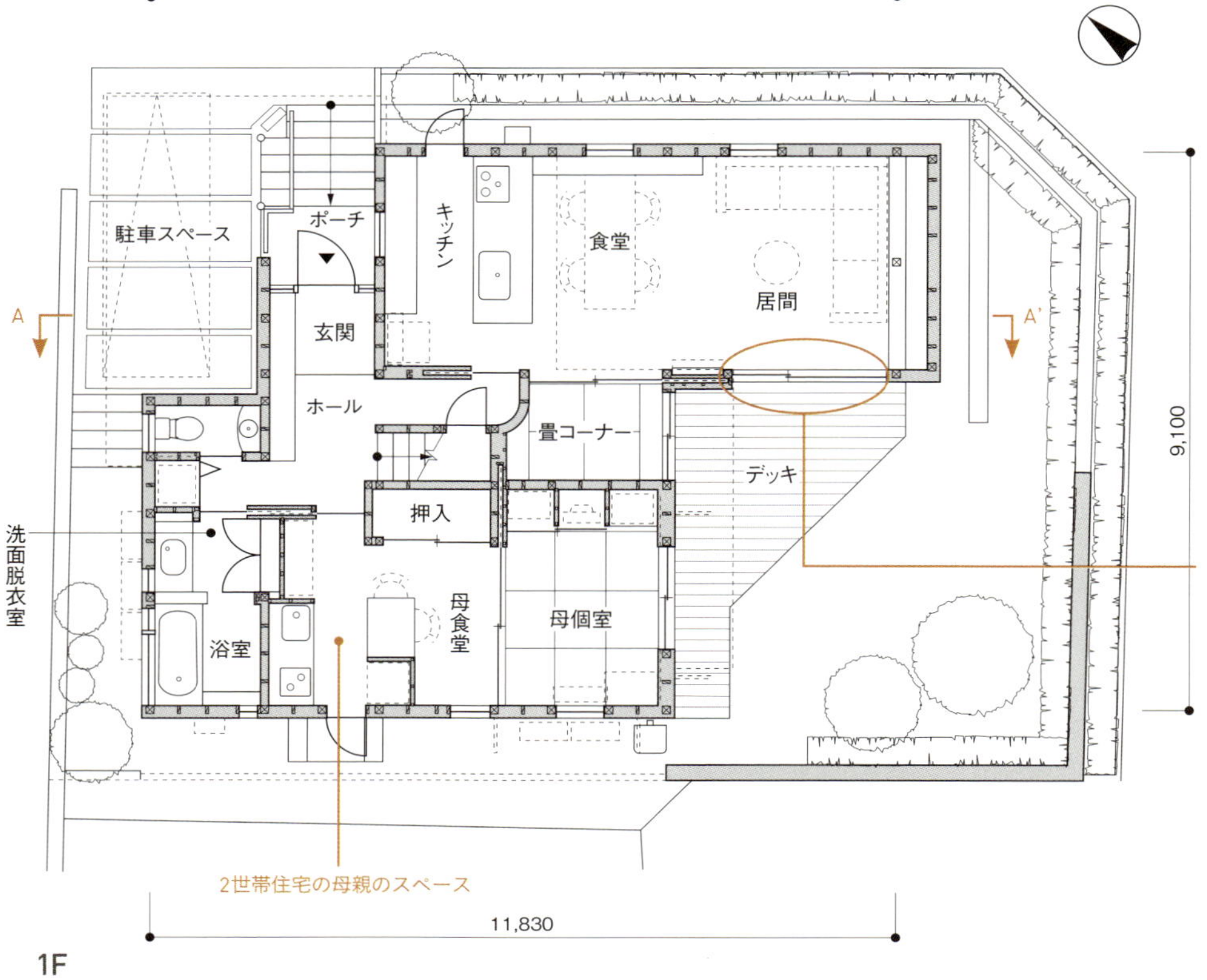
道路に近い角地のため、1階道路際の壁には通風用の小窓以外開口は設けず、庭側に大きな開口を設けている
2世帯住宅の母親のスペース

平面図
(S＝1：150)

吸音の小幅板天井の曲面が、1階居間から2階音楽室まで続く
家の中央部で暗くなる中階段廊下には、暖気抜きも兼ねたトップライトを設けている

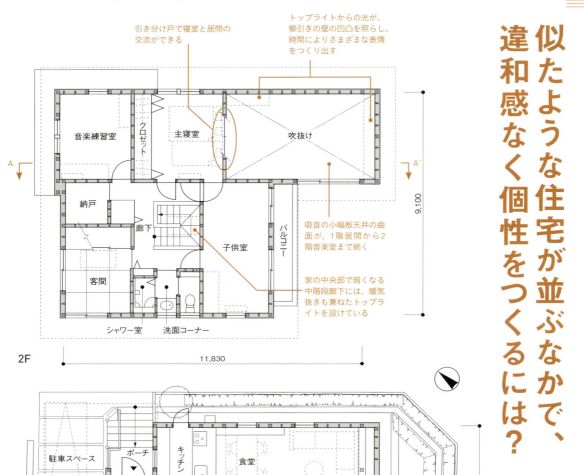

曲面の勾配天井。道路に近い東南の壁には窓を設けず、トップライトで光を落とす

柔らかな曲面屋根を強調するため、壁面にはうがつように小窓しか設けていない

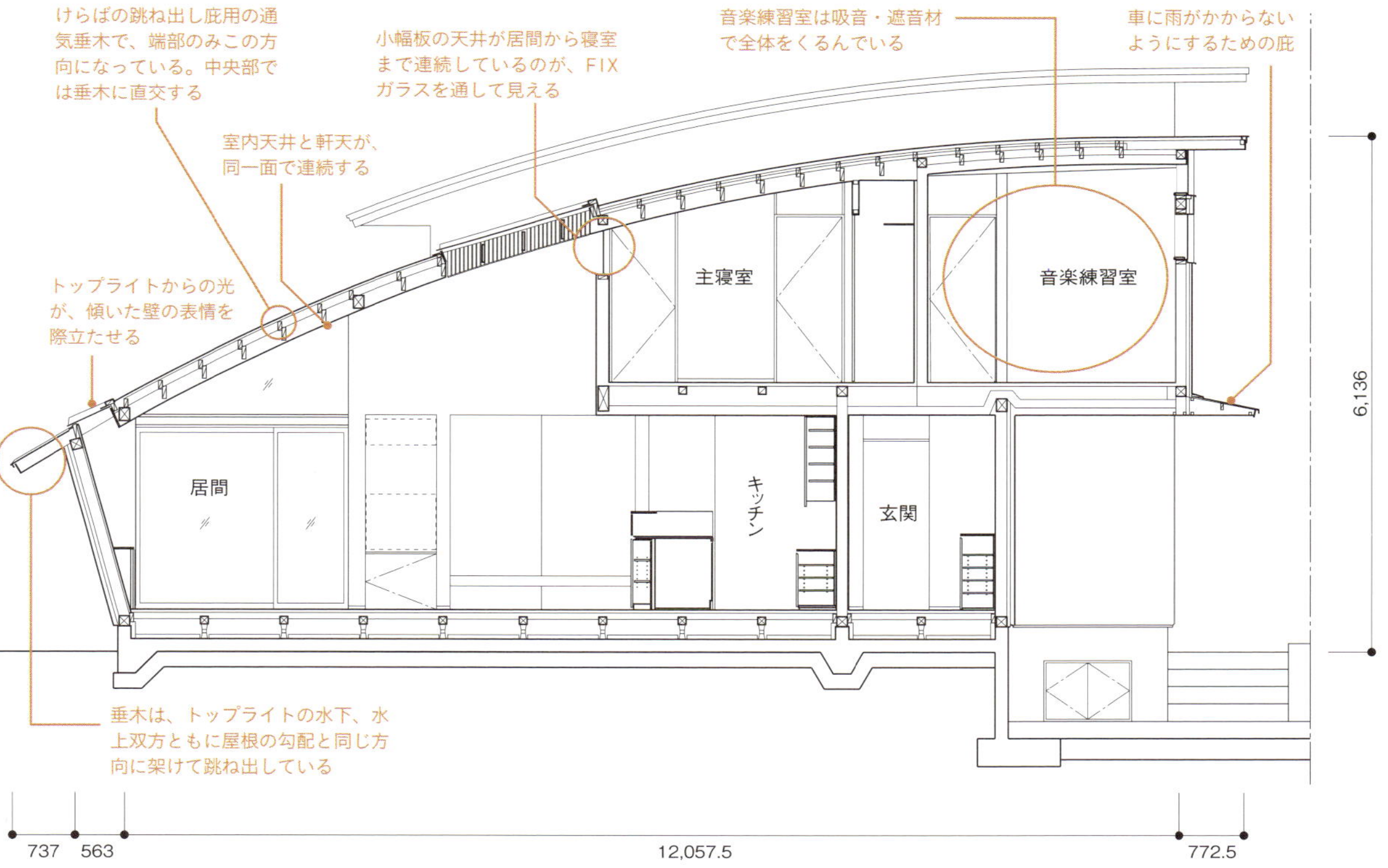

けらばの跳ね出し庇用の通気垂木で、端部のみこの方向になっている。中央部では垂木に直交する
小幅板の天井が居間から寝室まで連続しているのが、FIXガラスを通して見える
音楽練習室は吸音・遮音材で全体をくるんでいる
車に雨がかからないようにするための庇
室内天井と軒天が、同一面で連続する
トップライトからの光が、傾いた壁の表情を際立たせる
主寝室
音楽練習室
居間
キッチン
玄関
6,136
垂木は、トップライトの水下、水上双方ともに屋根の勾配と同じ方向に架けて跳ね出している
737
563
12,057.5
772.5

A-A'断面図
（S＝1：100）

形態の柔らかい雰囲気を内外に出そうと、曲面の屋根を架け、天井も屋根と同じ曲面で途切れなく連続させたい場合、勾配方向に垂木は掛けられない。垂木を勾配と直交するように水平に架け、1本1本の垂木のレベルを束と登り梁の垂木掛けの高さで調整することで、垂木レベルの軌跡は曲線となる。

その軌跡に沿った大きな曲率であれば、厚み18㎜程度のスギの野地板は、無理なくしなって曲がる。垂木の軌跡の下に天井下地も同じようにつくることで、屋根と天井に曲面を形成することができる。

その上に屋根材を葺き、その下に曲線に直交するように小幅板を張ることで、天井懐も垂木の背丈分ですみ、建物の外観と内観とが一致し、うねる天井と屋根が架けられる。

「はるひ野の家」

Q 61 総2階建ての家の特徴のつくり方は？

A 縦と横のラインを強調する

南

開口部が多くなる南面は、1、2階の開口部位置をそろえて縦ラインを強調し、ベランダ手すりの木組みをアクセントにしている

東

東面はシンメトリックな構成としている

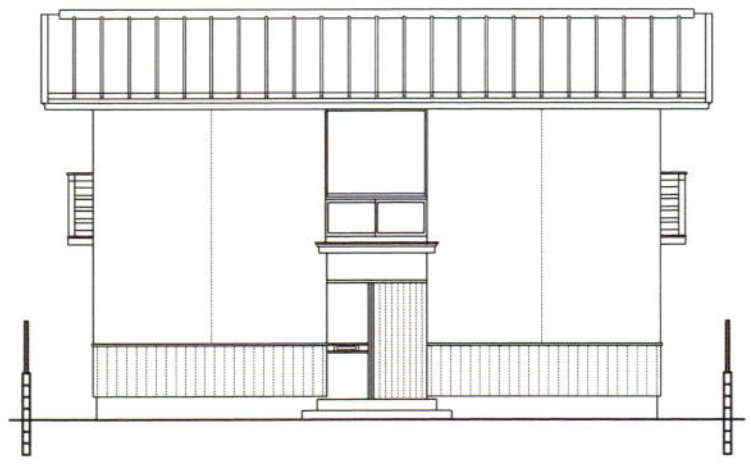

北

道路入り口側となる北面の開口は、玄関横と上だけとして、漆喰壁の白さを強調する。雨の跳ね返りで汚れないよう、腰壁に焼きスギを張っている

西

隣家がすでに立っている西面は、サービス機能を優先した立面となっている

立面図
(S＝1：250)

住宅の設計では、建ぺい率や工事費等で総2階建ての住宅にするケースはよくあるが、必要間取りをそのまま意識せず立面に表すと凡庸な表情になりがちである。それを避けるために、外壁を漆喰にし、焼きスギの腰壁のラインと軒線とでメリハリの効いた2重の水平線を強調した壁面にする。その上で内部空間を南北方向に割るように、中央に幅2.2mほどの吹抜けのような空洞を設け、そこに玄関土間、食堂およびその上の吹抜け、格子壁で仕切った階段廊下およびPCコーナー等を配し、かつその幅で北と南に軒から腰までの縦帯状の開口部を設け、水平線と対比させる。

この手法は注意が必要で、北入りの場合、玄関開口の幅でそのまま軒まで開口を集約でき、ほかに開口部がなく、漆喰の壁量を多く集約できれば、腰壁が効いてくる。南側のように開口部が多くある場合はさほど有効ではない。また、漆喰壁は軒を大きく出して保護する必要がある。

「戸神台の家」

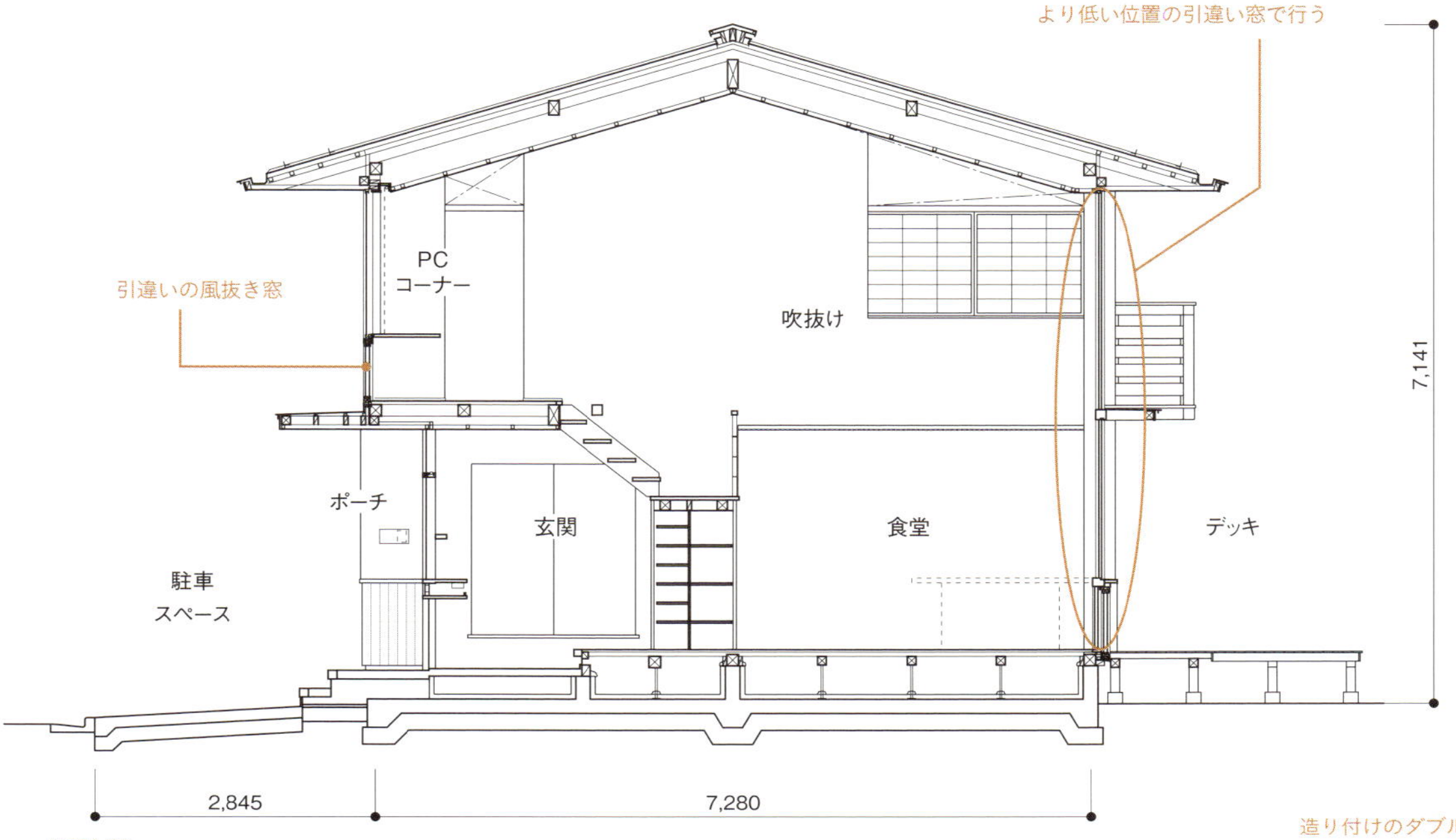
食卓脇のガラスを大きな1枚ガラスにすることで、内からも外からもスッキリと見せる。通風は食卓より低い位置の引違い窓で行う

矩計図
(S＝1：100)

上右/南側外観。木部はウッドロングエコ塗装
上左/北側外観
下/2階廊下から階段と食堂の吹抜けを見下ろす。上下の開口は、壁から障子を引き出して閉めることもできる

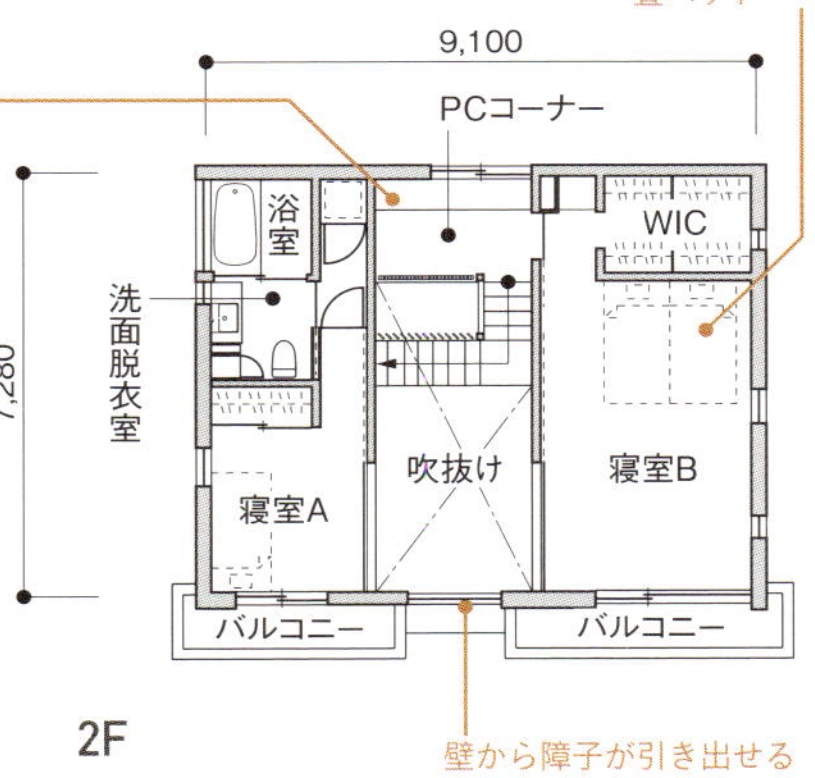
造り付けのダブル畳ベッド
家族共用のパソコンデスク。この机の下に引違いの窓があり、風が抜ける

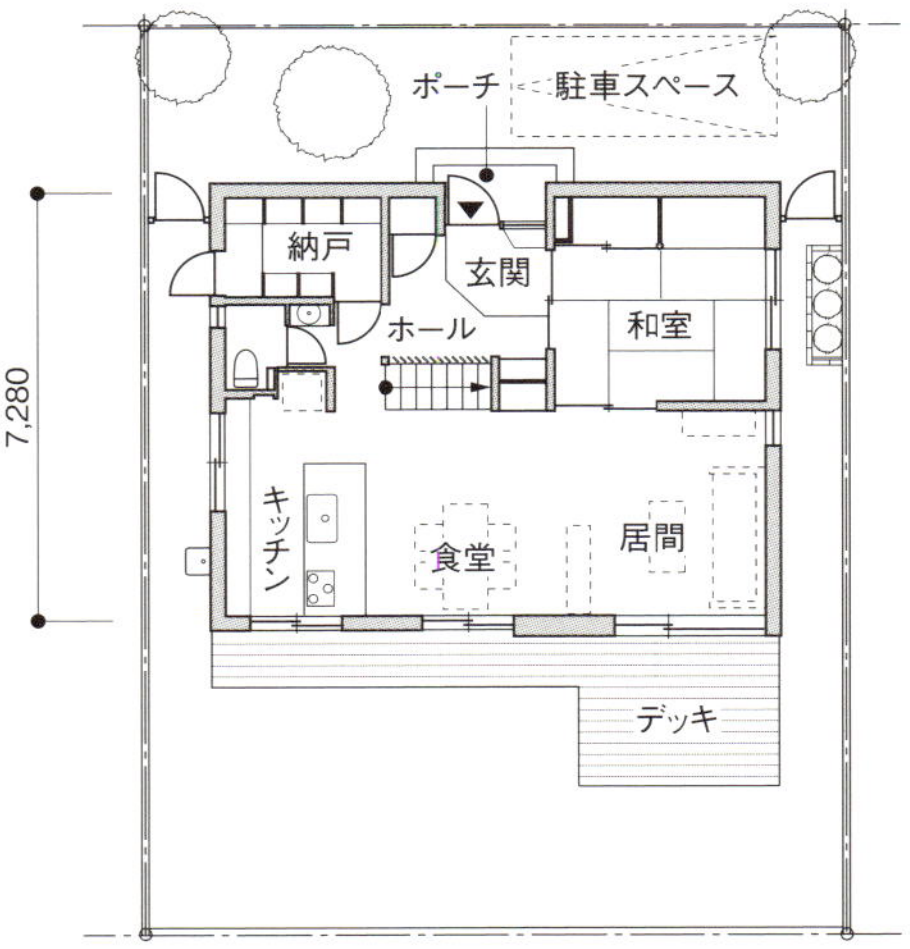

平面図
(S＝1：250)

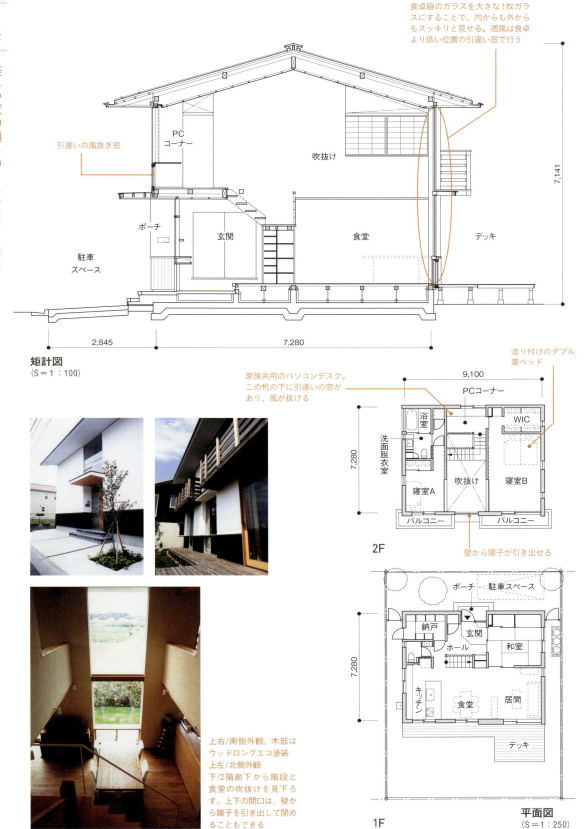

都心の変形敷地でのファサードのつくり方とは？

A 三角出窓の連窓で、周囲の高層ビルにもなじませる

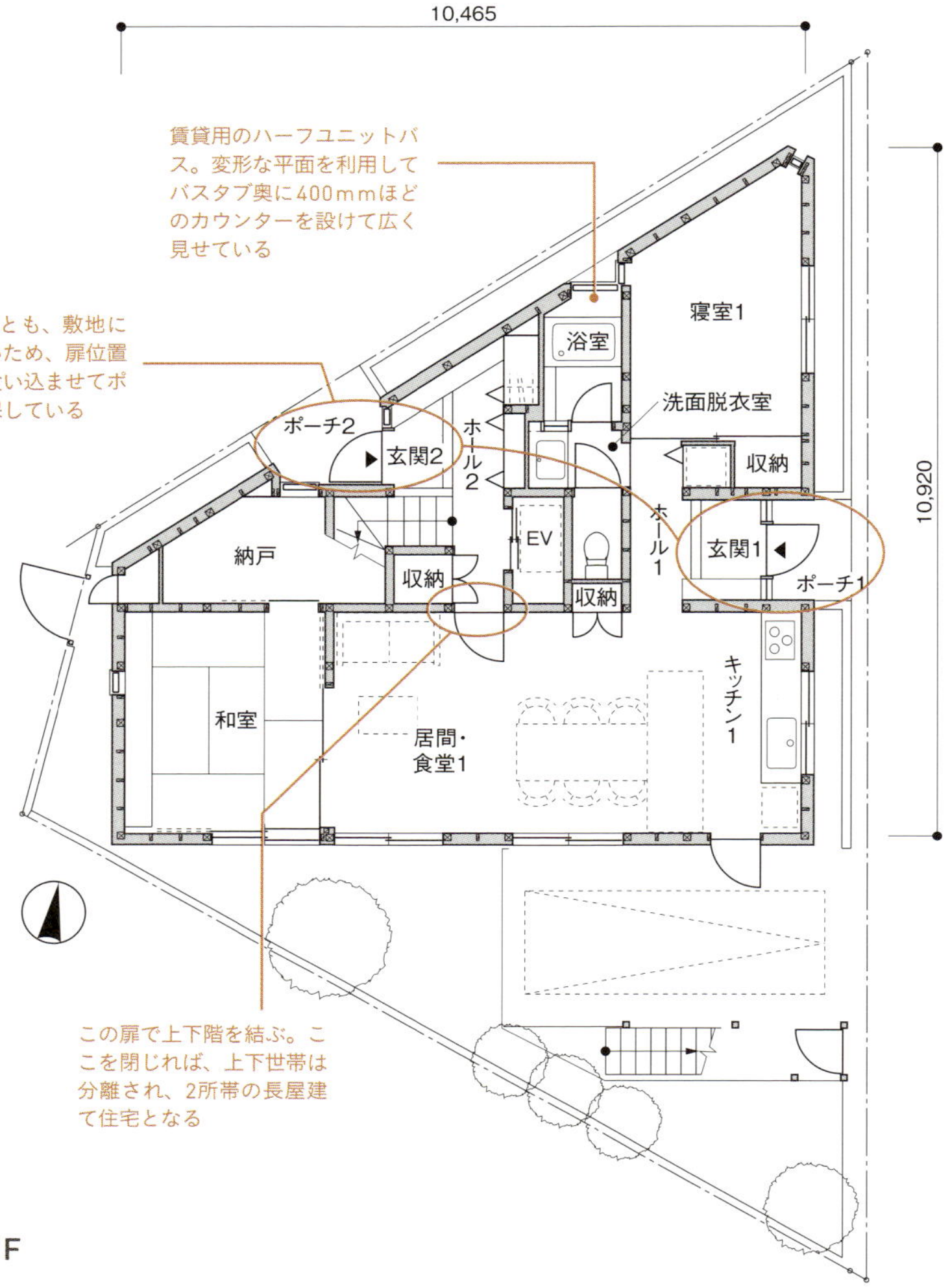
賃貸用のハーフユニットバス。変形な平面を利用してバスタブ奥に400mmほどのカウンターを設けて広く見せている
2つの玄関とも、敷地に余裕がないため、扉位置を建物に食い込ませてポーチを確保している
この扉で上下階を結ぶ。ここを閉じれば、上下世帯は分離され、2所帯の長屋建て住宅となる
1F
平面図
(S＝1：150)

2階和室から居間・食堂を見る。引込み建具用の鴨居の上と黒いラインのフラットバーには、上下を照らす間接照明が仕込まれている

計画道路の土地収用により斜めに切り取られた変形敷地で、建て替えを余儀なくされた、一部賃貸部分を含む都心の木造2階建て住宅のファサードである。

15m幅の道路に面した北側ファサードの処理として、鋭角に残された敷地の特徴を活かし、壁面の鋭角端部をスリット窓にし、浴室、洗面、洗濯機、トイレの壁面が斜めに切り取られた痕跡を残すかのように、三角の出窓を飛び出させたファサードデザインとしてある。

［恵比寿の家］

道路の鋭角な角地に沿って、建物も鋭角に屋根を架け、角に窓をスリット状に設けている。スリットの両脇には雨樋を通している

連続する三角出窓のファサード。建物の後ろにあるのは恵比寿ガーデンプレイス

脱衣洗面所の洗濯機の脇は、扉で隠せるスロップシンク。三角出窓はFIX窓がほとんどだが、風通しのため各室に部分的に開閉できる窓を必ず備えている

1階は賃貸や2世帯にもできるように配慮。2階がオーナー住居なので、足が不自由になっても支障がないようにホームエレベーターを設置している

洗面室と寝室、双方から入ることができる回遊プランとなっている

三角出窓の連窓部分。小便器、腰掛け便器、シンク、洗面台と水廻り各機能を配置している

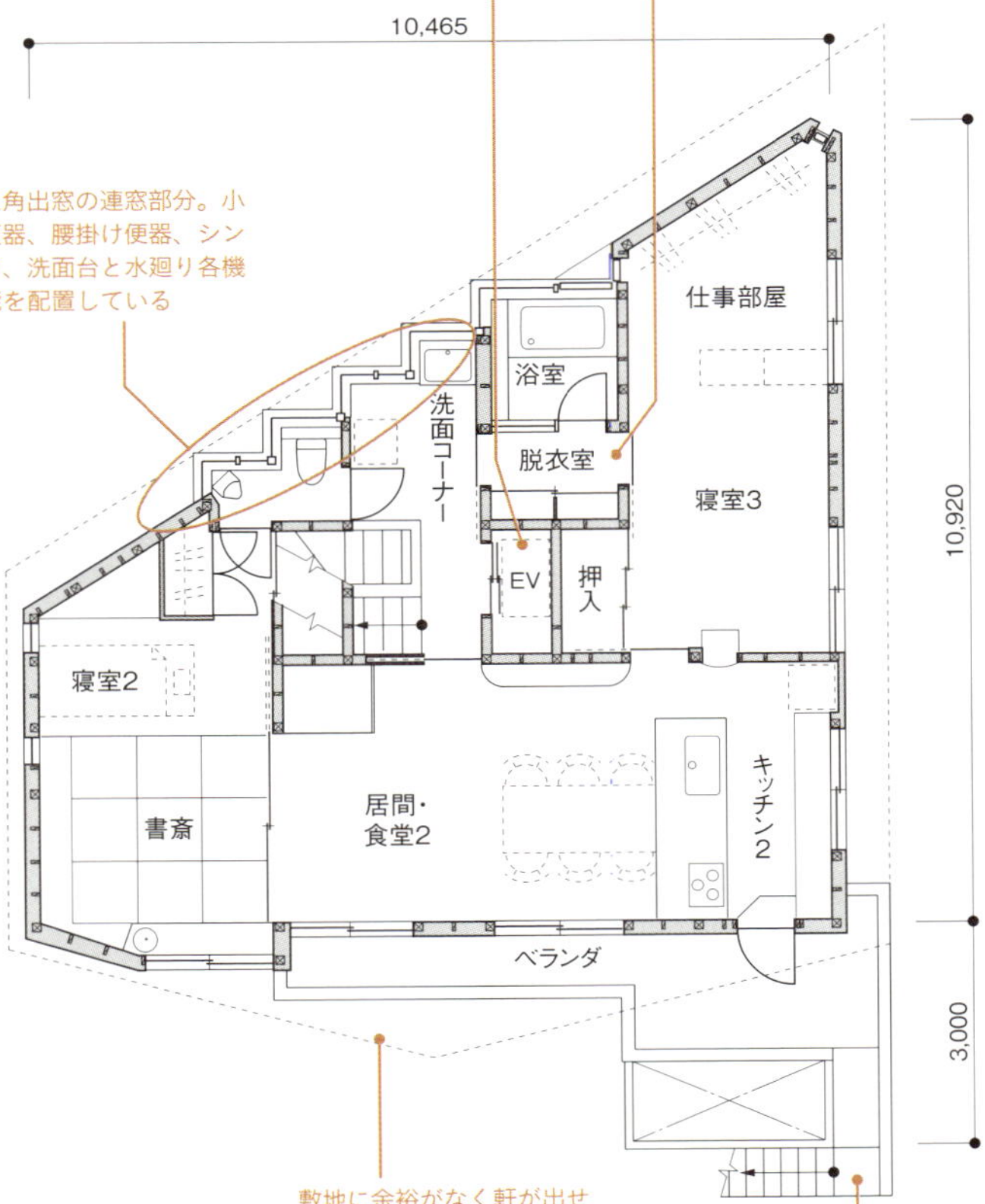

敷地に余裕がなく軒が出せなくても、南側の大きな窓には夏の陽射し除けの屋根を必ず架ける

2階に直接行ける外階段があるので、屋内を通らずにゴミ出しなどができる

2F

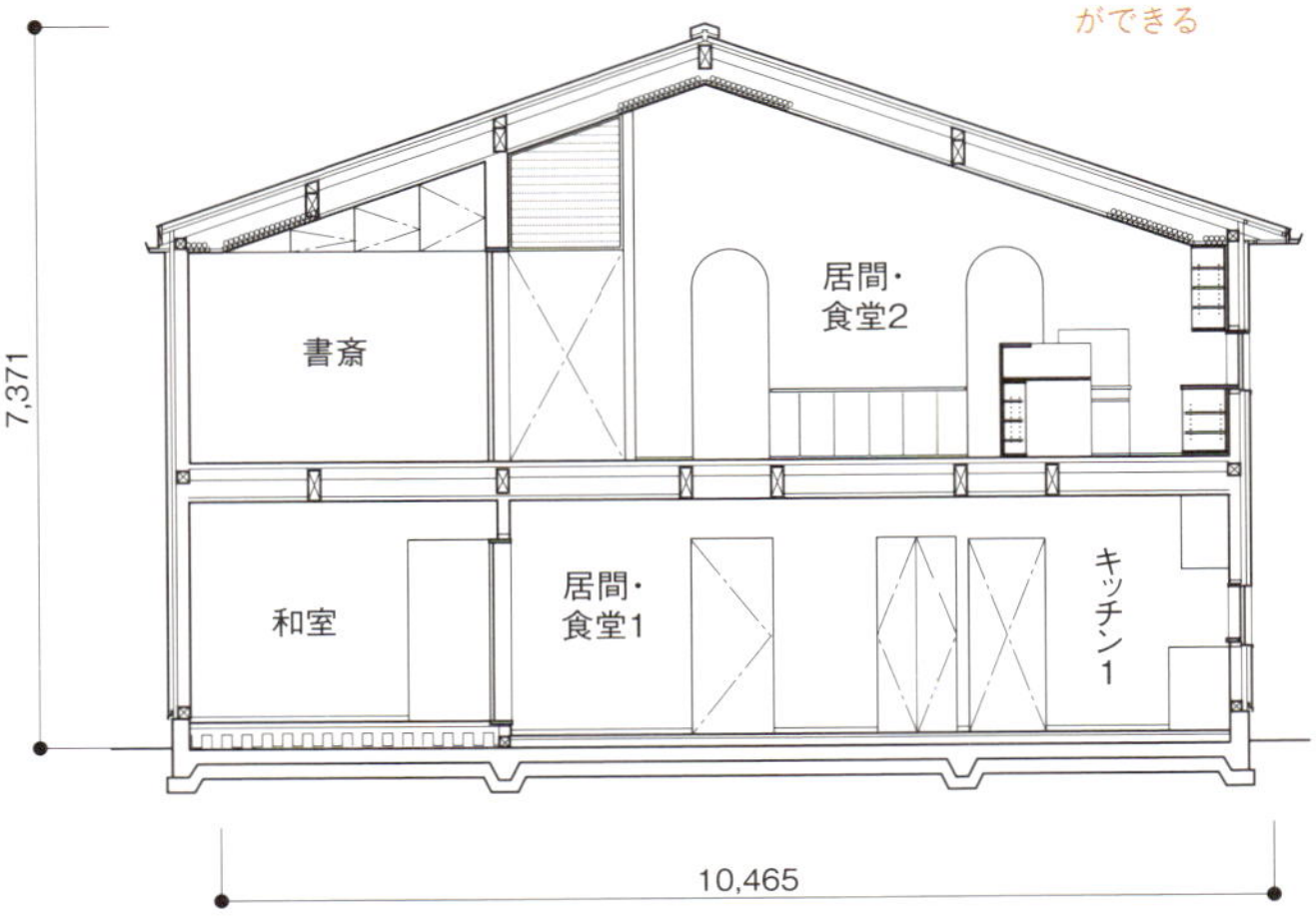

矩計図
(S=1:150)

A 部屋ごとに高さを変えた多重の屋根を架ける

Q 大きい家の圧迫感をどうなくすか

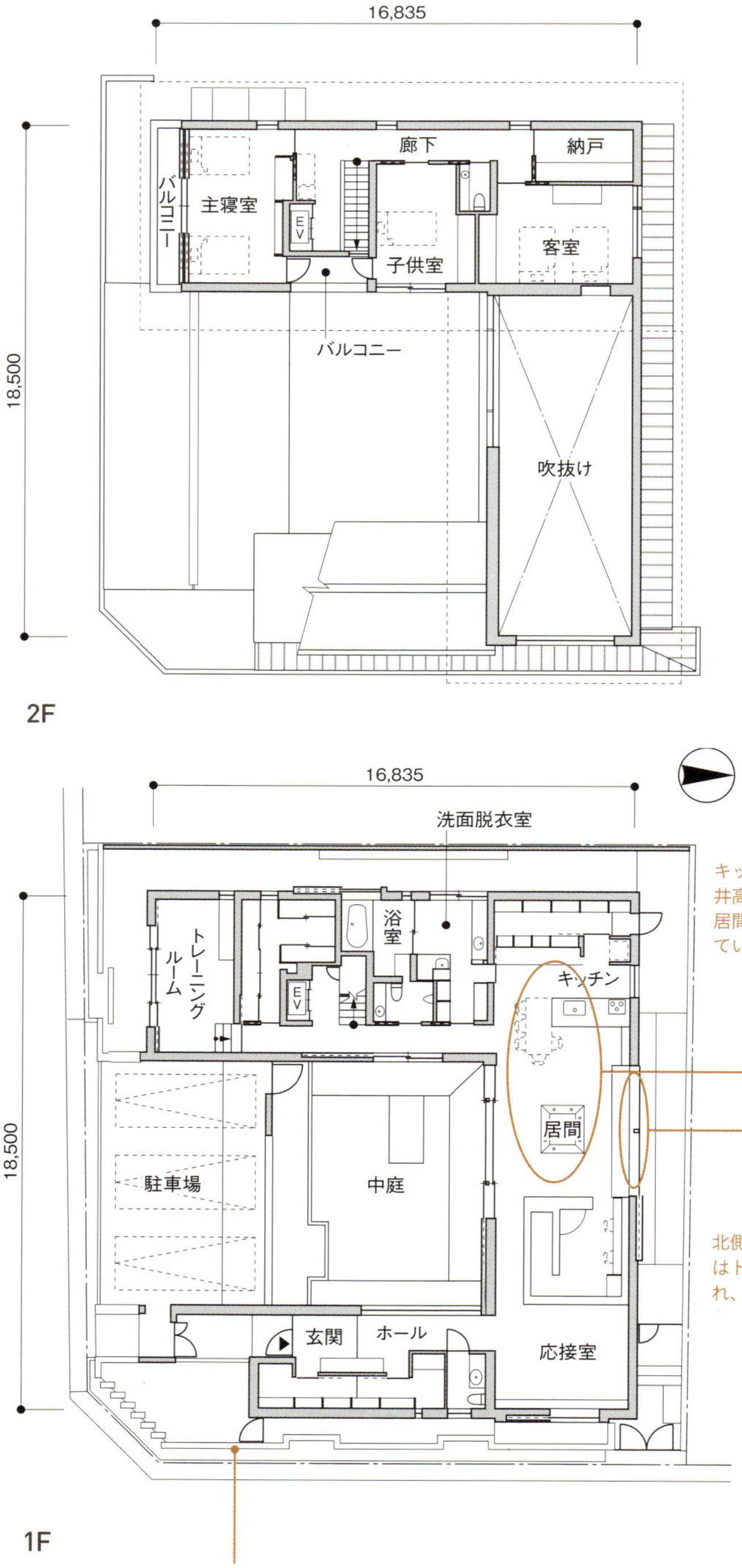

キッチンと食卓は普通の天井高さだが、ソーシャルな居間部分の天井は高くなっている

北側は隣家が近いため、光はトップライトから採り入れ、風は地窓で抜く

2.5mの低い車庫の屋根ラインで道路際に庇を回し、圧迫感をなくしている

平面図
(S＝1：300)

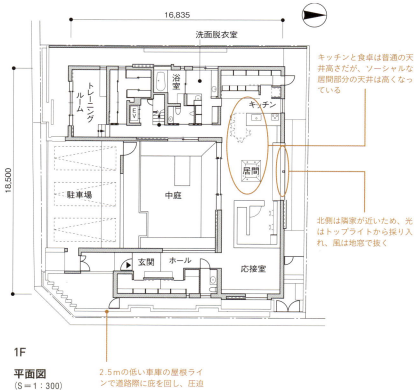

右上/車庫側から中庭越しに天井の高い居間の窓を見る　右下/居間から中庭を見る。内法の上の欄間は格子のステンドグラスとなっている。居間から中庭を通して見る車庫の屋根は低いので開放感が得られる　左/中庭西方向を見る。奥の母屋は2階建てのためけっこう高い

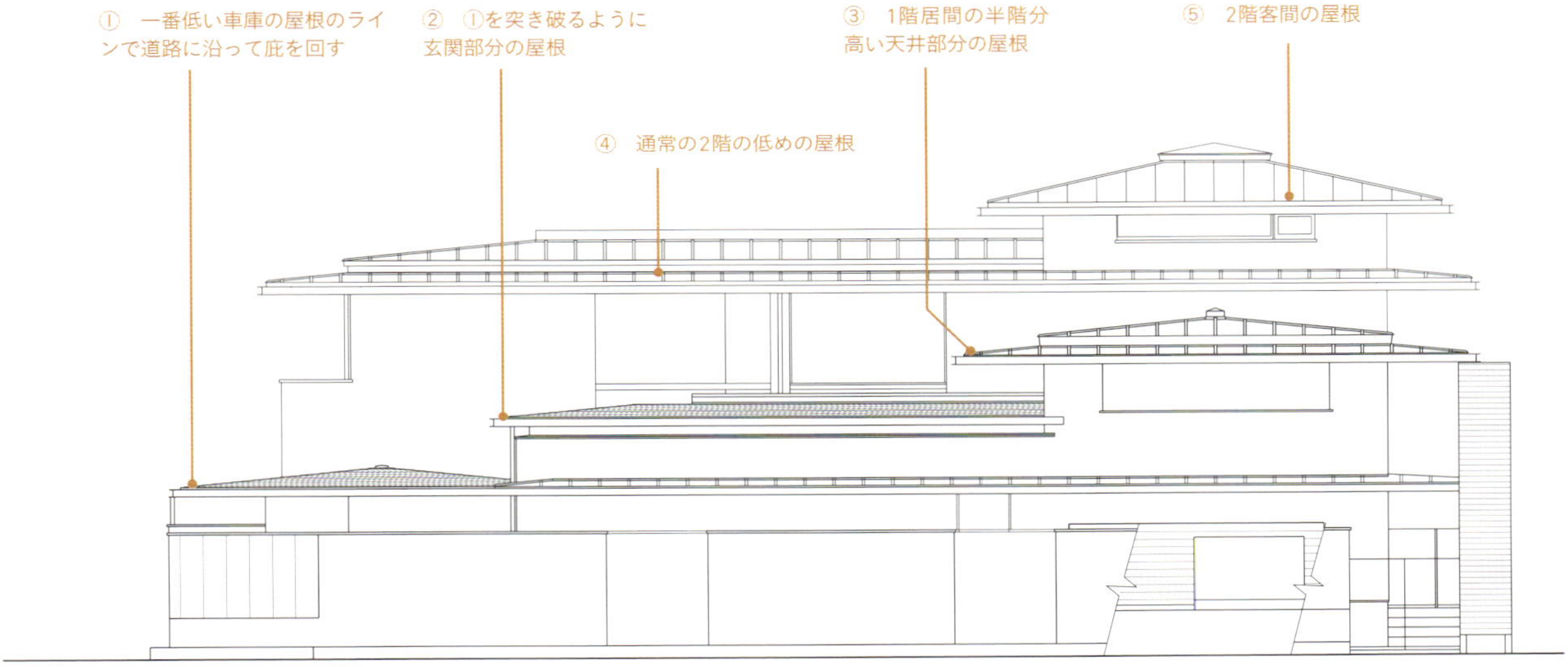
① 一番低い車庫の屋根のラインで道路に沿って庇を回す
② ①を突き破るように玄関部分の屋根
③ 1階居間の半階分高い天井部分の屋根
④ 通常の2階の低めの屋根
⑤ 2階客間の屋根

東立面図
(S＝1：150)

大きな家の場合、まとめてしまうと居丈高になり、周囲に圧迫感を与えることがある。

この家は中央に大きな中庭を設け、周囲に車庫や各部屋を配し、南側の車庫の屋根を低く抑え、後ろの主屋の屋根は部屋ごとに架けることで小割にし、各部屋の天井高や屋根の高さを変えて、屋根が重なりあうデザインに見せ、圧迫感のない住宅としている。

天井高の違いはステンドグラスの欄間や廊下の地窓、車庫の通風用格子壁等にして、バランスをとりつつ個性的表情をつくり出している。

「五枚屋根の家」

東南側から建物全体を見る。手前の屋根を低く抑え、後ろに行くに従って高くなるようにしている

総2階建ての立面に変化をつける手法とは？

A 木製カーテンウォールで特徴的な表情をつくる

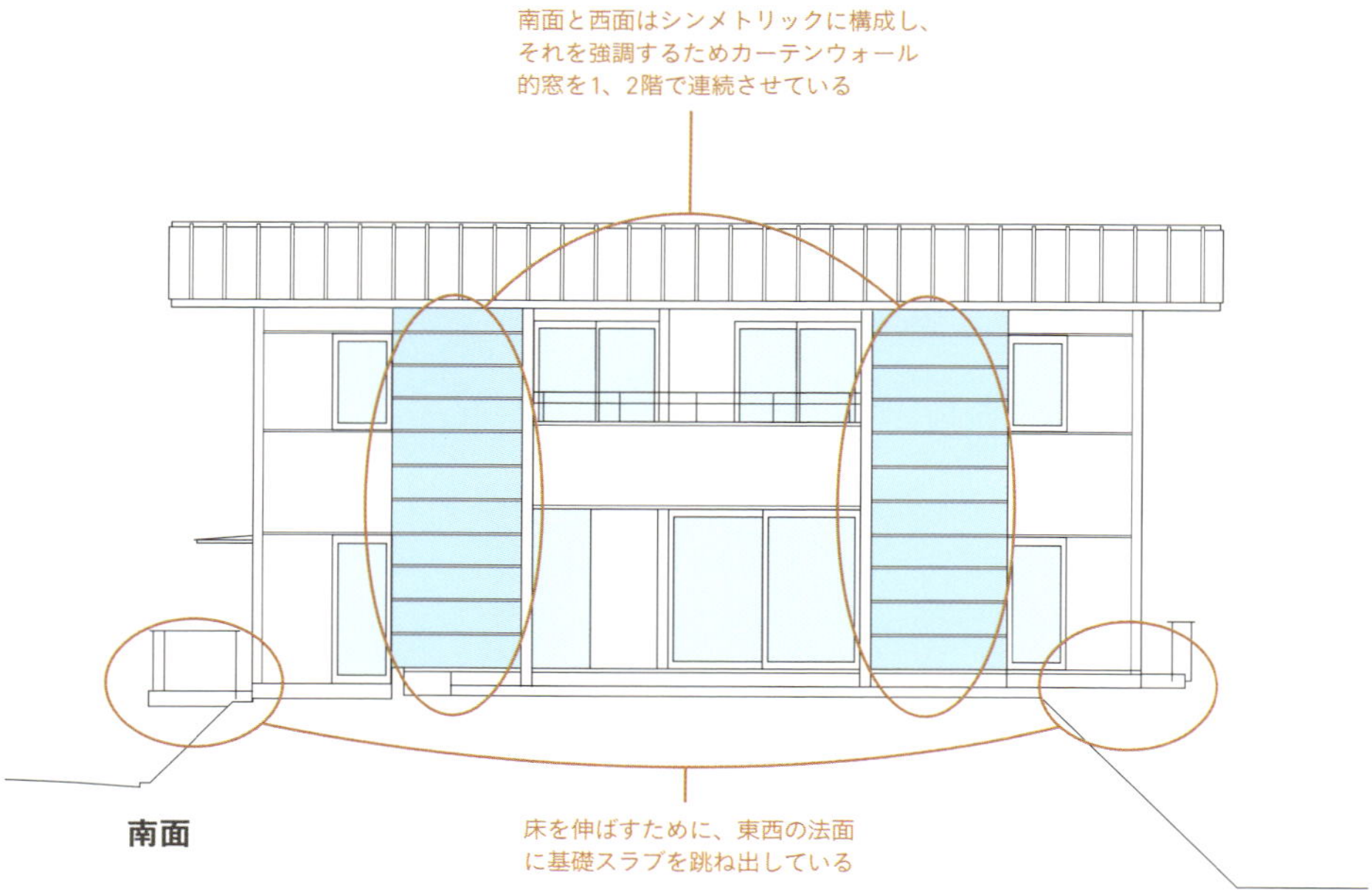
南面と西面はシンメトリックに構成し、それを強調するためカーテンウォール的窓を1、2階で連続させている
床を伸ばすために、東西の法面に基礎スラブを跳ね出している

南面

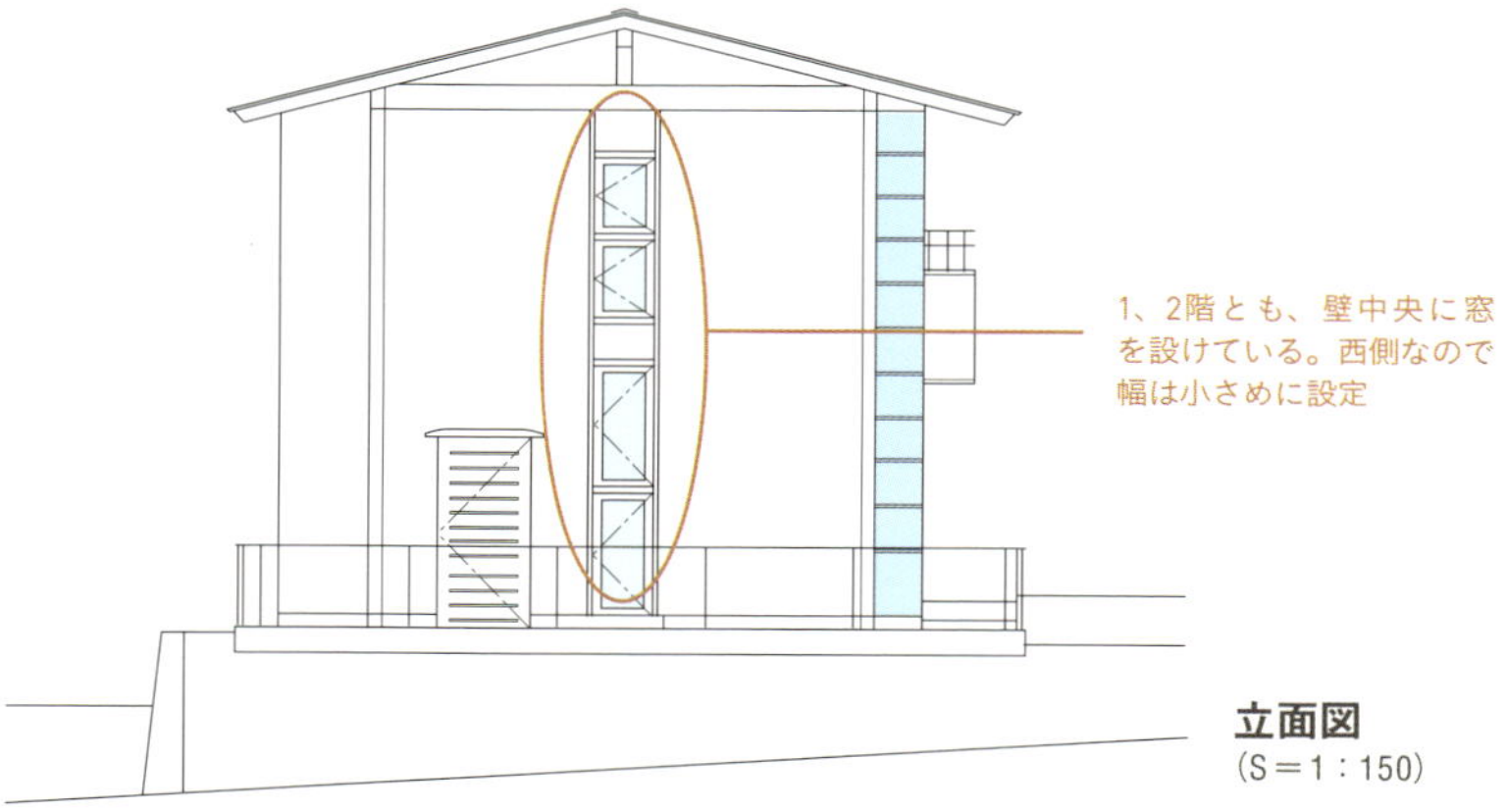
1、2階とも、壁中央に窓を設けている。西側なので幅は小さめに設定

西面

立面図
（S＝1：150）

木製のコーナーFIXのカーテンウォールで構成された外観

単純な総2階建てに、既製の引違いサッシを普通に設けただけでは、表情が凡庸になりがちである。事例では、必要なところに引違いサッシを設け、立面全体でのバランスを考えて、ほしいところにフィックスガラスをはめ、天井懐部分の壁面も内側を黒くしたガラス仕上げとし、軒から基礎まで1、2階を通して部分的縦のカーテンウォールの表情にしている。

「日向岡の家」

夏の日射をさえぎる庇。ただし1階までは効果がないので、1階はブラインドを入れて陽射しを入れないようにする

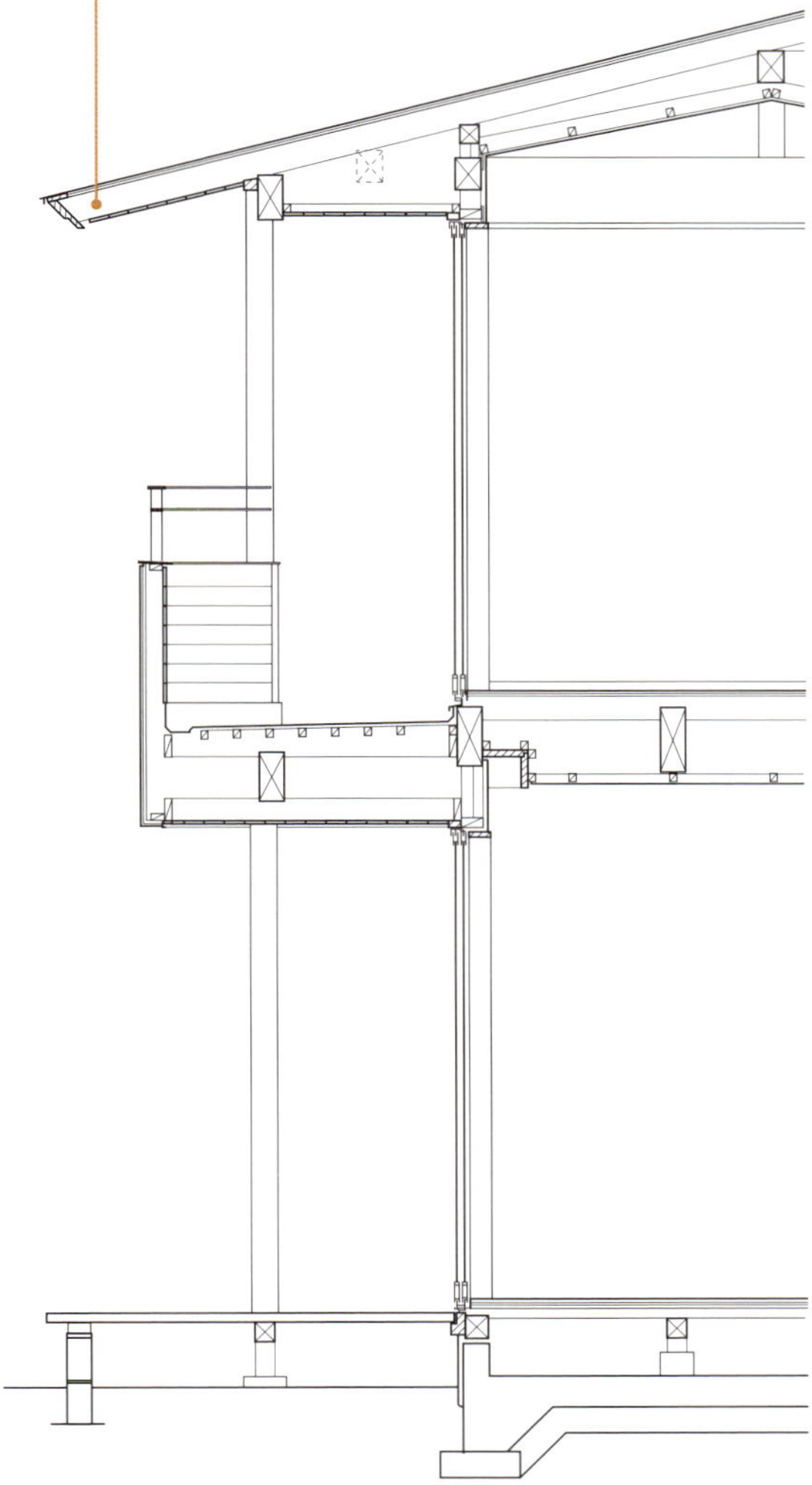

矩計図
(S＝1：50)

南面をシンメトリーにするために縁側的な空間を設けている

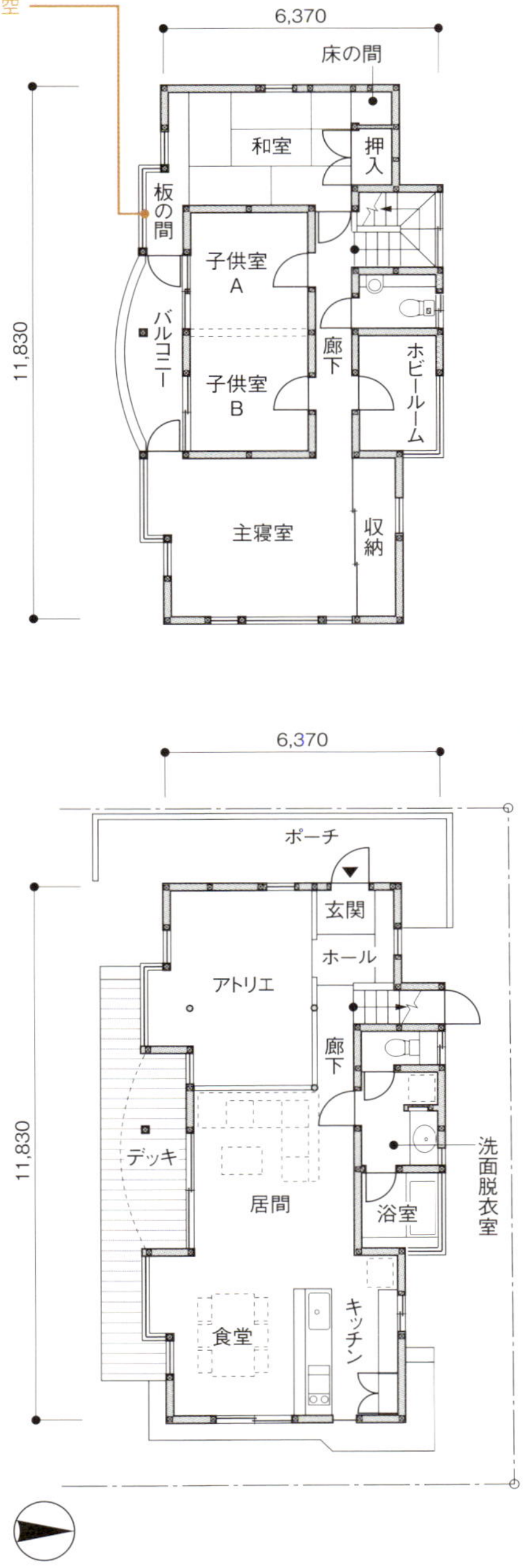

2F

1F

平面図
(S＝1：200)

右/カーテンウォールを内部から見る
左/カーテンウォールの外観と見晴らしのよい風景

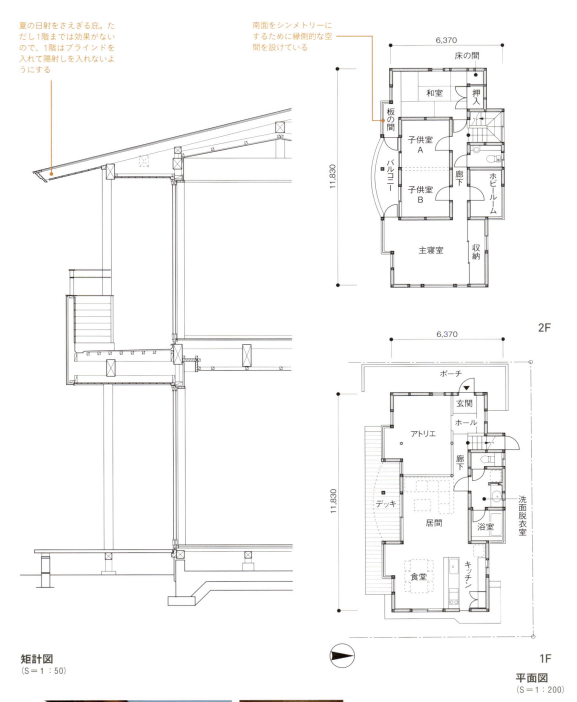

A 駐車場スペースを確保しつつ、住宅を宙に浮かせる

Q 将来を踏まえて、貸し駐車場と住宅をどう両立させるか？

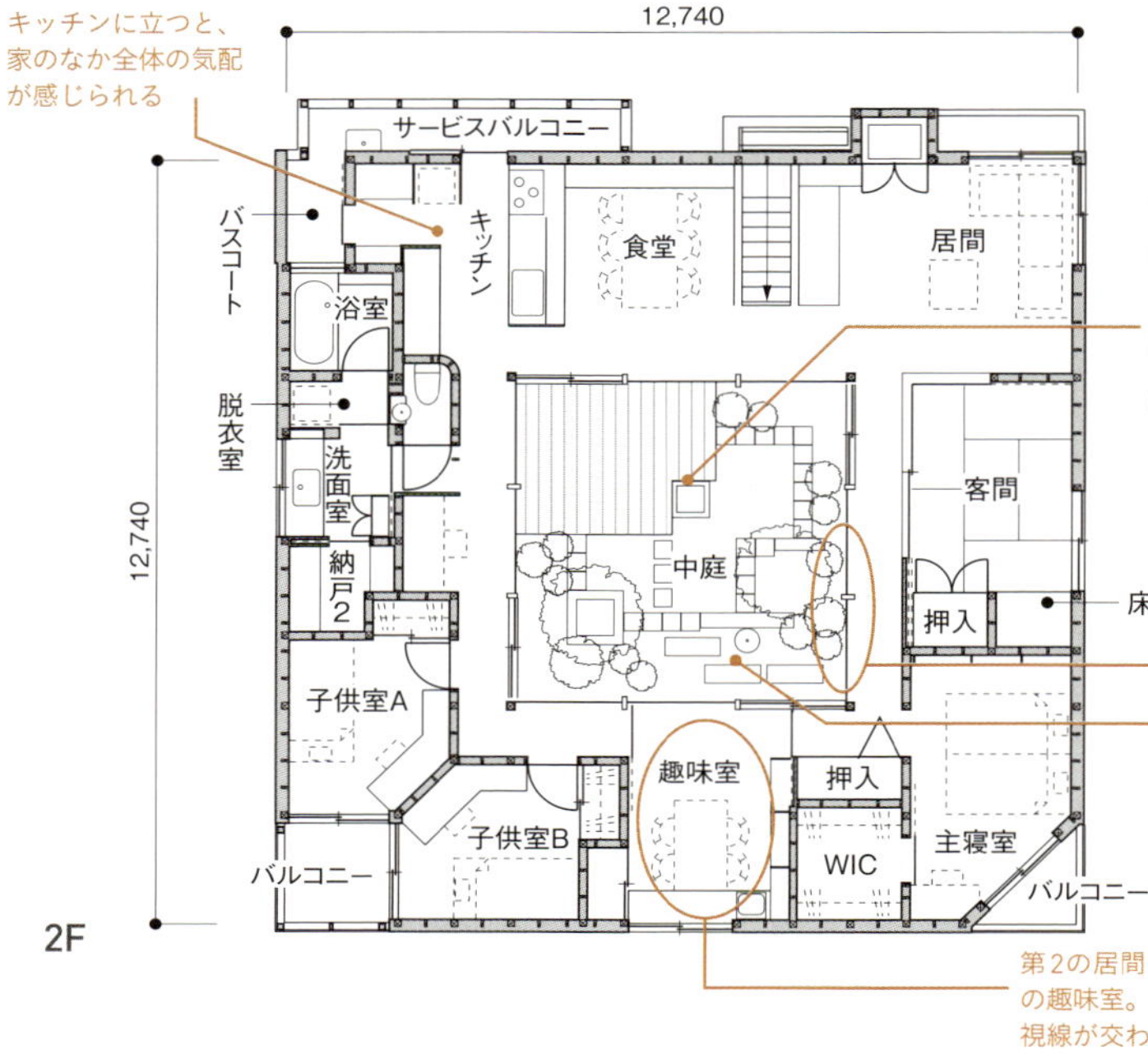
12,740
キッチンに立つと、家のなか全体の気配が感じられる
サービスバルコニー
バスコート
キッチン
食堂
居間
浴室
脱衣室
洗面室
納戸2
中庭
客間
押入
床の間
開口部は規格寸法のサッシを使用
小さな滝
子供室A
趣味室
押入
子供室B
WIC
主寝室
バルコニー
バルコニー
2F
第2の居間とも呼べる家族用の趣味室。中庭越しに食堂と視線が交わせる

ここから池を通って光が駐車場に落ちる

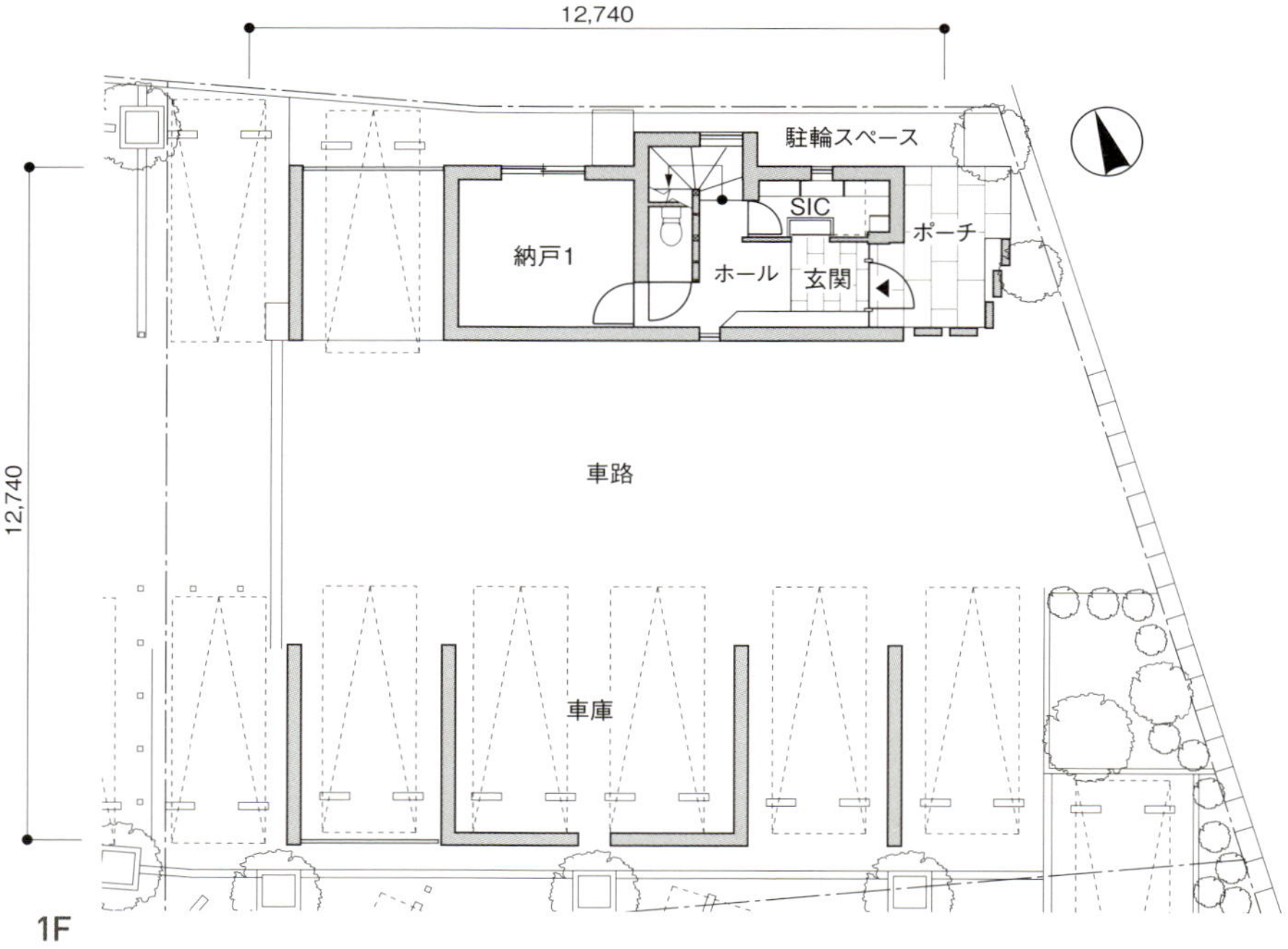
12,740
駐輪スペース
SIC
ポーチ
納戸1
ホール
玄関
車路
車庫
1F

平面図
(S＝1：200)

右/居間食堂には中庭から終日陽射しが入る
中/ビオトープは小さな滝から始まり、水音をたてる
左/食堂前に池に面したデッキがある。池には、光を下の駐車場に落とす仕掛けもしつらえている

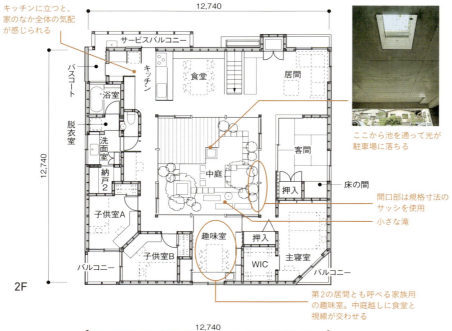

屋根が浮かび上がる夜景。ベランダはガラリ戸で囲う

和室と中庭を見る

道路側外観。車路の上に住宅が載っているかたちになっている

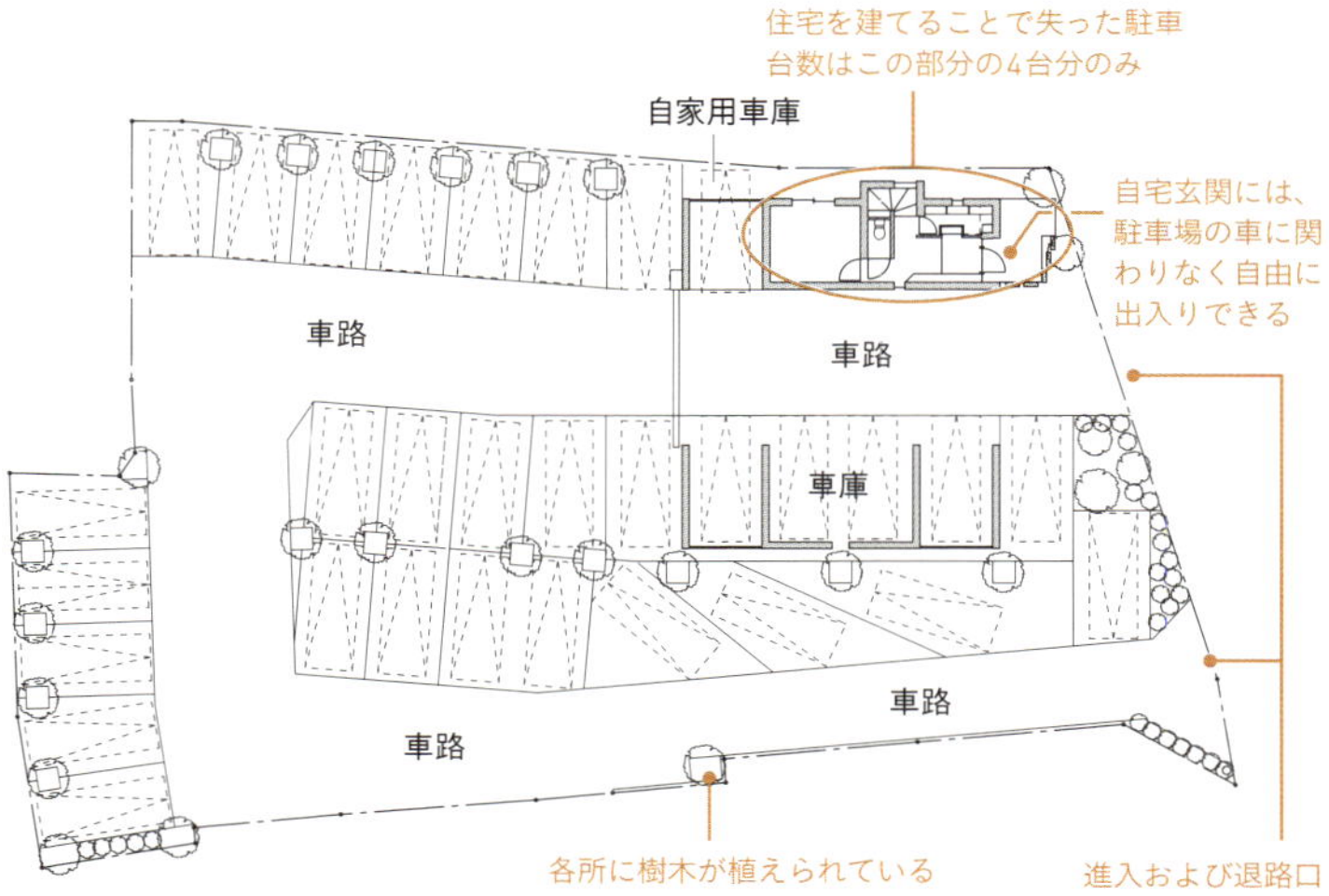
住宅を建てることで失った駐車台数はこの部分の4台分のみ
自家用車庫
自宅玄関には、駐車場の車に関わりなく自由に出入りできる
車路
車路
車庫
車路
車路
各所に樹木が植えられている
進入および退路口
配置図
（S＝1：500）

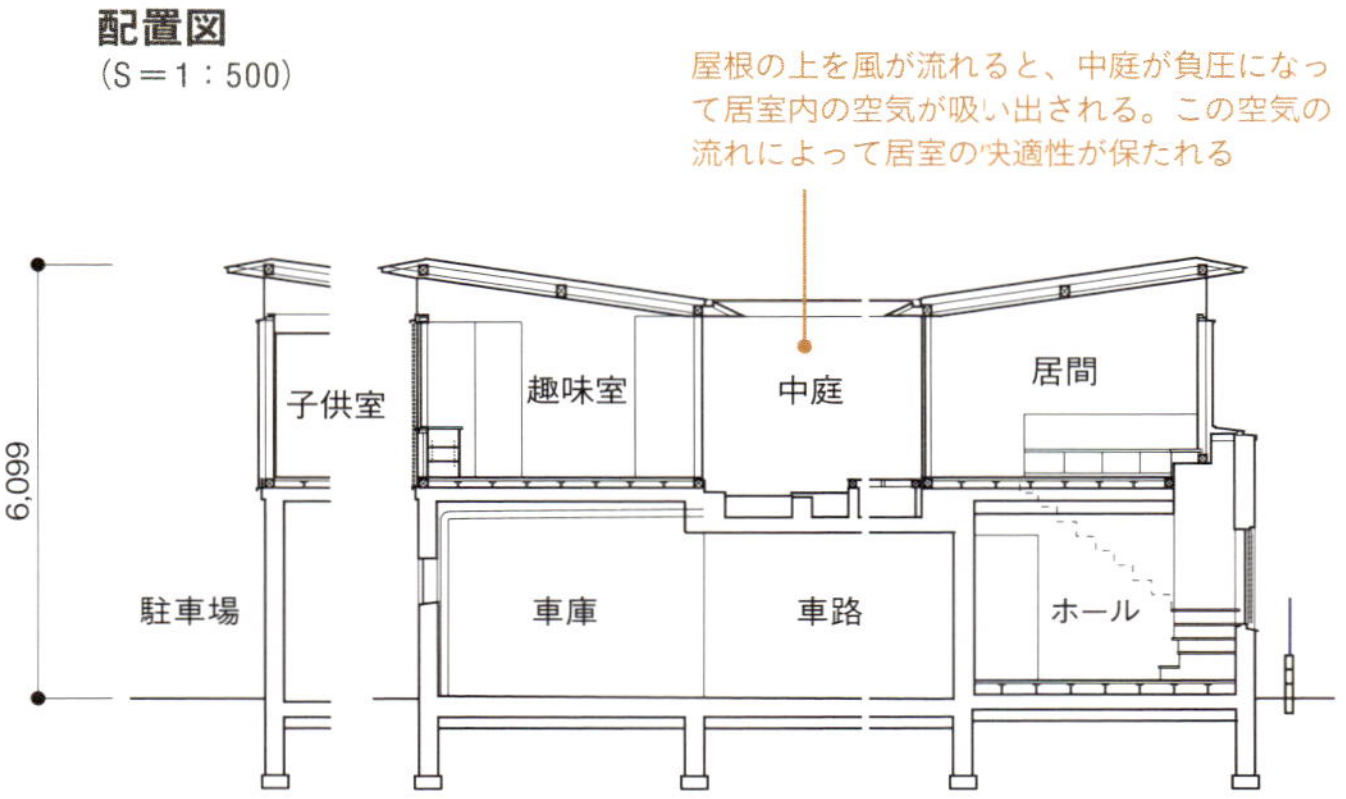
屋根の上を風が流れると、中庭が負圧になって居室内の空気が吸い出される。この空気の流れによって居室の快適性が保たれる
子供室
趣味室
中庭
居間
6,099
駐車場
車庫
車路
ホール
断面図
（S＝1：200）

大きな敷地の場合、住宅だけの計画でも、その敷地全体の十数年先の在り様まで考えて計画する必要がある。既存の住宅は、駅改札口を出てすぐ前の道路との間に、1戸分よその敷地を挟んだ、大きな貸駐車場の奥に、30坪ほどを区切って敷地としていた。

敷地活用を考えると、駅との間の敷地が売りに出たら、購入することで駅前と地続きになる。そのとき、集合住宅等にするのであれば奥の部分を空けておいたほうが計画の自由度が増す。となると売りに出ない場合も考えて、駐車場は共同住宅も可能な、最低6ｍ以上の接道がほしい。また駐車場の車路は既存の往復路より、回遊路のほうが便利で使用効率が高い。依頼主はビオトープの池のある庭がほしいが、周囲の近隣やアパートの2階から丸見えでは楽しめない、と諦めていた。

そこでこの住宅は、土地全体をまず貸し駐車場としてもっとも効率よい台数で計画し、そのなかの北西角の車路を挟んで4台ずつ、計8台分の駐車場の上に計画している。ただし、そのうち3台分は住宅の玄関や階段などにしてある。車路は全体の回遊路の一部となっている。こうすることで、駐車は5台分加算でき、利用しやすくなって、増台分の賃料は建築費の一層分もち上げに要した工事の増加分の補填になる。

住宅は鉄筋コンクリート造でもち上げた人工地盤の上に、木造で建ててある。住宅の中央には3間角のガラス張りの中庭があり、近隣や貸し駐車場に出入りする客など、外の誰にものぞかれないビオトープの池付きの庭を、家族みんなが楽しめる。陽射しが射し込みやすいように、庭側の軒天の高さを2.2ｍと低くし、外周側を高くした勾配屋根（天井）にしてある。そのため屋根の上を風が吹くと中庭空間が負圧になる。外周側の高窓を開いて、中庭側のサッシを開けると室内の空気が中庭に吸い出され、風通しのよい住宅となる。

「空庭舎」

Q 66

狭小敷地で、建ぺい率いっぱいに建てないメリットは？

A 建築コストを抑え、貸し駐車場をつくる

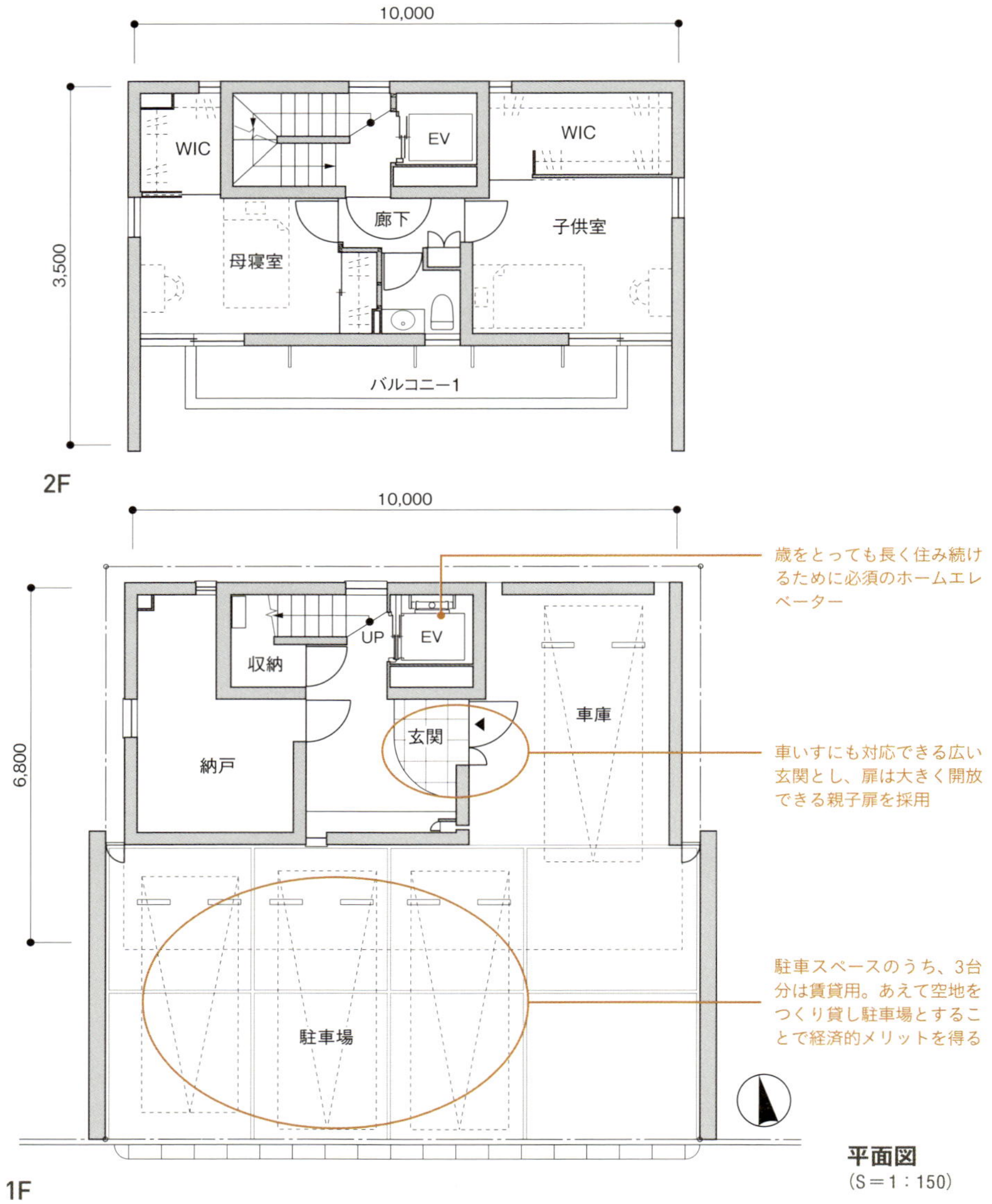
10,000
3,500
WIC
EV
WIC
廊下
子供室
母寝室
バルコニー1
2F
10,000
6,800
UP
EV
収納
車庫
玄関
納戸
駐車場
1F
歳をとっても長く住み続けるために必須のホームエレベーター
車いすにも対応できる広い玄関とし、扉は大きく開放できる親子扉を採用
駐車スペースのうち、3台分は賃貸用。あえて空地をつくり貸し駐車場とすることで経済的メリットを得る

平面図
(S＝1：150)

狭小敷地でも、商業防火地域では耐火建築にせざるを得ず、また必要面積を確保するには、縦に階数を重ねざるを得ないうえ、杭工事も避けられない。

通常、狭小敷地では建ぺい率目一杯に建築しがちであるが、逆に建築面積を小さくし、杭の本数も減らし、空地をつくり、商業地での貸駐車場とした方が、経済的メリットが出る場合もある。

この事例では、通常の垂直な間仕切りを床版で水平に仕切ることでゾーニングの構成が明快になる。廊下の機能を階段が担い、高齢の住人の終の棲家でもあったので、それをエレベーターでバリアフリー化させる。そうなると4階に居間・食堂でも問題はない。鉄筋コンクリート造であっても、和紙貼りの和室をつくり、新築ながら、以前の木造住宅のように、違和感の少ないものにしてある。

「棚《ほう》楼居」

駐車スペースのうち、3台分は賃貸用

4階の居間から食堂とキッチンを見る

4階キッチンから居間を見る

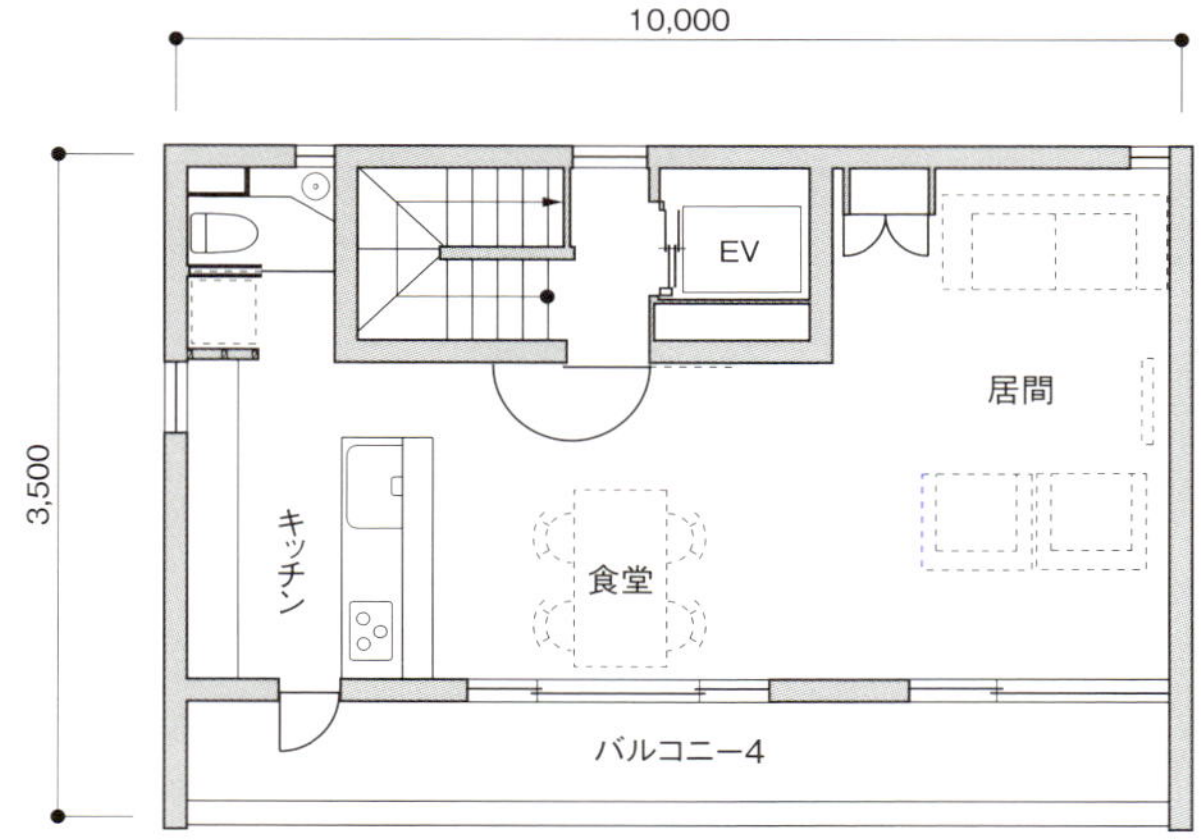

4F

床の間の幅を1間（1820mm）より455mm広くし、吊り押入れの下に通風用窓を設けている

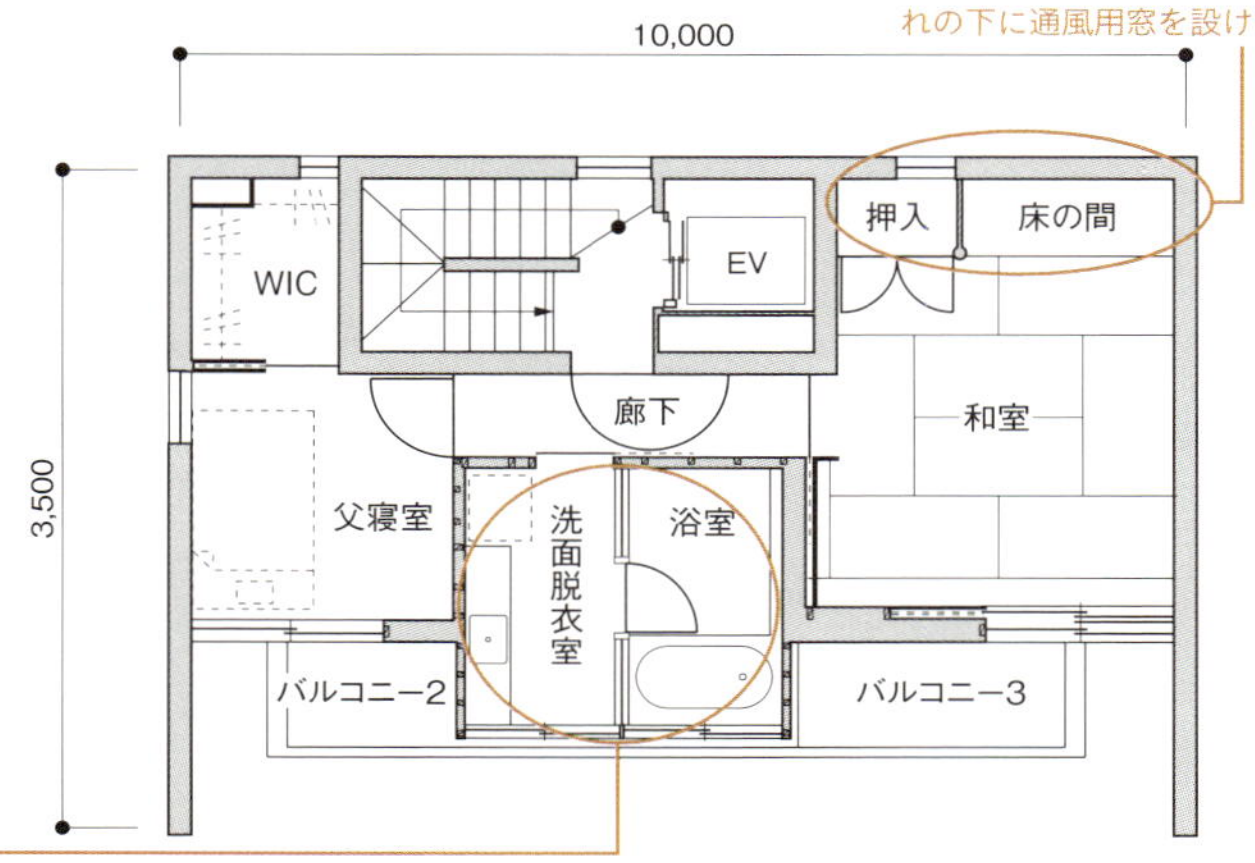

南側に配置した水廻りは、洗面脱衣室、浴室とも広めにとり、南から光の入る明るい空間となっている

3F

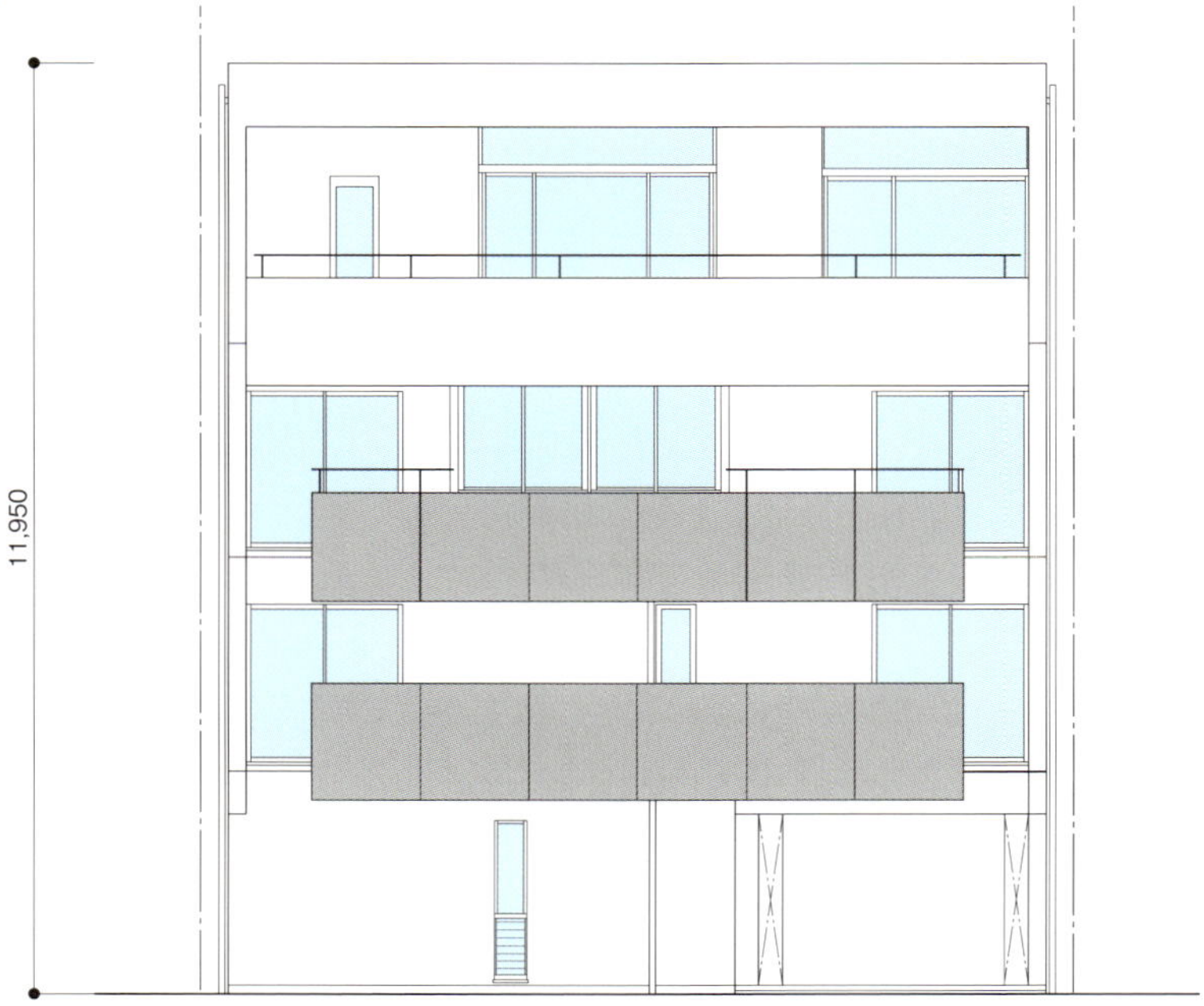

南立面図
（S＝1：150）

3階の和紙を貼った客室。天井の一部にはよしベニヤを張っている

1階への陽射しを確保しつつ、2階にデッキをつくるには？

A 2階デッキを離してつくる

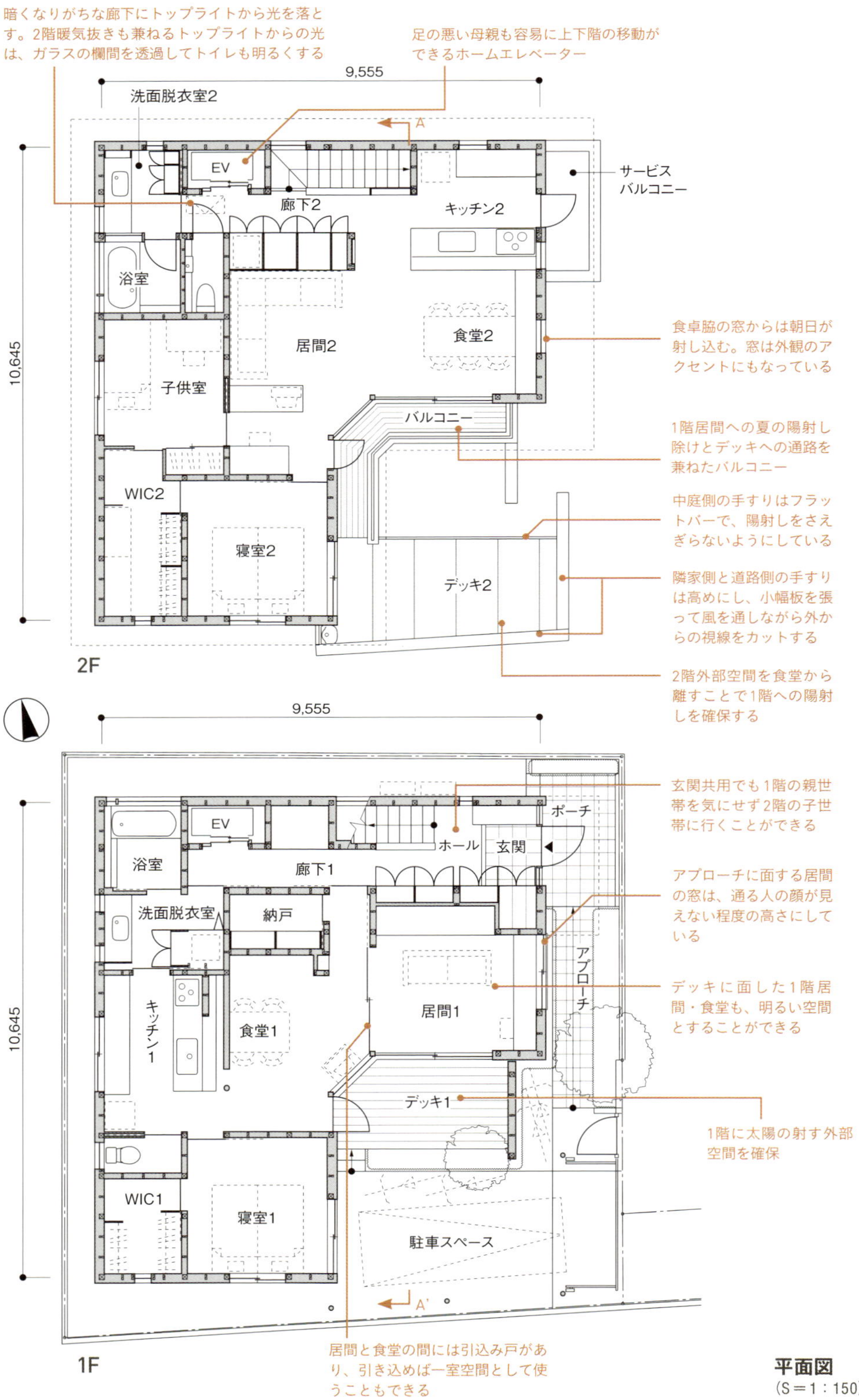
暗くなりがちな廊下にトップライトから光を落とす。2階暖気抜きも兼ねるトップライトからの光は、ガラスの欄間を透過してトイレも明るくする
足の悪い母親も容易に上下階の移動ができるホームエレベーター
9,555
10,645
洗面脱衣室2
EV
A
廊下2
キッチン2
サービスバルコニー
浴室
居間2
食堂2
子供室
バルコニー
WIC2
寝室2
デッキ2
2F
食卓脇の窓からは朝日が射し込む。窓は外観のアクセントにもなっている
1階居間への夏の陽射し除けとデッキへの通路を兼ねたバルコニー
中庭側の手すりはフラットバーで、陽射しをさえぎらないようにしている
隣家側と道路側の手すりは高めにし、小幅板を張って風を通しながら外からの視線をカットする
2階外部空間を食堂から離すことで1階への陽射しを確保する
9,555
10,645
EV
ポーチ
ホール
玄関
浴室
廊下1
洗面脱衣室
納戸
キッチン1
食堂1
居間1
アプローチ
デッキ1
WIC1
寝室1
駐車スペース
A'
1F
玄関共用でも1階の親世帯を気にせず2階の子世帯に行くことができる
アプローチに面する居間の窓は、通る人の顔が見えない程度の高さにしている
デッキに面した1階居間・食堂も、明るい空間とすることができる
1階に太陽の射す外部空間を確保
居間と食堂の間には引込み戸があり、引き込めば一室空間として使うこともできる

平面図
(S＝1：150)

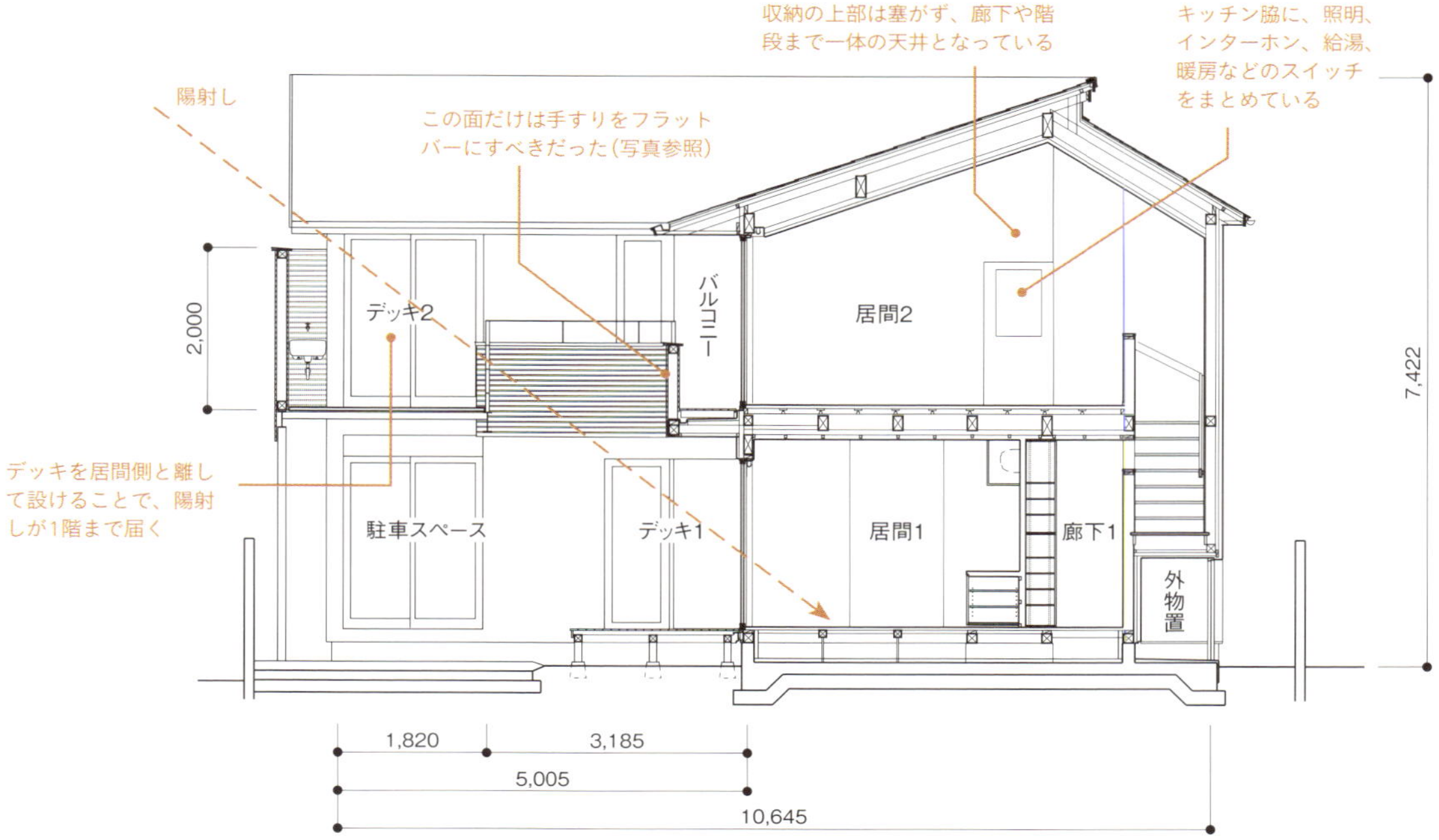
陽射し
この面だけは手すりをフラットバーにすべきだった（写真参照）
収納の上部は塞がず、廊下や階段まで一体の天井となっている
キッチン脇に、照明、インターホン、給湯、暖房などのスイッチをまとめている
デッキを居間側と離して設けることで、陽射しが1階まで届く
デッキ2
バルコニー
居間2
2,000
7,422
駐車スペース
デッキ1
居間1
廊下1
外物置
1,820
3,185
5,005
10,645

A-A'断面図
（S＝1：120）

右上/1階居間に陽光が確実に入る　右下/東側の外観。バルコニーやデッキの手すりは小幅板にしてアクセントとしている　左/駐車スペース上の2階デッキから食堂方向を見る。このデッキと2階食堂を一体化するためには、2階バルコニーの南側の手すりをフラットバーでつくるべきだった

上下2世帯住宅にした場合、敷地に余裕がないと、1階と2階の居間食堂が南側に重なり、外部空間も重なりがちである。多少奥行きのある2階デッキを居間に接して設けると、1階の居間と少ない庭への陽射しをさえぎってしまうことになる。

そこで、1階の庭の南端に設けたカーポートの上に2階デッキを、2階居間から離して、飛び地のように設ける。そうすることで、1階の居間や庭に普通に陽射しが当たり、2階も外部空間として、まとまったデッキスペースを確保できる。

自分の家の居間を、少し空間を隔てた外部デッキから眺めるのは、床から延長したデッキとは違った趣が出る。

「市川の家」

中庭を「部屋」にするつくり方とは？

A 床仕上げをそろえてアウトドアリビングにする

玄関から直接中庭を見せるかどうかの判断は慎重に。ここでは飾り棚を目隠しとして見せていない

居間から見える中庭の向こう側を壁にするかガラスにするかは、中庭の雰囲気を外部的にするか内部的にするかによって決める。ここでは外部的にするため、多くを壁にしている。その場合、植栽は必須

中庭を含む内部を別世界にするため、外が見える窓は小さなピクチャーウィンドウ程度にしておく

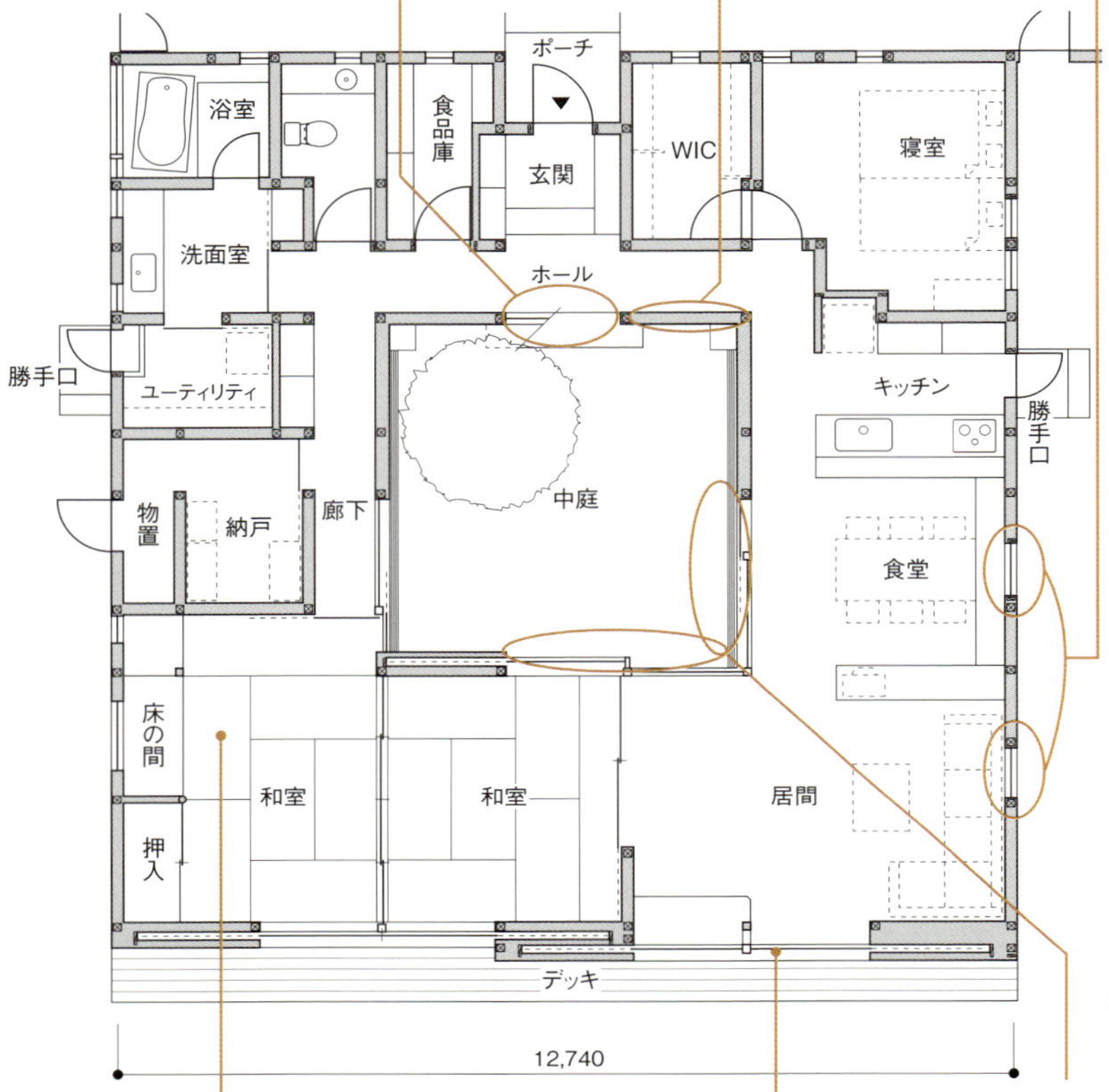

平面図
(S＝1：150)

南の庭に面する開口部は大きいが、引き込み障子で視覚的に閉ざすこともできるようにしてある

集中豪雨に備えて排水処理は万全を期しておく。食堂の前は、床を同レベルにするため、開口部下に側溝をつくりグレーチングをかけている。一方、居間のフィックスガラス前、150mmほど立ち上がりのある和室開口部前は側溝・グレーチング床にはしていない

床の間の丸窓はステンドグラスで、手間のロールブラインドを降ろせば普通の床の間となる

住宅を欲する意識には、内部空間だけでなく、自由に振るまえるプライベートな屋外空間も欲する意識が内在している。屋外のデッキを望む人が多いのもその表れのような気がする。

この事例のように、平屋建てでも中庭を設けられる広さの場合、屋外リビングルームのような中庭を設ける。住宅の中庭には、採光のための坪庭、浴室からの眺める小庭等いろいろあるが、独立した庭空間として鑑賞に堪えるようにするには、最低限のスケールを必要とする。設計者によって異なると思われるが、筆者の場合、平屋建ての低い軒の条件で、窓から庭の向こうの壁までの距離、最低5.4ｍは必要と思え、中庭の広さは三間角を確保する。

事例の軒の高さは少し高めのため、可能ならもう少し広くほしい。それもあって、軒の出を抑え、床レベルも居間レベルまで上げ、仕上げもそろえて、内部空間が延長したアウトドアリビングとしている。

「つくばの家」

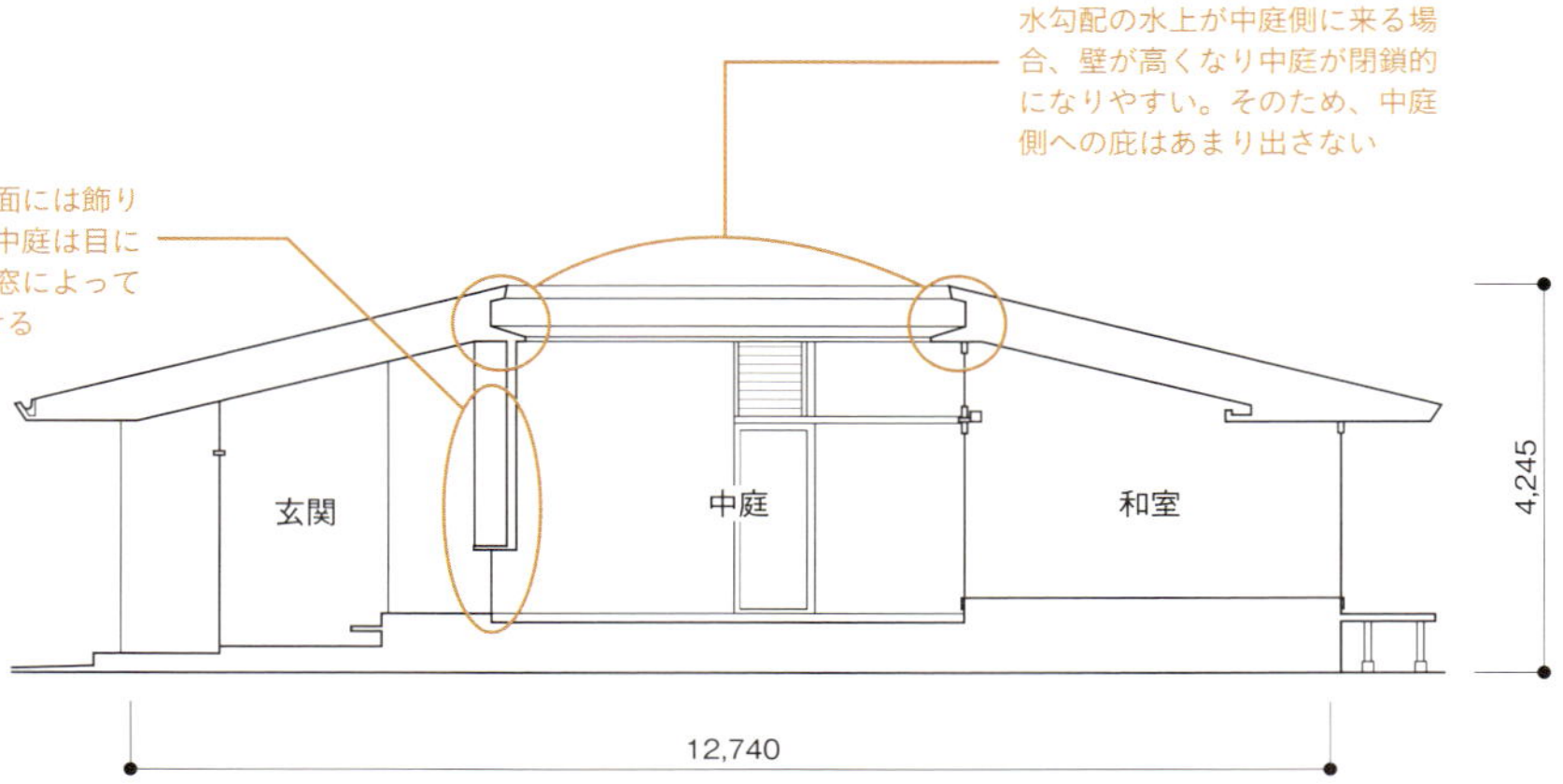
水勾配の水上が中庭側に来る場合、壁が高くなり中庭が閉鎖的になりやすい。そのため、中庭側への庇はあまり出さない
玄関に入ると正面には飾り棚があり、直接中庭は目に入らないが、地窓によって「外」を暗示させる

南北方向断面図
（S＝1：120）

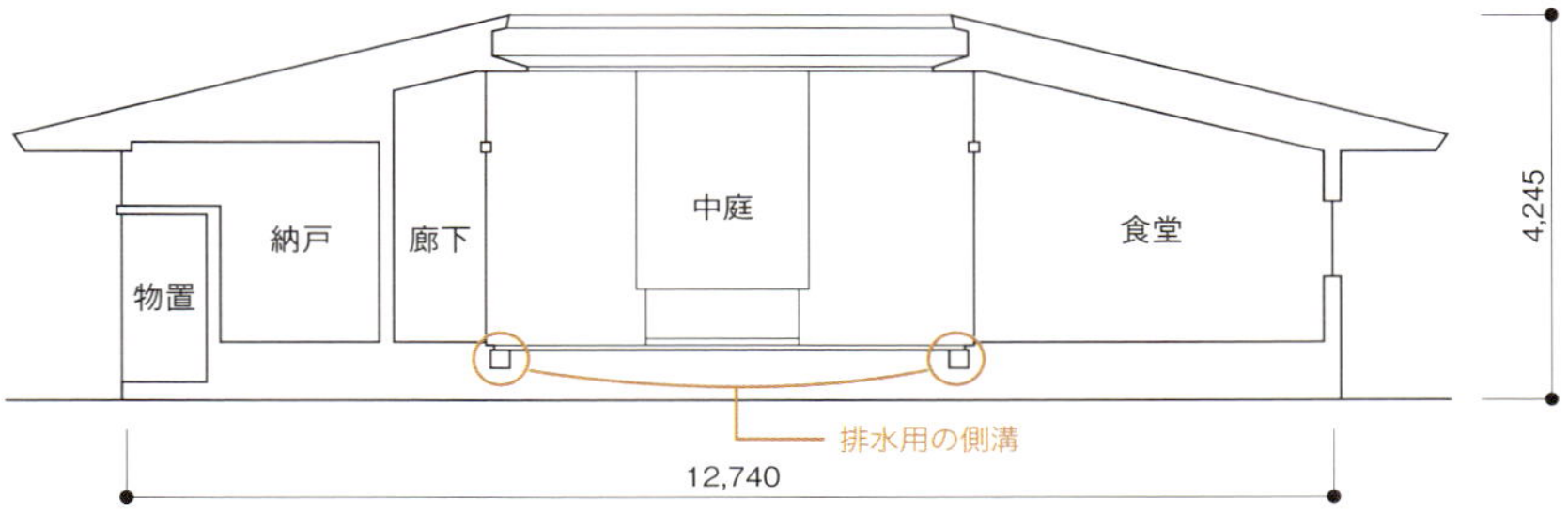

排水用の側溝

東西方向断面図
（S＝1：120）

上/居間から中庭を見る。居間の勾配天井は欄間のガラスを挟んで中庭の軒天へと連続する
左上/中庭東より和室・居間を見る
左下/和室から居間を見る。居間の小窓がアイキャッチになる

散漫になりがちな庭を建物とどう関連付けるか

A 趣向の異なる3種類の庭をつくる

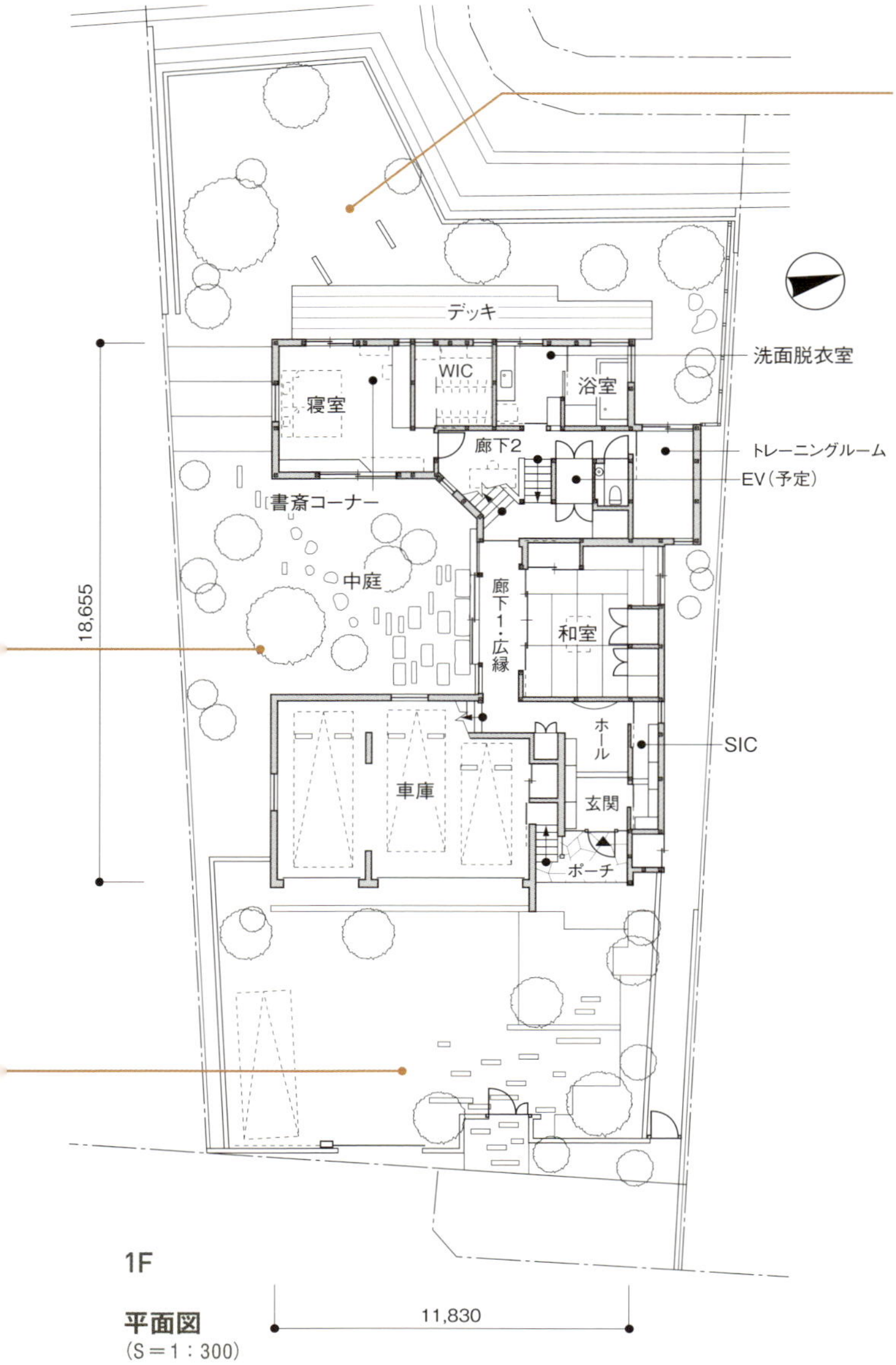

1F

平面図
（S＝1：300）

敷地奥の庭は、崖の法地を含む自然のままの庭。飛び出した2階デッキからは崖上からの眺めを楽しめる

上/崖に面した西側の庭。大きくは手を入れず、野趣に富んだままにしている
下/西側デッキ前の庭

家庭は、家と庭からできている、と例えられる。庭は敷地の余地ではなく、家とポジとネガの関係で、家庭のありようを示す。この事例は、「家」を3つに分節し、その3つに対応した「庭」をしつらえてある。

東側は、門から車庫まで、3台分の車の回転スペースを設けた、玄関までのアプローチ庭。中央の、和室と縁側の部分はつくり込んだ庭。縁側から半階下がったところは1階寝室、洗面浴室、トレーニングルームとなっていて、バスコートだけ庭としてつくり込んでいる。

半階上がった2階の居間食堂からはデッキを空中に跳ね出し、外廻りは何もせず、崖の向こうの見晴らしと自然を堪能する空間としている。

「落葉荘」

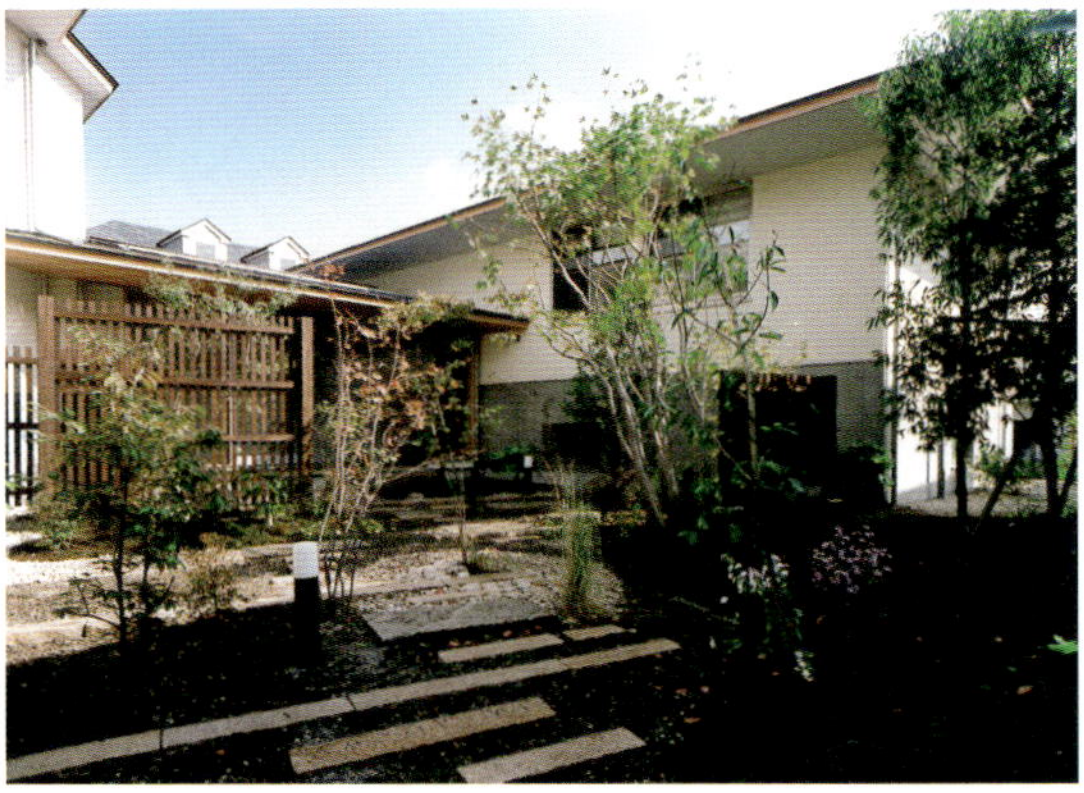

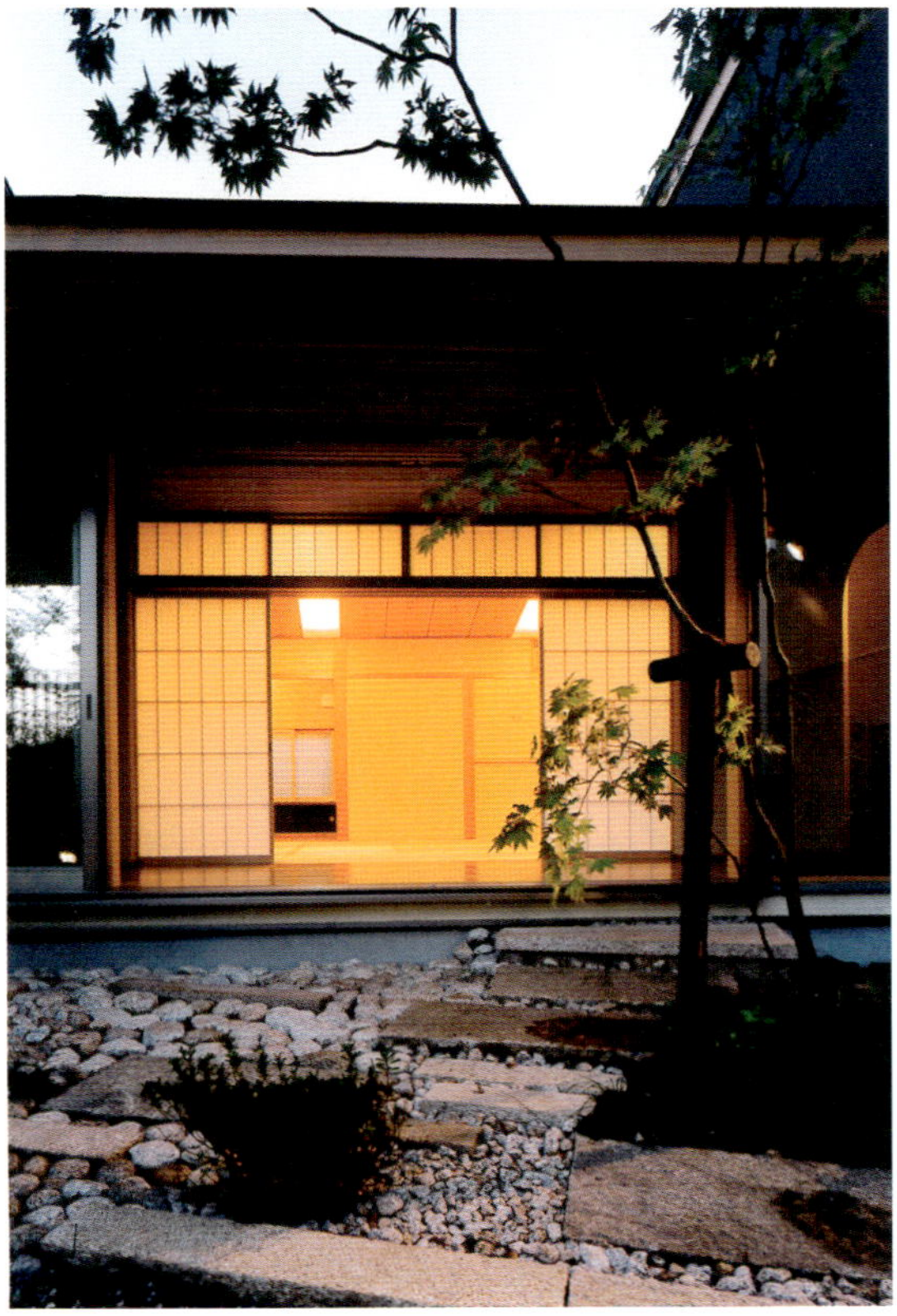

中央の庭は、和室や廊下から眺めて楽しむ和風のつくり込んだ庭。寝室からも見ることができる

上/中央のコの字型の庭。手をかけてつくり込んでいる
下/庭から広縁と和室を見る

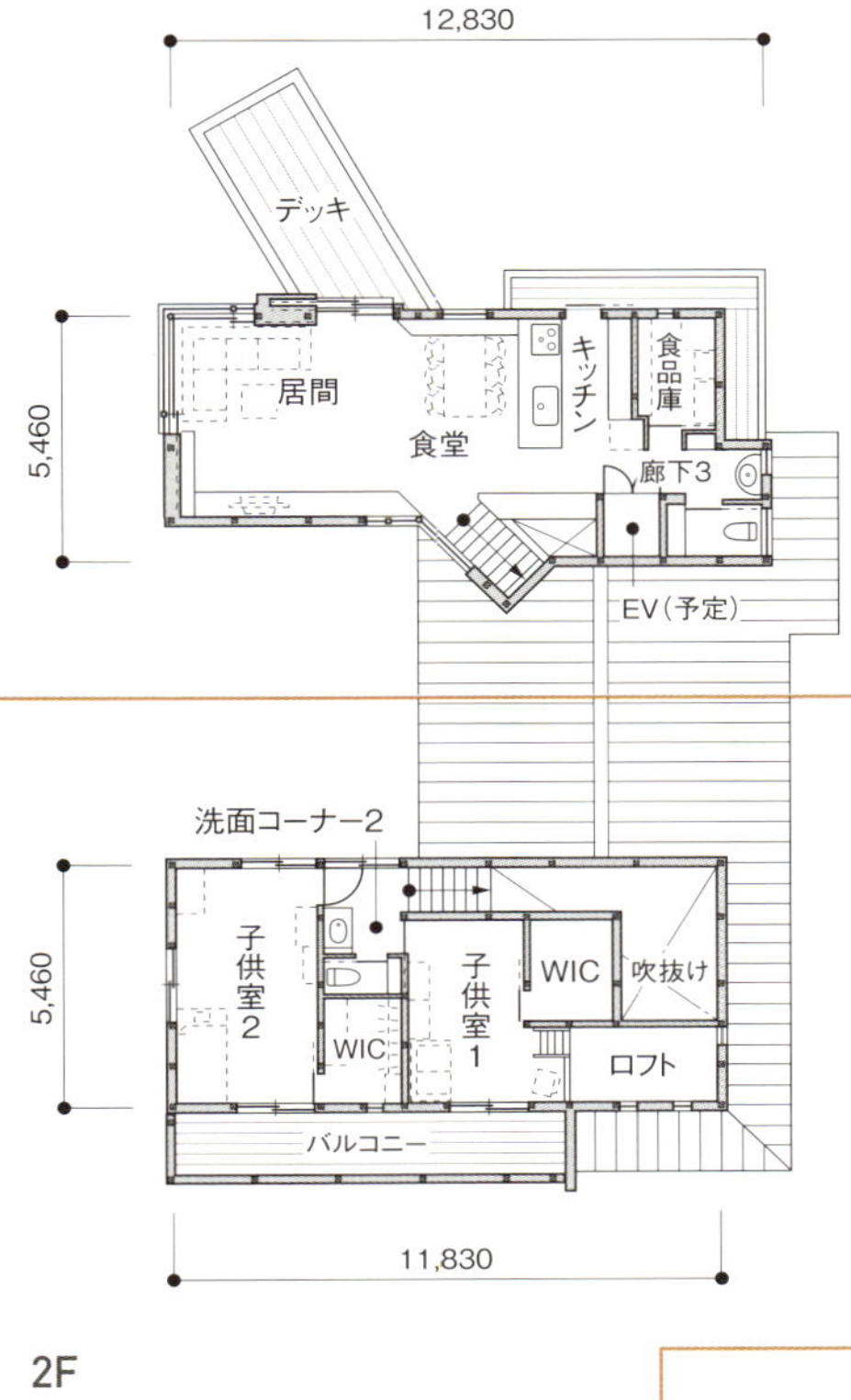

門前やアプローチの庭は、街の景観となることを意識している

右/道路から門・塀越しに見た外観　左/車庫前の回転スペースと玄関アプローチとポーチの庭

斜線制限で軒が出せないときのデザインとは？

A 屋根がそのまま壁面に続くように見せる

室内天井は屋根勾配なりに張って建物全体をトンネル状に見せている
デザイン的には屋根がそのまま壁につながるように見えるが、実は樋で雨水を受けて排水する。こうすることで、庇のない窓にほこりを含んだ雨水が流れることを軽減できる
庇を出そうとすると北側斜線に当たるため建物高さを低くしなければならなかった。そこで庇を出さないデザインを考えている
梁部分に間接照明が仕込まれている
居間2
食堂2
7,245
居間1
親寝室
8,190

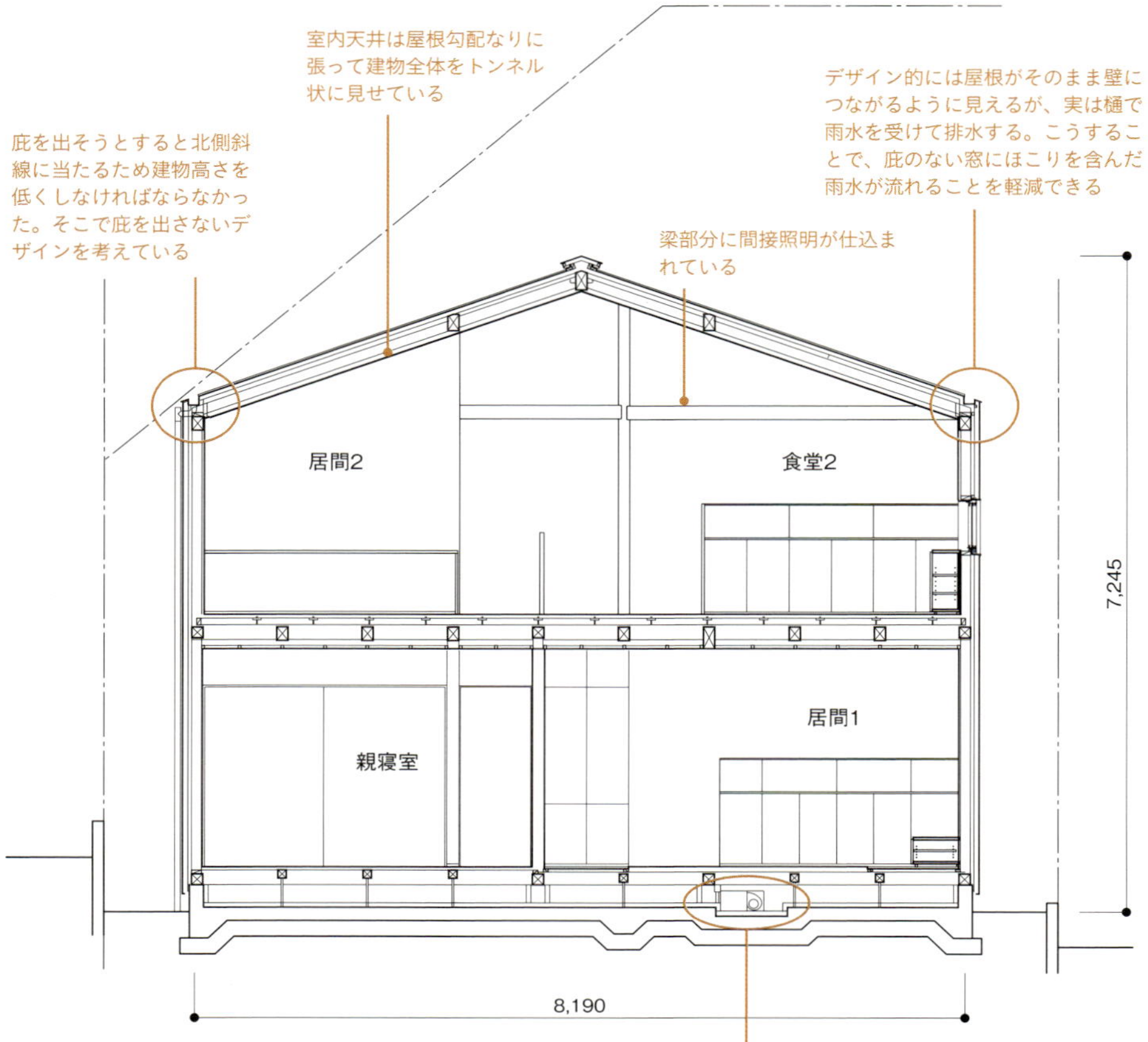
全館暖房用のファンコイルユニットの温風が、床下を通って全フロアに行き渡る

矩計図
(S＝1：100)

北側が少し振れている場合、東西のどちらかの屋根にも斜線制限がかかる。すると階高を小さくできない場合、軒を出せないことがある。庇がないと通常の木造住宅の外壁では、メンテナンスや汚れ対策に支障をきたす。この住宅の場合、外壁を漆喰にしようということもあり、庇なしでは耐候性にも大きく影響する。

そこで庇を出せない部分の壁は耐候性の強い屋根と同じ仕上げにし、屋根をそのまま折り曲げて外壁とするデザインにする。実際には折れ曲がったところが樋になっていて、屋根の雨水を壁まで垂れ流しはしない。屋根材で包まれたトンネルのような住宅にして、玄関もそのトンネルの中央から入るようにする。

この構成にする場合、北と南の庇状の屋根は、1m以内の跳ね出しであっても、袖壁が基礎から連続していると建ぺい率に算入させられるので注意が必要である。事例も軒下で構造的に縁を切っている。

「都筑の家」

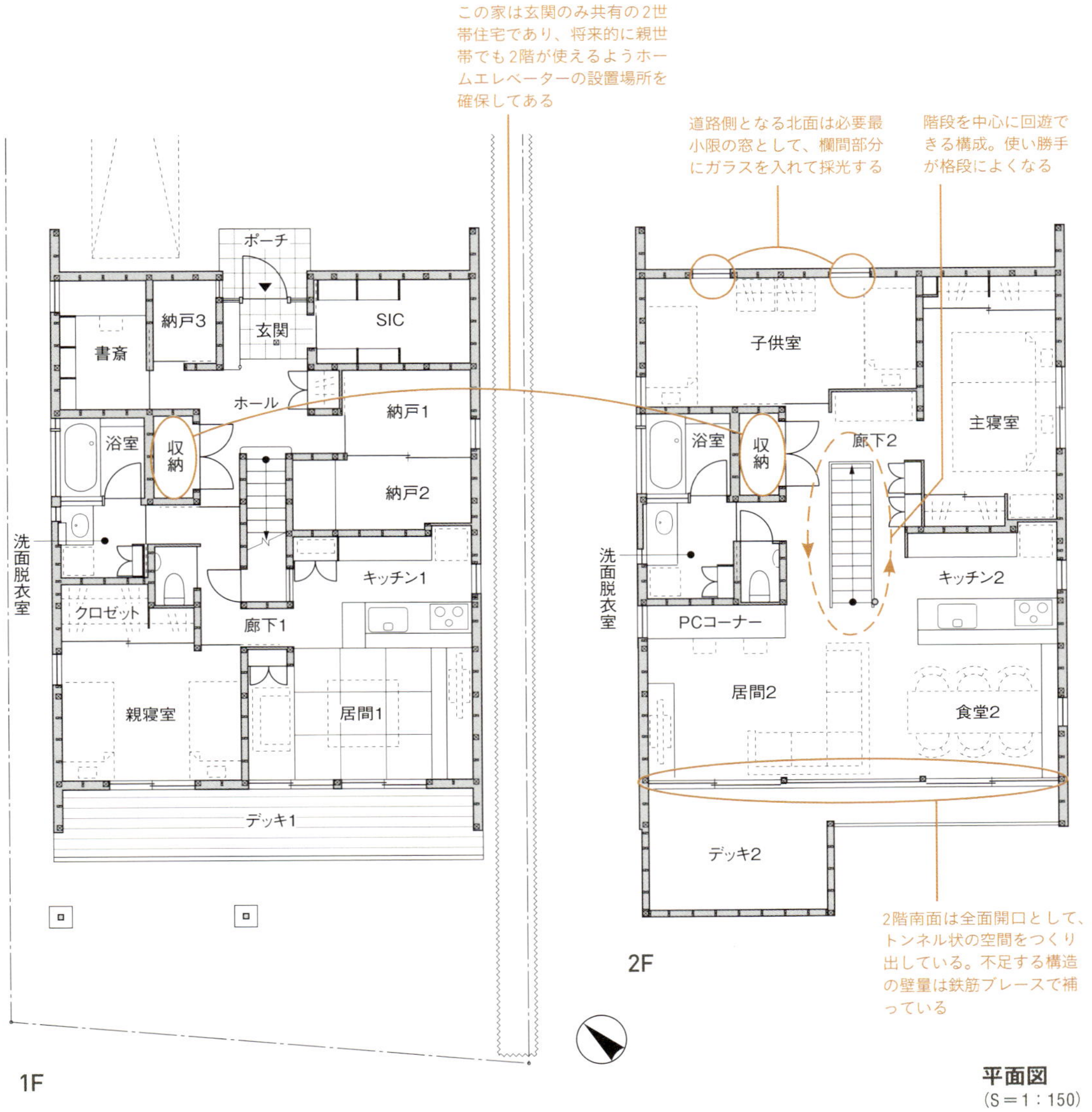
この家は玄関のみ共有の2世帯住宅であり、将来的に親世帯でも2階が使えるようホームエレベーターの設置場所を確保してある
道路側となる北面は必要最小限の窓として、欄間部分にガラスを入れて採光する
階段を中心に回遊できる構成。使い勝手が格段によくなる
ポーチ
納戸3
玄関
SIC
書斎
ホール
納戸1
浴室
収納
納戸2
洗面脱衣室
キッチン1
クロゼット
廊下1
親寝室
居間1
デッキ1
1F
子供室
主寝室
浴室
収納
廊下2
洗面脱衣室
キッチン2
PCコーナー
居間2
食堂2
デッキ2
2F
2階南面は全面開口として、トンネル状の空間をつくり出している。不足する構造の壁量は鉄筋ブレースで補っている

平面図
(S＝1：150)

道路側（北側）外観。両袖壁は軒部分で縁を切り、建ぺい率算入をまぬがれている。ガラスの欄間により、室内天井が軒天に連続して見える

2階南側を見る。南側は欄間以外も全面開口としている。室内がトンネル状に軒裏まで連続する

飽きられない別荘のつくり方とは？

A 湾曲の壁面と三次元の屋根で空間を楽しめるようにつくる

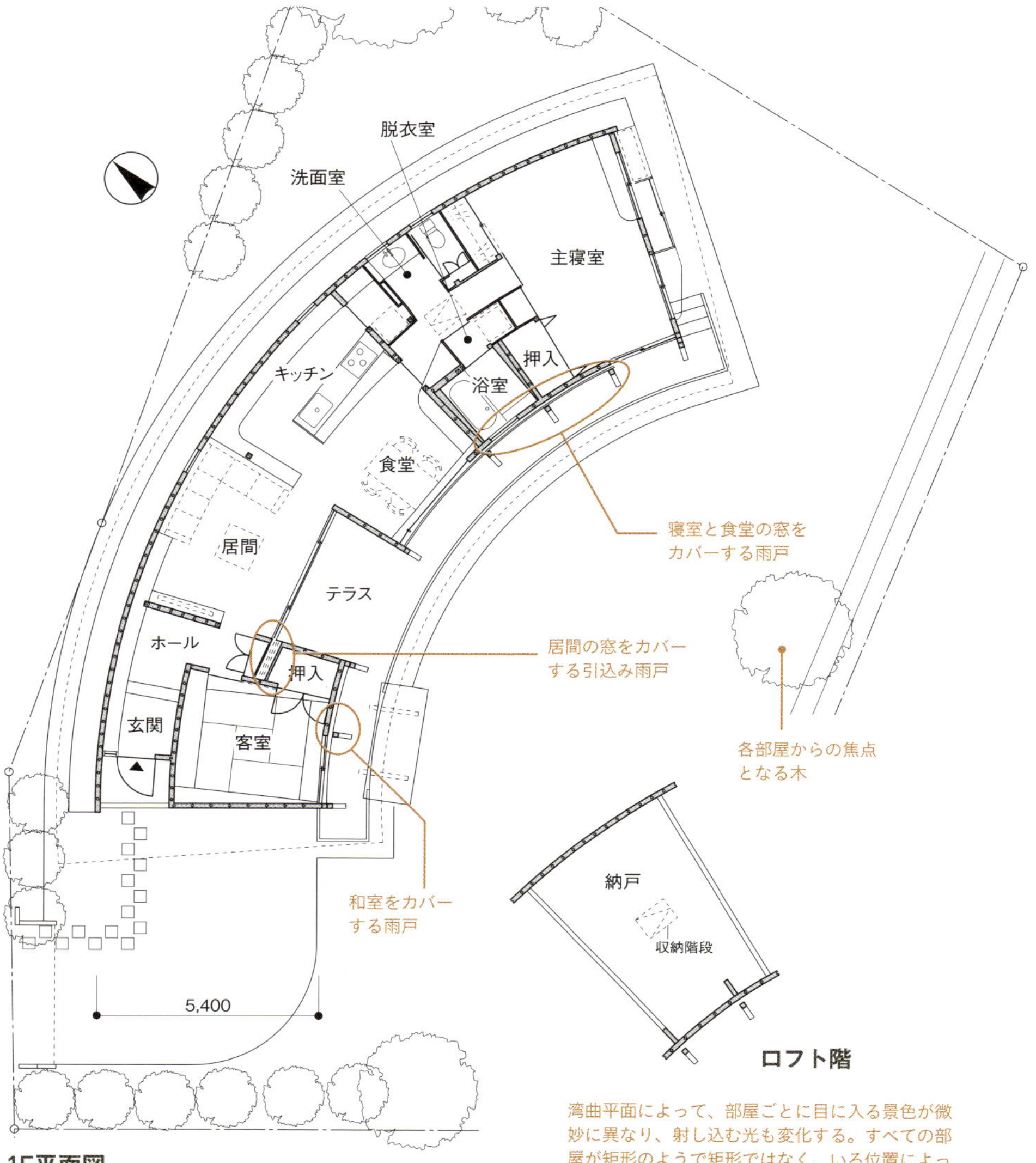

1F平面図
(S＝1：200)

湾曲平面によって、部屋ごとに目に入る景色が微妙に異なり、射し込む光も変化する。すべての部屋が矩形のようで矩形ではなく、いる位置によっても少しずつ見えるものや感じ方が変わる

別荘には日常生活にない刺激が必要とされる。アウトドアなど、活動目的が明確にあるときの基地としての場合はよいが、場所を変えただけの場合は、いずれ飽きがきてあまり使われなくなる。しかし空間に刺激的仕掛けがなされていれば、知人を呼んで楽しんでもらえ、自分に飽きがきても長く使っていくことになる。

この別荘は暖炉などの特別な装置はなく、ハイサイド窓から落ちてくる光で湾曲した無垢の木の多様な表情の壁面を照らし、時間経過でさらに変化する色合いを楽しめる。またいくつかに分節することで子供と親など、複数のグループでの活動も可能になり、空間も変化だけでなく、把握しきれない余地を残すことで飽きがきにくいようにしている。

それでいて3次曲面の屋根で覆われ、吊り雨戸ですべての窓も覆うこともできるので、1つ屋根の下の一体感も抱ける。湾曲面の焦点付近に植えた樹木や、そこで遊んでいる者がすべての部屋から見えることで、自分の位置の把握と、

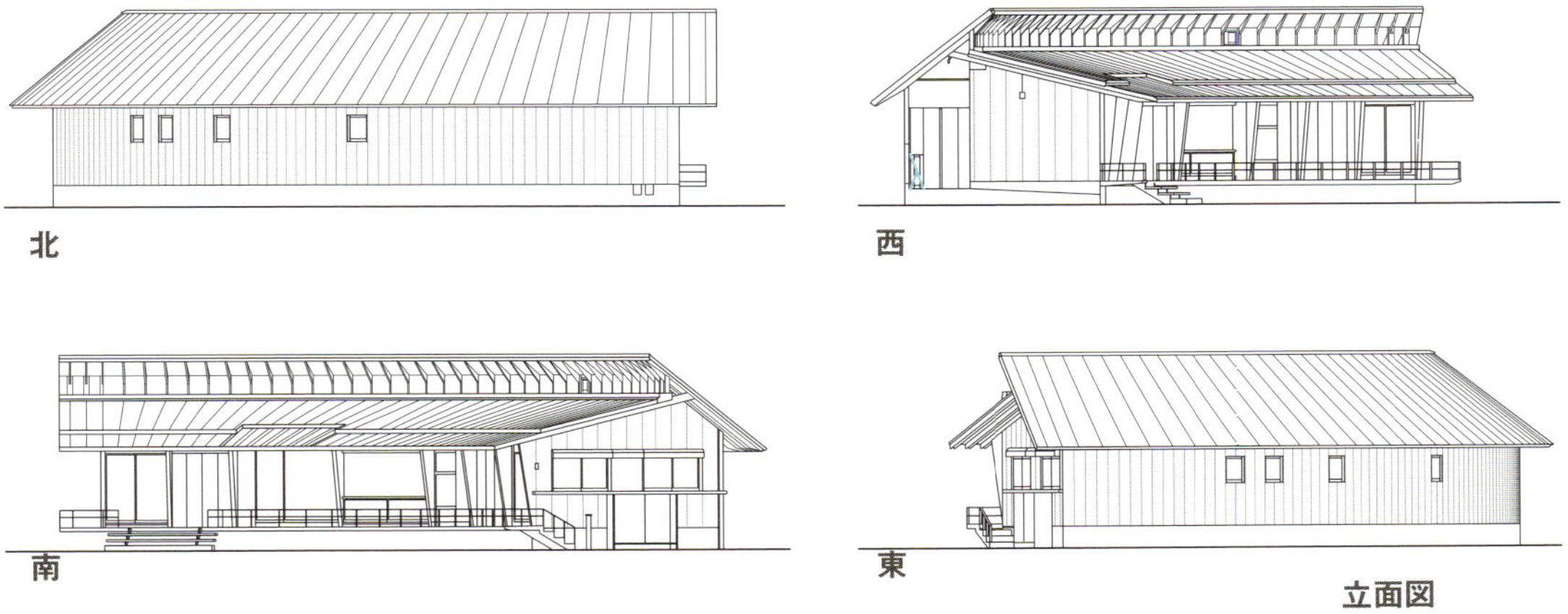

立面図
（S＝1：300）

棟は両サイドの外壁に架かる合掌の垂木によって構成されている。大きな棟木もそれを支える壁や柱もない

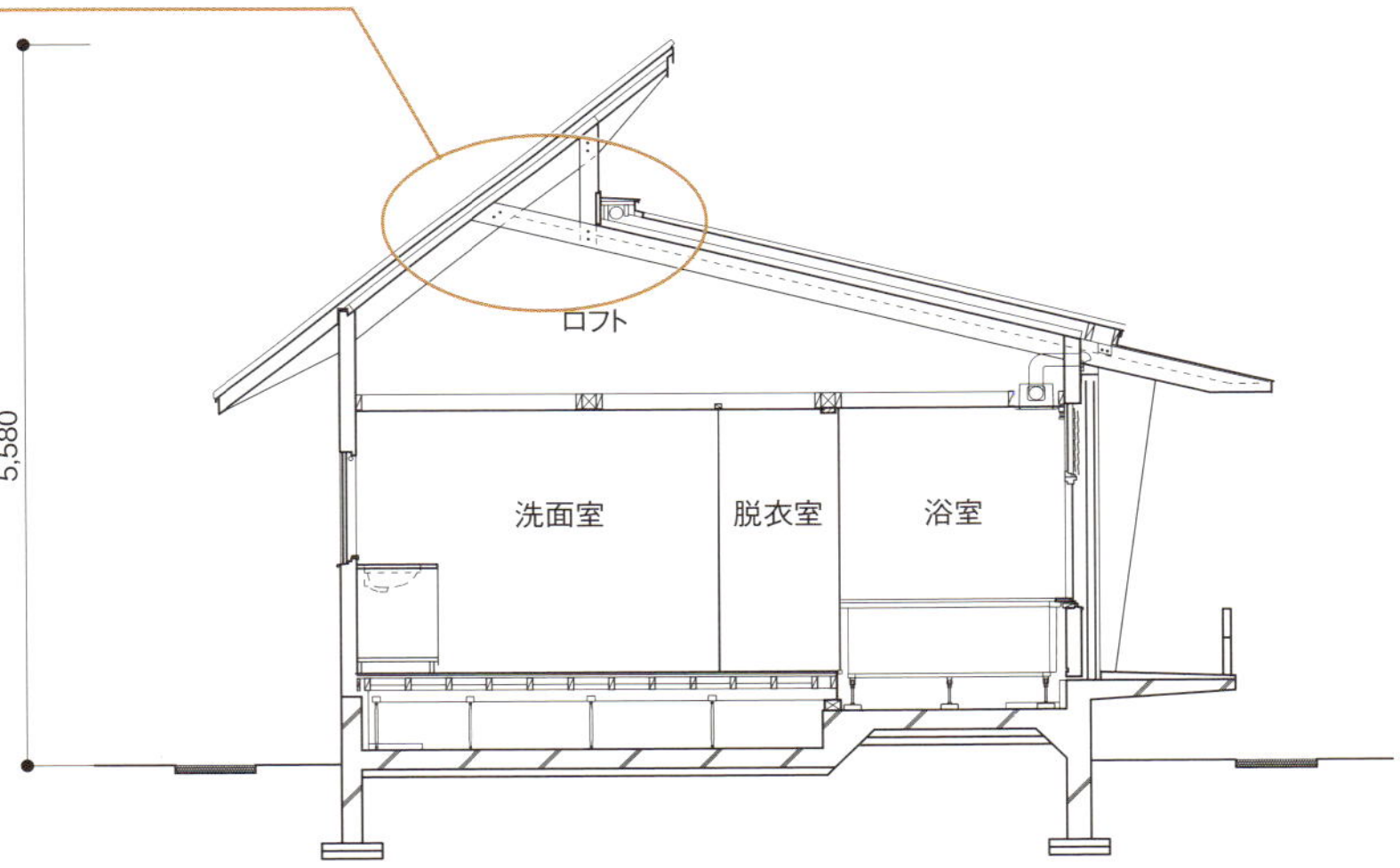

断面図
（S＝1：100）

ハイサイドライトから壁面に光を落とすことで表情が刻々と変化する

食堂と居間。垂木受けの母屋はなく、垂木は屋根に仕込んだスチールプレート梁で吊られている

外壁面には雨戸が吊られており、不在時には開口部を覆うことができる

別々でいながらともにある感覚を得られる。意識されにくいが、それとない仕掛けである。

「グルーラム湾」

5章
上質さを支える構造と素材

広い空間でも柱を極力減らす、
サポートなしに深い軒を出す、といった
構造の工夫により空間の質は大きく上がります。
素材も同様で、細部にわたる工夫・こだわりが
住まいの美しさを一層引き立てます。
さらに長く美しく保つには
メンテナンスしやすい素材の選択や、
納まりの検討も欠かせません。

A 橋を架けるように建てる

Q 72

造成しないでがけ地に別荘を建てられるか？

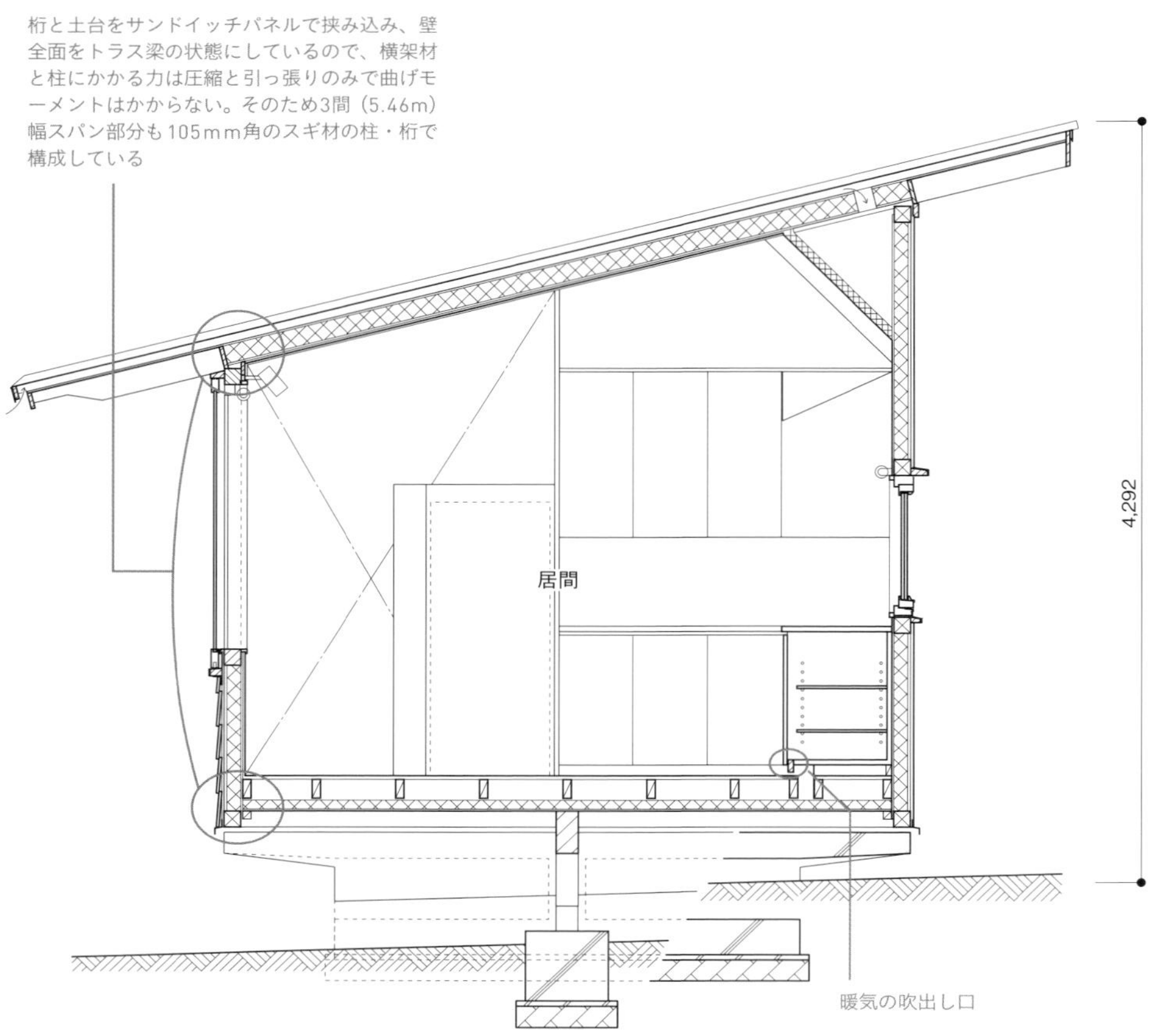
桁と土台をサンドイッチパネルで挟み込み、壁全面をトラス梁の状態にしているので、横架材と柱にかかる力は圧縮と引っ張りのみで曲げモーメントはかからない。そのため3間（5.46m）幅スパン部分も105mm角のスギ材の柱・桁で構成している
4,292
居間
暖気の吹出し口

A-A'断面図
（S＝1：50）

別荘の場合、建物周辺に手を入れず、野趣に富んだままにするという選択肢が成立する。予算が限られている場合、土地造成をせずに、独立基礎を不陸に合わせた高さで橋脚のようにつくり、その上に桁と土台で構成されたトラス壁（一部手すり壁）を橋桁のように載せる構造とする。

トラス壁は、105㎜角の柱間にOSB合板で断熱材をサンドイッチしたパネルを挟み込み、合板の耳を柱にビス止めして、全体としてトラス構成にする。屋根もサンドイッチパネルの片流れとし、仕上げの鋼板を野地板より25㎜浮かした瓦棒葺きにし、その隙間に、軒先から新鮮空気を取り入れ、20～40度以上に温められた空気を、中間ファンで室内に吹き込むようにする。

不在時でも換気され、冬場に訪れても建物の空気がきれいで少し暖まっているようにする。内部仕上げはトラス壁のOSBパネルに直塗装でも悪くはない。

［一不二異亭］

集熱ダクトで30℃以上になった暖気を2か所の中間ダクトファンで床下に吹き込み、各室床の吹出し口から出し、正圧で外部に排気する。暖房のFFヒーターの暖気も、同じ床下スペースから各部屋に送り、まんべんなく温められるようにしている

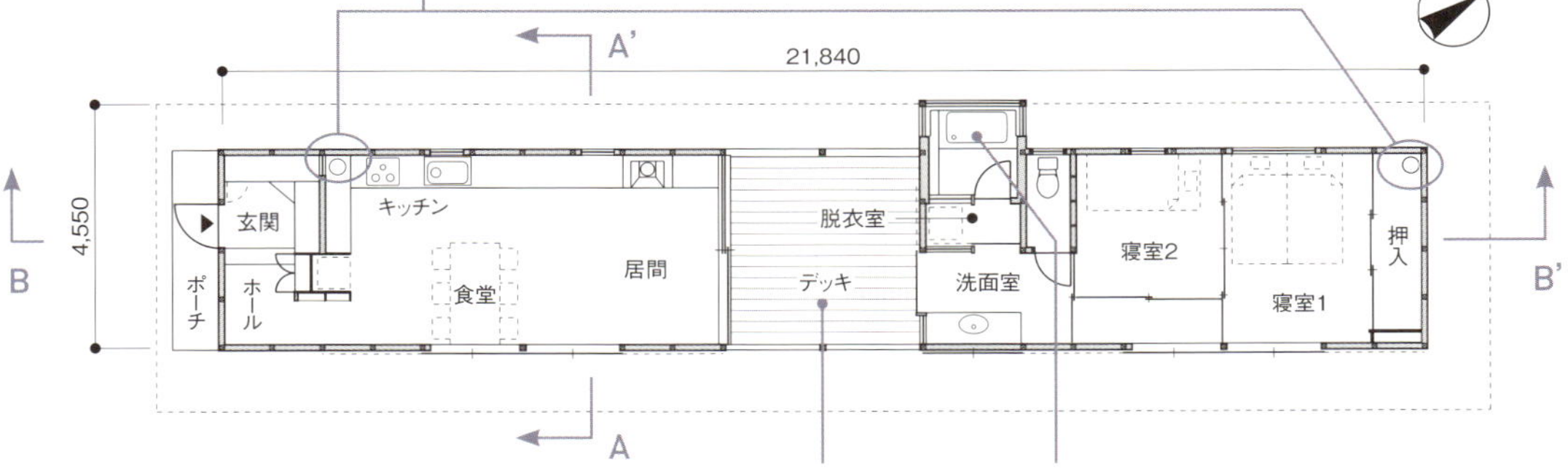

屋外デッキの上にはガラス屋根が架かっており、雨や雪でも屋外生活を楽しめる

躯体から飛び出した浴槽部分の三方の壁と屋根がガラス張りのハーフユニットバス。露天風呂と同じ雰囲気を味わうことができる

平面図
(S＝1：200)

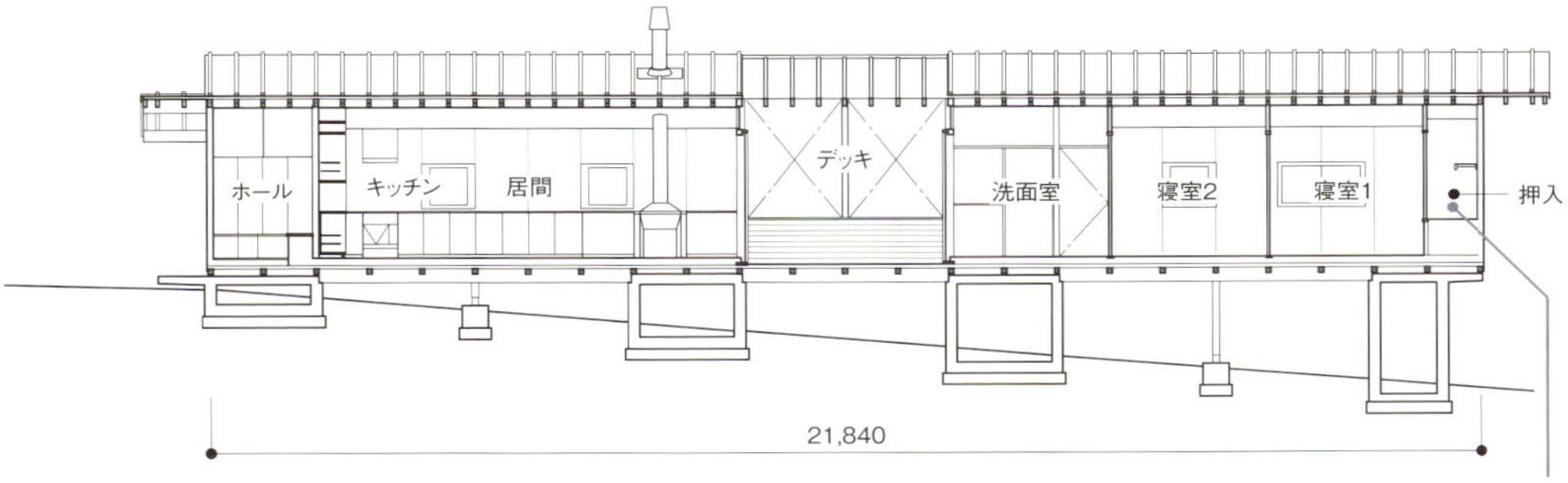

布団収納用の引出しの隙間に暖気を通して、常に布団の乾燥状態を保つ

B-B'断面図
(S＝1：200)

キッチン前から食卓越しに南方向を見る。開口部は引込み戸で、外壁の腰の笠木を敷居にしている。建具の框を落とし込むことで、フィックスガラスと同様の表情にし、ピンチブロック等で気密を保っている。壁は構造用OSB合板に塗装

北東から見た外観。基礎上の土台と屋根を受ける桁までの壁が合成トラスとなっていて、長スパンを飛ばすことができている。床下は、橋桁の高さが人が活動できるくらいあるので、薪割りなどの屋外仕事の作業スペースになる

温湿度を整えつつ、部材の再利用も可能なつくり方はあるか？

A 杉角材連結壁パネル工法（FSB工法）でつくる

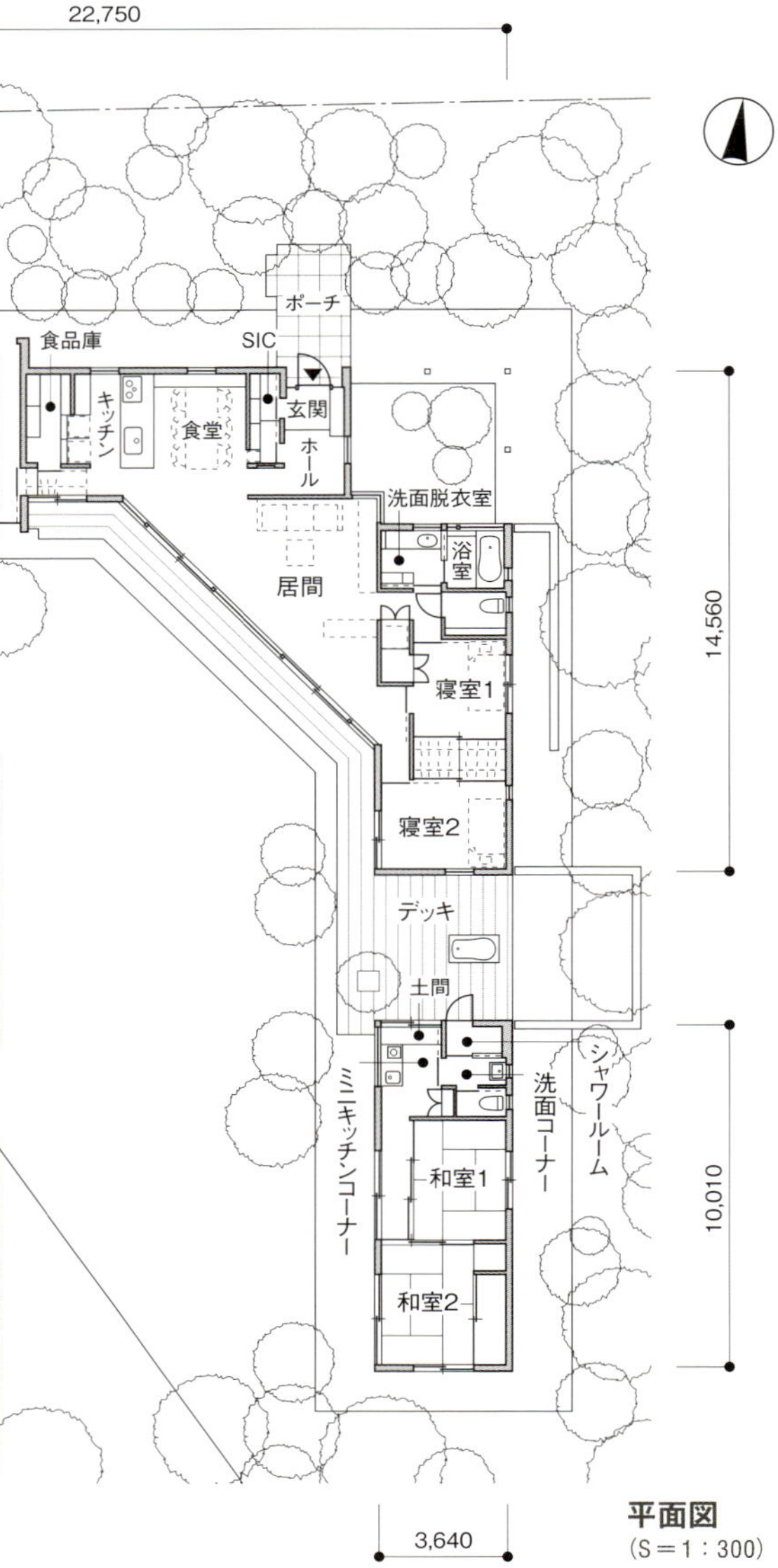

平面図
（S＝1：300）

庭と建物を見る。右奥が離れ。建物の後ろに見える木々が東側に植えた防風林

来客用の離れの和室。木を現した母屋の仕上げとは対照的に和紙を貼っているが、この和紙もSパネルに直貼りしている

蓄熱や調湿性を声高に主張しても、誰も関心を示さない。さらに新築時に解体のことを心配する人はいない。そんななかで敢えて、それらを問題にして計画した。FSB工法の住宅は、無垢の木材を大量使用（通常の木造の3〜4倍）しているので、家全体の熱容量が大きく、蓄熱と調湿性能に富んでいる。日々の温湿度の変化が少ない。結露や過乾燥にも悩まされず、理想的居住性能を有している。

FSB工法は、ボルトで連結された、柱と同寸の角材の連結壁（パネル）を、通常の木造軸組工法の柱間に、筋かいの替わりに挿入し、梁や桁で固定して、耐力壁とする。固定は金物工法のホールダウンパイプやホゾパイプでピン接合となる。屋根は通気層と断熱材入りのサンドイッチパネルで構成されている。

壁パネルは角材の間に雇い実が組み込まれており、水密気密は確保され、内外パネル現しでも、発泡系断熱材の30㎜厚と同程度の断熱性能が見込める。また、105㎜角

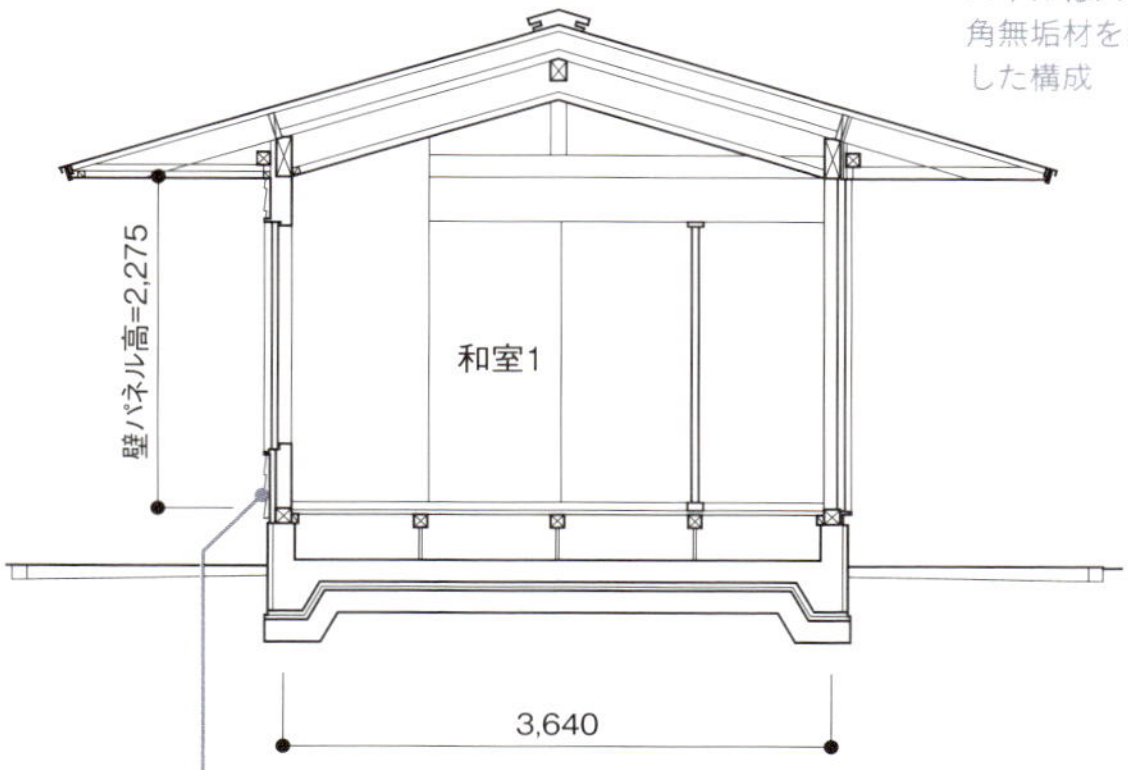

外壁は、断熱材のスタイロフォーム30mmを貼り、下見板張り仕上げとしている

離れ矩計図
(S＝1：100)

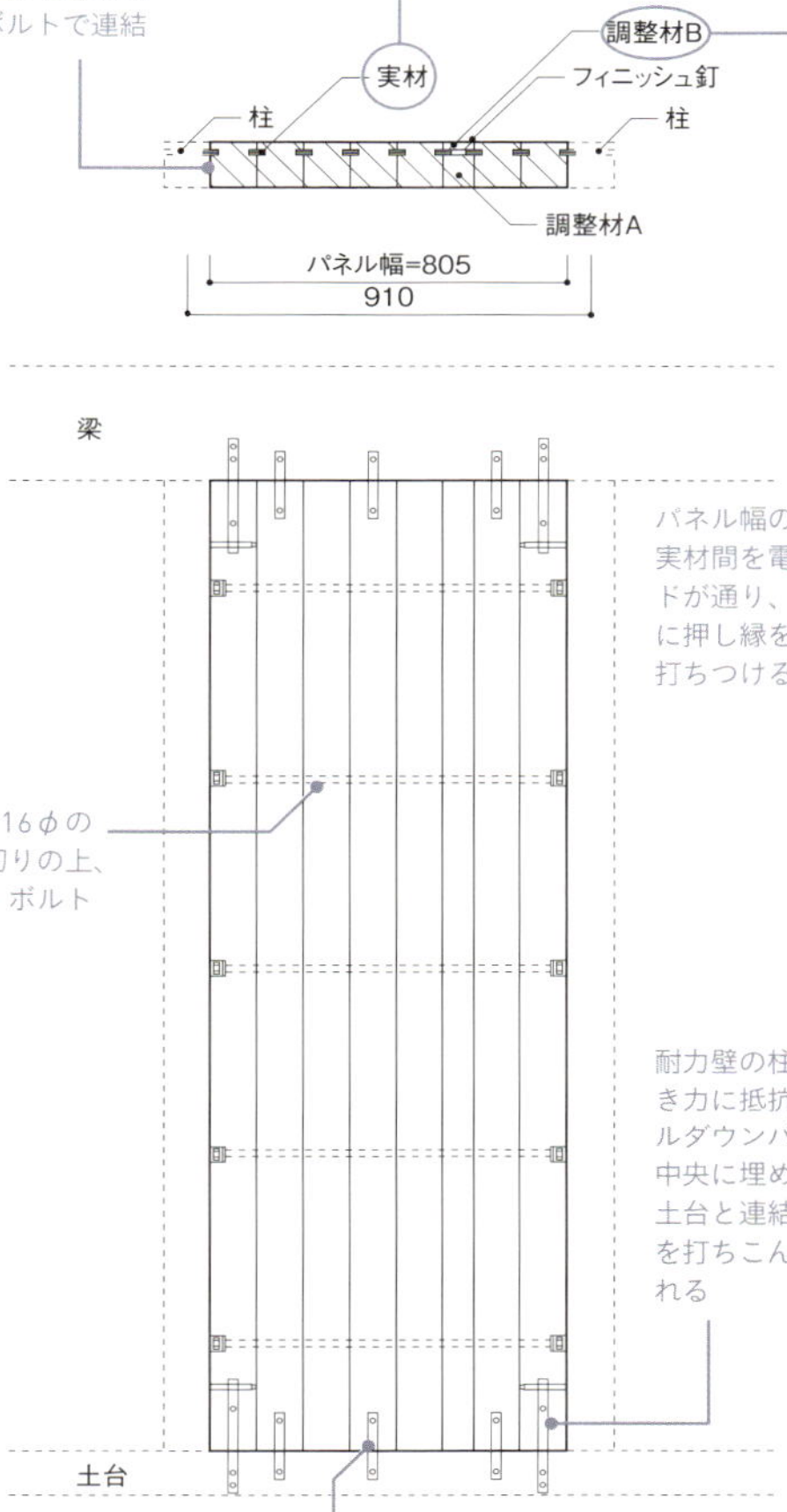

実材が挟み込まれていて、気密・水密性能を担保している

パネルはスギの105mm角無垢材をボルトで連結した構成

パネル幅の調整材で、実材間を電気のコードが通り、その外側に押し縁を隠し釘で打ちつける

パネルを連結する16φの鋼材。端部はねじ切りの上、ボルト締めされる。ボルト分は座掘りする

耐力壁の柱の引き抜き力に抵抗するホールダウンパイプ。柱中央に埋め込まれ、土台と連結し、ピンを打ちこんで緊結される

パネルのせん断力に抵抗するホゾパイプ。これもピンを打ちこんで土台と緊結する

Sパネル平・立面図
(S＝1：30)

Sパネル
柱間に挿入され、これだけで805mm幅の耐力壁となる。すべてのパネルがピンを外せば解体できるので、その後の再使用も可能になっている。また、Lパネルは柱までがボルトで接合され、1015mm幅の耐力壁となる。SパネルとLパネルは、耐力の必要度合いで使い分ける

玄関ホール。正面の壁面がSパネル現し仕上げ。構造体がそのまま仕上げとなっている

のスギの角材連結パネルの内外現しで、30分の耐火試験を経て、国交省の防火構造外壁の認定を取得している。パネルは解体して、同じ工法の壁で再使用できるように考えられている。建築確認の申請は、許容応力度計算で安全を確認する必要がある。

事例は、茶臼岳から吹き下ろす冷たい風を防ぐよう、敷地の北と東に、防風林となる樹木を植え、建物はL字型に配置して、全室から庭全体を見渡せるようにしている。母屋部分の内部の壁仕上げは角材連結パネル現しのままだが、来客用の離れは、連結パネルに直に土佐和紙を貼っている。ミニキッチンとトイレ、シャワーも併設し、母屋とはデッキスペースを介して行き来する。その間に置いた露天風呂用の浴槽は、天板を載せると屋外リビングのテーブルにもなる。冷たい北東の風が強く吹くところなので、壁パネルの上に防水紙をタッカー止めし、30㎜厚のスタイロホームを張り、縦胴縁、スギ下見板仕上げとしている。

「那須町の家」

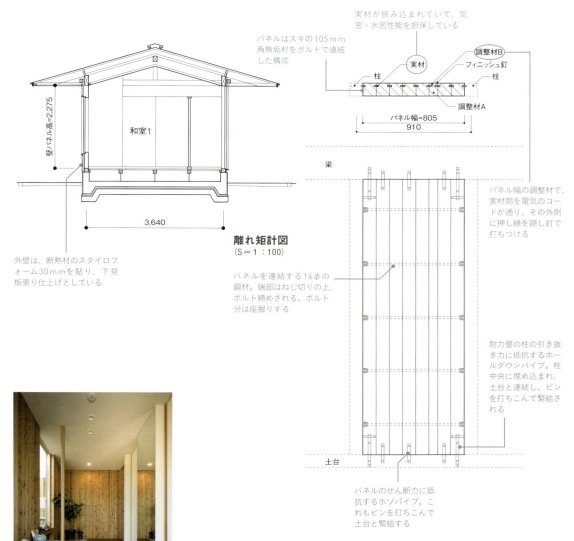

閉塞感のある居間を開放的にするには？

A 構造の工夫でコーナー柱を抜く

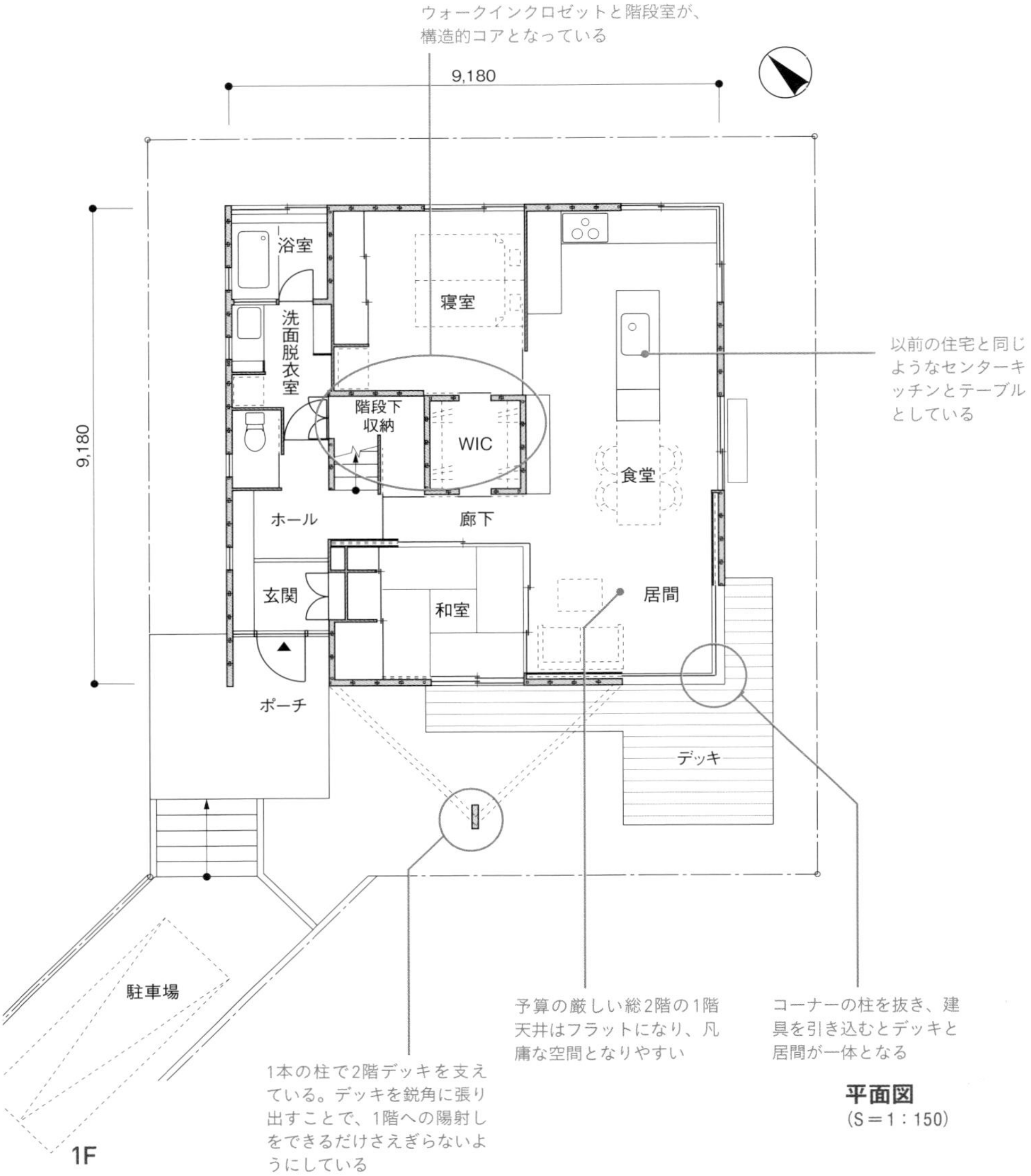
ウォークインクロゼットと階段室が、構造的コアとなっている
9,180
9,180
浴室
寝室
洗面脱衣室
階段下収納
WIC
食堂
ホール
廊下
玄関
和室
居間
ポーチ
デッキ
駐車場
以前の住宅と同じようなセンターキッチンとテーブルとしている
予算の厳しい総2階の1階天井はフラットになり、凡庸な空間となりやすい
コーナーの柱を抜き、建具を引き込むとデッキと居間が一体となる
1本の柱で2階デッキを支えている。デッキを鋭角に張り出すことで、1階への陽射しをできるだけさえぎらないようにしている
1F

平面図
(S＝1：150)

2世帯住宅は、予算が厳しいわりに必要とされる面積は広い。通常、厳しい予算は、施工者次第のところがあって、設計者にはせいぜい単純な間取りで、仕上げを安価なものにするぐらいしか手を打てない。その結果、どうしても貧相な空間になりがちである。

そこでこの事例では、材料費は割高ではあるが、工事手間を大幅に削減できる集成材造壁式構造を考えた。単価の高くない、通常木造で扱う集成材の梁（最大寸法120×450×6000㎜）材を立て並べ、柱でもあり壁でもある構造壁とする工法である。

内外にそのまま割高の素材を現し、コストコントロールのヘゲモニーを設計者の手に戻し、チープにならないようにした。構造と施工を優先して壁を配置した結果、2階床桁を兼ねた根太受け材の溝型鋼を適切に掛けさえすれば、必ずしも角の柱が必要でないことが計算でわかった。それで1、2階の居間の南東の柱を抜き、掃き出し建具を引き込むことで、コーナーが開放される間取りとなっ

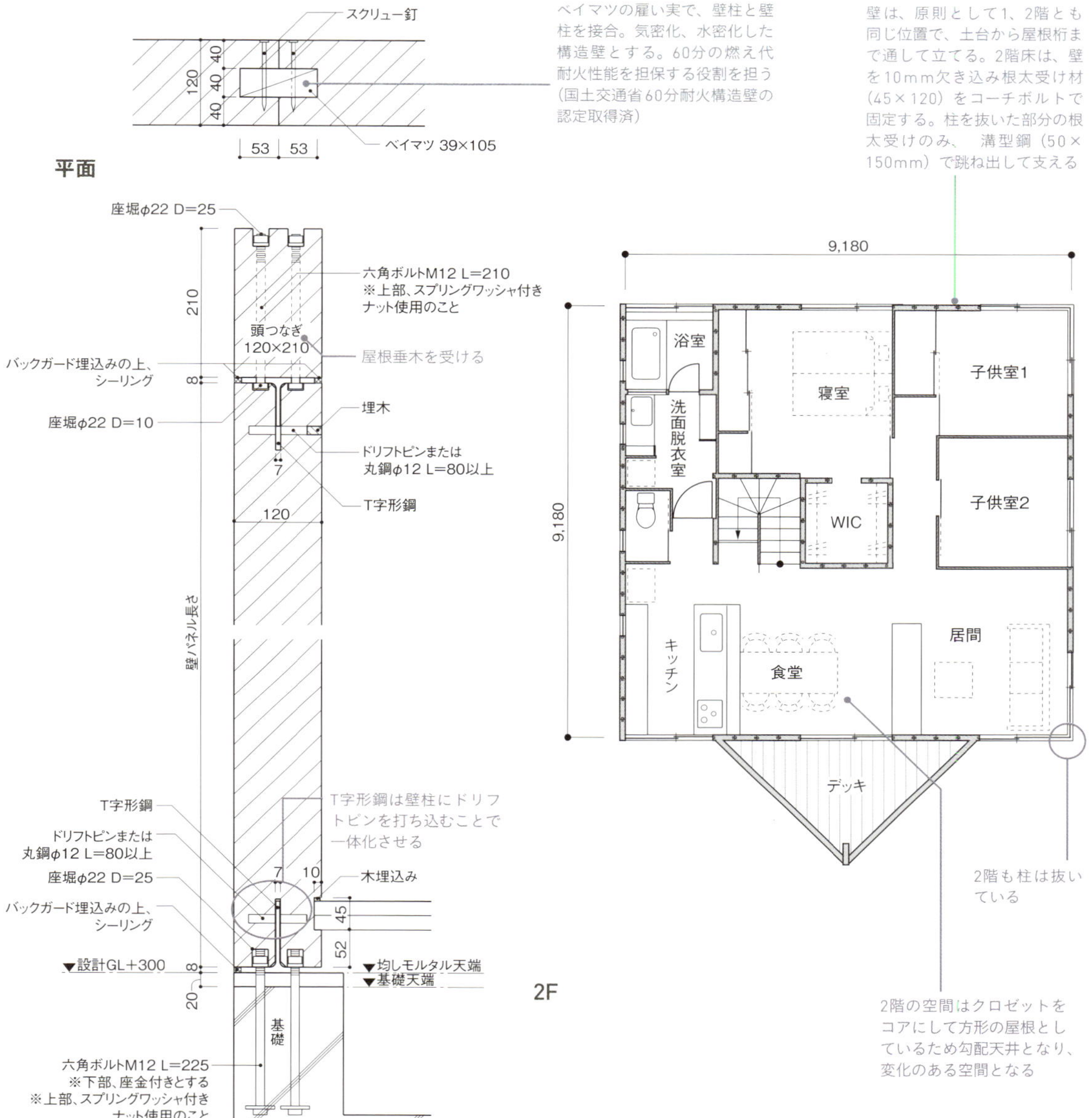
スクリュー釘
120
40
40
40
53
53
ベイマツ 39×105
ベイマツの雇い実で、壁柱と壁柱を接合。気密化、水密化した構造壁とする。60分の燃え代耐火性能を担保する役割を担う（国土交通省60分耐火構造壁の認定取得済）
平面
座堀φ22 D=25
210
六角ボルトM12 L=210
※上部、スプリングワッシャ付きナット使用のこと
頭つなぎ
120×210
屋根垂木を受ける
バックガード埋込みの上、シーリング
8
座堀φ22 D=10
埋木
ドリフトピンまたは
丸鋼φ12 L=80以上
7
T字形鋼
120
壁パネル長さ
T字形鋼
ドリフトピンまたは
丸鋼φ12 L=80以上
座堀φ22 D=25
バックガード埋込みの上、シーリング
T字形鋼は壁柱にドリフトピンを打ち込むことで一体化させる
7
10
木埋込み
45
52
設計GL＋300
8
20
均しモルタル天端
基礎天端
基礎
六角ボルトM12 L=225
※下部、座金付きとする
※上部、スプリングワッシャ付きナット使用のこと
断面
壁は、原則として1、2階とも同じ位置で、土台から屋根桁まで通して立てる。2階床は、壁を10mm欠き込み根太受け材（45×120）をコーチボルトで固定する。柱を抜いた部分の根太受けのみ、溝型鋼（50×150mm）で跳ね出して支える
9,180
9,180
浴室
寝室
子供室1
洗面脱衣室
WIC
子供室2
キッチン
食堂
居間
デッキ
2F
2階も柱は抜いている
2階の空間はクロゼットをコアにして方形の屋根としているため勾配天井となり、変化のある空間となる

外周部基本パネル納まり図
（S＝1：10）

右上／1階食堂から居間のコーナー窓を見る　右下／通常はデッキと居間は建具でとじられている
左／1階居間の引き込み建具を引き込んだデッキスペース。内外部一体の開放的な空間となる

た。厳しい予算のなか、遊びと豊かさ、さらにささやかな特徴をつくり出すことができた。

「真光寺町の家」

柱を立てずにカーポートに屋根を架けるには?

A トラスを組んで3m跳ね出しの屋根をつくる

和室と居間間仕切りの上に水平の跳ね出し梁が組み入れられている

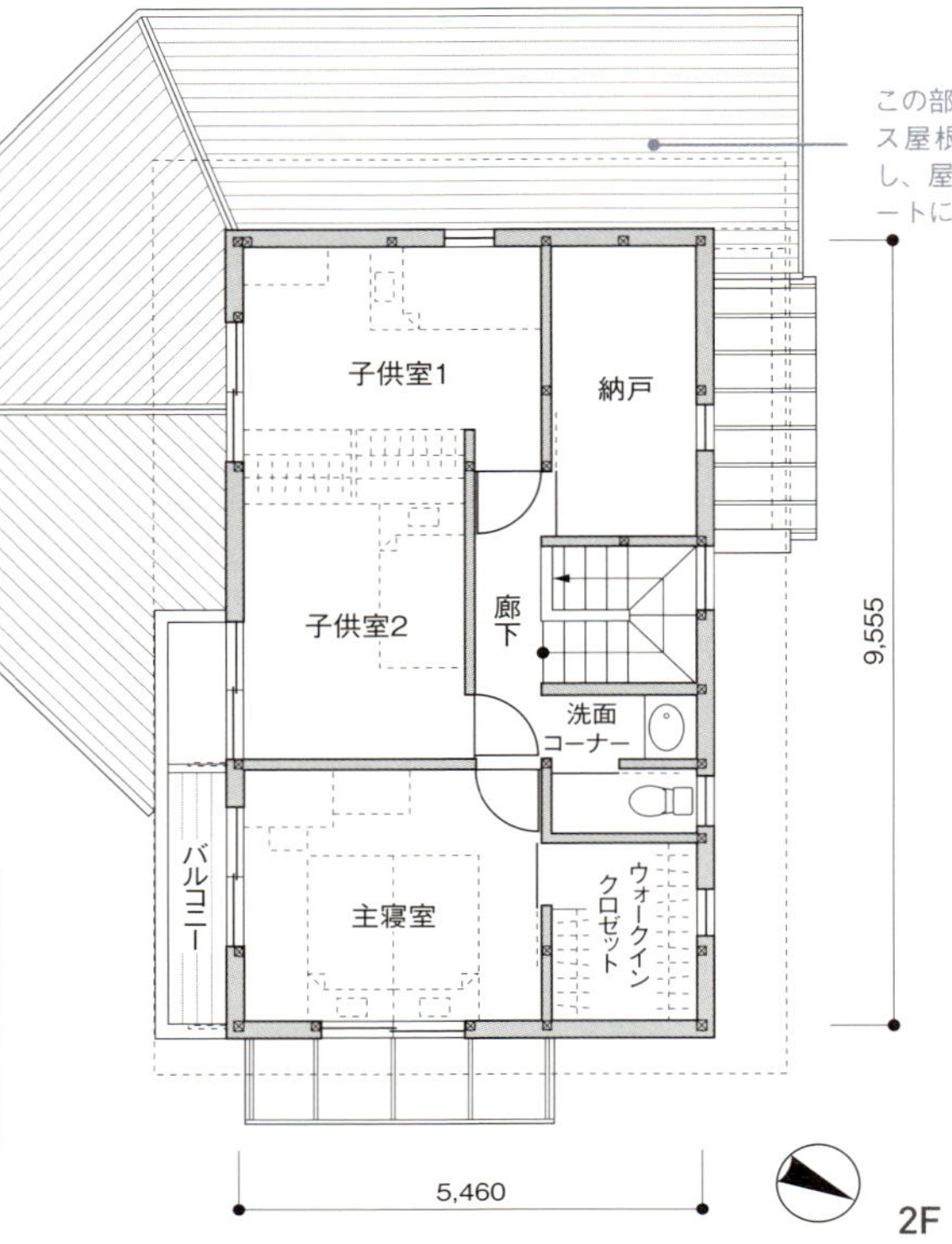
この部分の屋根をトラス屋根として跳ね出し、屋根つきのカーポートにしている
子供室1
納戸
子供室2
廊下
洗面コーナー
バルコニー
主寝室
ウォークインクロゼット
9,555
5,460
2F

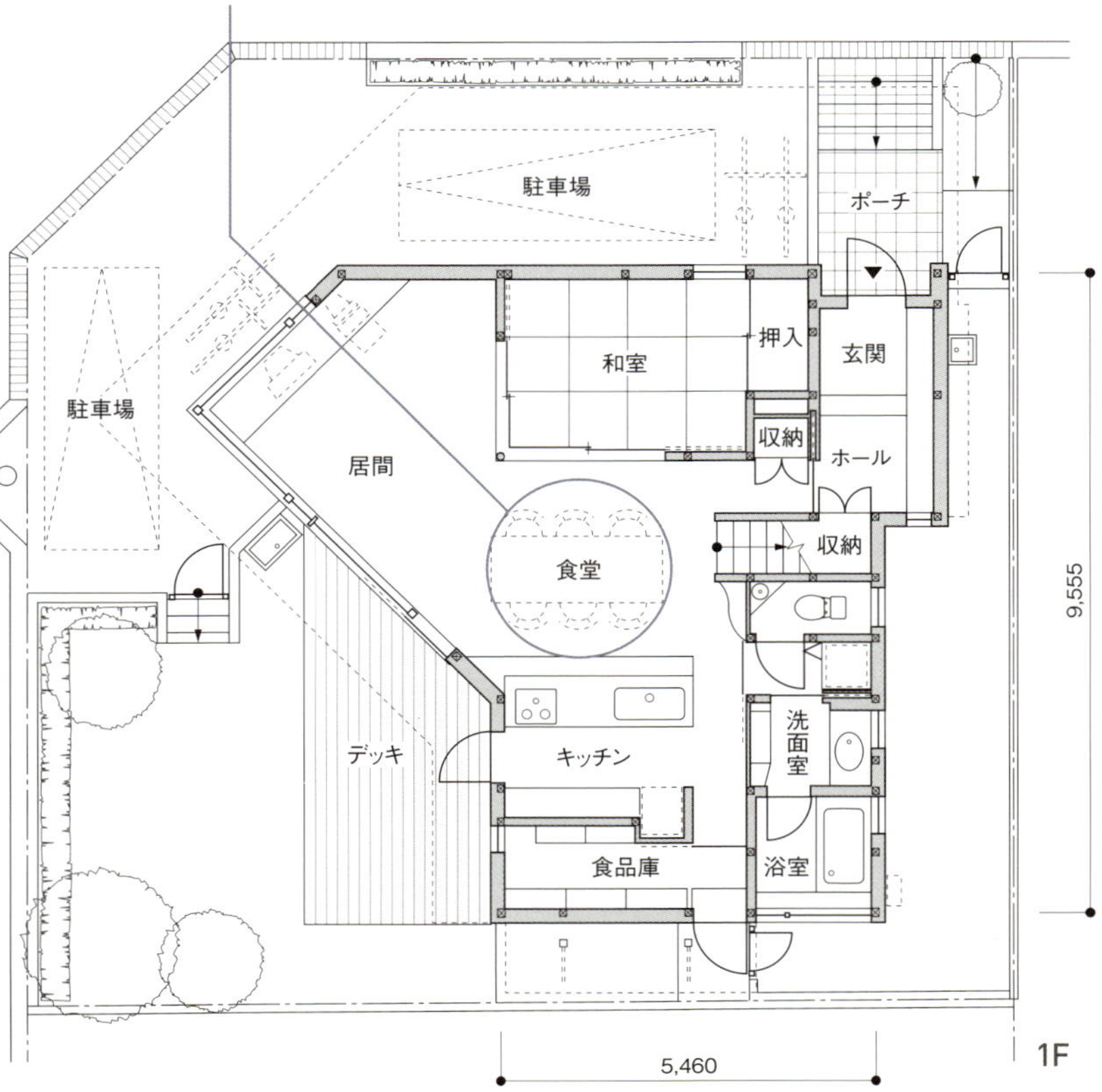
駐車場
ポーチ
押入
玄関
和室
収納
ホール
居間
収納
食堂
9,555
デッキ
キッチン
洗面室
食品庫
浴室
5,460
1F

平面図
(S＝1：150)

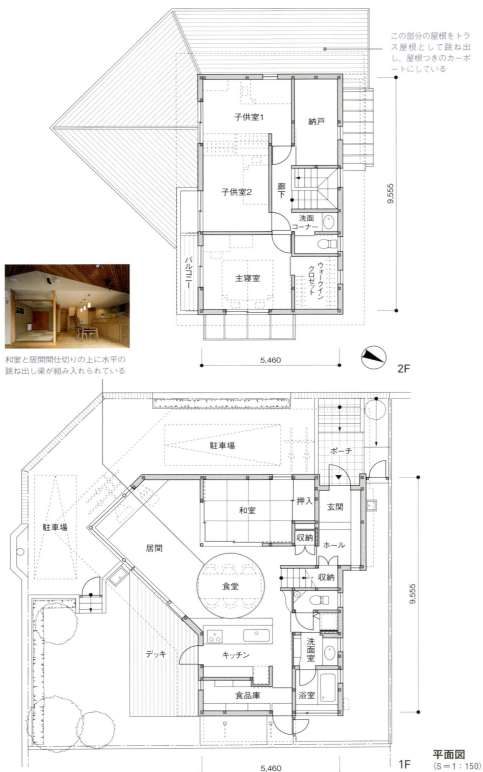

下屋がカーポートと玄関ポーチの上に大きく跳ね出している

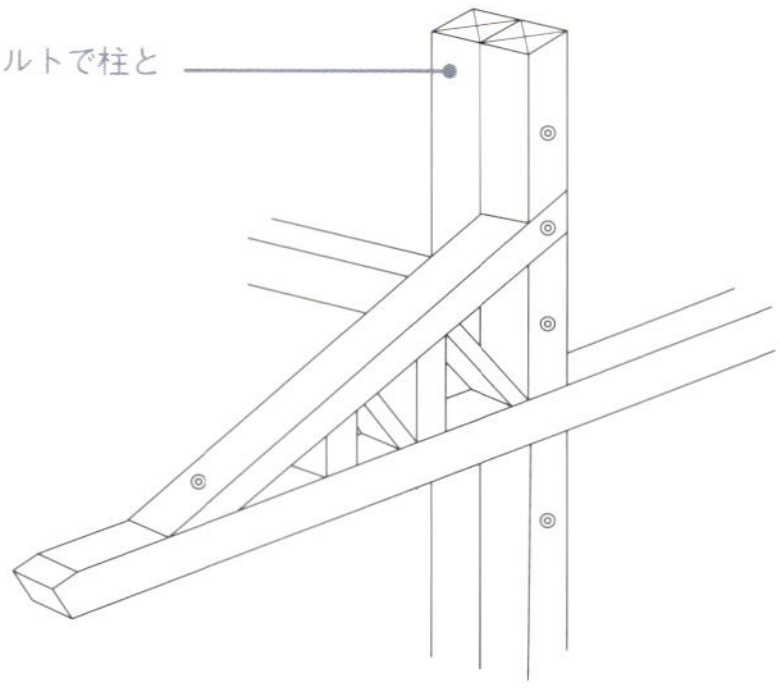
添え柱をボルトで柱と
緊結する

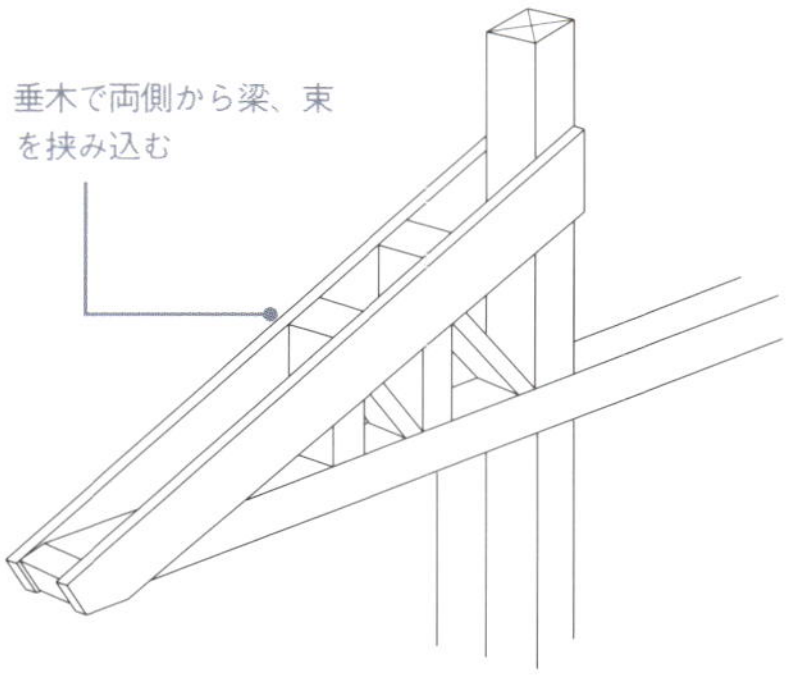
垂木で両側から梁、束
を挟み込む

カーポートの屋根は、既製品では味気ない。外部につくろうとすると柱が必要になるが、その柱はそれなりのスペースを必要とし、乗り降りの邪魔にもなる。しかも柱は境界際には建てられない。そのスペースは住宅の配置にも影響する。

カーポートの屋根を住宅部分から跳ね出せば、車寄せや乗り降りに邪魔な柱がなく、車も境界ぎりぎりに置ける。その跳ね出し屋根を、勾配付きの跳ね出し垂木、または登り梁と、住宅から飛び出させた水平の桁と先端で結合し、住宅内の柱とで、三角のトラスを構成するのである。1台程度の幅の出なら、トラスの構成軸組材はほとんど105㎜角程度ですむ。

「六実の家」

跳ね出している屋根の幅がわかる

在来工法で柱なしで大屋根を架けるには？

A 隅木を鉄骨として、大きな勾配天井をつくる

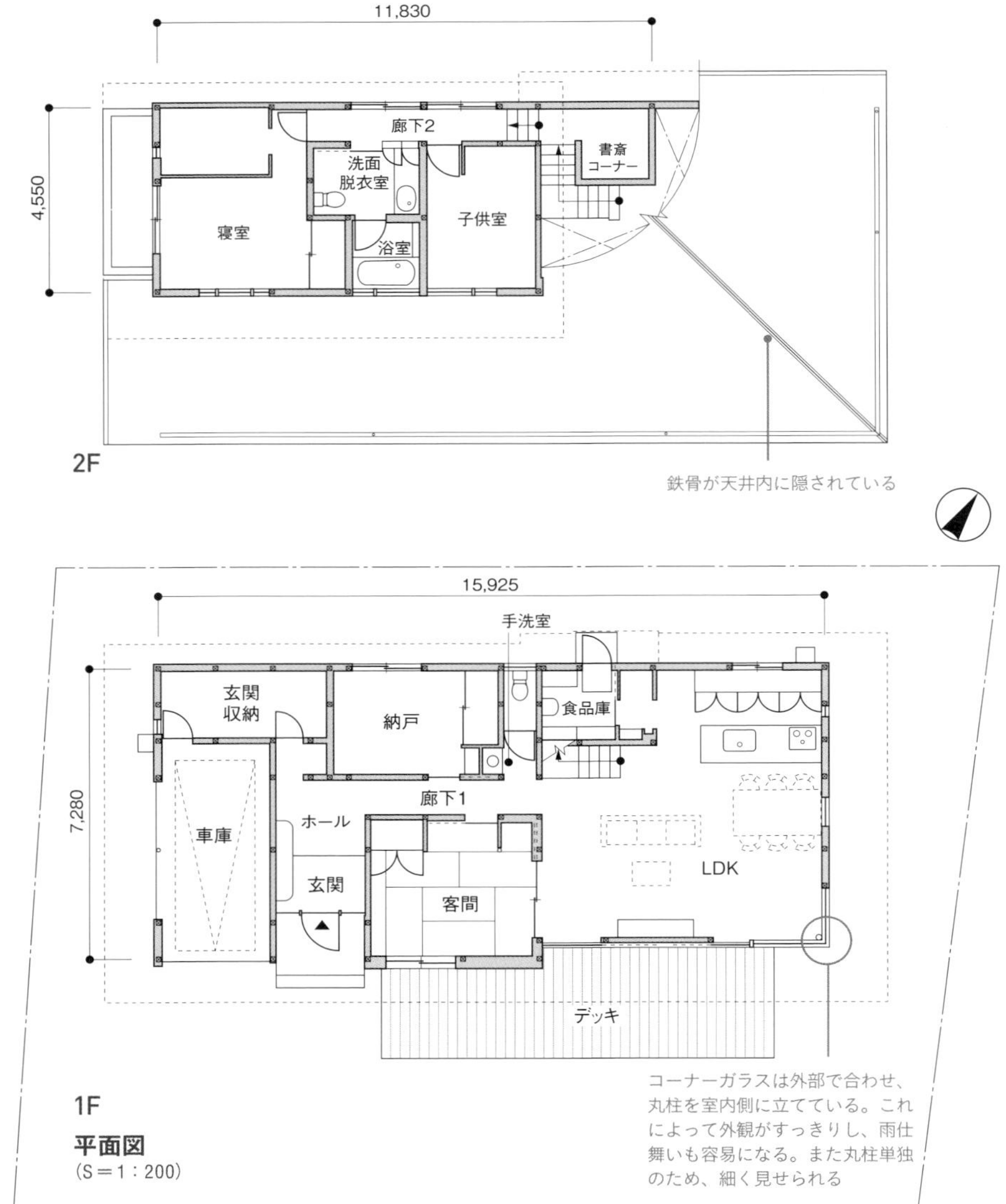
11,830
4,550
廊下2
洗面
脱衣室
書斎
コーナー
寝室
浴室
子供室
2F
鉄骨が天井内に隠されている
15,925
手洗室
7,280
玄関
収納
納戸
食品庫
廊下1
ホール
車庫
玄関
客間
LDK
デッキ
コーナーガラスは外部で合わせ、丸柱を室内側に立てている。これによって外観がすっきりし、雨仕舞いも容易になる。また丸柱単独のため、細く見せられる
1F

平面図
(S＝1：200)

木造住宅の場合、通常の構造材で構成された空間は2間幅となり、どうしてもよくある木造の空間ボリュームになりがちである。それで物足りなくて、吹抜けなどを設けたりするが、総2階を避けて平屋のように見せ、下屋の軒先ラインを低く強調したいときはそれもできない。

そこで、2方向からの片流れの勾配屋根が隅木で直交する、下屋の寄せ棟屋根を半分に割ったかのような形状にし、その下の空間を支える隅木を鉄骨でつくり、柱なしの広い隅木の勾配天井の空間とする。それによって木造でありながら木造にはないボリュームの空間になり、一味違ったものとなる。

しかも隅木の1番高いところに階段を配することで、空間に上下動の視点も生じ、勾配屋根の高い部分は2階建てに近くても、外観的に下屋の屋根の先端が低く水平であるため、圧迫感のない、平屋建て風の形態にできる。

「相模原の家」

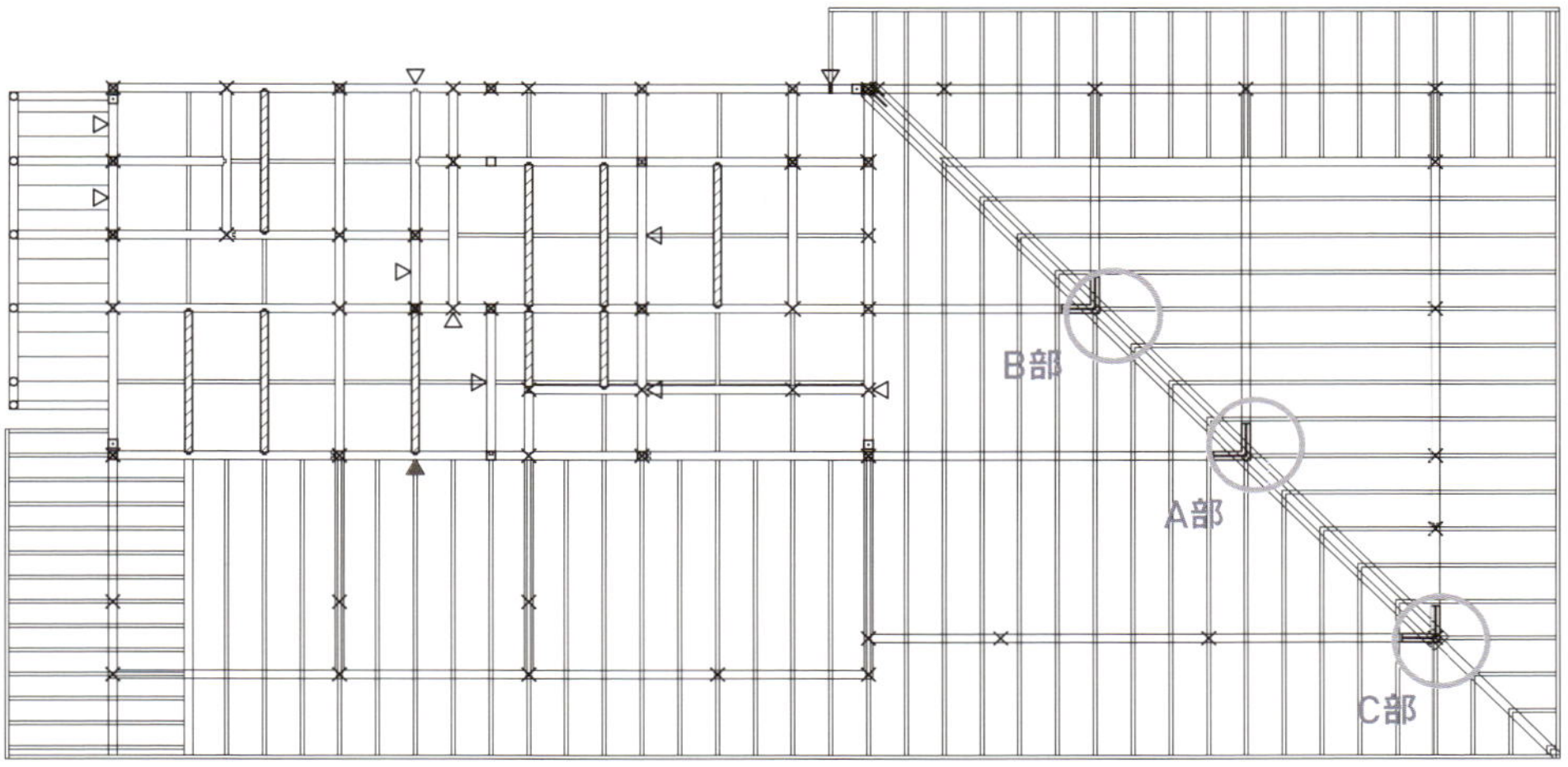

2階床伏図
(S＝1：150)

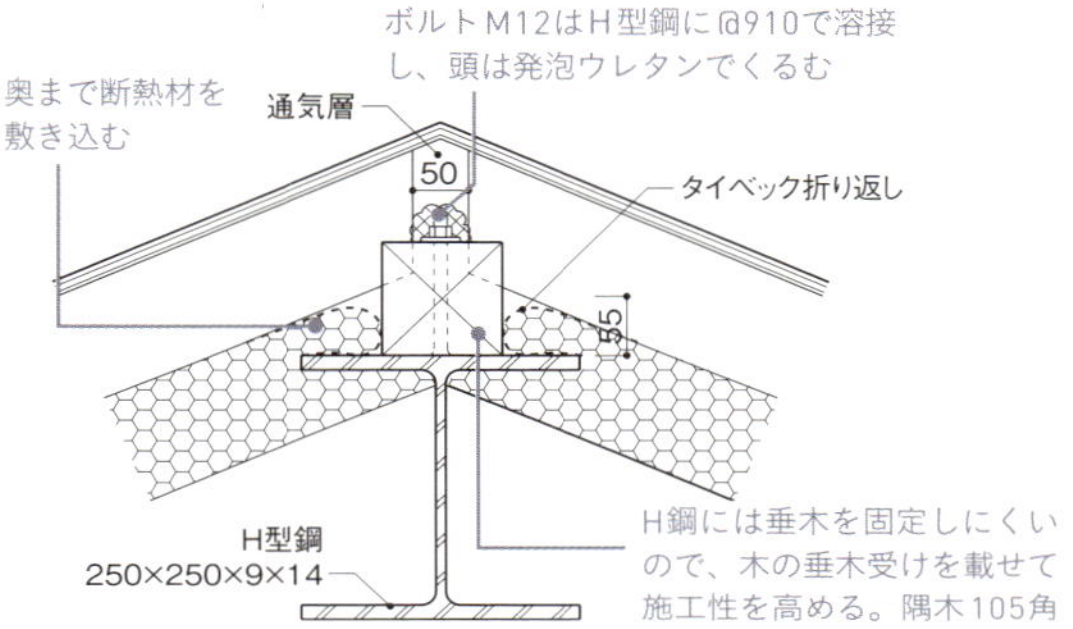
はH型鋼にボルトで緊結し、
軒先先端まで延ばす

隅木鉄骨詳細図
(S＝1：10)

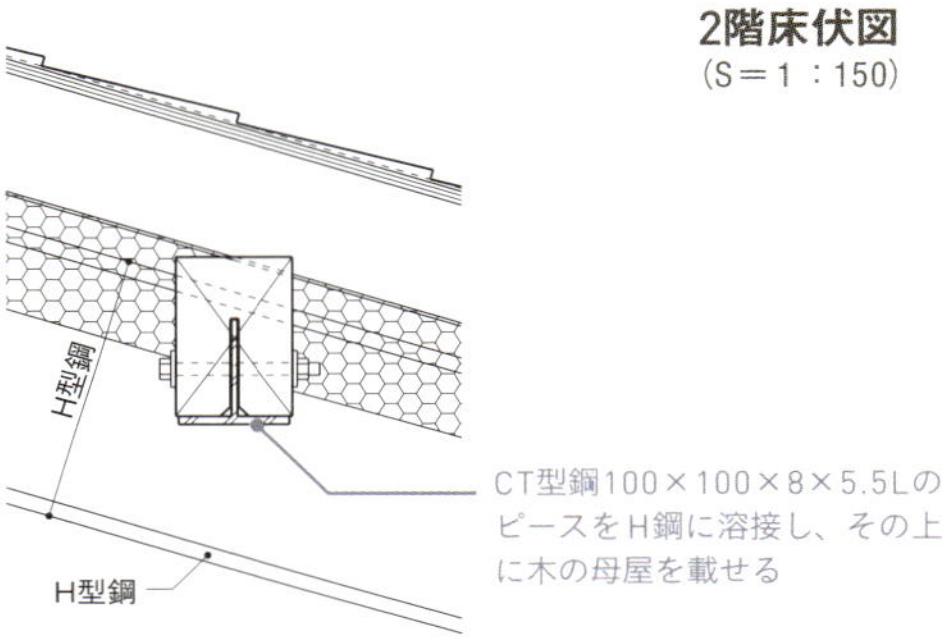

B部断面詳細図
(S＝1：10)

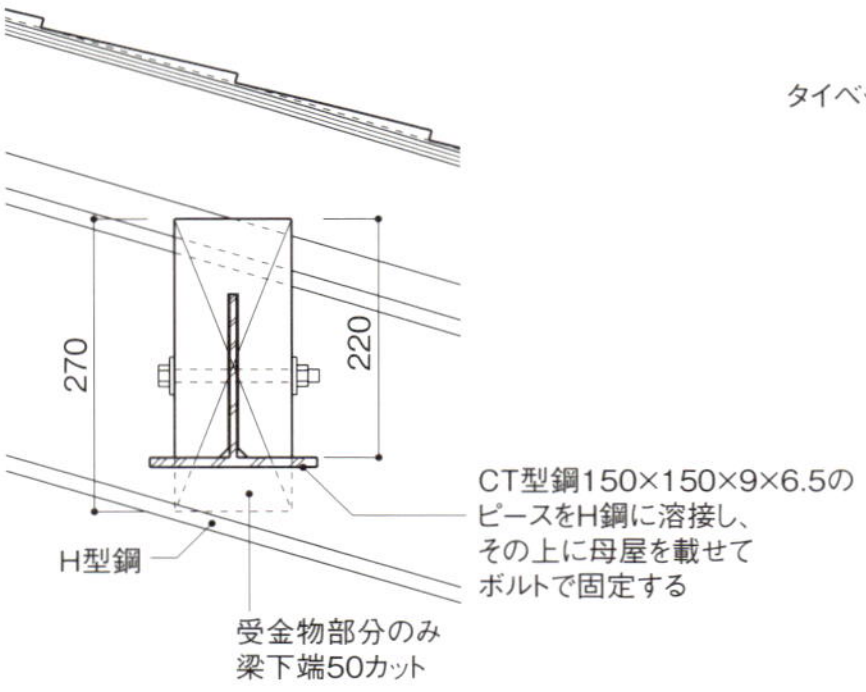

A部断面詳細図
(S＝1：10)

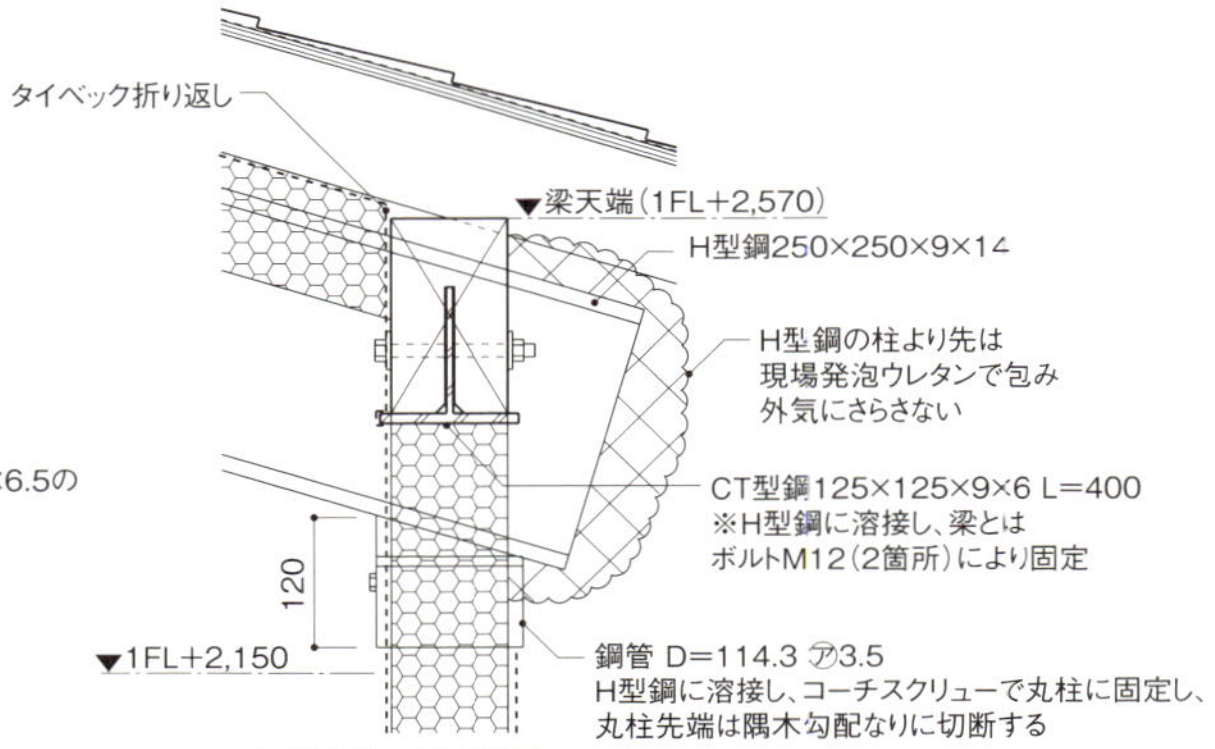

C部断面詳細図
(S＝1：10)

食堂の隅木の下部。天井外廻りの壁際に間接照明ボックスが、開口部上に小幅板で隠したブラインドボックスが仕込まれている

鉄骨の隅木がつくる大空間。食品庫の壁は書斎コーナーの手すりの高さで止めてあり、壁の圧迫感を軽減している

下屋の軸線を水平に長くして平屋風にし、壁も軒天も鼻隠しも白で統一している。軒樋は隠し樋にしてある

Q 内部天井と軒天を同一面で仕上げる仕掛けとは？

A 中空の集成材をつくり、中空部に母屋を隠す

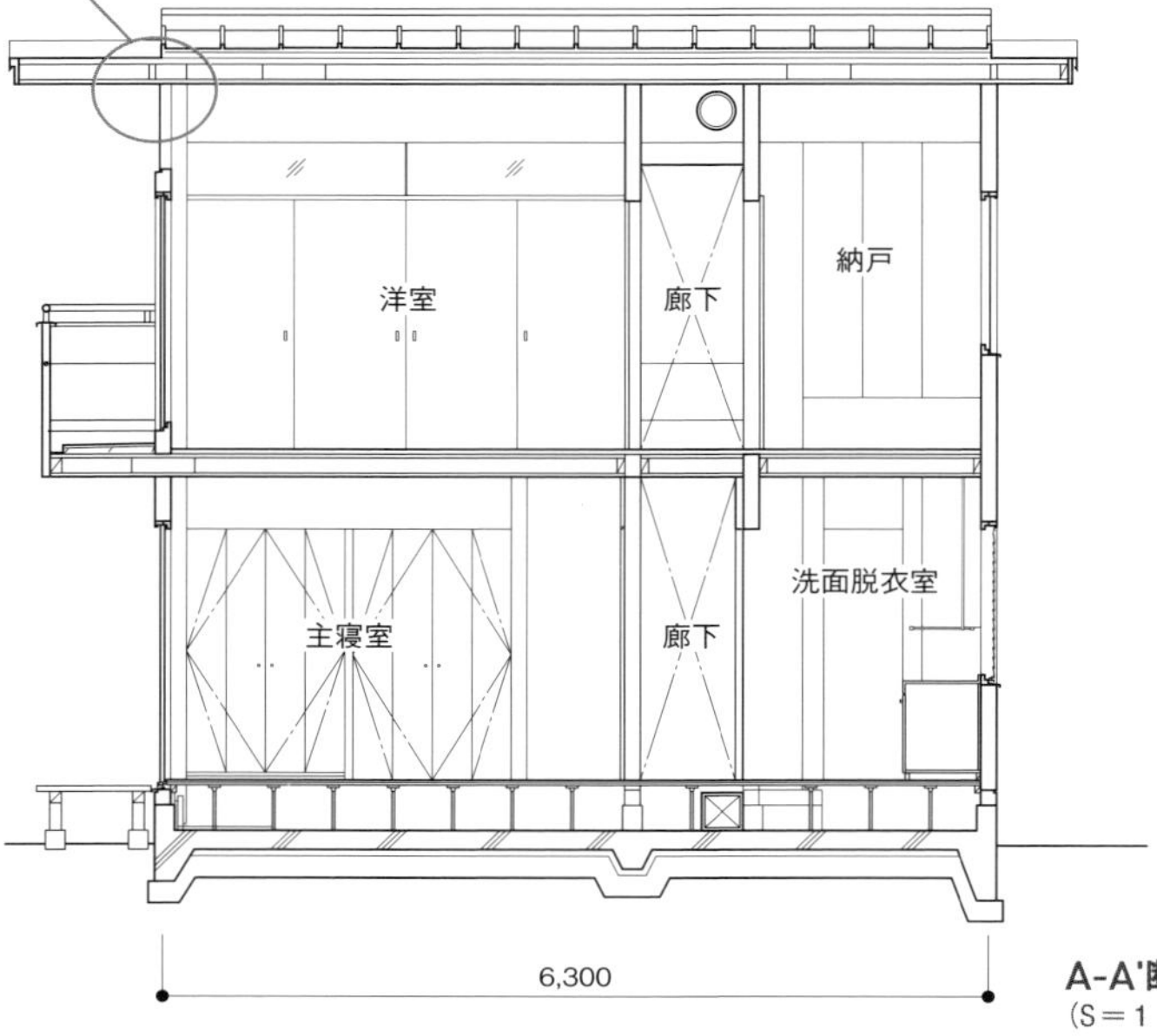
母屋なしの天井面の実現により、内部天井がそのまま外部の軒天につながっていく

A-A'断面図
(S＝1：100)

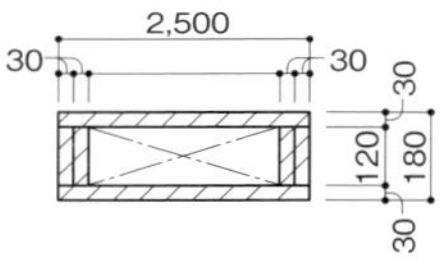

中空集成材断面図
(S＝1：30)

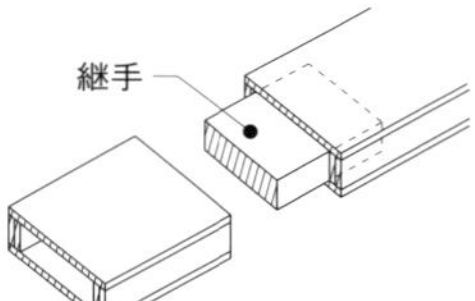

中空集成材接続図
(S＝1：50)

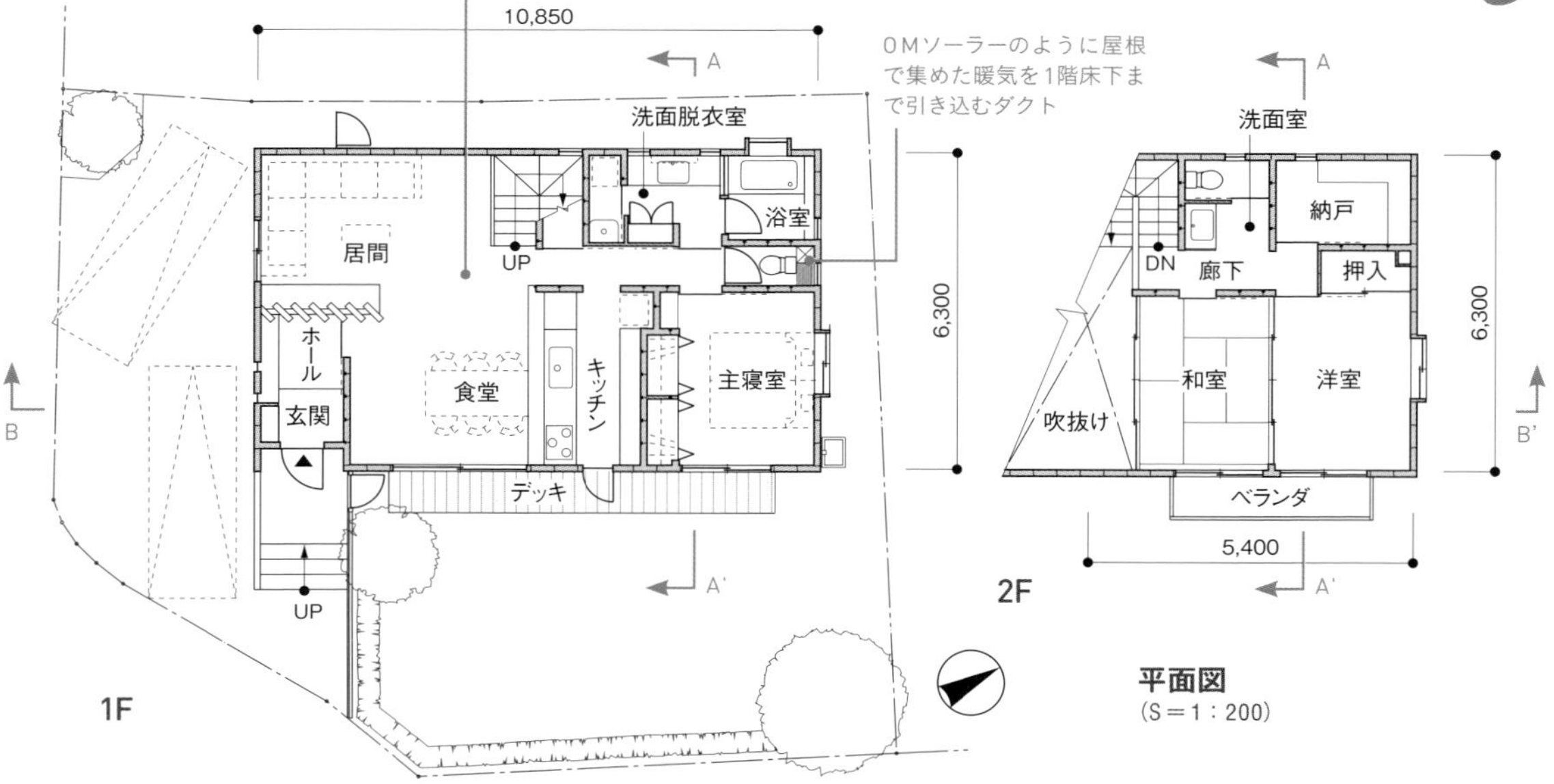
屋根の勾配に従った大きな吹抜け空間。中空集成材の採用により、ここに母屋なしで屋根を架けることができる

平面図
(S＝1：200)

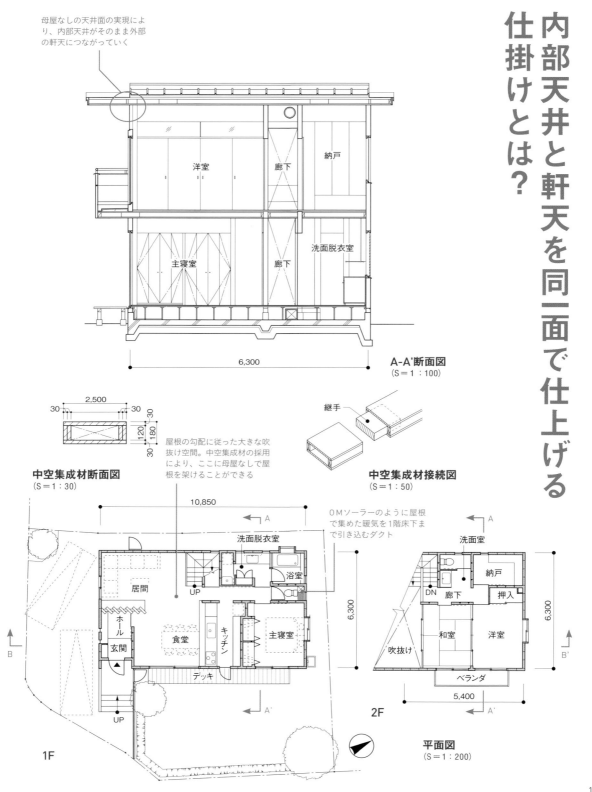

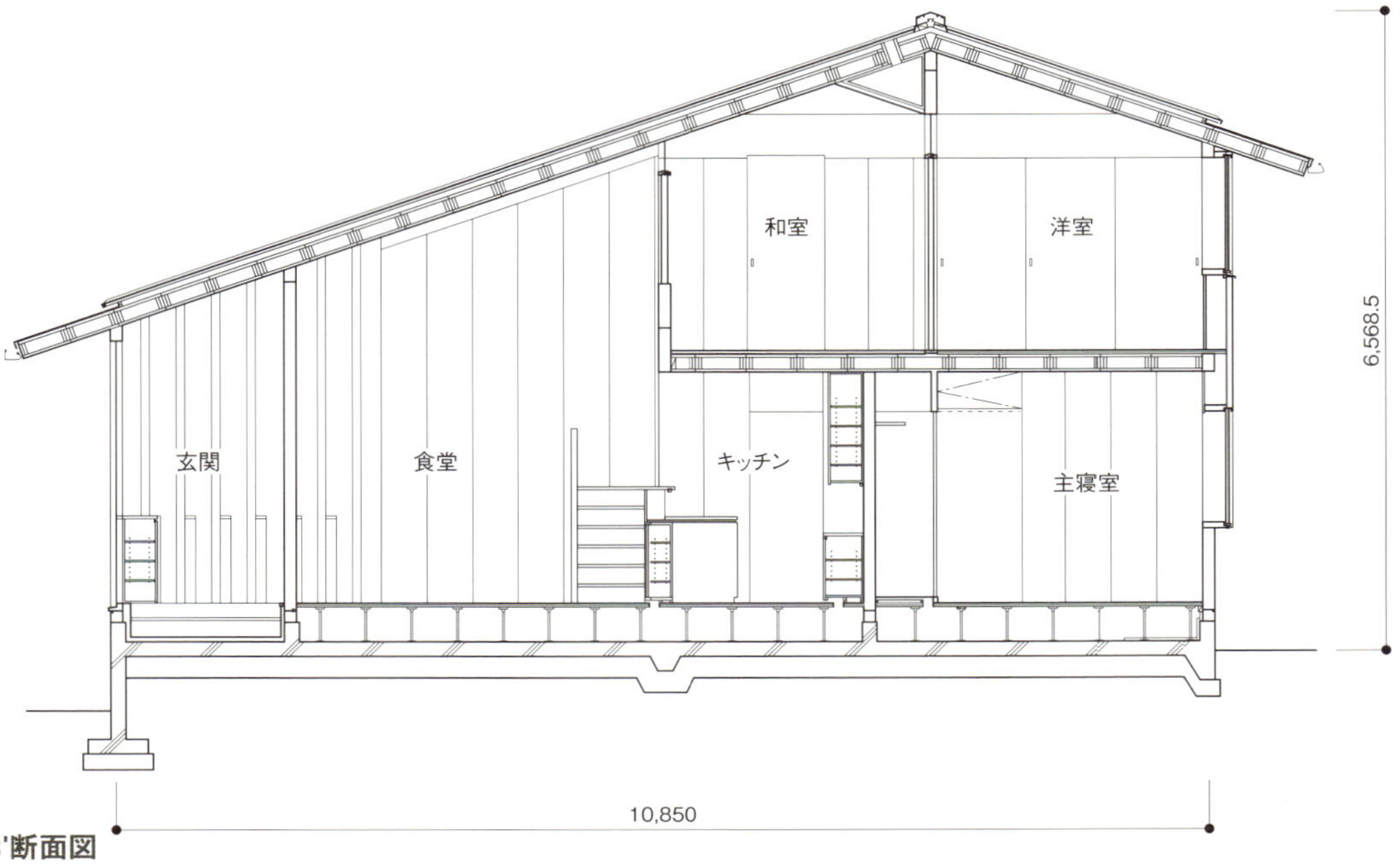

B-B'断面図
（S＝1：100）

室内天井の仕上げと軒天は連続していて、透明なガラス1枚で内外を隔てている。ガラスの直上の中空集成材の中空部に120×120mmの母屋が、登り梁のように隠れている

軒天と室内天井は連続している

三間スパンに通常の垂木（105×45）で屋根を架けようとすると、途中に母屋を必要とする。その母屋を隠そうとすると天井懐が大きくなり、内部の天井面と垂木だけ跳ね出した軒天との間に段差が生じてしまう。母屋を隠して同一にしようとすると軒先の破風が300〜400㎜ほどの厚みになり、鈍重な屋根になる。

それを軽やかな180㎜ほどの厚みとし、室内の天井懐を薄くすべく、120㎜の垂木の上下に30㎜厚の板を接着させ、中空の集成材をつくる。それをビス等で接合し、木製屋根スラブとし、三間幅の桁から桁に架け渡す。開口部の屋根スラブを支える桁も中空スラブ内に平角の桁を埋め込み、上下の板で隠す。

こうすることで2階欄間のガラスは屋根スラブとダイレクトに接して、室内天井が軒天と同一面になる。

「塩山の家」

柱なしで広いベランダをつくるには？

A 壁に1.5間飲み込ませたトラス壁を跳ね出してつくる

小さなピアノ室は
引戸で仕切れるよ

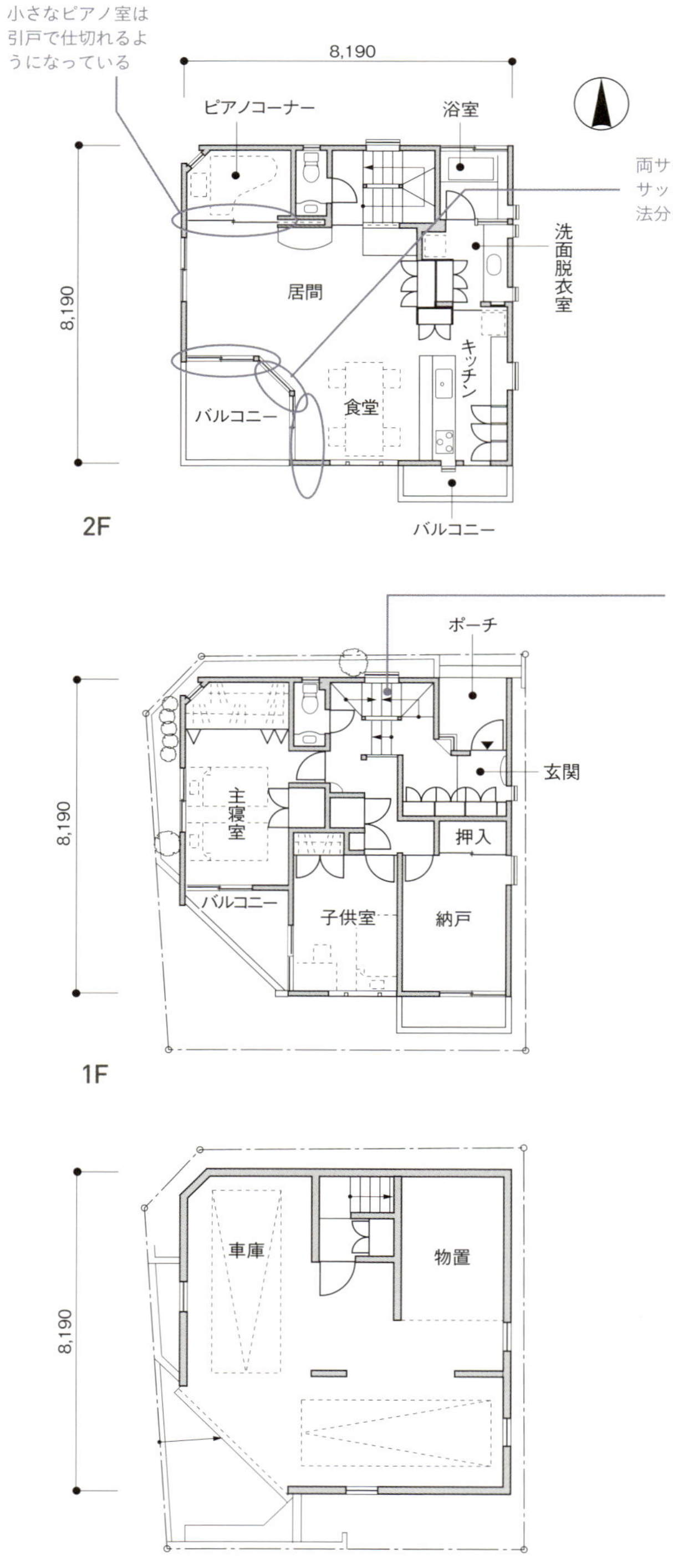
ピアノコーナー
両サイドとも規格寸法の
サッシを入れ、残りの寸
法分をFIXとしている
BF

平面図
(S＝1：200)

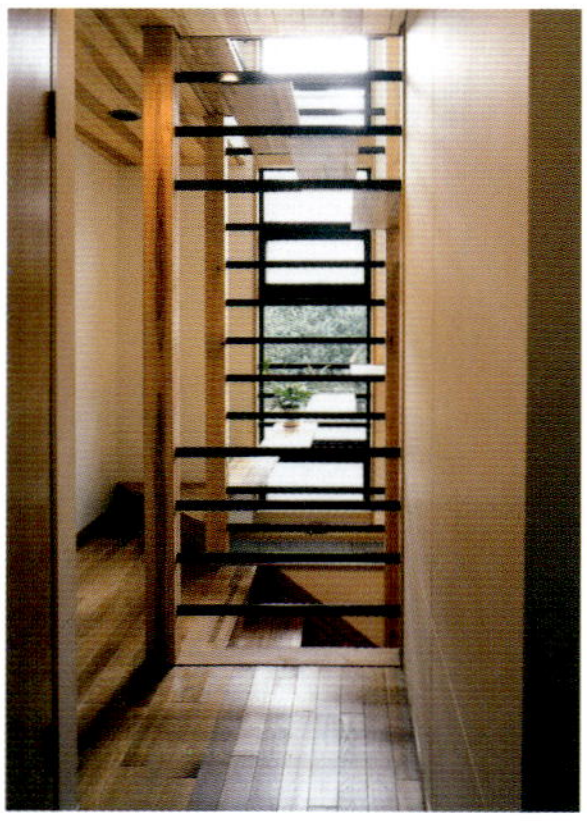

ささら桁をスチールのフラットバーで構成した段板だけの階段で、外壁の開口から廊下まで光を採り込む

北西側外観。左に見える2階まで通る縦長の開口部分が階段室。ここからの光が中廊下まで明るくする

手すり壁は床の懐分も含めて高さ1mほどあり、3mほどの跳ね出し梁として、十分な強度をもったトラス壁ができる。その手すり壁を1.5間ほど外壁に沿わせて壁内に飲み込ませ、直交するように南と西の外壁から跳ね出し、先端を接合することで、4.5畳の広さのベランダを支えることができる。

「鷺宮の家」

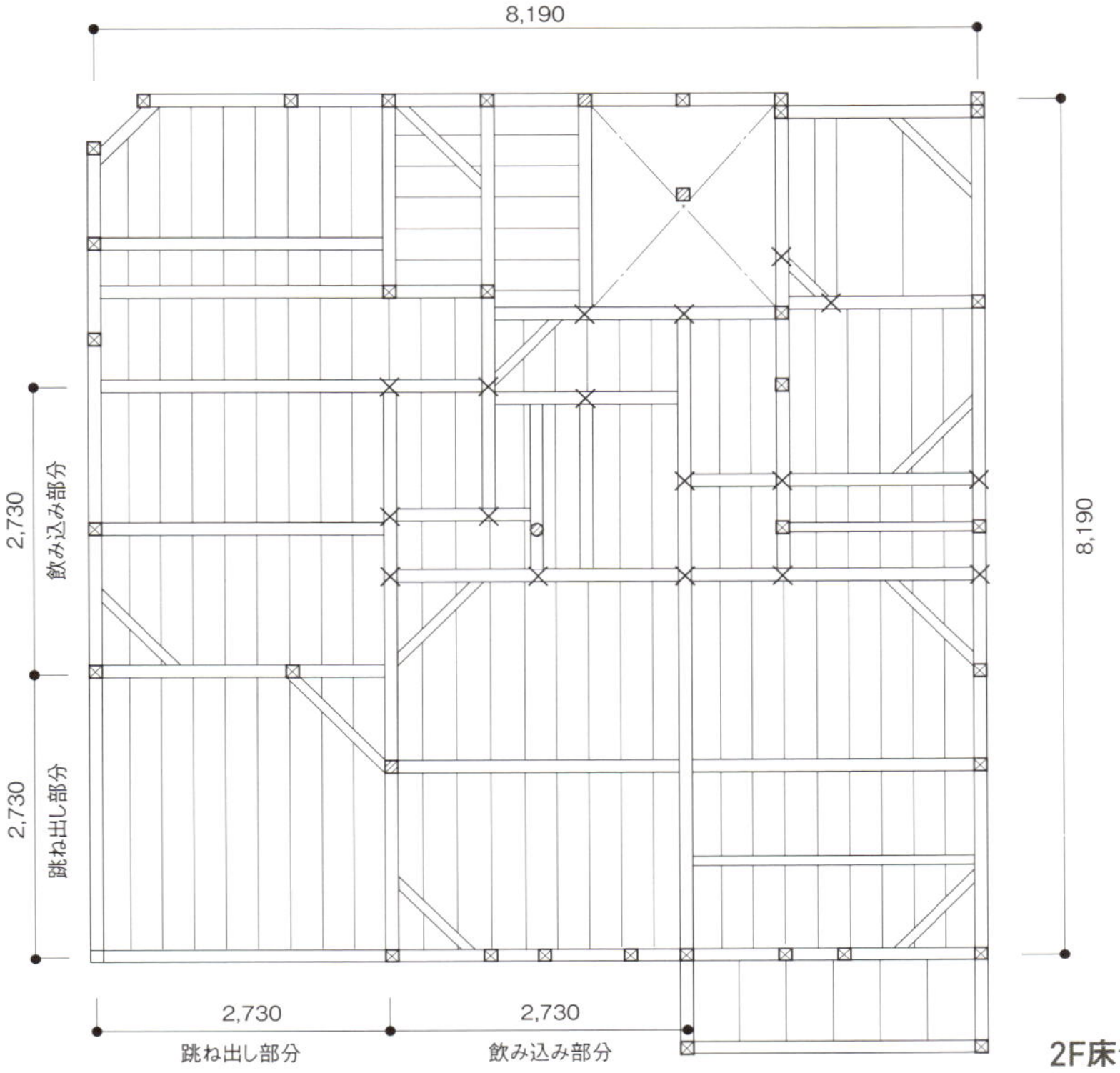

2F床伏せ図
(S＝1：100)

バルコニーは、周囲で唯一開放されている方向に設けている。外からのぞかれる心配がないので、手すり壁の高さは食卓と同じ700mmとして開放感を強調し、その上にアルミ手すりを設置している

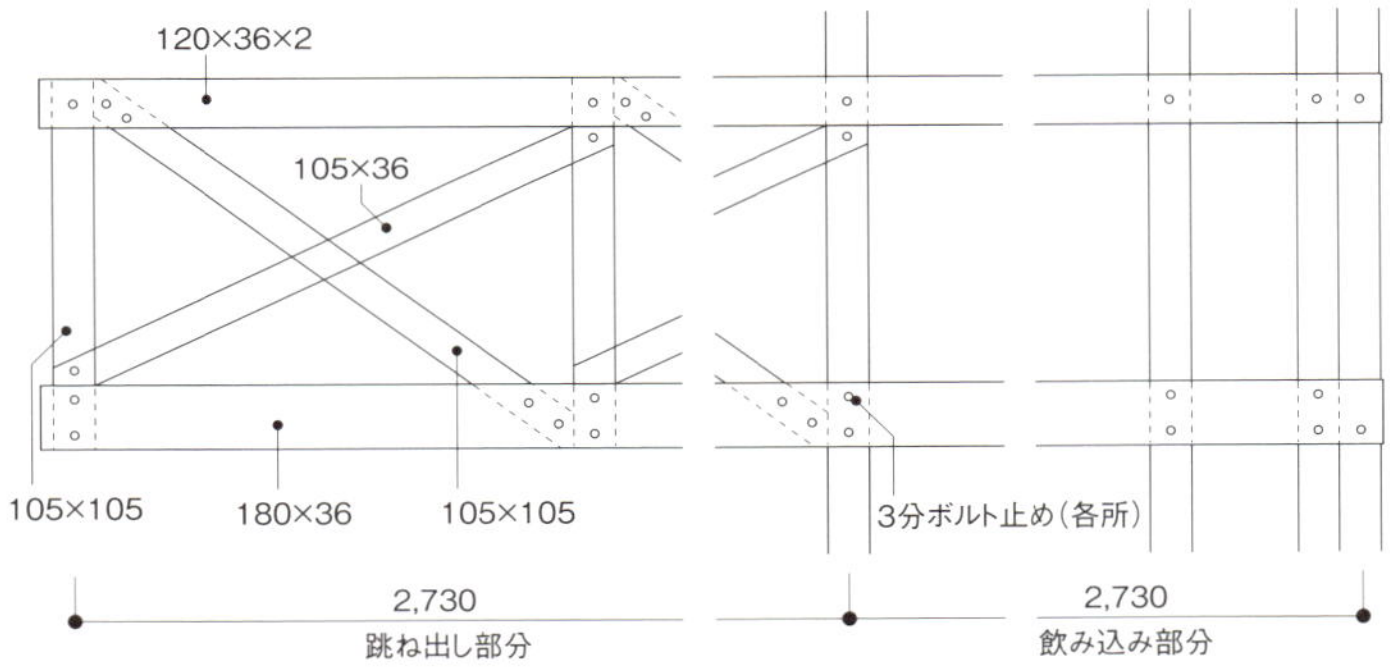

120×36mmの2枚組の合わせ梁として、束・柱・筋交いを挟んでいる。仕上げは、合板12mmを貼り、ラス網、モルタル下地、リシン掻き落としとしている

手すりトラス詳細図
(S＝1：30)

居間から食堂・バルコニー方向を見る。バルコニーに面するサッシは、規格寸法の引違いとFIXで構成されている

南西側の跳ね出したバルコニー。両側の壁からトラスの手すり壁を跳ね出させ、4.5畳の大きなバルコニーを柱なしで実現している

Q 海辺の白い家はいつまで美しいか？

A 雨と紫外線と埃と砂と塩と苔が、家の色を変える

片流れで軒がない、シンプルな白い住宅は、最初、誰もが計画してみたくなる。見えるなら、屋根までも白くしたくなる。外壁がタイルなど耐候性のある、変色しにくいものであれば問題ないかもしれない。別荘地で塗装のサイディングの場合、風雨に曝されて、わずかな凹凸に付着した埃に雨がしみ込み、そこに青カビや苔が発生し、緑色を帯びてくる。また屋根がコロニアルなどのスレート葺きの場合、埃、土、砂等が表面に付着し、やはりカビや苔がこびりつき想像以上に変色させる。

事例の家はまだ変色だけですんでいるが、さらに緩勾配の屋根などの場合、スレートの重なり部分の隙間に付着した土埃などが風で吹き込み、降雨時の水分が表面張力でより奥に土埃とともに吸い込まれていく。その水はスレートを止める釘に触れ、釘を伝わってルーフィングも通過して野地合板に至る。合板に染み込んだ水分は接着剤にふれ、接着能力を無力化し、板をぼろぼろにした上、野地板で屋根剛性を確保している場合は、それをも無効にさせてしまう。

だからといって金属屋根なら漏水の心配がないかというと、金属屋根の場合、陽射しで暖められた金属屋根が風や夜の温度降下で冷やされ、金属屋根の裏に結露を生じさせる。その結露水が釘穴を通って同じ現象を引き起こす。

では、瓦ならよいのかと問われそうであるが、瓦でも漏水の危険を孕んでいる。瓦の場合、瓦個々の重なり箇所は隙間だらけで、そこに雨が風と一緒に吹き込まれると考えるべきものである。瓦は耐候性もさることながら、夏の射熱をさえぎる通気効果の高さに性能的長所がある。当然重なり個所は隙間だらけで、雨は吹き込み、その雨を如何になかに留めず、さっと外に流し出すかが漏水を防ぐ技である。それには瓦桟を浮かすため、その下に直交して設ける流し桟が効果的である。流し桟がないと吹き込んだ雨が瓦桟に堰き止められて滞留し、瓦桟を打ち付けた釘穴に浸入し、防水紙を通って、野地板を腐食させる。

このような漏水は長期間にわたって生じる現象となるから、建て主にとっても厄介である。防露材の裏打ちされた鋼板、スギの野地板、流し桟等の使用や屋根勾配を重要視する所以である。

「東浪見の家」

竣工時
敷地のレベル差を利用してプールをつくっている。水は井戸水を活用

庇がないところは、屋根の水切り板金から200〜500mmくらい下の部分に屋根に溜まった埃が風雨で流れ落ち付着する。そこに青カビや苔が生えて汚れを増殖させる
屋根は、風が直接当たるところより、吹き溜まりぎみになるところが汚れやすい。色が濃いグレーなどであれば、それほど目立たなかったかもしれないが
庇のない壁面でも、下のほうは雨で流されて、それほど汚れていない

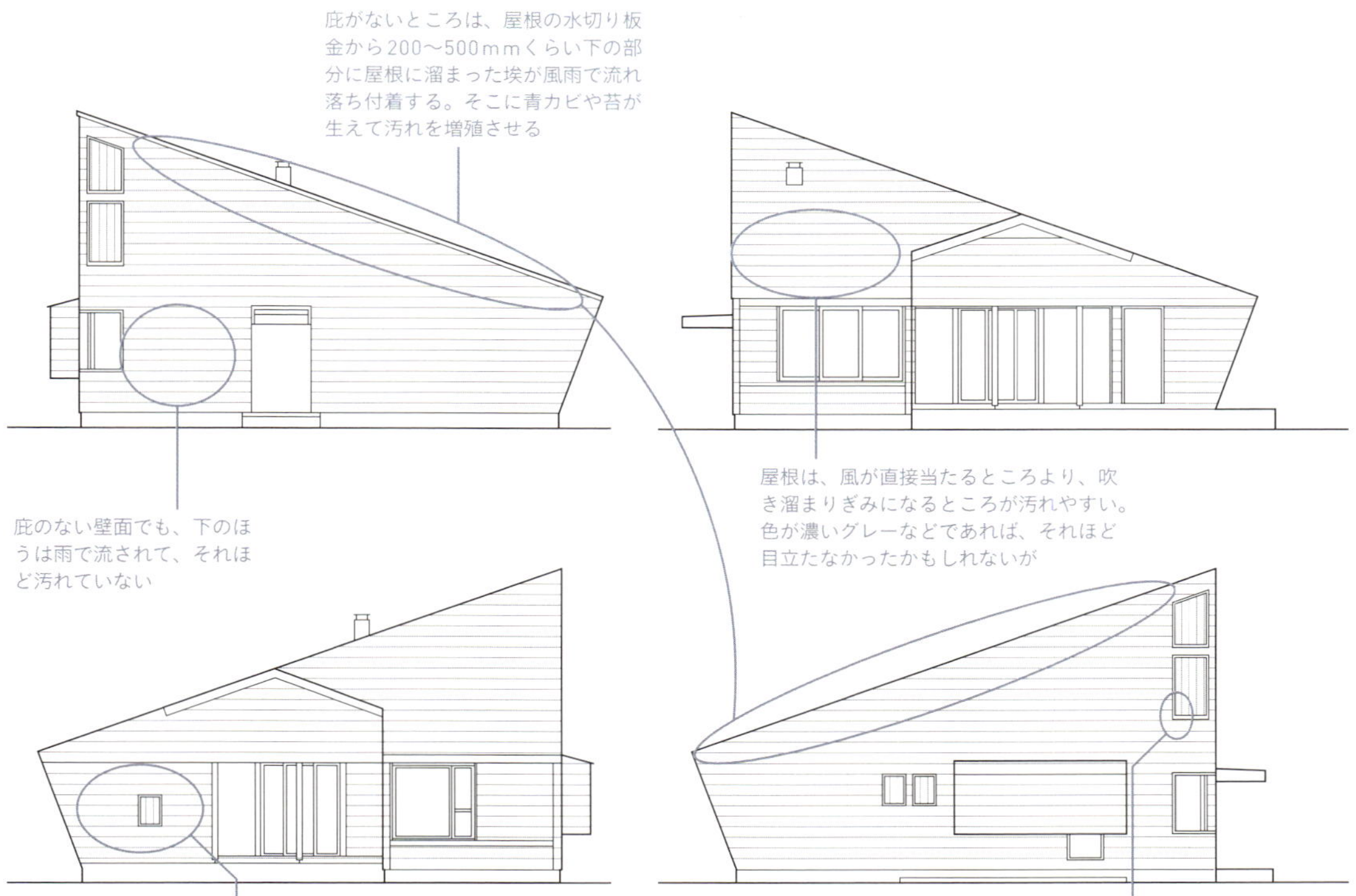
屋根があるところは外壁も汚れていない
窓の下端の隅も水切り板の埃が流れて汚れやすい

立面図
(S＝1：200)

平面図
(S＝1：200)

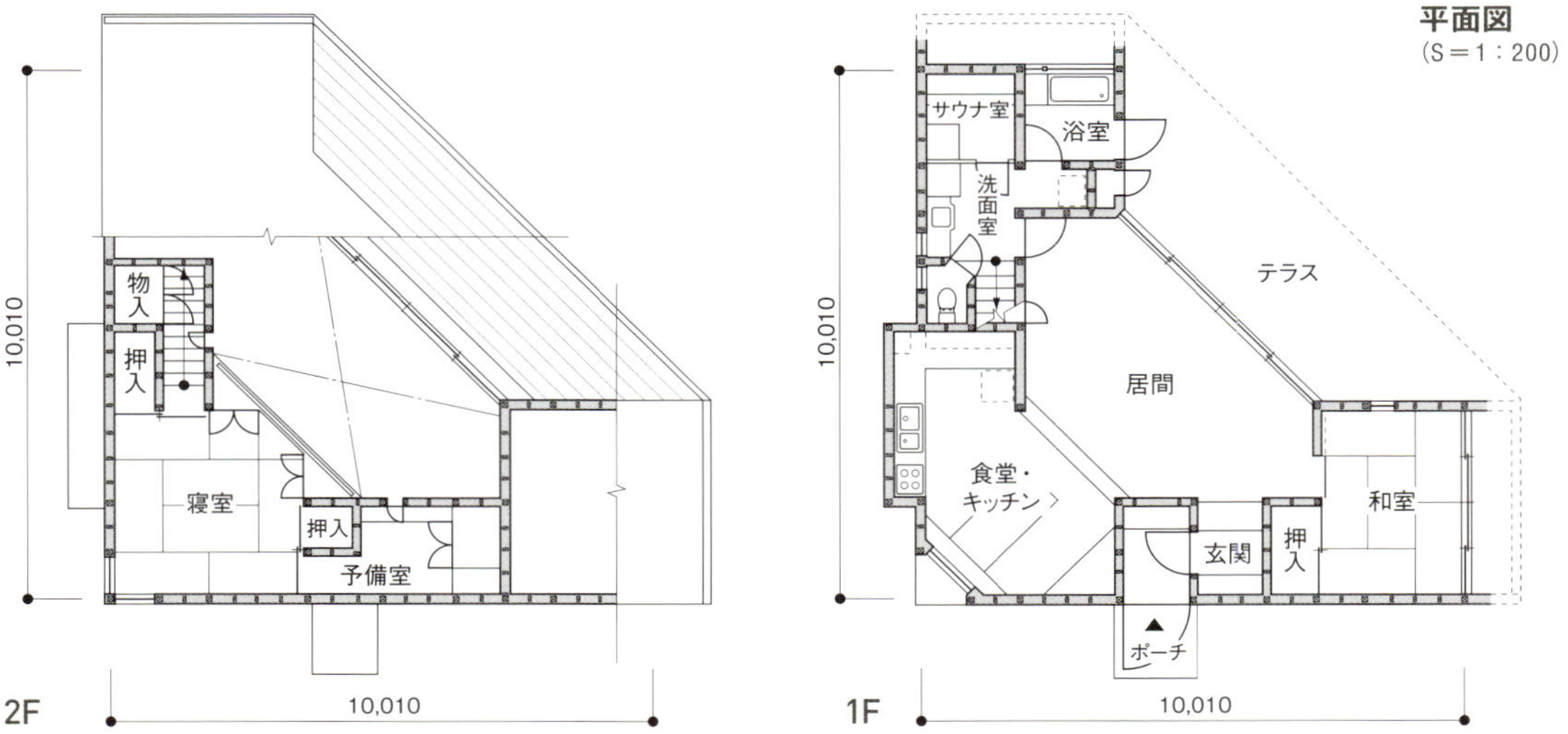

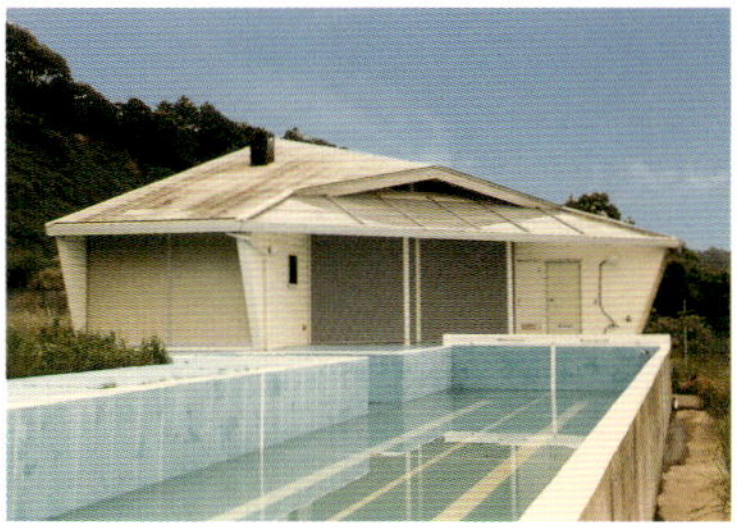

物入
押入
寝室
押入
予備室
10,010
10,010
2F
サウナ室
浴室
洗面室
テラス
居間
食堂・キッチン
玄関
押入
和室
ポーチ
10,010
10,010
1F

竣工後
20年後。屋根は砂埃で汚れ、壁も青カビや苔で汚れている

A 防水紙と鉄筋で漏水・崩落を防ぐ

木造住宅で安全なレンガ外壁をつくるには？

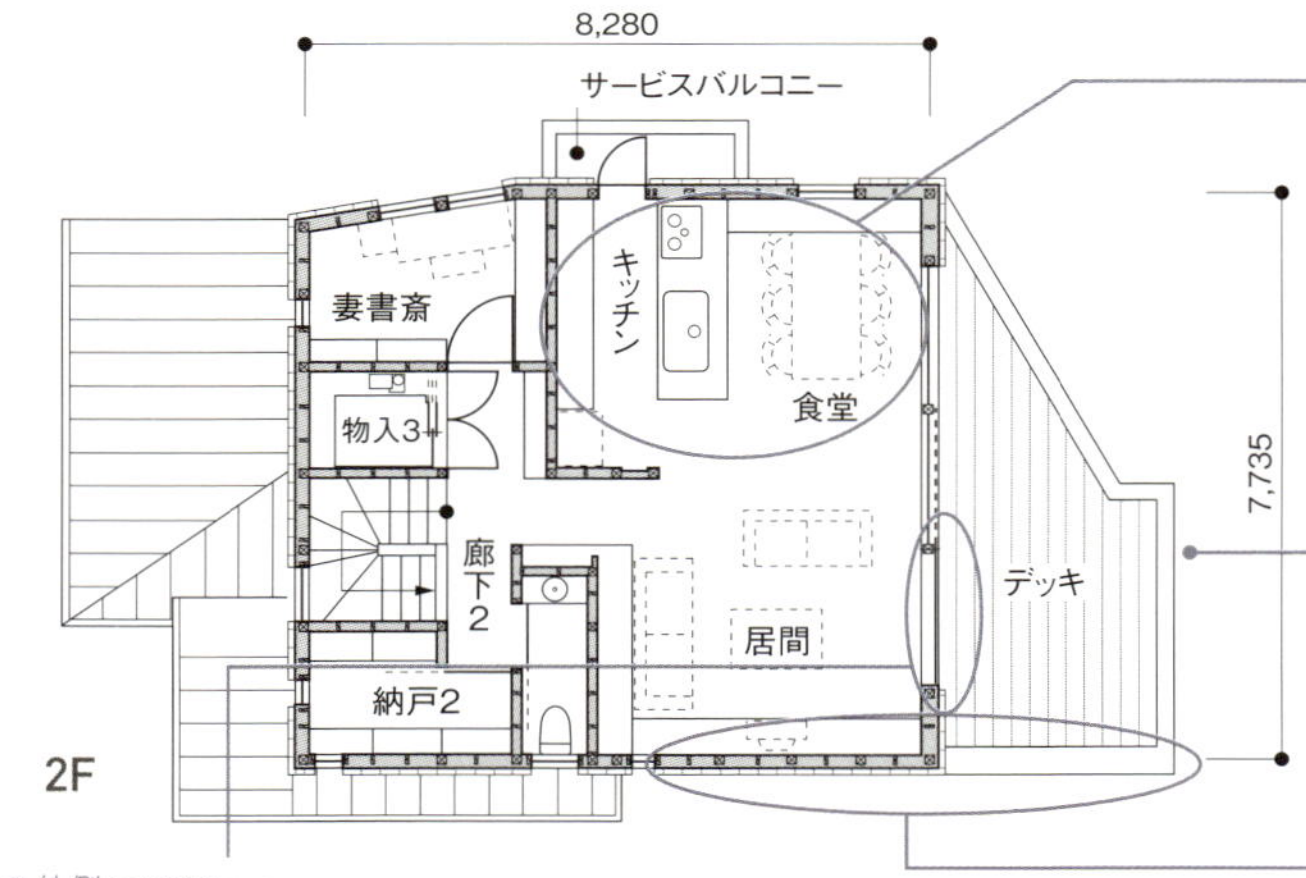

2F

床と造り付け家具の色は、少し濃いめの色にしてレンガ壁との調和を図る

レンガ壁の素材感を強調するため、手すりは強化ガラスでつくっている

食堂側から見たとき、居間正面の壁は、外部デッキ立ち上がりのレンガ壁がそのまま延びてきたように感じられるようにしている

柱の外側に1800mmの片引込み木製サッシを入れ、ほかはFIX窓にしている

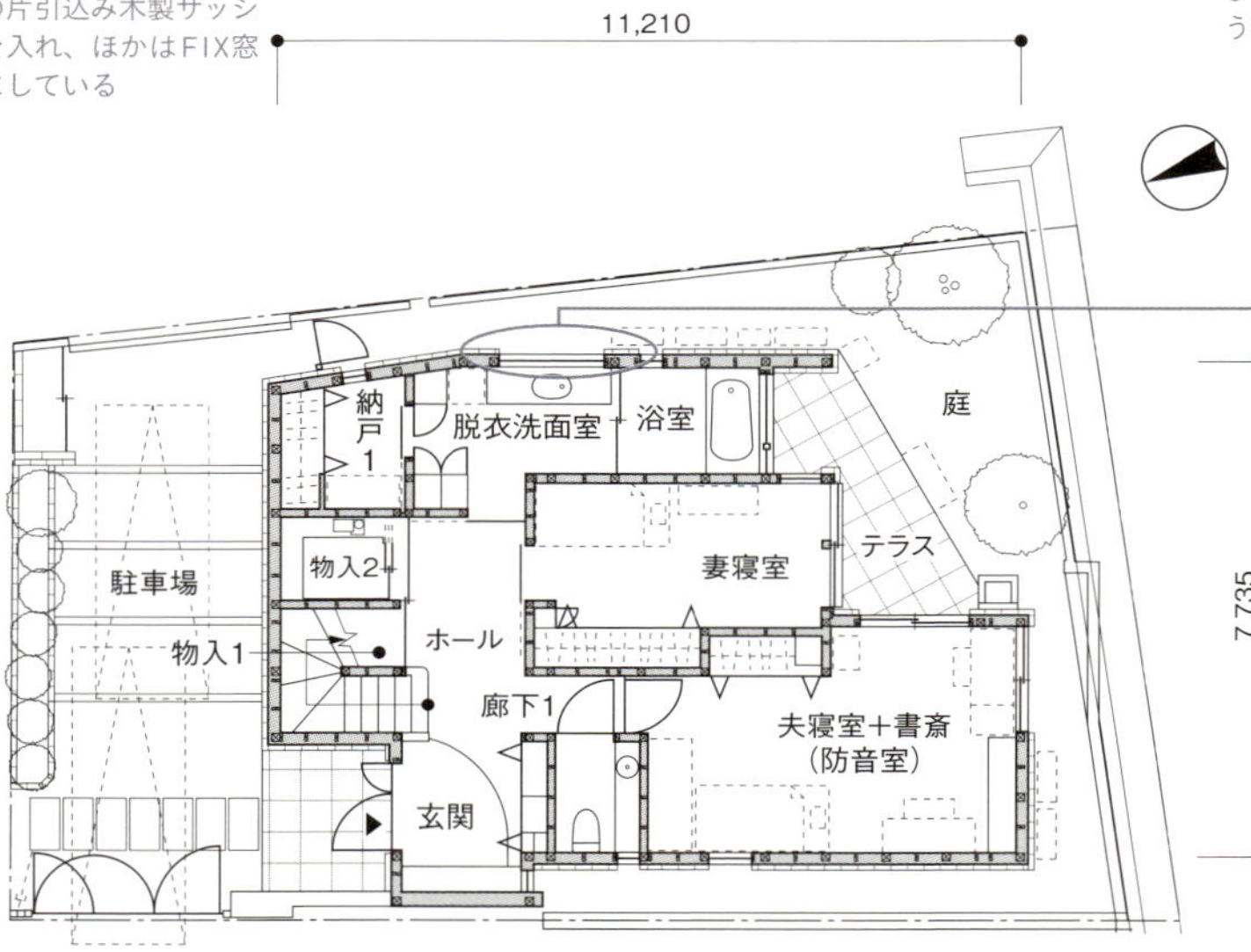

1F

洗面台正面の壁は、床から天井までサンドブラスト仕上げのFIXガラス。洗面台のクリアカウンターとともに、クラシカルな素材と現代的な素材を対比的に用いて、素材感を強調する

平面図
（S＝1：200）

本物のレンガには、ほかの素材と対比させても負けない、独特の素材感がある。しかし、本来の大きさをもったレンガを木造の住宅に組み込むと、防水処理はもちろん、レンガ造の外壁が崩落分離しないような措置や白華現象を生じさせない対策をしないといけない。関東ではレンガブロック造の住宅が流行った時期があったが、漏水事故が多かったせいか、最近は見られない。

事例では、木造躯体の断熱材の外側に防水紙を張り、その外にレンガを積み上げ、レンガ目地に入れた鉄筋と、450㎜ピッチに木造躯体に金物で引っかけて固定することで漏水と崩落を防いでいる。白華現象はレンガ壁の上部から庇や板金等で、雨水がレンガ目地に浸入しないようにすることで防いでいる。

レンガの外壁により、デッキのガラス手すりや洗面所のガラス壁、木製サッシ等、本物素材との対比が際立ち、クラシカルかつ現代的な味を出せる。

「北からの館」

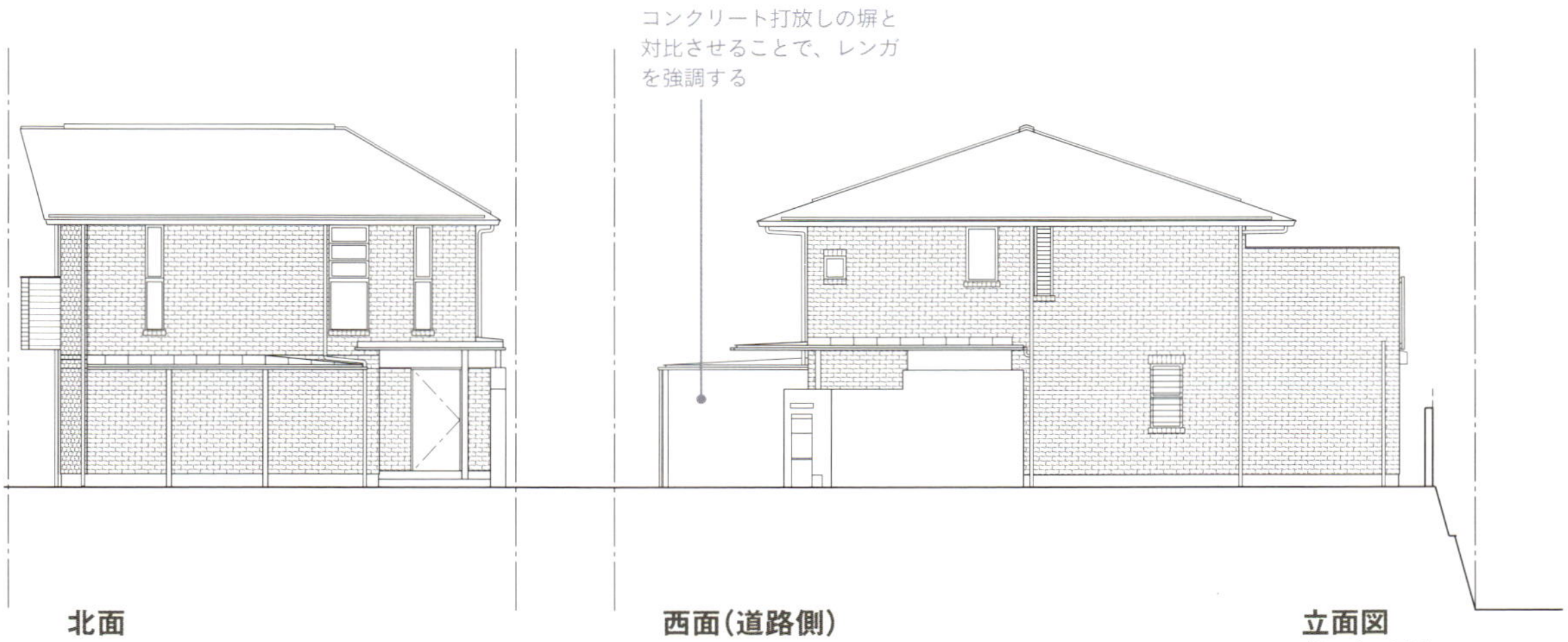

5章 上質さを支える構造と素材

北面 　　　　　西面(道路側) 　　　　　立面図
(S＝1：200)

コンクリート打放しの塀と対比させることで、レンガを強調する

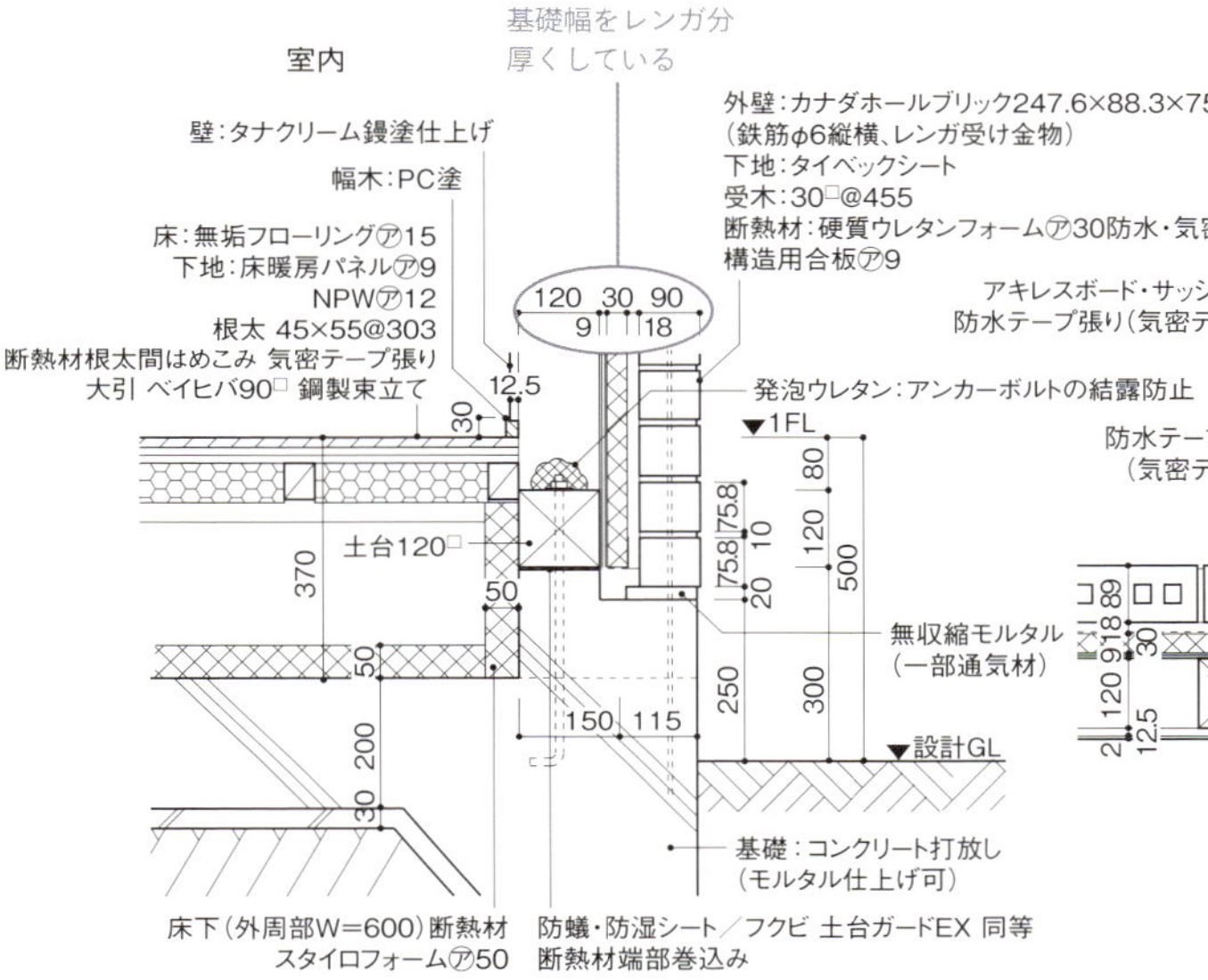

土台廻り詳細図
(S＝1：20)

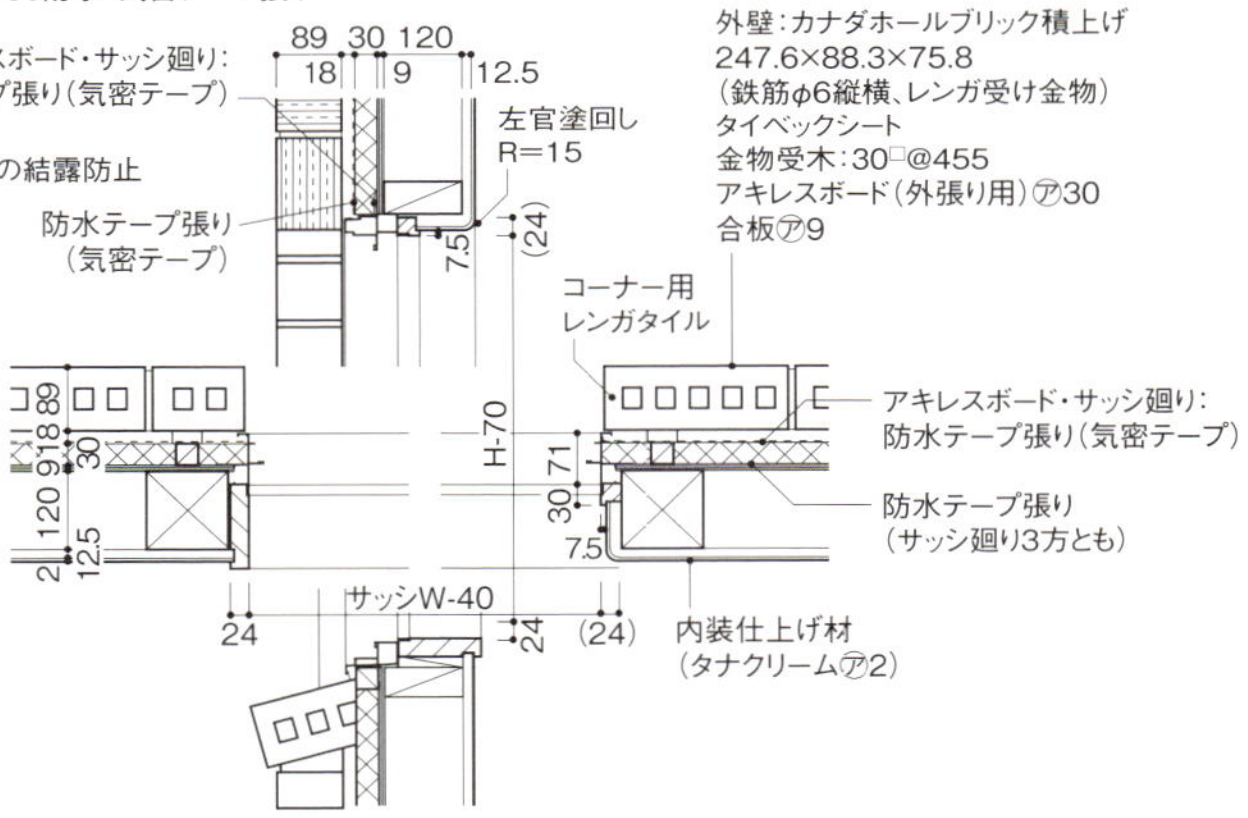

一般サッシ枠廻り詳細図
(S＝1：20)

外部のレンガ壁を連続させて居間の壁もレンガにし、クラシカルな雰囲気を強調する

玄関ポーチの屋根も水平に跳ね出し、明治の洋館の雰囲気を感じさせるようにしている

Q 庇のない木部外壁はどうなるか？

A 住まい手が数年ごとに塗り替えをすることに

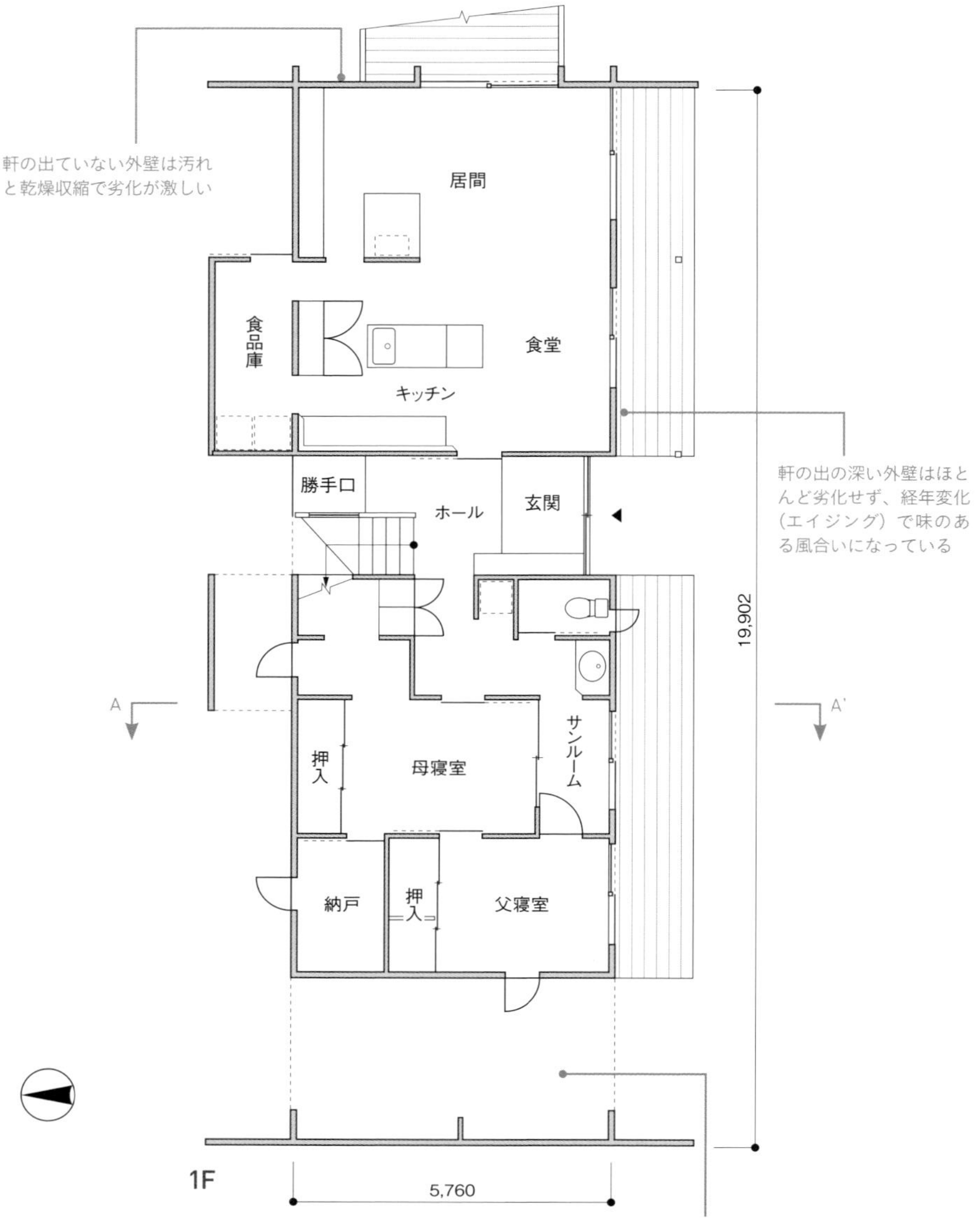
農機具置き場兼作業用のスペースとなっている

平面図
（S＝1：150）

庇のない外壁の木部の雨ざらしは数年で傷む。この住宅の構造は幅600㎜、厚み90㎜の大判集成材を、雇い実を介在させて立て並べることで成り立っている。外部の木部は構造体そのものであり、傷んだら仕上げ板を取り換えるというわけにはいかない。

南と北側は1.3ｍほどの軒が出ているが、デザイン的なこともあって東西側にはまったく出していない。当然そこは雨ざらしになる。傷み具合がまったく違う。雨に濡れ、乾燥し、収縮膨張を繰り返し、直射日光が当たり、紫外線にさらされ、傷みが激しい。軒の出ている側は台風などのとき以外は濡れることはほとんどなく、あまり傷んでない。

坪単価40万円という条件だったこともあり、集成材の大判を立て並べてお終いという、それまでになかった建て方でクリアした。省けるものは可能な限り省いたが、形態もすっきりさせやすいこともあって、傷むことは予想していながら、東西の軒を出そうとはしなかった。建て主は地方自治体の営

東側の、軒の出ていない木質の外壁。劣化が激しい

南北側は軒が出ていて汚れていない

ハーフユニットの浴室。腰壁より上は躯体がむき出しになっているが、適度の湿り気の影響か、庇のない外壁のような傷みはなく、いい色艶をしている

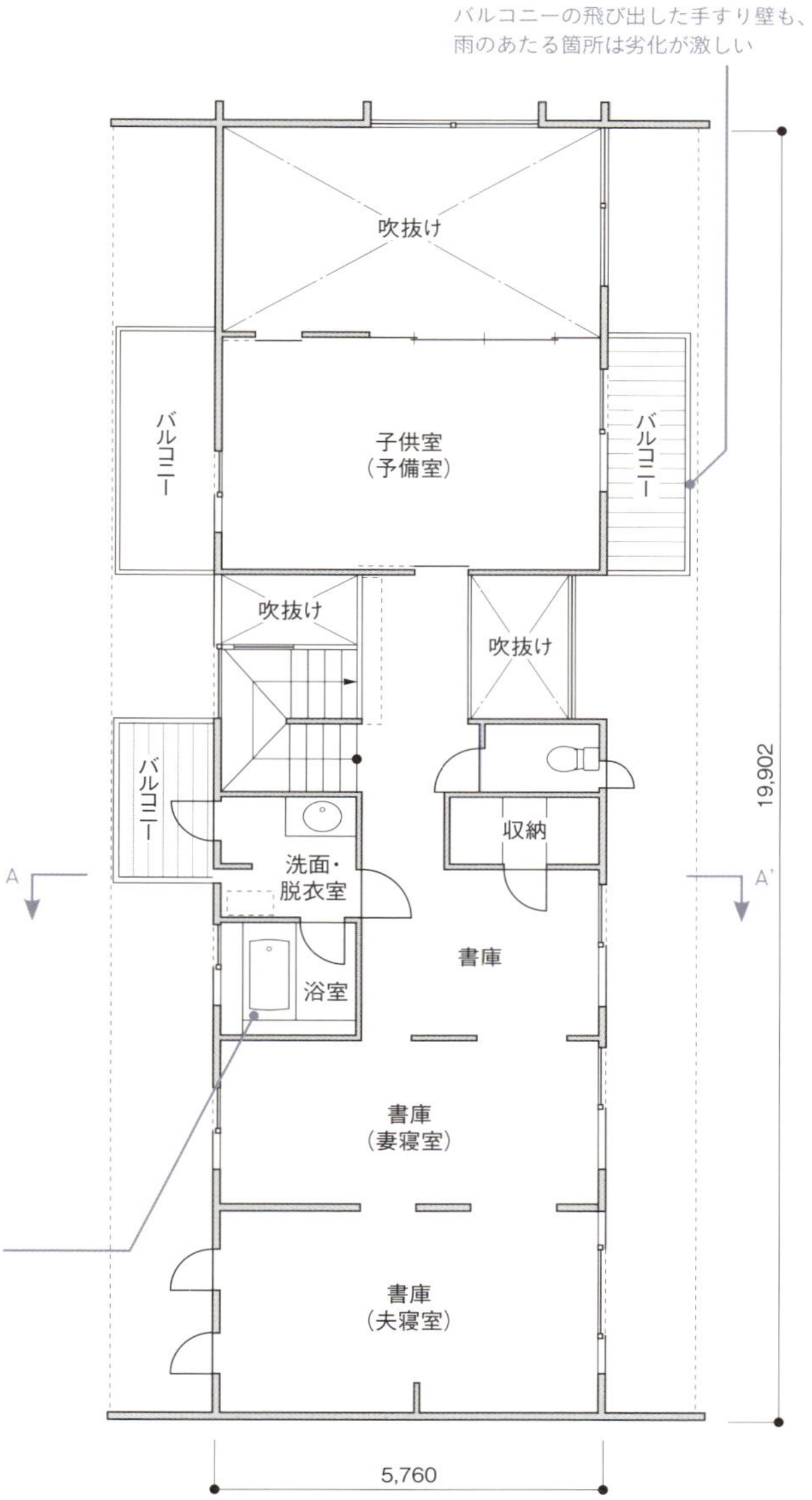
バルコニーの飛び出した手すり壁も、雨のあたる箇所は劣化が激しい
吹抜け
バルコニー
子供室
（予備室）
バルコニー
吹抜け
吹抜け
バルコニー
洗面・
脱衣室
収納
A
A'
書庫
浴室
書庫
（妻寝室）
書庫
（夫寝室）
19,902
5,760

2F

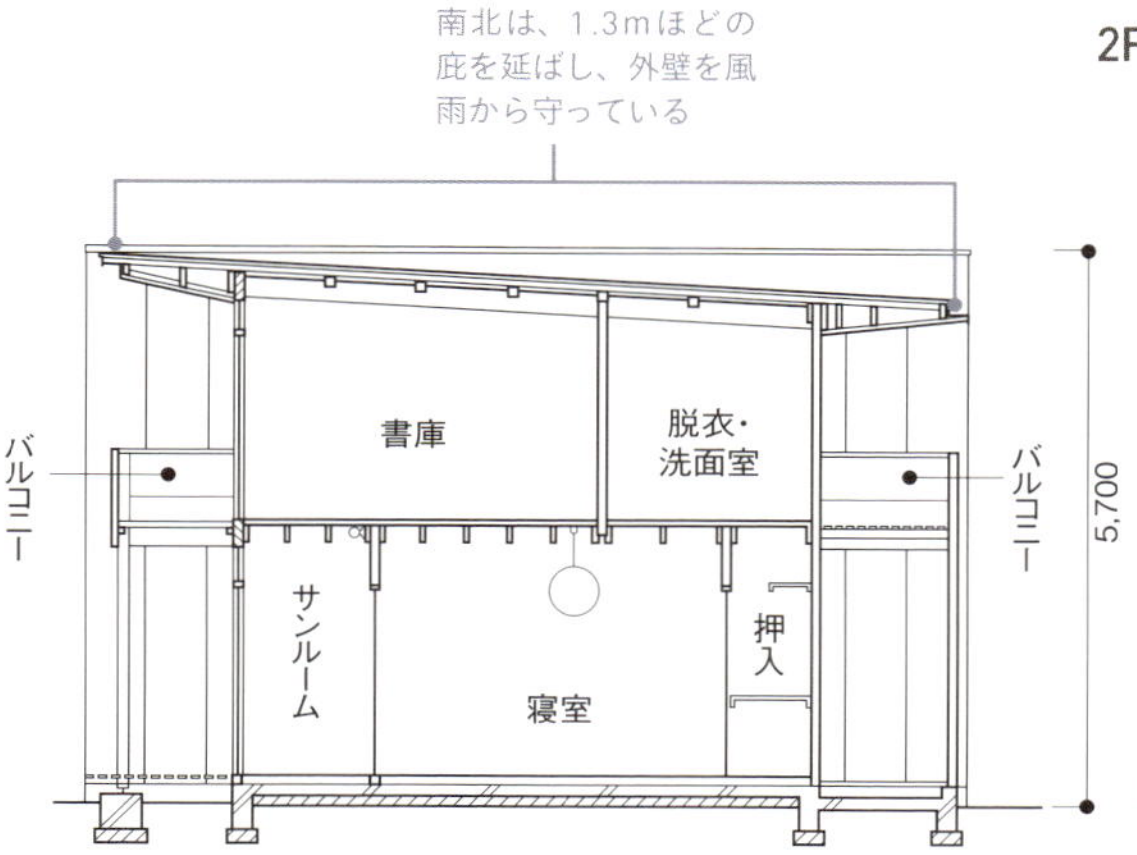
南北は、1.3mほどの庇を延ばし、外壁を風雨から守っている
バルコニー
書庫
脱衣・
洗面室
バルコニー
5,700
サンルーム
寝室
押入

A-A'断面図
(S＝1：150)

繕課で仕事をしてきた方だったので、外壁の塗装は自分で難なくこなしていけるとのことだった。数年ごとに塗り替えをしていただくことで大事に至らずにすんでいる。色は重ねていくせいもあってどんどん濃くなっている。

「大原の家」

A 自然の素材を使って量感を際立たせる

重厚で落ち着いた空間のつくり方とは？

上/食堂越しに居間を見る。トップライトからの光により、左官の壁がさまざまな表情を見せる。正面の壁は、角を欠き落とした石を張って塗り壁と対比させ、素材感を強調している
下右/段板の一方は壁のなかで支えられ、もう一方はスチールのフラットバーのささらと手すりで構成されたトラスで支えられている
下左/食堂方向を見る。吹抜けの印象的な空間となっている

最近、白く軽やかな空間の家が多くなってきたように見受けられる。確かに白という抽象的空間の方が、住み手が嗜好に合わせた彩りを自由にできる。しかしその分、軽薄な印象になる危うさをもち、形状のもつ人工的妙味は表現できても、自然のもつ複雑な質感や量感が乏しいものになりがちである。それを避けるためにか、木の梁等を現し、空間のアクセントにしようとする傾向がみられる。

自然な質感の素材で包まれた空間は、くどい印象を与えるリスクもあるが、人工的な素材では出せない訴求力をもった独特な雰囲気を醸し出す。

この家は左官の塗壁であるが、左官材のなかに、顔料と砂より少し大粒な骨材を入れたモルタルをコテで塗り、その上に銀粉金粉を混ぜた色砂を投げつけ、乾燥の加減を見つつ、ブラシで横線を引いて掻き落とし、表面に波状の表情をつくり出している。固まりかかった段階でブラシを引くことで、モルタルのなかの骨材や銀粉金粉が露わになり、自然な風合い

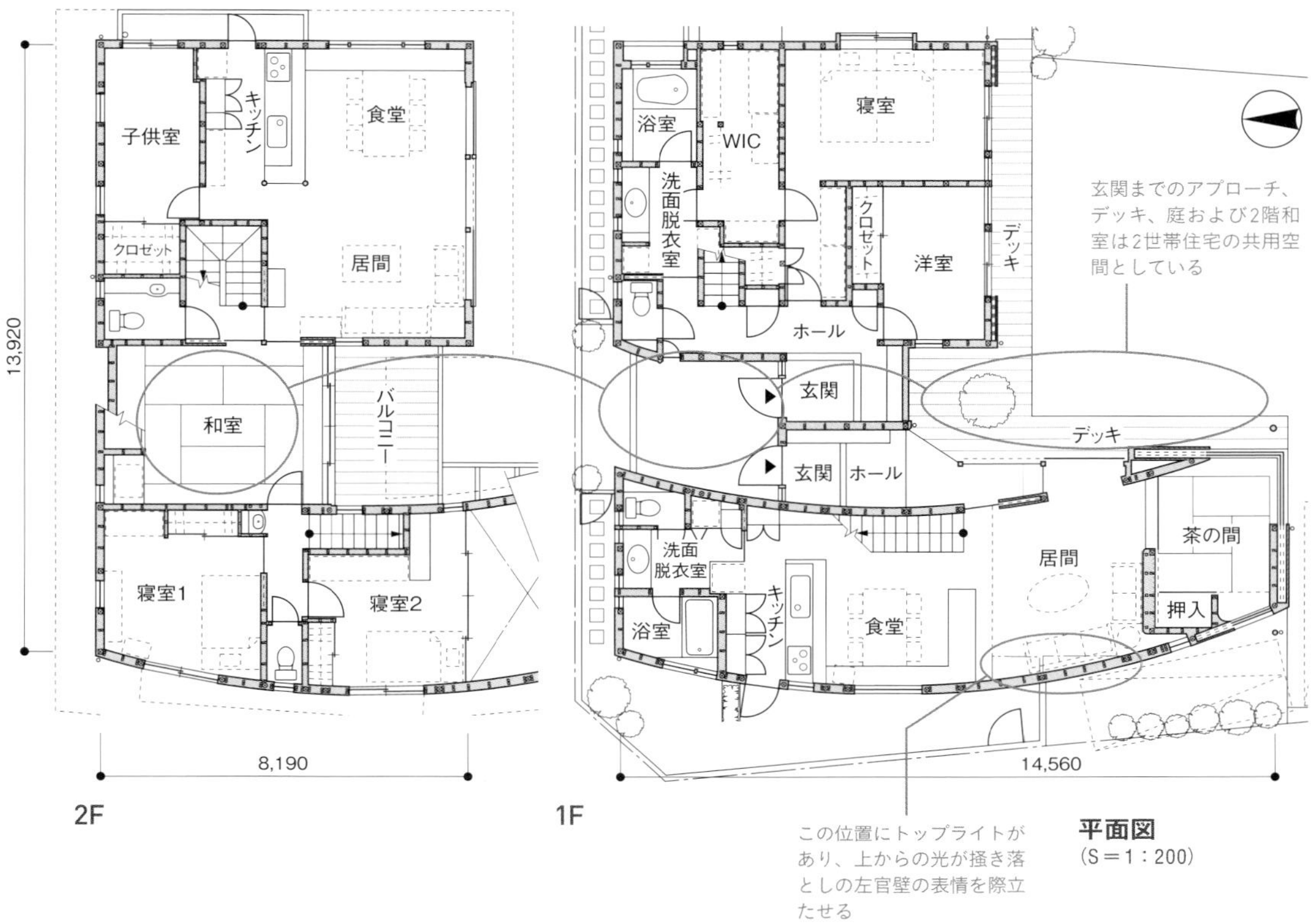
子供室
キッチン
食堂
クロゼット
居間
和室
バルコニー
寝室1
寝室2
13,920
8,190
2F
浴室
WIC
寝室
洗面脱衣室
クロゼット
洋室
デッキ
ホール
玄関
玄関
ホール
デッキ
茶の間
居間
洗面脱衣室
押入
キッチン
浴室
食堂
14,560
1F
玄関までのアプローチ、デッキ、庭および2階和室は2世帯住宅の共用空間としている
この位置にトップライトがあり、上からの光が掻き落としの左官壁の表情を際立たせる

平面図
(S＝1：200)

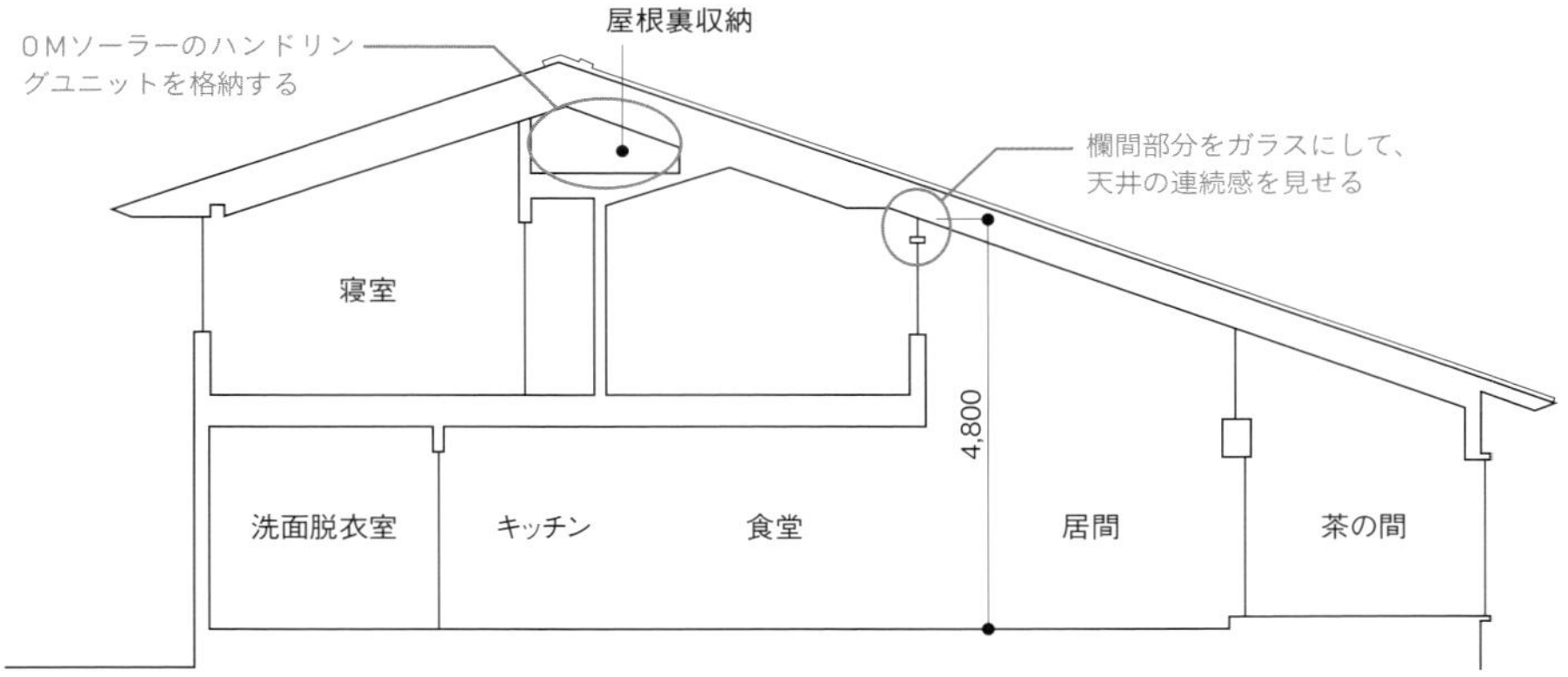
屋根裏収納
OMソーラーのハンドリングユニットを格納する
欄間部分をガラスにして、天井の連続感を見せる
寝室
4,800
洗面脱衣室
キッチン
食堂
居間
茶の間

断面図
(S＝1：150)

が生じる。奈良の古い土塀をヒントにしている。固まる前にブラシを引くと、骨材がモルタルに包まれて隠れたままになり、固まりすぎると欠け落ちてしまう。骨材の自然感だけでなく、表面が波状の凹凸になっているため、半吹抜け状のトップライトから落ちてくる光の変化で、壁の色や風合いも変化し、さまざまな表情になる。

この壁の自然感を強調するように、一方の壁は、わざと角を少し欠いた自然石を、左官壁と対比するように張っている。西面の壁は吹抜けの高さを強調するために、開口部は食卓の前の壁を穿つようにあけた丸窓だけにしている。また素材の多様性を強調するように、低めの食堂の天井にはベイマツの縁甲板を張っている。東側にはスチールのフラットバーとアングルを組み合わせてつくった、手すりと一体のささら桁に、タモの段板を載せただけの透視階段を設け、その段板が延長した飾り棚を、水平ラインを強調するように左官壁から跳ね出している。

「福生の長屋門」

Q 83

あふれる生活音を抑える工夫はあるか？

A 石膏ボードをやめ、小幅板などで吸音する

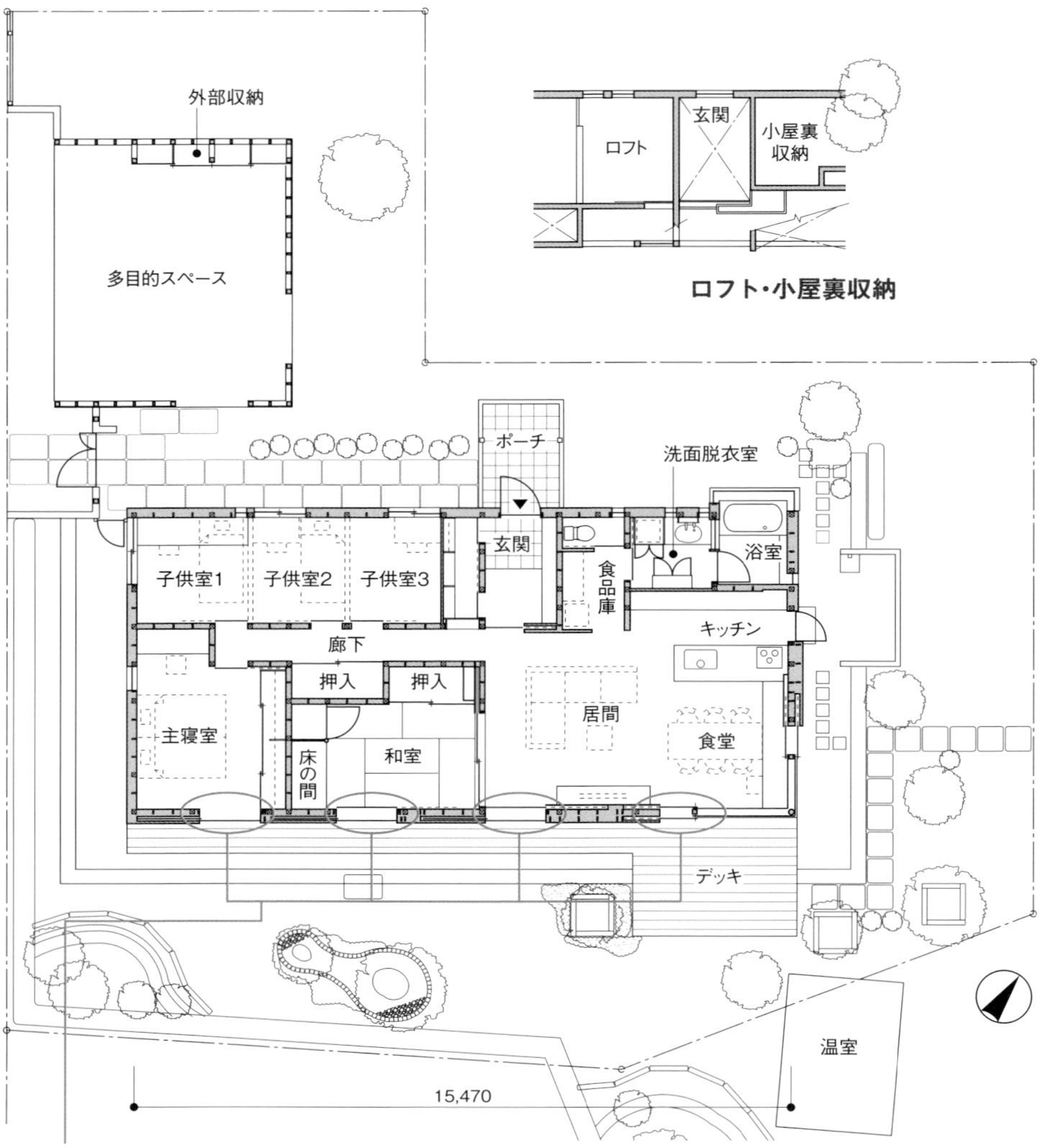

南面の引違いサッシは、片側を壁に引き入れた引込みサッシとしている

ロフト・小屋裏収納

平面図
(S＝1：200)

現代の住宅では、畳という吸音効果のある内装材がフローリングに替わり、壁天井には石膏ボードという音を反射してしまう素材が使用される度合いが高い。それなのに、ワンルーム化した室内には、子供たちの遊ぶ声、テレビ、ゲーム機やCDプレーヤー、キッチンでの洗い物など、音を発生する要素が増えている。床を絨毯にする選択肢もあるが、ダニの発生や掃除のしにくさなどのため避けられる傾向にある。反響音で音が聞き取りにくいと増々テレビのボリュームを上げ、反響音を増大させてしまい、情緒不安を煽るのではないかと心配になるところがある。

事例では、天井野縁に黒い不織布をタッカー止めし、その上に幅40㎜、厚さ10㎜ほどの小幅板を10㎜ほどの隙間を設けて乱尺に、板のサイドから隠し釘で打ち付け、天井懐には吸音材を仕込んである。録音室ほどの効果はないが、ボードだらけの部屋と比べてみると吸音効果がよくわかる。

小幅板は、フィックスガラスの

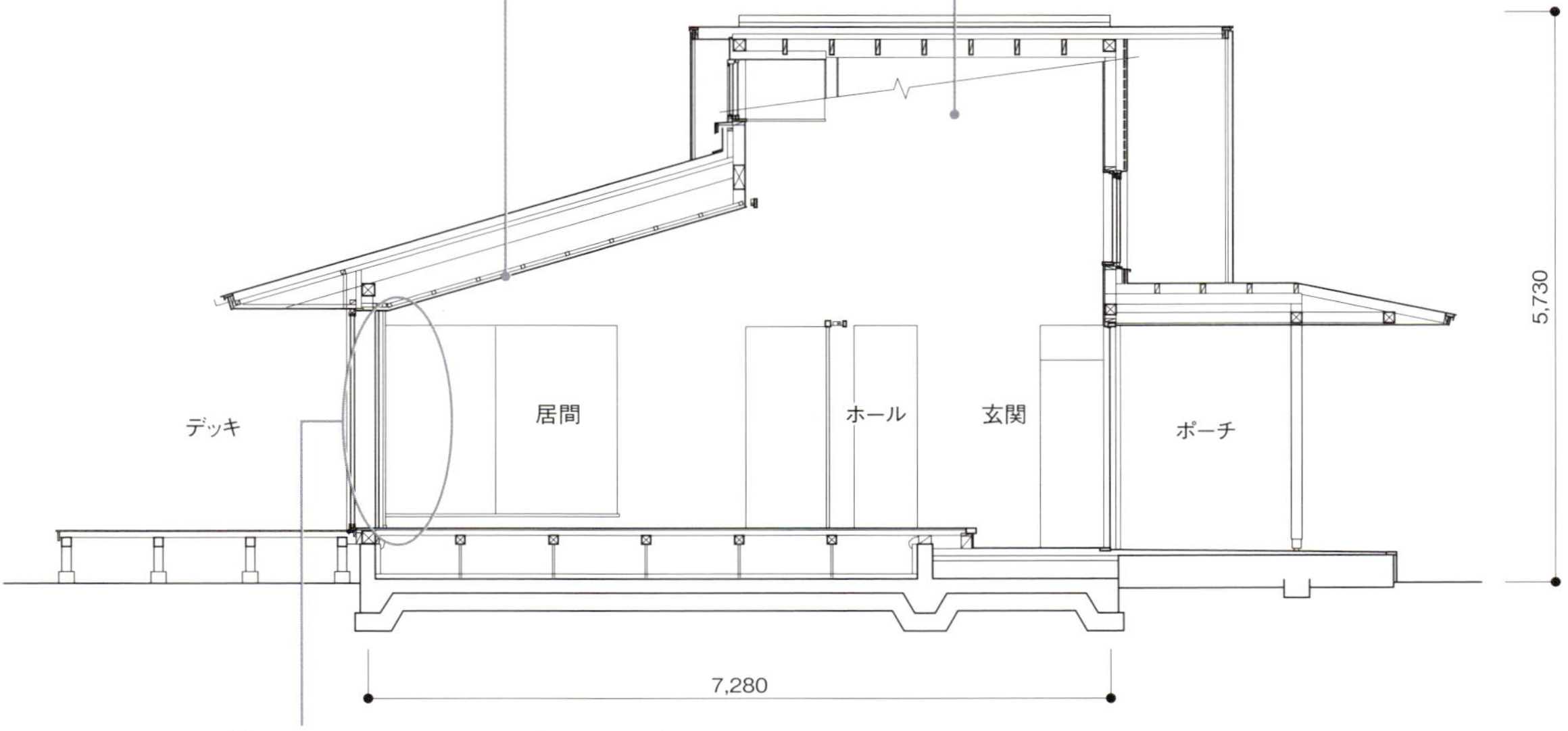
吸音としては、小幅板天井の裏にパーフェクトバリア100〜200mm等の吸音材を入れるとさらに効果的。ただし小幅板天井は、2階建ての場合、2階床の振動音を伝えやすいので注意が必要。勾配屋根を小幅板天井にすると、視野に入りやすくデザイン効果が高まる。さらに隅木の天井だと、直交部分の精緻さが現れてさらに美しい
天井高のある大空間の天井を石膏ボードとクロスなどで仕上げると部屋の反響音が高くなる。小幅板天井は、それを和らげてくれる
開口部の天井高は2200mmだが、そこから勾配天井で高くなっていくので室内で低く感じることはなく、かえって小幅板天井が視界にちょうどよく入って美しく見える。また2200mmの軒は外部から見ると高すぎず落ち着いた屋根となる

断面図
(S＝1：100)

和室の床の間は、居間・食堂全体の象徴となるような位置にしている

和室から居間・食堂越しに小幅板天井がもっとも美しいコーナー窓を見る。障子の鴨居が見えず、軒裏まで続いている様子がわかる

押し縁にもなり、引込み障子の鴨居にも、ときにはロールブラインドの引出し口にもなる、極めて便利なデザインアイテムである。室内からそのまま軒先まで張ることで、フィックスガラスの場合、部屋が延長してあるように見え、広く感じさせる。軒天の小幅板の隙間はそのまま屋根の遮熱防止の通気層の吸入口にもなる。ただし小幅板天井は、上下の音も通しやすいので、遮音の必要なところはそれなりの処置が大切になる。

「北上尾の家」

南側外観。入母屋の屋根のハイサイドライトからは中廊下に光が落ちる

分断せず、ほしいものだけ透過させる材料とは？

A FRPグレーチングやサンドブラストガラスをうまく使う

2階バルコニーの壁際の一部にトップライトを架け、光を落としている

玄関ポーチと母個室前の庭のあいだのFRPグレーチング。様子がうかがえる仕切りになっている

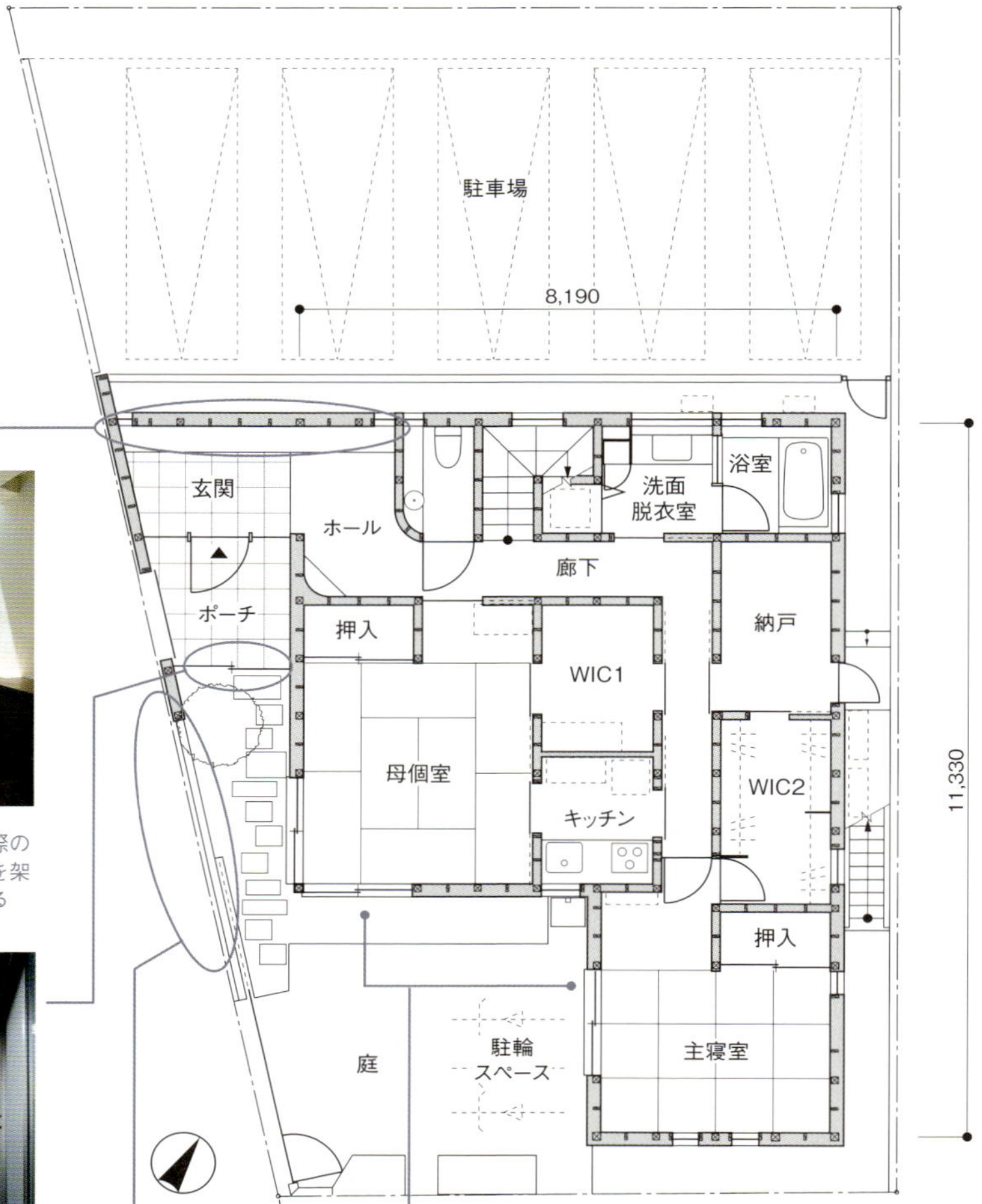

風通しのため、窓が見えない位置でRCの塀を格子状にくり抜いている

親子世帯の窓が、中庭で90°の角度で向かい合い、気配を感じられるようにしている

1F
平面図
(S＝1：150)

単身の親世帯とキッチン別の2世帯住宅の例は多い。キッチンも一緒の完全同居ならそれなりのやり方もあるが、別となると、親世帯の独立性を尊重しつつ様子を伺える配慮が必要である。

この住宅では母親の部屋前の小庭が玄関ポーチの隣とあって、見えつつもプライバシーを尊重できる仕切り壁として、FRPのグレーチングで結界的な使い方をしている。玄関の下足入れカウンターは飾り棚として際立たせるように2階バルコニーの壁際の床に開口を設けてトップライトにし、光を落としている。居間奥の畳の予備室先端には、洋風の床の間的に方向性を形成する象徴的な光壁としている。2階デッキの手すりもサンドブラストのガラスで構成している。

「久が原の家」

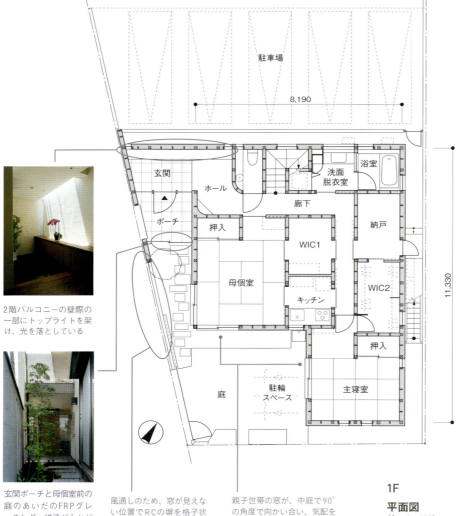

上部は見晴らしのよい大きなフィックス窓、下部は風を通すための小さな引違い窓にしている。窓だけでなく、デッキの手すりなどあちこちにガラスを使用しているので、夜は行灯のような効果が生まれる

親世帯が入りやすいよう浴室を1階に設けているので、2階はシャワー室としている

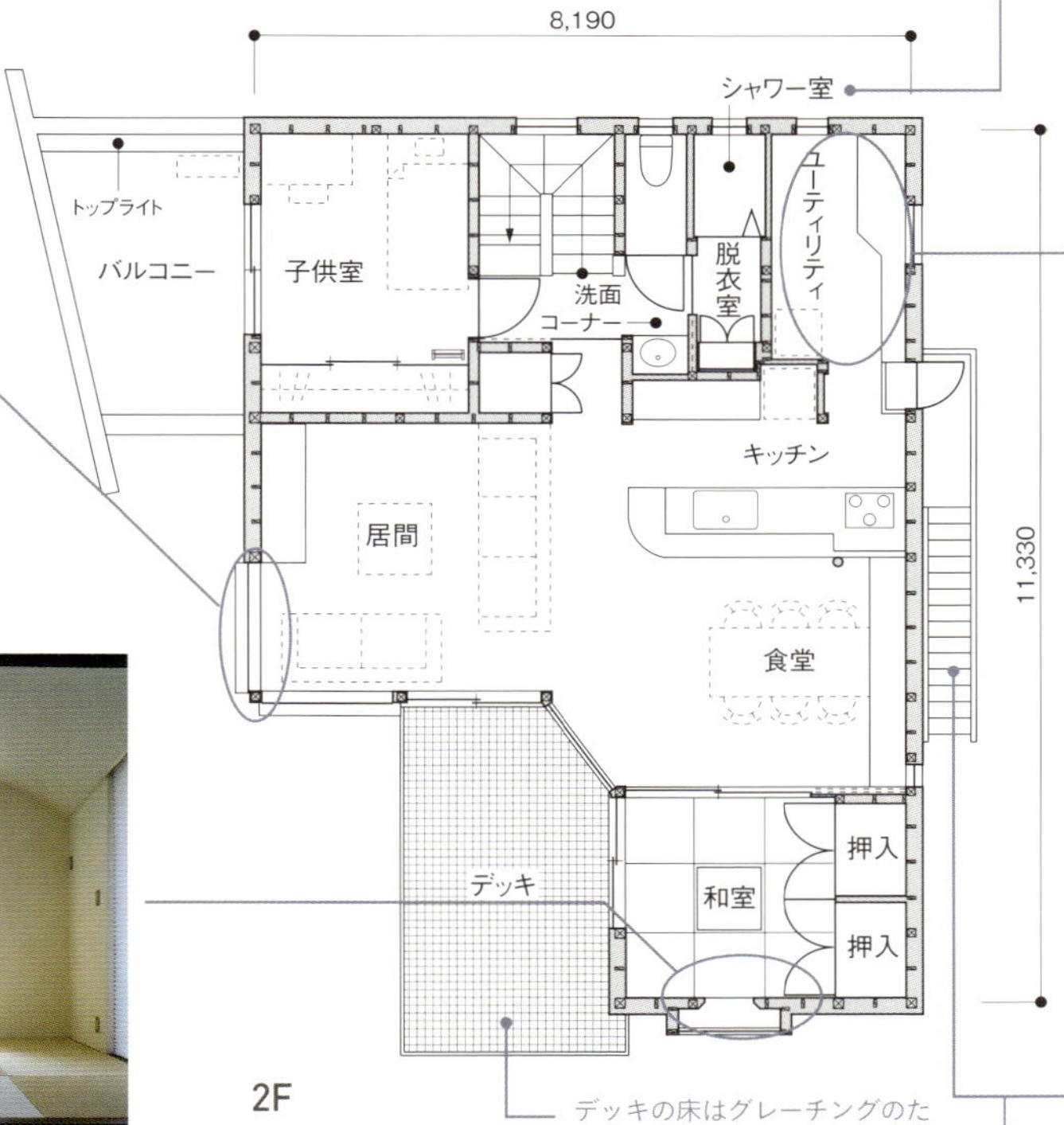

家事室とパントリーを兼ねたユーティリティとなっている

ゴミ出しに使う勝手口階段。この外階段は2方向避難路にもなる

デッキの床はグレーチングのため、1階の物干し場や寝室にも明るい光が入る

光掛け軸のようなサンドブラスト処理のFIX窓。出窓のサイドは見せないようにして、間接照明を両側に仕込んでいる

風通しのため、手すりの一部をFRPグレーチングとしている

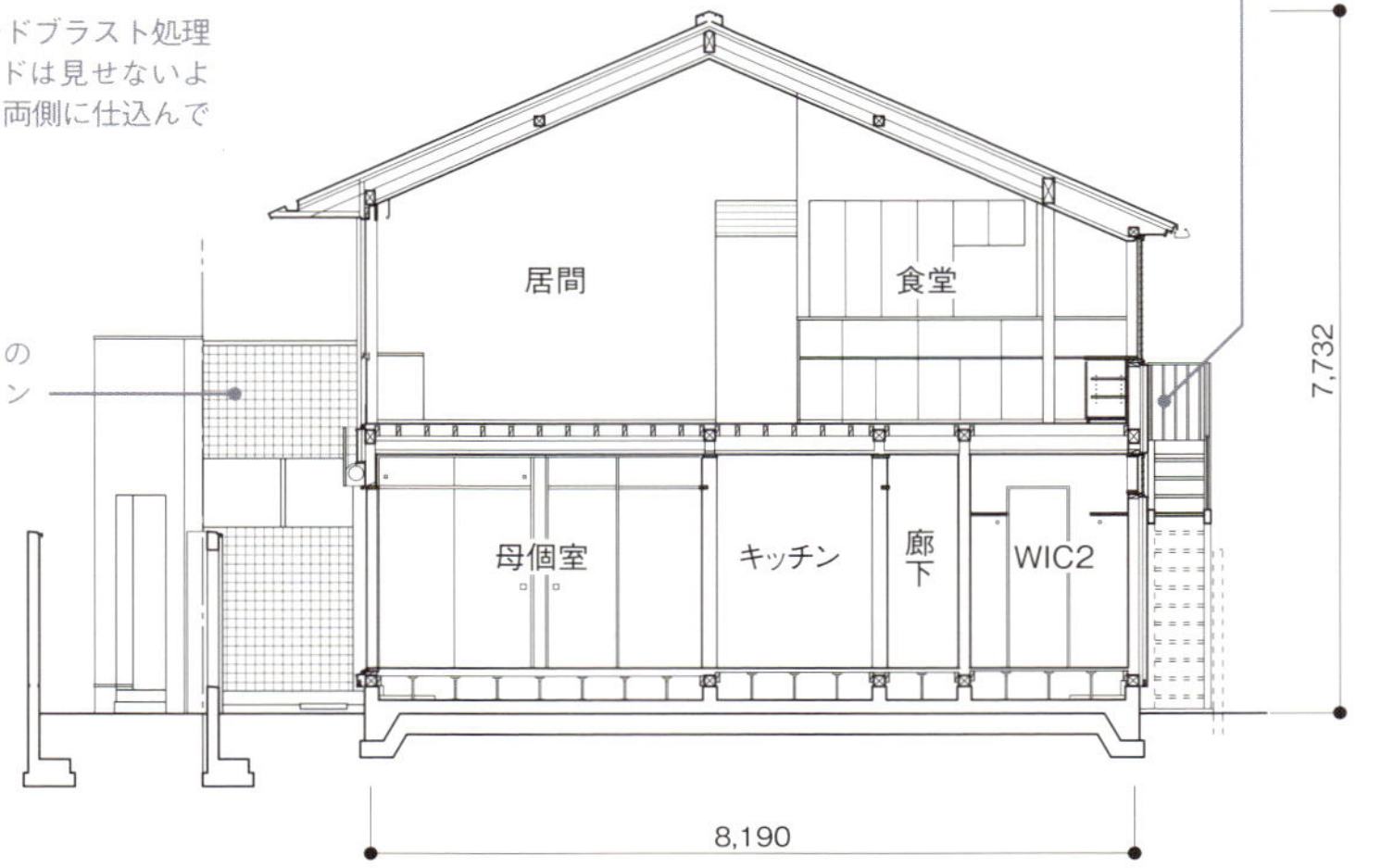

断面図
(S＝1：150)

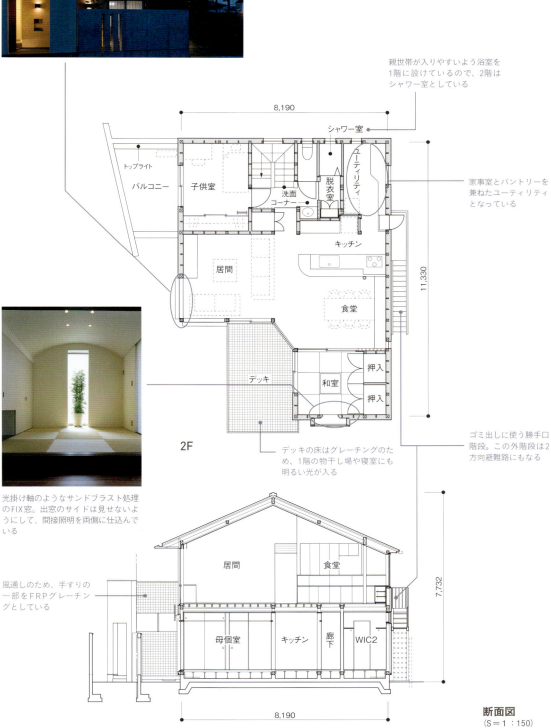

85

住宅設計のおもしろさと難しさ
――あとがきにかえて

ここまで、各住宅の特徴的部分の設計手法を取り上げてきました。最後に計画時の発想や全体的まとめ方について述べてみます。

最初に敷地を見るときは、設計条件等は一切考慮せず、その土地の特徴、ポテンシャルは何かを探し出そうとします。ポテンシャルをいくつか見出せたら、それを高めた建物のありようはどんなものかを想像をし、直感的に（矛盾を含んだまま）プランを即日設計のようにつくってみます。

数日間、そのプランは放って（熟成させて）おいて、その間に最初のプランは無視して、住宅調書の条件や要望を基に、計画要因ごとに理想的ありようの仮説のプラン（またはセクション）をつくります。その理想プランを1枚の紙に要因ごとに重ね書き（スケッチ）します。計画要因として「日照と敷地と法規制」「道路とプライバシー、カーポートおよびアプローチと各庭の位置と量」「予算と家族数と必要諸室床面積」「居間食堂等の大事な部屋の理想的位置」「計画のテーマ的特徴」「新鮮または美しいありよう」等があります。

次に重ね書きによって浮き出てくる、要因ごとの理想と他の理想の間に生じる矛盾を個々に克服していきます。克服方法は、「どうあれば矛盾しなくなるか、または調整可能か」「割り切って無視できるレベルか」「矛盾なき要因の新たな理想プランを探すか」「技術で解決できないか」「素材や製品等の想定外の使用方法で解決できないか」「予算を含めて建て主の了解で解決可能か」等のようなことがあります。各部の矛盾が小さくて、かろうじて問題にならずにいても、些細な変更で隠れた矛盾が露わになり、大幅な変更に至ることもよくあります。いずれにしろ「設計とは矛盾を矛盾のまま遂行しつつ、目的を矛盾なく達成する技」と捉えていて、矛盾はあって当たり前で、それを克服するから面白味があると思って仕事をします。

その上で、「計画の特徴（コンセプト）」「整った形態の美しさ」「自分に課している封じ手を使ってないか（矜持または美学）」「最初に感じたポテンシャルは引き出せているか」等々の視点からさらに全体を調整しながら統合し、細部を詰めながら実施設計をまとめていきます。

今回取り上げた個々の住宅と解決手法の選択が適切であったかどうかは、今でも正直自信がありません。計画要因の基本的なことを主軸に選んだものの、反省すべきことも多く、そこで提示すべきことは他にあったのではないか、他の住宅で使った手法の方がより効果的ではなかったか、と思うことがいくつもあったからです。その選択提示は私の限界で、駄文や図面等から他山の石としてでも、価値を見出すことのできる読者の読解力や想像力に期待するしかありません。

最近、住宅の設計事務所に就職しようとする学生が少なくなったと聞きます。それは住宅設計が夢をもてる生業であると、私たちが若い方に思わせることができなかったからかもしれません。住宅設計はおもしろく、いろいろなことができ、なかには社会提案に通じるものもあるということを、現実の仕事を通して伝えられないかと思ったことも、この本をまとめようとした動機の1つになっています。

建築、特に住宅の設計では、最初の想いが多くの人との出会いのなかで変容し、あるべき現実にたどり着くところがあります。今回取り上げた住宅もその時々の建て主さん、工務店の監督や職人さん、何より当時の事務所のスタッフとのやり取りでこのような建築になっていったところが多くあります。自分の役割は最初の発想と方向性だけで、あとはところどころで見落されそうな箇所の掬い上げと、終局に到達させようとする粘りだけでした。もし質や美しさに見るべきところがあるとすれば、それぞれ関わったメンバーの、眼に見えないところでの献身的な努力の賜物によるところが大きく、今回の住宅を取り上げるにあたっても、改めて各スタッフや関係者に感謝したいと思いました。

事務所を立ち上げるとき、個人名を掲げる意識はまったくなく、それぞれ独立して存在する者が、ある事業のために集まってことを成し遂げようとする「結」という、昔からあった協力集団の呼び名を借用させてもらいました。今回の本づくりも同じでした。1人の設計者が最初に思いつく程度はたかが知れていて、編集者とのやり取りのなかで充実する方向へ大きくステップアップしていきました。長い期間、一つひとつの住宅から価値や意味を見出す努力をして下さった編集の方々には心から感謝しています。

藤原昭夫

掲載建物概要

1章

1 真間川の家
敷地面積　142.86㎡
延床面積　111.4㎡
構造規模　木造（一部S造）2階建て
竣工　2005年

2 鎌倉の家
敷地面積　118.63㎡
延床面積　115.37㎡
構造規模　木造2階建て
竣工　2009年

3 文京区の家
敷地面積　186.5㎡
延床面積　210.12㎡
構造規模　木造2階建て
竣工　1998年

4 昇龍木舎
敷地面積　666.14㎡
延床面積　156.46㎡
構造規模　木造（集成材造）2階建て
竣工　2003年

5 北浦和の家
敷地面積　103.97㎡
延床面積　142.22㎡
構造規模　木造3階建て
竣工　2005年

6 玉川学園の家
敷地面積　161.46㎡
延床面積　120.9㎡
構造規模　木造2階建て
竣工　2003年

7 方円汎居
敷地面積　495.99㎡
延床面積　322.77㎡
構造規模　木造（1階RC造）2階建て
竣工　2009年

8 夷隅郡の家
敷地面積　231.43㎡
延床面積　108.11㎡
構造規模　木造（集成材造）平屋
竣工　2003年

9 佐倉の家
敷地面積　288.75㎡
延床面積　166.04㎡
構造規模　RC造2階建て
竣工　1992年

10 音楽室のある家
敷地面積　267.31㎡
延床面積　234.03㎡
構造規模　木造＋RC造地下1階地上2階建て
竣工　2000年

11 聖蹟桜ヶ丘の家
敷地面積　320.73㎡
延床面積　108.18㎡
構造規模　木造2階建て
竣工　2011年

12 八ヶ崎の家
敷地面積　119.08㎡
延床面積　131.83㎡
構造規模　RC造地下1階地上2階建て
竣工　1994年

13 永山の家
敷地面積　328.93㎡
延床面積　199.29㎡
構造規模　木造（一部RC造）2階建て
竣工　2011年

14 吉井町の家
敷地面積　347.2㎡
延床面積　201.34㎡
構造規模　木造（一部RC造）平屋
竣工　1999年

15 軽井沢の家
敷地面積　493.28㎡
延床面積　112.12㎡
構造規模　RC造（1階）＋木造（集成材造・2階）
竣工　2003年

2章

16 呉の家
敷地面積　146.18㎡
延床面積　172.41㎡
構造規模　RC造3階建て
竣工　2001年

17 寄居の家
敷地面積　502.15㎡
延床面積　203.52㎡
構造規模　木造2階建て
竣工　1995年

18 館林の家
敷地面積　397.29㎡
延床面積　160.73㎡
構造規模　RC造（一部木造）2階建て
竣工　2009年

19 碑文谷の家
敷地面積　106.58㎡
延床面積　153.08㎡
構造規模　木造（一部RC造）地下1階地上2階建て
竣工　1998年

20 伊豆の家
敷地面積　444.67㎡
延床面積　176.55㎡
構造規模　木造2階建て
竣工　2004年

21 取手の家
敷地面積　280.45㎡
延床面積　132.49㎡
構造規模　木造2階建て
竣工　2006年

22 鵠沼海岸の家
敷地面積　393.03㎡
延床面積　156.55㎡
構造規模　木造2階建て
竣工　2000年

23 茅野の家
敷地面積　1245.01㎡
延床面積　138.37㎡
構造規模　木造2階建て
竣工　2013年

24 新小岩の家
敷地面積　330.58㎡
延床面積　141.98㎡
構造規模　木造2階建て
竣工　2007年

25 豊川の家
敷地面積　238.33㎡
延床面積　194.68㎡
構造規模　木造2階建て
竣工　2014年

26 豊田の家
敷地面積　306.96㎡
延床面積　146.28㎡
構造規模　木造2階建て
竣工　2002年

27 箱根の別荘
延床面積　82.2㎡
構造規模　木造2階建て
竣工　1980年

28 三鷹の家
敷地面積　156.61㎡
延床面積　115.4㎡
構造規模　木造2階建て
竣工　2013年

29 稲荷町の家
敷地面積　304.64㎡
延床面積　152.46㎡
構造規模　木造2階建て
竣工　2011年

30 川内町の家
敷地面積　347.25㎡
延床面積　207.95㎡
構造規模　木造2階建て
竣工　2004年

31 草加の家
敷地面積　322.19㎡
延床面積　130.7㎡
構造規模　木造（集成材造）2階建て
竣工　2012年

32 茶の間のある家
敷地面積　441.82㎡
延床面積　157.35㎡
構造規模　木造2階建て
竣工　2008年

33 空間居
敷地面積　434.98㎡
延床面積　287.78㎡
構造規模　木造（一部RC造）2階建て
竣工　2005年

34 医院併用の家
敷地面積　110.32㎡
延床面積　170.69㎡
構造規模　木造＋RC造地下1階地上2階建て
竣工　2001年

35 杉戸町の家
敷地面積　410.02㎡
延床面積　152.29㎡
構造規模　木造2階建て
竣工　2010年

36 西方町の家
敷地面積　1408.71㎡
延床面積　177.21㎡
構造規模　木造平屋
竣工　2004年

37 小平の家
敷地面積　277.559㎡
延床面積　138.28㎡
構造規模　木造2階建て
竣工　2002年

3章

38 我孫子の家
敷地面積　174.81㎡
延床面積　122.02㎡
構造規模　木造2階建て
竣工　2003年

39 四条畷の家
敷地面積　222.03㎡
延床面積　140.76㎡
構造規模　木造（集成材造）2階建て
竣工　2000年

40 菊名の家
敷地面積　131.51㎡
延床面積　156.1㎡
構造規模　木造（一部RC造）地下1階地上2階建て
竣工　2003年

41 仙谷望楼
敷地面積　481.11㎡
延床面積　180.93㎡
構造規模　木造＋RC造2階建て
竣工　2005年

42 多摩の家
敷地面積　333.59㎡

74 真光寺町の家
敷地面積　219.99㎡
延床面積　163.35㎡
構造規模　木造（集成材）
2階建て
竣工　2002年

75 六実の家
敷地面積　198.9㎡
延床面積　153.03㎡
構造規模　木造2階建て
竣工　2002年

76 相模原の家
敷地面積　441.79㎡
延床面積　158.53㎡
構造規模　木造2階建て
竣工　2008年

77 塩山の家
敷地面積　196.25㎡
延床面積　104.32㎡
構造規模　木造（集成材）
2階建て
竣工　2002年

78 鷺宮の家
敷地面積　94.79㎡
延床面積　179㎡
構造規模　木造（一部RC造）
地下1階
地上2階建て
竣工　1996年

79 東浪見の家
敷地面積　2800.8㎡
延床面積　83.902 ㎡
構造規模　木造2階建て
竣工　1979年

80 北からの館
敷地面積　265.74㎡
延床面積　152.39㎡
構造規模　木造2階建て
竣工　2005年

81 大原の家
敷地面積　990㎡
延床面積　198.65㎡
構造規模　木造（集成材造）
2階建て
竣工　1998年

82 福生の長屋門
敷地面積　318.67㎡
延床面積　235.01㎡
構造規模　木造2階建て
竣工　1996年

83 北上尾の家
敷地面積　476.9㎡
延床面積　148.23㎡
構造規模　木造平屋
竣工　2011年

84 久が原の家
敷地面積　216.54㎡
延床面積　155.44㎡
構造規模　木造2階建て
竣工　2004年

構造規模　RC造2階建て
竣工　2008年

64 日向岡の家
敷地面積　308㎡
延床面積　136.62㎡
構造規模　木造2階建て
竣工　1994年

65 空庭舎
敷地面積　285.12㎡
延床面積　278.72㎡
構造規模　RC造＋木造
2階建て
竣工　2007年

66 棚楼居
敷地面積　119㎡
延床面積　215.74㎡
構造規模　RC造4階建て
竣工　2006年

67 市川の家
敷地面積　183.73㎡
延床面積　175.15㎡
構造規模　木造2階建て
竣工　2006年

68 つくばの家
敷地面積　391.29㎡
延床面積　136.29㎡
構造規模　木造平屋
竣工　1999年

69 落葉荘
敷地面積　729.24㎡
延床面積　296.29㎡
構造規模　木造（一部RC造）
2階建て
竣工　2007年

70 都筑の家
敷地面積　211.19㎡
延床面積　173.01㎡
構造規模　木造2階建て
竣工　2010年

71 グルーラム湾
敷地面積　523.09㎡
延床面積　119.27㎡
構造規模　木造（集成材造）
2階建て
竣工　2005年

5章

72 一不二異亭
敷地面積　398.12㎡
延床面積　67.9㎡
構造規模　木造平屋
竣工　2000年

73 那須町の家
敷地面積　1106.38㎡
延床面積　181.35㎡
構造規模　木造（FSB工法）
平屋
竣工　2014年

2階建て
竣工　2002年

53 扇居
敷地面積　450.56㎡
延床面積　142.95㎡
構造規模　木造（集成材造）
2階建て
竣工　2005年

54 西八王子の家
敷地面積　81.34㎡
延床面積　64.81㎡
構造規模　木造2階建て
竣工　2014年

55 東秩父の家
敷地面積　255.03㎡
延床面積　118.27㎡
構造規模　木造平屋
竣工　2003年

56 深沢の家
敷地面積　118.1㎡
延床面積　185.98㎡
構造規模　木造＋RC造地下
1階地上2階建て
竣工　2006年

57 飯能の家
敷地面積　536.68㎡
延床面積　172.72㎡
構造規模　木造2階建て
竣工　2009年

58 印西の家
敷地面積　222.7㎡
延床面積　118.54㎡
構造規模　木造（集成材）
2階建て
竣工　2007年

59 今戸の家
敷地面積　192.33㎡
延床面積　319.47㎡
構造規模　RC造（一部S造）
4階建て
竣工　2004年

60 はるひ野の家
敷地面積　195.64㎡
延床面積　159.07㎡
構造規模　木造2階建て
竣工　2005年

61 戸神台の家
敷地面積　179.81㎡
延床面積　119.67㎡
構造規模　木造2階建て
竣工　2008年

62 恵比寿の家
敷地面積　143.38㎡
延床面積　175.03㎡
構造規模　木造2階建て
竣工　2002年

63 五枚屋根の家
敷地面積　477.59㎡
延床面積　325.03㎡

延床面積　150.01㎡
構造規模　木造平屋
竣工　2013年

43 日野の家
敷地面積　200.32㎡
延床面積　233.66㎡
構造規模　木造（一部RC造）
地下1階
地上2階建て
竣工　2004年

44 朝霞の家
敷地面積　186.37㎡
延床面積　99.93㎡
構造規模　木造2階建て
竣工　1998年

45 善福寺の家
敷地面積　135.34㎡
延床面積　162.23㎡
構造規模　木造（一部RC造）
地下1階
地上2階建て
竣工　2011年

46 西落合の家
敷地面積　161.76㎡
延床面積　192.9㎡
構造規模　木造3階建て
竣工　1999年

47 南浦和の家
敷地面積　165.36㎡
延床面積　143.65㎡
構造規模　木造2階建て
竣工　2004年

48 天王台の家
敷地面積　161.95㎡
延床面積　132.16㎡
構造規模　木造2階建て
竣工　2008年

4章

49 九品仏の家
敷地面積　168.41㎡
延床面積　143.22㎡
構造規模　木造3階建て
竣工　2001年

50 房総岬の家
敷地面積　646.51㎡
延床面積　155.89㎡
構造規模　木造（一部RC造）
平屋
竣工　2005年

51 浮き屋根の家
敷地面積　171.95㎡
延床面積　136.77㎡
構造規模　木造（集成材造）
2階建て
竣工　2004年

52 横浜の家
敷地面積　273.56㎡
延床面積　174.05㎡
構造規模　木造

藤原昭夫

1947年　岩手県盛岡生まれ
1970年　東京芝浦工業大学建築学科卒業。木村俊介建築事務所、空間工房、天城建設等を経て、1977年　結設計設立。
主な受賞歴:山梨県建築文化奨励賞（住宅建築部門）（塩山の家）、ぐんまの家設計建設コンクール優良賞（井上邸）、千葉県建築文化賞（環境に配慮した建築物）・千葉市優秀建築賞（みつわ台の家）、北区景観賞受賞（碌山TM2）など多数

結設計

〒103-0012　東京都中央区日本橋堀留町2-5-7
クレストフォルム日本橋1005号
E-mail　office@yui-sekkei.co.jp
URL　http://www.yui-sekkei.co.jp
TEL　03-5651-1931　FAX　03-5651-1934

美しく住まいを整える デザインのルール85

2016年9月1日　初版第1刷発行

著　者　藤原昭夫＋結設計
発行者　澤井聖一
発行所　株式会社エクスナレッジ
〒106 - 0032
東京都港区六本木7- 2-26
http://www.xknowledge.co.jp/

[問合せ先]
編集　Tel：03-3403-1381
Fax：03-3403-1345
info@xknowledge.co.jp
販売　Tel：03-3403-1321
Fax：03-3403-1829